中国科学院研究生教育基金会资助出版

国科大文丛

丛书主编/任定成

科学与人文的交融

（下）

龚育之 著

科学出版社
北京

图书在版编目(CIP)数据

科学与人文的交融．下/龚育之著．—北京：科学出版社，2013
（国科大文丛）
ISBN 978-7-03-037889-7

Ⅰ.①科… Ⅱ.①龚… Ⅲ.①社会科学-文集 ②自然科学-文集
Ⅳ．①C53 ②N53

中国版本图书馆 CIP 数据核字（2013）第 131925 号

丛书策划：胡升华　侯俊琳
责任编辑：石　卉　程　凤／责任校对：韩　杨
责任印制：赵　博／封面设计：黄华斌

科学出版社出版
北京东黄城根北街 16 号
邮政编码：100717
http://www.sciencep.com
北京凌奇印刷有限责任公司印刷
科学出版社发行　各地新华书店经销
*
2013 年 8 月第　一　版　开本：720×1000　1/16
2025 年 9 月第七次印刷　印张：28 1/2
字数：532 800

定价：258.00元

（如有印装质量问题，我社负责调换）

国科大文丛

丛书弁言

“国科大文丛”是在中国科学院大学和中国科学院研究生教育基金会的支持下，由中国科学院大学人文学院策划和编辑的一套关于科学、人文与社会的丛书。

半个多世纪以来，中国科学院大学人文学院及其前身的学者和他们在院内外指导的学生完成了大量研究工作，出版了数百种学术著作和译著，完成了数百篇研究报告，发表了数以千计的学术论文和译文。

首辑“国科大文丛”所包含的十余种文集，是从上述文章中选取的，以个人专辑和研究领域专辑两种形式分册出版。收入文集的文章，有原始研究论文，有社会思潮评论和学术趋势分析，也有专业性的实务思考和体会。这些文章，有的对国家发展战略和社会生活产生过重要影响，有的对学术发展和知识传承起过积极作用，有的只是对某个学术问题或社会问题的一孔之见。文章的作者，有已蜚声学界的前辈学者，有正在前沿探索的学术中坚，也有崭露头角的后起新锐。文章或成文于半个世纪之前，或刚刚面世不久。首辑“国科大文丛”从一个侧面反映了中国科学院大学人文学院的历史和现状。

中国科学院大学人文学院的历史可以追溯至1956年于光远先生倡导成立的中国科学院哲学研究所自然辩证法研究组。1962年，研究组联合北京大学哲学系开始招收和培养研究生。1977年，于光远先生领衔在中国科学技术大学研究生院（北京）建立了自然辩证法教研室，次年开始招收和培养研究生。

1984年，自然辩证法教研室更名为自然辩证法教学部。1991年，自然辩证法教学部更名为人文与社会科学教学部。2001年，中国科学技术大学研究生院（北京）更名为中国科学院研究生院，教学部随之更名为社会科学系，并与外语系和自然辩证法通讯杂志社一起，组成人文与社会科学学院。

2002年，人文与社会科学学院更名为人文学院，之后逐步形成了包括科学哲学与科学社会学系、科技史与科技考古系、新闻与科学传播系、法律与知识产权系、公共管理与科技政策系、体育教研室和自然辩证法通讯杂志社在内的五系一室一刊的建制。

2012年6月，中国科学院研究生院更名为中国科学院大学。现在，中国科学院大学已经建立了哲学和科学技术史两个学科的博士后流动站，拥有科学技术哲学和科学技术史两个学科专业的博士学位授予权，以及哲学、科学技术史、新闻传播学、法学、公共管理五个学科的硕士学位授予权。

从自然辩证法研究组到人文学院的历史变迁，大致能够在首辑“国科大文丛”的主题分布上得到体现。

首辑“国科大文丛”涉及最多的主题是自然科学哲学问题、马克思主义科技观、科技发展战略与政策、科学思想史。这四个主题是中国学术界最初在“自然辩证法”的名称下开展研究的领域，也是自然辩证法研究组成立至今，我院师生持续关注、学术积累最多的领域。我院学术前辈在这些领域曾经执全国学界之牛耳。

科学哲学、科学社会学、科学技术与社会、经济学是改革开放之初开始在我国复兴并引起广泛关注的领域，首辑“国科大文丛”中涉及的这四个主题反映了自然辩证法教研室自成立以来所投入的精力。我院前辈学者和现在仍活跃在前沿的学术带头人，曾经与兄弟院校的同道一起，为推进这四个领域在我国的发展做出了积极的努力。

人文学院成立以来，郑必坚院长在国家发展战略方面提出了“中国和平崛起”的命题，我院学者倡导开辟工程哲学和跨学科工程研究领域并构造了对象框架，我院师生在科技考古和传统科技文化研究中解决了一些学术难题。这四个主题的研究也反映在首辑“国科大文丛”之中。

近些年来，我们在“科学技术与社会”领域的工作基础上，组建团队逐步在科技新闻传播、科技法学、公共管理与科技政策三个领域开展工作，有关研究结果在首辑“国科大文丛”中均有反映。学校体育研究方面，我们也有一些工作发表在国内学术刊物和国际学术会议上，我们期待着这方面的工作成果能够反映在后续“国科大文丛”之中。

从首辑“国科大文丛”选题可以看出，目前中国科学院大学人文学院实际上是一个发展中的人文与社会科学学院。我们的科学哲学、科学技术史、科技新闻、科技考古，是与传统文史哲领域相关的人文学。我们的科技传播、科技法学、公共管理与科技政策，是属于传播学、法学和管理学范畴的社会科学。我们的人文社会科学在若干个亚学科和交叉学科领域已经形成了自己的优势。

健全的大学应当有功底厚实、队伍精干的文学、史学、哲学等基础人文学科，以及社会学、政治学、经济学和法学等基础社会科学。适度的基础人文社会科学群的存在，不仅可以使已有人文社会科学亚学科和交叉学科的优势更加持久，而且可以把人文社会科学素养教育自然而然地融入理工科大学的人文氛围建设之中。从学理上持续探索人类价值、不懈追求社会公平，并在这样的探索和追求中传承学术、培养人才、传播理念、引领社会，是大学为当下社会和人类未来所要担当的责任。

首辑“国科大文丛”的出版，是人文学院成立10周年、自然辩证法教研室建立35周年、自然辩证法组成立56周年的一次学术总结，是人文学院在这个特殊的时刻奉献给学术界、教育界和读书界的心智，也是我院师生沿着学术研究之路继续前行的起点。

随着学术新人的成长和学科构架的完善，“国科大文丛”还将收入我院师生的个人专著和译著，选题范围还将涉及更多领域，尤其是基础人文学和社会科学领域。我们也将以开放的态度，欢迎我院更多师生和校友提供书稿，欢迎国内外同行的批评和建议，欢迎相关基金对这套丛书的后续支持。

我们也借首辑“国科大文丛”出版的机会，向中国科学院大学领导、中国科学院研究生教育基金会、我院前辈学者、“国科大文丛”编者和作者、科学出版社的编辑，表示衷心的感谢。

任定成

2012年12月30日

代序一
走过来的路*

追　求

1948年，作为一个追求科学的青年，我考进了清华大学化学系；作为一个追求革命的青年，我接受了马克思主义，参加了中国共产党。从此开始了我的革命和科学交叉的人生道路。

引我走向科学的，是我的小学（宁乡靳江小学和自得小学）和中学（靳江中学和明德中学）的数学和自然科学老师。到现在我还记得这样一件事情：我的小学老师杨伦杞先生在课堂上讲算术，正如此这般地解一道时钟问题，我的同学李敉功和我觉察到他的解法错了，当堂提出异议。老师不同意我们的看法，我们不同意老师的意见，相互辩驳，争执不下。许多同

* 本文原是1986年龚育之为《科学·哲学·社会》一书所写的跋，2004年作者对跋文增补“牛棚”一节之后，又以它作为《自然辩证法在中国》（新编增订本）的跋，并加标题“走过来的路”。

学不以我们的态度为然。我们这位老师，真是一位难得的有民主和科学精神的好老师，他不以我们的看法为然，却不以我们的态度为忤。说不服我们，他立即回到卧室拿来一只闹钟，当场旋转长短针。结果证明他错了，我们对。他沉吟了一会儿，又滔滔地给大家讲，他是怎么错的，我们是怎么对的。我提起这件事，并不是自鸣得意，在我的一生中，我解错的题难道还少吗？我记着这件事，是因为从这件事中，我看到了科学真理的权威，独立思考的力量。在真理面前人人平等，不管你是老师，还是学生，是多数，还是少数。虚心学习又独立思考，以实践作为检验标准，你就能获得真理。我很感谢我的老师，我多么希望自己和大家在解人生道路上的各道算题的时候，都能按照老师教给我的那种科学态度行事！

引我走向革命的，是时势。灾难深重的中华民族，她的绝大多数儿女都分担了她的痛苦。从童年、少年到青年，我目击和身受外国侵略者的凶残、本国统治者的暴戾。我与我的中学和大学的许多同学一道，投身到学生的爱国民主运动的时代潮流之中。国民党、共产党、资本主义、社会主义，孰是孰非，孰优孰劣，谁是为了人民的利益，哪里是人民的希望所在，我们是经过观察、比较、思考，才做出自己的判断和选择的。我们的选择，不是马克思主义书本教给我们的。相反，是生活和历史的基本事实帮助我们做出选择，才引导我们去接触马克思主义书本，去理解我们所选择的、在黑暗中给我们展现出光明的中国共产党，以及她所主张的新民主主义和社会主义。一旦接触到马克思主义的理论，尤其是毛泽东的《新民主主义论》、《中国革命和中国共产党》、《目前形势和我们的任务》，我立即感受到一股巨大的喜悦。我觉得，这些著作清晰地和透彻地分析和说明了我们国家的历史、现实和前途，一如自然科学清晰地和透彻地说明了自然的现象和规律。在我面前展现了一门新的科学——革命的科学、马克思主义的科学。

选择革命，参加共产党，在我们那个时候没有什么个人利益可言，要准备的倒是个人牺牲。对个人生命的可能牺牲，我们那时大多还不大在意，虽然在学生运动中也确实有一些同志为革命付出了生命。比较费踌躇的是两件事：一是可能要牺牲原来追求科学的学业；二是可能要牺牲个人自由，承担服从组织决定的义务。我的一位同学说过这样一句话："哪怕哀鸿遍野，只要有一间实验室，我就要关在里面做实验。"这无非表示对科学的执著。然而，真正的科学、真正的科学家，毕竟是有良心的，是为人类的。我这位真诚追求科学的同学，到底还是参加了罢课、游行，站到为遍野的哀鸿谋生存和幸福的斗争行列中来了。另一位同学提出过这样一个疑问：“为什么非得参加组织？你看，只有牛羊成群，而虎豹都是独来独往的。”但是，绝对自由、各行其是、独来独往的散漫一群，并不是真正的强者。只有把追求革命和光明的人们用共同的目标和民主原则组织起来，才能形成真正强大的力量。我的这位同学终于很快明白了这个时代的真理，参加到党所领导的青年组织中来。

解　　放

革命的胜利比人们预计得快。严冬未尽的 1949 年 2 月，迎来了北平解放。热情高涨的大学生们，纷纷响应号召，参军，南下，投入解放全中国的最后进军。同时，由于建设任务即将提上日程，党组织决定：学自然科学的大学生都留校继续学习。这个组织决定违背了一些同志那时的个人意愿，以至于他们“闹情绪”，还得给他们做思想工作，但它无疑是正确的和有远见的。革命不单是破坏旧世界，更重要、更艰难的是建设新世界。为了建设，需要科学。这样，我们这些学自然科学的共产党员、青年团员，在新的条件下实现了追求科学和追求革命的统一。

掌握科学知识，准备为建设服务，这是一个层次上的统一。把由追求革命而引起的对马克思主义理论的浓厚兴趣，同对自然科学的浓厚兴趣结合起来，求得两种科学的统一，这是另一个层次上的统一。学自然科学的共产党员（学生和教员）中的一些人，就这样自然地走上了马克思主义和自然科学之间的交叉科学的研究领域。当时在知识分子中广泛开展了马克思主义的启蒙学习。作为这个学习运动的一个组成部分，在一些学生和教员中开始了对自然辩证法的学习。我记得，北京市委宣传部曾经召集北京几所高等学校的十来个有理论兴趣的理工农医专业的共产党员座谈，来推动这种学习。我是参加者之一。这个校际座谈会开了几次，未能按原来预想的那样长期坚持，因为我们这些人那时担任的各种政治任务毕竟太繁重了。

病　榻

1951年，一场疾病把我击倒，迫使我卧床治疗达一年多。最初几个月的严重形势过去以后，我开始在病榻上学习和工作。我读了一些科学刊物，写了一篇评《科学通报》第3卷的文章，即《纠正科学刊物中脱离政治脱离实际的倾向》，发表在1952年1月10日的《人民日报》上。我还看了苏联《化学的进展》、《哲学问题》、《布尔什维克》杂志上发表的批评共振论的文章，拿到了刚出版的化学结构理论问题全苏讨论会记录。我初学俄文，开头差不多读一行就得查几次字典。我才读到化学系三年级，讨论中涉及的量子化学和物理化学的许多内容我都没学过。我请人给做了一个斜面的小炕几，因为双腿水肿，不能垂腿而坐，我斜卧在床上，伏在几上，吃力地、认真地翻译了这批文章，送给中国科学院的《科学通报》，1952年3月在第3卷第3期上发表了。我译出的讨论会上的主题报告，由中国科学院出版了单行本。《人民日报》3月29日发表了我写的《反对化学中的唯心论和机械论——苏联科学界讨论有机化学中化学构造理论问题的情况和意义》。这两篇文章是我在自然辩证法方面的最早的文章，都带有那时社会思潮的烙印，反映自己看问题幼稚的一面和学习苏联中偏差的一面。

当时，我和像我这样的一些人是把苏联这些做法当做马克思主义的东西来介绍和学习的。后来才逐渐认识到这些做法有许多是粗暴的、错误的、妨碍科学发展的。在收入《科学·哲学·社会》一书的《自然辩证法工作的历史情况和经验》一文中，我讲了苏联批评共振论时候的政治气氛，也讲了后来纠正错误的情况。在另一篇《自然辩证法工作的马克思主义传统》文中，我在讲到我们过去工作中的错误的时候，也讲了自己曾经翻译和介绍过苏联对共振论的粗暴批评。这里我想补充说明一点现在人们不大了解的情况：尽管总体说来苏联对共振论的批判是粗暴的，但是在讨论中，苏联许多科学家包括会议报告的作者们，还是努力坚持了一些科学的观点，如强调根据有机合成的化学实践来研究结构理论，强调运用现代物理学及其实验的和理论的方法来研究化学结构，肯定量子化学在理论化学中的作用，特别是断然拒绝了发动和掀起这场批判的切林拆夫教授所臆造的一种“新的结构理论”，明确指出他的理论“既与实验事实矛盾，也与量子化学的普遍原则矛盾，没有科学根据，应该予以抛弃”。在当时的气氛下，这样做是难能可贵的，应该说，在这一点上，苏联的一些科学家保持了科学的精神。

对于我个人来说，翻译和介绍这些材料，引起我去学习列宁的《唯物主义和经验批判主义》和《论战斗唯物主义的意义》，去重读恩格斯的《反杜林论》和《自然辩证法》(于光远、曹葆华、谢宁的《自然辩证法》新译本，我帮助做了一部分译文校订工作，这给我提供了一个仔细学习的机会)，去学习西方哲学史，还引起我去读原子物理学、量子力学、量子化学的教科书，包括共振论创始人鲍林的《化学键的本质》。以后我选择量子化学作为自己在自然科学专业方面的进修方向，跟量子化学家郭挺章同志学习了一段时间，也是由此而来的。

岗　　位

1952 年 10 月，我的病还未痊愈，却趋稳定，我被调到中国共产党中央委员会宣传部（简称中宣部）科学卫生处（后为科学处）。这是我的第一个工作岗位。从这时起直到“文化大革命”把中宣部当做“阎王殿”予以摧毁，我在党的这个研究科学政策及其理论基础的岗位上工作了 14 年。从 1954 年起，于光远同志主持科学处工作，他在处内和处外聚集了一批人，从马克思主义理论来研究党的科学政策，研究科学的规律和战略，研究科学的哲学和历史，发展了一个（确切地说是有联系的几个）交叉科学研究的集体。

逐渐聚集在处内并长期从事这方面研究的，有孟庆哲（原来是北京大学生物系的教师），何祚庥、罗劲柏和我（我们三人是清华大学的学生，先后任理学院党支部书记和副书记，那时候整个理学院八个系的党员学生和教师组成一个支部），李佩珊（北京医学院的教师），黄青禾、黄舜娥（他们两人是北京农业大学的学生干部），侯德彭（他是从中宣部送到北京大学物理系学习回来的）等人。聚集在处外的，我在下面要提到他们。

我到科学处以后，花不少时间做的第一项工作，就是编译《列宁、斯大林论科学技术工作》。编书的目的很明确：让大家了解和学习列宁、斯大林在建设苏维埃国家的过程中，怎样重视科学技术和科学技术专家，以便把他们的这些思想和经验运用到我们国家的建设中。因此，集中收集十月革命以后列宁、斯大林著作中的有关论述。那时，《列宁全集》、《斯大林全集》的中译本还没有出版，材料的搜集，约有一半是从已有的各种选集和单行本的译本中查到和选用的，另一半是从《列宁全集》、《斯大林全集》原文本十月革命后各卷中查到和译出的，共编选和译出了二十几万字，于 1954 年由中国科学院出版。在学习这些材料的基础上，我写了《列宁论团结和教育科学、技术专家》一文，在《学习》杂志上发表。这是我学习和研究马克思主义的科学技术论的开始。

说到列宁、斯大林的论述，不能不特别提到列宁对“无产阶级文化派”的批评和斯大林对语言学中的马尔学派的批评。斯大林在《马克思主义和语言学问题》中重提了列宁对“无产阶级文化派”的批评，锋芒指向对马克思主义的庸俗化和简单化倾向。我认为，这在某些方面是起了一点思想解放的作用的。斯大林这部著作发表后，苏联科学界讨论形式逻辑问题，讨论自然科学的性质问题，从斯大林对语言这种社会现象“不属于上层建筑”、“没有阶级性”的分析中得到引导，做出了形式逻辑、自然科学没有阶级性的结论。要知道，长时期以来，在接受马克思主义的人们中，把形式逻辑等同于形而上学，把自然科学列入有阶级性的上层建筑，这样的观点是相当流行的，并从苏联流传到我国。我国 20 世纪二三十年代的一些宣传马克思主义的文章中，甚至延安时期党报社论中和新中国成立初期一些文章中，都有这种观点的反映。人们必须考虑到这样的背景，才能理解自然科学没有阶级性这个论点提出的意义。苏联讨论这个问题的文章，我们选译过来编成了一本《科学问题论文集》，由学习杂志社于 1955 年出版。

百家争鸣——团结中西医

20 世纪 50 年代初，我们党在贯彻执行团结中西医这项重要的科学政策的过程中，曾经对一种错误的理论观点，即所谓“中医是封建医、西医是资本主义医”的观点，进行了批评。这种观点是自然科学有阶级性的流行观点的一个突出表现。由于这种观点是由卫生工作部门的一位党员干部提出的，曾被当做卫生工作中的指导思想加以宣传，并且这种宣传同党的医学政策相抵触，在实际工作中造成危害，所以，它的谬误引起了党的领导机关的注意。党进行了许多工作加以纠正。从政策上到理论上对这种观点进行清理，影响所及，也就不限于医学领域。在这个清理过程中，1954年我在中宣部的党内刊物《宣传通讯》上发表过一篇文章，后来我和李佩珊同志合写了一篇文章，发表在《人民日报》上。

1956年，在中华人民共和国的历史上，特别是科学文化发展史上，是有特别重要意义的一年。这一年年初，党中央召开了知识分子问题会议，提出“向科学进军”的号召。会后开始制订“十二年科学发展规划”。接着毛泽东同志作《论十大关系》的报告，并确定“百花齐放、百家争鸣”为党在科学文化领域的一项基本方针。这些，对我国自然辩证法研究工作产生了重大影响。

“百花齐放、百家争鸣”方针的提出，同总结苏联和我们自己在自然科学领域的领导工作的经验教训，纠正种种粗暴批判的“左倾”错误，是有密切关系的。1956年5月26日，中宣部部长陆定一同志代表党中央向科学界文艺界作了题为“百花齐放、百家争鸣”的报告。这是阐明中国共产党的这项基本政策的极为重要的报告。报告回顾了几年来在科学界，在党内进行过的两次反宗派主义的斗争。一次是在卫生工作部门中，一次是在生物科学研究部门中。陆定一说，在斗争过程中，我们摸索出了这样一条经验：“自然科学包括医学在内是没有阶级性的。”“这些本来是在理论上早已解决了的问题。”“因此，在某一种医学学说上，生物学或其他自然科学的学说上，贴上什么‘封建’、‘资本主义’、‘社会主义’、‘无产阶级’、‘资产阶级’之类的阶级标签，如说什么‘中医是封建医’、‘西医是资本主义医’、‘巴甫洛夫的学说是社会主义的’、‘米丘林的学说是社会主义的’、‘孟德尔-摩尔根的遗传学是资本主义的’之类，就是错误的。我们切勿相信。”

关于卫生工作部门中反宗派主义的斗争，前面已经提到过了。关于生物科学研究部门中反宗派主义的斗争，这里再回顾一点历史。

百家争鸣——遗传学争论

李森科发动的、在1948年8月会议上达到高潮的对遗传学中摩尔根学派的批判，是苏联在自然科学领域进行的一系列粗暴批判中影响最大、最恶劣的一起。这个批判迅速传到我国，我国的学术机构不但学习了李森科报告，而且还仿效了苏联禁止摩尔根学派的许多做法。这类做法造成党和知识分子关系上的一些尖锐矛盾，逐渐引起我们党的领导机关的注意。

1950 年，人们反映一所大学的领导在对待摩尔根学派观点的专家方面，违背了党的团结知识分子的政策。当时中宣部和教育部都听说了这件事，刘少奇同志也表示了关注。同年 6 月 2 日，那所学校的领导人给少奇同志写了一个报告，叙说情况并有所申辩。7 月 15 日，刘少奇同志将这个报告送给毛泽东、周恩来、朱德及中宣部和教育部的领导人传阅。7 月 16 日，毛泽东同志批道，“这个报告里所表现的作风是不健全的”，这位同志“思想中似有很大毛病”。同一天，毛泽东同志还批阅了反映同一问题的另一份材料，指出必须彻查这个学校的领导“并作适当的处理”，要求将这份材料与上述 6 月 2 日的报告一并讨论。查处的结果，1951 年 3 月解除了这位同志所任校务委员会主任的职务。

1952 年 5～6 月，政务院文教委员会和中国科学院计划局先后三次召开生物科学工作座谈会，讨论和发表了《为坚持生物科学的米丘林方向而斗争》的报告。这个报告，一方面从题目上就标明了“坚持米丘林方向”的立场，另一方面就实际解决的问题来说，则是纠正贯彻这个方向时的粗暴简单的做法，是为批判前面讲到的那位同志的错误而召开的。报告中把他的错误归结为经验主义和教条主义。经验主义表现为“重视点滴的生产经验，忽视系统的农业理论，强调从生产中学习，否定实验室工作”，以及所谓“老百姓是唯物论，学者们是唯心论”的荒谬观点和“全盘否定传统生物科学”的“‘左倾’幼稚观点”。教条主义表现为“牵强附会地搬用哲学术语，把唯物辩证法的一般规律去代替生物科学中的一些具体规律”（应该说，这是在我国第一次批评“代替论”）；还表现为“用米丘林生物科学作为一根打人的鞭子”和“掩盖自己的无知”的“护身的符咒”。报告揭露了经验主义和教条主义的许多具体论点和事例并一一作了分析和批评。

怎样评价这个报告呢？我认为，“坚持米丘林方向”同反对“把米丘林生物科学变成枯燥的教条”这两个方面的结合，典型地反映了当时在这个问题上认识的程度和局限。前者是因袭的方面，后者是从因袭中开始摆脱的转变的方面。从以后来看，这种转变的极不彻底是很明显的；从历史来看，这种转变却是以后进一步转变的发轫。

参加讨论和起草这个报告的，有政务院文教委员会计划局科学卫生处（当时它同时是中共中央宣传部的科学卫生处）的赵沨、孟庆哲、何祚庥和其他单位的许多人。赵沨是处长，1952 年 10 月我调去时，他还在任，是我的第一个上级。生物科学工作座谈会召开时，我还没有调去，只是帮助他们做了一点查阅和分析材料的工作。

这便是陆定一同志报告中讲到的在生物科学研究部门中纠正“左倾”错误的情况。

由于毛泽东同志在讲述“百花齐放、百家争鸣”政策时讲到李森科问题，并且专门有一封信，请中宣部讨论这个问题，1956 年 8 月，在陆定一同志建议下，中宣部科学处会同中国科学院和高等教育部在青岛召开了一个有一百几十位科学家参加的遗传学问题座谈会。会前，孟庆哲、黄青禾、黄舜娥同志进行了大量的调查研究工作，编写了《关于米丘林生物学与孟德尔-摩尔根主义论争的一些材料》这本 10 余万字的小册子，系统地介绍了苏联 1935～1956 年三次论争的情况和中国 1941～1956 年的情况。会上，于光远同志作了两次发言。会后，于光远同志在党的第八次全国代表大会上的发言中，特别讲到青岛座谈会，说明我们的同志要努力钻研科学业务，掌握科学工作的规律，很好地依靠科学家，使自己成为领导科学工作的内行。青岛座谈会受到科学家的热烈欢迎。不少科学家发表了支持这次会议和“百花齐放、百家争鸣”方针的文章。北京大学教授李汝琪写的《从遗传学谈百家争鸣》一文，1957 年 4 月 29 日发表在《光明日报》上。毛泽东同志注意到这篇文章，写信给胡乔木同志要求在《人民日报》上加以转载，还亲自代拟了一个肯定的题目——《发展科学的必由之路》，而将原题改为副题，并亲自代拟了《人民日报》编者按，“欢迎对错误彻底的批判”。

在《发展科学的必由之路》这篇为纪念毛泽东同志诞辰 90 周年而作的文章中，我介绍了毛泽东同志有关这件事的一系列书信、批语和谈话。1986 年由商务印书馆出版的关于青岛遗传学座谈会纪要一书，就以《百家争鸣——发展科学的必由之路》为书名。

规　　划

1956年制订十二年科学发展规划时，还制订了《自然辩证法（数学和自然科学中的哲学问题）十二年研究规划草案》。这项工作由于光远同志主持，我协助他工作，还请许良英等几位同志为制订规划集中工作了一段时间。规划列了九类题目，请几十位自然科学家分别写了数学、物理学、天文学、化学、生物学、心理学等各学科的哲学问题的几十份说明书。我和许良英同志分别就“自然界各种运动形态和科学分类问题”、“自然科学的方法论问题”这两个综合性题目写了说明书。

规划提出了两项措施。

一是在中国科学院哲学研究所建立自然辩证法组。这个组很快建立了，于光远同志兼组长，我为兼职研究人员，开始还曾兼任学术秘书，不久改由陈步同志任学术秘书，还准备把他从中宣部调到中国科学院哲学研究所去工作。许良英、赵中立同志调来这个组为专职研究人员，清华大学的何成钧同志、中国人民大学的林万和同志为兼职研究人员。从这里发展起了一个现在已有将近几十年历史的自然辩证法研究集体。

二是创办《自然辩证法研究通讯》。这个刊物也很快出版了，即由哲学研究所自然辩证法组主办，当年出了创刊号，集中发表了研究规划及其61篇说明书，1957年起改为季刊。

我在《人民日报》上发表的《开展自然辩证法的研究工作》一文，除介绍规划项目，即大家对自然辩证法研究内容的设想以外，还介绍了大家对自然辩证法研究工作的学风问题和吸取苏联教训问题的看法。文章中提到苏联有一些哲学家曾经一度由于批判唯心主义而对相对论、控制论、数理逻辑、量子化学抱有否定态度，后来逐渐得到了纠正。

Cybernetics

应该说，苏联那些否定有价值的自然科学成果的粗暴批判，我国大都立即介绍过来了。但是苏联对 cybernetics（控制论）的批判，却没有介绍过来。现在人们常说我们跟着苏联批判过遗传学、控制论、共振论等。在控制论问题上，这样说是不正确的。原因很简单：当时我国科学界还没有注意到苏联有这样一场批判。介绍是从苏联纠正批判控制论的错误开始的。那时也在中宣部工作的胡平同志，注意到苏联重新评价这一问题的文章，译了出来，请我校订，在《学习译丛》1955 年第 11、第 12 两期作了介绍。cybernetics 这个词，该怎么译，着实斟酌了一番。这时，我们才注意到过去苏联《简明哲学词典》中译本中译过这个词，那是一个几百字的小条目，完全否定 cybernetics，认为它把大脑等同于机器，是现代机械论。大约是根据这个条目的评价，译者把它译为“大脑机械论”。现在重新评价，正是纠正这个观点，当然不应沿用这个译法。何况这个译法从字源上是全无根据的。根据字源的含义，我们确定把它译为“控制论”。这个专门名词的汉译，就这么用开了。后来钱学森同志建议改为“控制学”，这个建议很好，但是“控制论”既已用开，又非错误，也就难改了。

从介绍苏联对控制论的重新评价，引起我们（罗劲柏、陈步、侯德彭和我）去读控制论创始人维纳的书，并准备把它逐章译出，聚合一些人逐章讨论，搞个讨论班。我先译出维纳《控制论・导言》，发表在《学习译丛》1957 年 6 月号上。可惜后来“反右派”开始并严重扩大化，陈步、侯德彭两位均被错误地划为“右派”。我和罗劲柏，因为在“鸣放”中有一个联合发言，批评等级和特权，后来被指责为“龚罗联盟”，也作了多次检讨。我们坚持合译完了这部著作，但到科学出版社出版这本书时，他们两位仍然不能署真名。我们商定，合署了“郝季仁”（好几人）这个假名。

文　集

1958 年，我跟于光远同志去上海，参加上海筹建自然辩证法研究会的会议。于光远同志作了长篇发言，着重谈了自然辩证法研究规划中“历史唯物主义论科学”这一方面。还在 1954～1955 年的时候，于光远同志曾经要我拟出过一个《论科学（提纲）》，准备就科学的性质、特点、规律、作用等问题组织一系列讨论。这次提出这个问题，着重在历史唯物主义方面，并同我国科学工作改革联系起来，当然是有那时的历史背景的。他提到政治与科学的关系，科学与生产、理论与实际的关系，科学工作中的群众路线和专家同群众的关系，科学与哲学的关系等几个方面，要求展开讨论和研究。他这篇讲话发表在上海《学术月刊》1958 年第 6 期。我在《自然辩证法研究通讯》1958 年第 3 期上发表了《历史唯物主义与科学工作的改革》一文。这篇文章没有收入现在这个集子，因为它仍属提纲性质，只是初步提出问题。以后我逐题进行了比较展开的研究，1959～1961 年写了近 10 篇论文，陆续在报刊上发表，并结集为《关于自然科学发展规律的几个问题》这本文集，1961 年 12 月由上海人民出版社出版。

这本文集出版前，我写了个序言，提出要“学习和研究马克思主义的科学技术论”，认为“这门学问应当成为党的科学技术工作方针政策的理论基础”。我觉得这是一个应该受到重视的意见，所以，摘出序言中的这一段话，单独作为一篇文章，收入《科学、哲学、社会》。至于书中的 10 篇文章，《自然科学的发展和生产的关系》、《自然科学和世界观》这两篇最有代表性。1959 年年初开始对 1958 年整风和“大跃进”中的“左”的偏向，有所纠正。前一篇是在这种背景下写的。1961 年继续 1959 年年初开始而后来被打断了的纠“左”进程，在自然科学工作领域，在聂荣臻同志主持下，制订了《关于自然科学研究机构当前工作的十四条意见（草案）》，（即著名的《科研工作十四条》）。聂总还就十四条中的 7 个政策问题专门给中央写了长篇报告。刘少奇同志主持政治局会议讨论和批准了《科研工作十四条》和聂总的报告，并批转给各科学、教育、卫生、文化机关学习和执行。《科研工作十四条》和聂总报告中讲的一个重要政策，就是“百家争鸣”，是针对 1957 年以后重新出现的违背这个方针的粗暴批判而写的，并从总结经验教训中对执行这个方针作了一系列具体的政策规定。为了从理论上详细论证和阐发这些政策规定，我写了《自然科学和世界观》。这里插叙一个情况：我的文章发表不久，河北大学钱时惕同志在《文汇报》上指出我在“伟大的科学家，渺小的哲学家”的标题下，讲到马赫、彭加勒，还提到了牛顿、爱因斯坦，不妥当。他认为列宁所讲的伟大兼渺小的人，只是指马赫、彭加勒，至于牛顿、爱因斯坦，不能划入此类。他的这个意见是对的。虽然我也讲了牛顿、爱因斯坦的基本唯物主义方面，虽然我引用列宁的提法主要是为了反对那种因为有唯心主义哲学观点而否定科学家的伟大科学成就的偏向，但是，我的讲法的确扩大了列宁所指的范围。当时我未能很好地接受他的意见，这表现在我在《文汇报》上发表的回答文章《关于自然科学的唯物主义》中。到那本小书再印时，我去掉了“伟大的科学家，渺小的哲学家”这个分段标题，改为“自然科学的科学成就和他们的世界观之间的矛盾”，而把伟大兼渺小限于极少数唯心主义成为其哲学观点的主导方面的科学家（现在来看，列宁的提法有它的具体背景。客观地评价马赫和彭加勒的哲学思想，应该说，除了有渺小的东西，还有许多有价值的东西，不可以一笔抹煞）。

为了正确理解马克思主义哲学和自然科学的关系，我觉得需要对无产阶级掌握政权以来处理这个关系上的经验教训，作一番系统的历史的清理。1961 年下半年，我查阅了许多书刊，编辑了九辑（约 10 万字）的资料，勾画出了苏联从 20 世纪 20 年代末期到 50 年代中期这方面历史的轮廓。1956 年，黄青禾同志他们编的那本资料，集中在遗传学问题上，这九辑资料则涉及各门自然科学。在这些资料的基础上，我写了一篇综合的评述——《苏联自然科学领域思想斗争的历史情况》，发表在中宣部的党内刊物上。现在我准备把它公开发表在《自然辩证法研究》上，同期还将发表我为《历史的足迹》一书写的前言，这部《历史的足迹》是在上述九辑资料的基础上扩展、增补而编成的。

刊　　物

1962 年，为推进自然辩证法研究工作，我们抓了几件事情。

一是于光远同志重新兼任哲学研究所自然辩证法组组长，要我兼副组长，两年后调来查汝强同志，专职主持组的工作。

二是恢复出版《自然辩证法研究通讯》。它在 1960 年中停刊，因为那时整顿刊物，认为哲学所的领导力量应集中办好《哲学研究》。事实上，《哲学研究》不可能担负起《自然辩证法研究通讯》应做的全部工作。复刊第一期 1963 年出版。自然辩证法组的孙焕林、傅慷和、胡文耕、张乃烈诸同志为办刊花了很多精力。范岱年同志被调来加强刊物的力量，还办了一个不定期的内部资料刊物《自然辩证法动态》，由傅慷和同志负责。

三是筹划自然辩证法方面基本学术资料的建设。请商务印书馆高嵩同志支持自然辩证法组，或者说请自然辩证法组支持商务印书馆，来进行这项工作。陈步同志调到了商务印书馆，侯德彭同志在广西大学，也为商务印书馆工作。许良英同志因为被错划为“右派”失去工作，于光远同志请商务印书馆同他建立固定联系，做这方面的工作。我在《人民日报》上写《对自然辩证法研究的一点意见》，就是说明基本学术资料的建设工作的意义和要求的。

四是招收研究生。于光远同志任导师，1962 年在北京大学（北大）哲学系和中国科学院哲学研究所各招四年制研究生四人，预计全部先在北大学两年，再到哲学研究所工作两年。我也列名为导师，具体工作主要是北大哲学系自然辩证法组孙小礼等同志做的。在 20 世纪 50 年代中期，于光远同志就关心过北大招自然辩证法研究生的事，并推动哲学系开设了“自然和自然发展史”课程，要我起草了这课程的提纲，他作了第一讲。他正式担任研究生导师，是从 1962 年开始的，以后几年每届还招收了几名学生。

现在来看，这几项部署，虽然未能完全按原定计划实施，还是收到了实效，出了一些成果，聚集和培养了一批人才。

《自然辩证法研究通讯》复刊号上从苏联《哲学问题》杂志上转译了日本坂田昌一教授的《基本粒子的新概念》一文。这个杂志的复刊和复刊号上的这篇文章，引起了毛泽东同志的注意和兴趣。1963 年年底，聂荣臻等几位主管科技工作的同志向毛泽东同志汇报新的十年科学规划，于光远同志参加了汇报。于光远同志回来说，毛泽东同志听汇报时谈道，有一种杂志，叫《自然辩证法研究通讯》，中间停了很久，现在复刊了，复刊了就好。

1964 年 8 月 18 日在北戴河，毛泽东同志找几位哲学工作者谈话，吴江同志和我也参加了。毛泽东同志谈了两个小时，除了讲哲学和阶级斗争以外，还讲到自然发展史，讲到物质的无限可分性，讲到《自然辩证法研究通讯》，讲到《自然辩证法研究通讯》上发表的坂田讲“基本”粒子也是可分的文章，讲到自然科学家接受辩证唯物主义，等等。8 月 24 日，毛泽东同志在北京，把于光远和周培源同志找到自己的住所，谈坂田的文章，讲宇宙的无限：宇宙从大的方面是无限的，从小的方面也是无限的，是无限可分的；还讲到细胞的起源，讲到地球和人类的未来，等等。那时，正在召开北京科学讨论会，坂田也来了，毛泽东同志接见与会科学家时特别向坂田讲到自己读过他的文章，使坂田十分惊讶。

因为毛泽东同志多次谈到坂田文章，还听说他读这篇文章时在杂志上画了许多道道，并认为应该写一些注释来解释文中的专门术语和知识，所以，我们和《红旗》杂志组织人从日文原文重新译出了坂田文章，题目恢复为《关于新基本粒子观的对话》，请庆承瑞和柳树滋同志写了许多条注释，并根据毛泽东同志几次谈话的内容起草了编者按语，在《红旗》杂志（党中央的理论刊物）1965 年第 6 期上发表。当时还组织了许多讨论。这件事在我国有较大影响，我国物理学家们关于层子模型的研究，与这个影响是有关的。在国际也有影响，不但坂田多次讲到此事，后来得了诺贝尔物理学奖的格拉肖在一次国际科学会议上还曾说到他想建议把比“基本”粒子更深一个层次的粒子命名为“毛”粒子。这样说，并不是真正要以它命名，它表示了一位科学家对一位哲学家的尊敬之意。

20 世纪 60 年代以后，逐渐有不少超出自然科学工作范围的任务加到我身上。本来，我从事自然辩证法和科学技术论的研究，是同工作结合、在工作之余进行的，现在，别的方面的任务加重了，能挤出来从事自然辩证法研究的时间就比以前少了。《自然科学发展规律》那本文集出版后，1962～1965 年，我还继续写了这方面的一些文章。这次编集子，因为它们都已收入《自然科学发展规律》一书的增订本（1978 年），所以也只选两篇，即《认识发展中的肯定否定问题》和《试论科学实验》，作为代表。《认识发展中的肯定否定问题》，也是针对粗暴批判中的绝对否定的观点，从历史和理论上来作论述的。在文章中，我提出了将科学发展中新旧认识之间的肯定否定关系划分为两种基本类型的思想。我觉得这个思想是有意义的，以后几次进一步论述了它。《试论科学实验》只选了前半篇，即从认识论的角度讲；后半篇虽然是强调科学技术在社会主义建设中的作用，但反映了当时社会主义社会以阶级斗争为纲的“左”的思想的影响。

“牛　　棚”

1966 年，“文化大革命”一开始，我就被当做“牛鬼蛇神”扫进“牛棚”。

中宣部是“阎王殿”，在这场运动中首当其冲。部长们大都被当做“阎王”打倒了，处长们大都被当做“判官”打倒了；我不过是科学处的一名干事，够不上“当权派”的格，但也被当做“牛头马面”打倒了。

我被打倒，不是因为自然辩证法方面的工作和文章，主要是因为参与了“阎王殿”的几件大事，但是自然辩证法方面的工作和文章也被涉及。

1966年6月13日，《北京日报》和《北京晚报》发表文章批判“三家村黑帮”，在讲到署名“方求”的《〈海瑞罢官〉代表一种什么社会思潮?》一文时，用黑体字加了一个编者注：“现在查明，这篇文章主要执笔者龚育之，是反党反社会主义黑线的重要骨干。此人竭力为‘三家村’黑帮分子打掩护，打击革命的左派。”

《北京晚报》为什么急于要点我这样一个排不上号的人的名字呢？原来就在6月7日，《北京晚报》上说到一件事：“1962年8月，龚育之同志针对《谁最早研究科学理论》（邓拓）这株毒草，写来稿件，提出批判意见。周游（《北京日报》总编辑）却说：‘不要发表，给作者作个解释得了。’就这样被扼杀了的革命的声音，这两年究竟有多少?”一个“打击革命的左派”的人的稿件，被称为“革命的声音”，这还了得?！岂不大大得罪“革命的左派”?！所以，要赶紧表白。

报上讲的这件事，是怎么个原委呢？原来，邓拓同志在“燕山夜话”专栏里发表过《谁最早研究科学理论》一文，其中谈到老子的“玄而又玄，众妙之门”，认为玄指的原子，玄而又玄指的原子核。这类论点，我是不以为然的。我认为，它同严复把“自强不息”解释为热力学第二定律——熵增加，都属于牵强附会。我写了一篇短文，提出批评意见，投寄《北京晚报》。编者先说要发，请我压缩篇幅。后来说，希望不发了，因为邓拓同志忙，已经准备停止这个专栏，这时发，可能引起误解，问我是否同意，我自然完全尊重编者的安排。这事与自然辩证法倒有点关系，我的文章中还引用了恩格斯关于希腊人天才的猜想同近代科学以实验为基础的学说性质不同的论述。但是，无论是邓拓同志的文章，还是我的文章，争论的是学术观点，可以有对错之分，与“毒草”云云，与声音之“革命”或“反革命”，是毫不相干的。（邓拓同志显然坚持他的观点，他在编辑最后一册《燕山夜话》时，将这篇文章列为首篇。我尊重他的坚持，我也仍然坚持自己的意见。）

这件事大概还不至于被认做“为‘三家村’黑帮分子打掩护”（对现在的青年读者，我们也许应该注明，“三家村”黑帮分子指的是吴晗、邓拓、廖沫沙)。“打掩护”指的是署名“方求”的批判吴晗《海瑞罢官》的文章。这篇文章是戴逸、林甘泉、邢贲思和我四人合作写的，科学处组织此事，我算“主要执笔人”，周扬同志指点和审阅过。实在是努力在批判《海瑞罢官》，纲也上得很高，“反马克思主义思潮”，“反社会主义思潮”，都讲了。但是文章没有说《海瑞罢官》是有意识、有阴谋地反党反社会主义，却引了列宁引过的一段话：历史喜欢作弄人，本来要进这个房间，结果却走到了另一个房间。这个“走错房间”论，就被批判为“假批判、真包庇”、“打掩护”！

至于“打击革命的左派”，说的是“打击”当时成为“中央文革小组”成员的关锋。我和关锋打交道，最初也与自然辩证法有点关系。他在《新建设》杂志上发了一篇讲质变量变的哲学文章，把“同分异构”和“同素异形”这两个化学概念弄混了。我写了一封信给《新建设》杂志，指出这一科学知识上的错误。至于成为“打击左派”的事件，则是在《海瑞罢官》批评过程中，中宣部科学处请关锋写批判吴晗道德继承论的文章，文章写来了，将吴晗讲道德继承比做蒋介石提倡新生活运动。我们一看，觉得不妥，在民主革命时期，吴晗是反蒋的呀！建议作者删去。回答是：不能动。我确实不高兴了，记得关锋用“何明”的笔名，在《光明日报》写“灯下漫笔”，其中好像也有过同吴晗讲道德继承论点差不多的文章。一查，果然有。好，你讲可以，人家讲怎么就非得上纲到“蒋介石”？于是，整了一份材料，送给领导。这就是惹下大祸的、为《二月提纲》作准备的七个所谓“包庇右派、打击左派”的黑材料之一。

有了这些事，足够资格被扫进“牛棚”了。以后“罪行”越查越多，但是涉及自然辩证法的并不多，记得有这么几件：①《关于自然科学发展规律的几个问题》一书中所阐述的“自然科学没有阶级性”的论点受到批判；②这本书中有关哲学同自然科学关系的论点，被指责为反对马克思主义哲学的指导；③酝酿中的对相对论的大批判，我的这样一句话：“相对论根本改变了过去物理学家对于物质、运动、空间、时间的概念，提出在新的基础上进一步研究辩证唯物主义关于这些范畴的学说，驳斥对相对论作相对主义和主观主义歪曲的任务”，竟然也被列为批判的靶子；④宣传坂田文章被指责为对抗“学习雷锋”！

不曾亲历过“文化大革命”的人，怎能理解这样的逻辑和气氛？

回　　顾

“文化大革命”结束以后，我的工作岗位已不在自然科学方面。从事自然辩证法研究的时间，就更少了。虽然，只要有可能，我总尽量挤出时间来，保持接触，写点东西。这次编《科学·哲学·社会》文集，搜罗起来这方面的文章竟然也有十篇，十几万字，这是原来心中无数的。这些文章，主题大都是回顾历史、总结经验。由于许多事是亲历过或调查过的，在提供材料方面可能还算较为充分和准确，在判断的正确程度和概括的理论深度方面，却是很不够的。

收入集子的最后一篇文章，是我和孙小礼同志合写的《中国大百科全书·哲学卷》的自然辩证法总条目。我担任哲学卷自然辩证法分科的主编，但是我要说明，我没有做多少工作，工作是副主编梁存秀等同志做的，我看过各条的稿子，提了少量意见，主要工作就是写了这个总条目。将来这个条目的文字还可能按百科规格再作些修改和调整，收在这个集子里的是我提出的完成稿。

编完集子，重读旧文，深感时代进步很快，人们和自己的思想变化也快。以现在看过去，不要说几十年前，就是几年前的文章自己也觉得浅陋因袭之论甚多。按现在的认识来进行修改和重写，是不可能的。好在结集的目的，主要在给读者了解这个领域的历史提供一些材料，“持此涓滴，注彼说渊，献我同流，比之芹子”。从献芹者来说，自以为这些文章还不都是人云亦云，多少有些自己思索的所得和前后连贯的观点，所以也就不揣冒昧了。

箴　　言

40年的追求，使我深切体会到，科学之路和革命之路都不是平坦笔直的。但是，不管怎样曲折崎岖，都要朝着原来追求的革命和科学的根本目标前进，矢志不渝。我的座右本来没有什么铭文。我按这部丛书编者的统一要求，在这篇跋的末尾，写下两句话，算是我的座右铭：

人生要有追求。我追求科学，追求革命。

科学是革命的力量，革命要根据科学。

代序二
作者的话*

在自然辩证法和科学学研究方面，我编自己的文集，共有三次。

第一次是编《关于自然科学发展规律的几个问题》。这本文集，1961 年年底由上海人民出版社出版，“文化大革命”以前多次印刷，“文化大革命”结束不久还出过增订本，累计印数超过 10 万册。全书分为科学与社会、科学与生产、科学家与群众、科学与哲学四辑。不过，那都是党的十一届三中全会实现伟大历史转折以前的事了，收在那里面的文章，如果还有一点意义的话，那就是现在的人们可以从中了解那时在曲折中前进的历史的一个侧面。

第二次是编《科学·哲学·社会》。这本文集，1987 年由光明日报出版社出版。全书分为三辑：“自然辩证法和自然科

* 本文是 2004 年 11 月 1 日为《自然辩证法在中国》（新编增订本）所写的前言，作为本书的代序二，编者作了一些删节。

学论”为一辑，“科学前进中的肯定和否定”为一辑，“中国共产党的科学政策史”为一辑。其中小部分是“文化大革命”以前的文章，大部分是党的十一届三中全会以后的文章。

第三次就是编《自然辩证法在中国》。1996 年那本书出版时，在“作者前言”中我说：“这是一本关于自然辩证法和科学学研究在中国的历史发展情况和历史经验教训的书。”“第一篇长文，可以说是本书的主体，它原来是为《自然辩证法百科全书》而写的一个条目，在《自然辩证法研究》上分四期连载过。用到百科全书中的稿子当然不可能这样长。这个长稿，搜集材料，梳理线索，花了不少工夫，这次又根据在刊物上发表后听到的意见，作了一些修改。”“第二篇长文，讲的是苏联过去在这方面的历史，由于苏联这方面历史在一段时间中对我们有过相当大的影响，又由于这篇文章反映了我们过去对这个问题的研究状况，把它同我们自己这方面的历史联系起来读一读，我想是有益处的。”“第三篇《自然辩证法在北京大学（大事记）》，则是从这所大学来看自然辩证法在中国。它是北京大学科学与社会研究中心的同志编写的一份史料。承蒙他们的好意，同意把它收到这本书中。”“这三篇，为第一部分。”

这一部分全都保留在现在的新编增订本中，是为第一辑历史篇。遗憾的是，自然辩证法在中国和在北大的历史只写到 20 世纪 80 年代末 90 年代初，没有写到现在，在苏联的历史更是只写到 20 世纪 50 年代末。好在讲历史也可以只讲一段。新近这些年的历史，就留给别的研究者了。

在“作者前言”中我接着说：“第二部分，是我从 1986 年以来，即《科学·哲学·社会》结集以后，所写的自然辩证法和科学学研究方面的文章（大都略有修改）。这些文章的主题，大都是讲自然辩证法在中国的历史，或者离不开这方面的历史。”

这些话是对旧编本而言的。这次新编增订，变动较大的是这第二部分。这部分中原有的关于毛泽东论科学技术和邓小平论科学技术的四篇文章，这次单列出来，加上后来写的另外四篇同类性质的文章，合为一辑。

“文化大革命”结束以后，我的工作有了变动，转到了专门研究毛泽东、邓小平，以及党的理论和历史的岗位上。不过，由于历史缘故，我还保持着同自然辩证法研究的联系，并且还担任了两届中国自然辩证法研究会理事长，现在还担任着名誉理事长。这样，研究毛泽东、邓小平对科学和技术的论述，成了我特别关注的课题。这方面的一些成果已经收在《科学·哲学·社会》中，自那以后还有一些更有系统的研究，包括毛泽东逝世10周年时的研究、邓小平“南方谈话”以后的研究、毛泽东诞辰110周年时的研究，都收集和增补在《自然辩证法在中国》的新编增订本中，并且单独列为一辑，成为毛邓篇。

至于时论篇，则收集了围绕这些年来党的历次纲领性文件、围绕捍卫科学尊严和发扬科学精神、围绕科学与人文的结合和交融这些主题所写的文章。

在中国自然辩证法研究会两届理事长、中国科协促进自然科学和社会科学（两科）联盟委员会两届主任的任期内，我所参与和推动的一项较有影响力的工作，就是组织和坚持了持续多年的“捍卫科学尊严、反对愚昧迷信和伪科学”系列座谈会。从酝酿开始，到多次会议上，到围绕这个系列座谈会而进行的许多活动中，我都发表了或短或长的演说和文章。这些大都收集在这次的新编本中，成为这次增补的重要部分。

还有一个主题就是呼吁科学与人文的结合和交融。对自然科学的哲学研究，对科学技术和社会的研究，本来就是科学与人文结合和交融的研究领域。“五四运动”以来，欢迎“德先生”和“赛先生”；中国共产党成立以来，欢迎“德同志”和“赛同志”。两先生、两同志携手合作，本来就是科学与人文的结合和交融的生动体现。但是，在提倡科学精神、强调科学技术是第一生产力、重视科教兴国战略的现在，不时听到的“反科学主义”的声音，我以为是同促进科学与人文的结合和交融不相谐和的一种声音。把提倡科学、崇尚科学，一般地贬斥为“科学主义”，是没有根据和没有益处的。反-科学主义（也许是要把科学主义作为一种错误思潮来反对），同反科学-主义（即把反科学作为一种主义来提倡），很容易混同。如果不愿意引起这种混同，那就应该慎用“反科学主义”；如果意在混同，意在通过“反-科学主义”来宣扬“反科学-主义”，我认为那就不能不予以质疑。我注意到这个问题，提出质疑，最初是在1987年两科联盟的一次会议上和1989年纪念“五四运动”70周年的时候。以后又多次讲过，特别是2000年在上海科技论坛的长篇演说《新世纪科技发展的人文思考》

中和2004年发表在《自然辩证法研究》上的长篇文章《科学与人文：从分隔走向交融》（这篇文章曾经在纪念中国自然辩证法研究会成立25周年的大会上和在清华大学的一次报告会上讲过）中，比较充分地论述过我的观点。我期望这个问题能引起我国科学哲学界、科学社会学界和科学文化学界的注意，引起我国思想理论界的注意。

龚育之

2004年11月1日

编者前言

龚育之一生的学术研究主要涉及两个领域：一是科学技术论和自然辩证法，一是中国共产党的历史和理论。本书所收集的100多篇文章及作为本书“代序”的两篇自述，大体上能呈现出龚育之在科学技术论和自然辩证法这一领域长达半个多世纪的耕耘历程、一些研究成果和所提出的一些思想观点。

本书是龚育之个人研究工作的一份历史记录，也是有助于读者了解我国科技政策、科学技术论和自然辩证法事业曲折发展的一份历史资料。

编辑本书时，我们将文章分成五个部分：①科学和科学史；②科学技术政策；③科学技术论；④自然辩证法；⑤科学与人文。其中有些文章或讲话，内容涉及多个方面，很难严格地区分归于哪一部分。因此，目前的各部分只是大致的划分，相互之间有些交叉。

书中每一部分的文章都按写作或发表的时间顺序排列，以便于读者了解文章撰写的时代背景和作者的思想变化。

本书书名定为“科学与人文的交融”，是考虑到龚育之一生的学术研究都贯穿着将科学与人文融合起来的愿望和努力。事实上，无论科学史研究，还是科学技术政策研究；无论是科学学研究，还是自然辩证法研究，乃至后来的党史研究，从某种意义上说，他的作品大都具有科学与人文相结合的特色。龚育之在晚年，在生命的最后的十余年，无论在自然科学界，还是在社会科学界，甚至在任何学术场合，他都竭力提倡、大声疾呼：科学与人文的交融！

2003 年，他写道：

我们提倡的人文精神应当是具有现代科学基础的人文精神，我们提倡的科学精神应当是充满着人文关怀的科学精神。这就是现代的科学精神同人文精神的相互渗透、结合和统一。

龚育之
二〇〇三.一.十九

2004 年，他在多年思考和积累的基础上，又阅读了大量国内外文献，并与年轻朋友们一起切磋探讨，花费很大力气撰写了一篇长文——《科学与人文：从分隔走向交融》。

2007 年 6 月初，即龚育之临终之前，他惦念着还要撰写捍卫科学精神的文章，可以说，他正是在对这一课题的思考中逝去的。我以为，龚育之的这个遗愿，已转化成他对朋友们特别是青年朋友们努力发扬科学精神、努力促进科学与人文相结合的殷切期望。

为了编好本书，我特邀请相识50年的老朋友、中国科学院科技政策与管理科学研究所的陈益升研究员和新近相识的小朋友、清华大学科学技术与社会研究所硕士研究生李晓洁与我合作。在查寻文献方面，我们得到了中国自然辩证法研究会王萍、《自然辩证法通讯》编辑部王大明、上海辞书出版社潘涛、中国科学院图书馆张杰龙、《科学学研究》编辑部王艳辉、《科学学与科技管理》杂志社许静、清华大学研究生麻昊志，以及龚育之在北京大学科学与社会研究中心的博士研究生郑丹、张晓芳的热心帮助；在清样校读方面，刘立、王骏、郑丹、刘晓君、崔楠楠、余佳、黄承佳、陶新燕、张琪等同志付出了劳动；在编辑加工方面，科学出版社人文分社石卉女士等工作人员认真地作了种种努力。在此一并表示感谢。

由于时间比较仓促，本书的内容编排会有不妥，编辑工作还比较粗糙，恳请读者批评指正。

孙小礼

2012年12月10日

目录

第五部
科学与人文

第四部
自然辩证法

自然界各种运动形态和科学分类问题*

一、问题的提出

辩证唯物主义以自然界各种运动形态的区分和联系为科学分类的客观标准。

研究自然界各种运动形态和科学分类问题，在哲学上对根据现代科学最新成就来构成辩证唯物全义的统一世界图景具有基本的意义。

从哲学上阐明各种运动形态的区分与联系，对于从方向和方法论上指导科学发展，首先是边缘科学的发展，促进各门科学进一步相互渗入与有机联系，更全面而深入地反映复杂多样而又辩证统一的客观世界的规律，也具有重大的意义。

历代各种派别的哲学家对于这个问题都提出过自己的见解，如培根、孔德、斯宾塞，以至皮耳生、汤姆生等都建立过适合自己的哲学观点的科学分类系统。恩格斯在《自然辩证法》中依据当时的科学成就，提出了辩证唯物主义对这一问题的见解。但是近几十年来，科学不仅有了巨大的发展，而且经历了根本改变自己面貌的革命变革。因此，适应科学的最新发展，在恩格

* 本文原载《自然辩证法研究通讯》，1956 年创刊号，第 92 页。

斯所奠定的基础上向前发展辩证唯物主义关于这个问题的学说，便是当前自然辩证法研究中的一项重要任务。

二、问题的主要内容

（一）自然界基本的运动形态问题

自然界中各种具体的事物与具体的运动过程是无穷多样的。但存在着这样的一系列的物质运动形态，一切具体的运动过程，都是由这一系列的运动形态中的几种以特定的方式有机地组成的。这些作为一切具体物质运动过程的基础的各种运动形态，就是基本的运动形态。基础科学研究基本运动形态。

我们仍有必要研究根据什么来区分基本运动形态，它的定义并不是没有可争论的了，此外还有基本运动形态的联系转化与物质的多样性和统一性的关系问题，需要加以研究。

自然界运动形态分为两大类：非生物界运动形态与生物界运动形态。

（二）非生物界有哪几种基本运动形态

恩格斯将非生物界运动形态分为三种：力学、物理学、化学的运动形态。现代科学的发展开拓了这个科学部门过去不曾研究过的全新领域，并且深入地揭示了过去多少被分开看待的这三种运动形态间的内在联系，提出了重新划分运动形态，或赋予旧称的运动形态以符合科学发展的新内容和表述的问题。

1）力学。恩格斯当时是依据牛顿力学（宏观力学）来研究力学运动——位置移动的。现在产生了微观粒子的力学。微观粒子与宏观质点有本质的不同。相对论研究了高速粒子的力学并且革命性地改造了一系列古典力学的概念。在现今条件下，力学运动应指何而言？力学领域包含多广？此外，一个争论较多的问题为力学运动是应当被看做是独立于物理运动形态以外的一种运动，还是应该被看做是各种物理运动形态中的一种？

2）物理学、化学。恩格斯当时依据的是古典物理学，即分子物理学和热学、古典光学和电学、古典化学。即便在当时，称为物理的运动形态的也是几种而不是一种运动形态。由于原子结构、电子、基本粒子的发现，对各种物理、化学现象的研究，现在和物质的微观结构理论联系起来了，这样人们就更深入地了解到这些现象的微观本质和它们之间的内在联系。微观粒子力学的成就在这里有很大的意义。场论则是研究物质结构的最前哨。分析非生物世界具体物质的结构，依次达到三个“关节点”：分子、原子、基本粒子。研究分子从两方面进行：一方面，研究分子组成各种状态，研究分子混乱运动——热运动等，成为分子物理学；另一方面，研究分子如何由原子组成及分子如何相互作用而转化成另外的分子，即化学。两个方面的联系组成古典物理化学。现在发展了关于原子及原子核如何由基本粒子组成及原子相互转化的科学（有人把它称为原子核化学）和关于基本粒子的结构与转化的科学。化学物理学这样的部门也建立了起来……总之，古典物理学和化学的面貌已经发生了根本的变化。

在这种情况下，应该如何来看待这些运动形态的划分与联系？仍旧划分为物理、化学两种运动形态是否适当？可否重新做出划分？比如可否把化学运动就看做是物理运动形态中的一种？而什么是物理运动，更需进一步明确。

能及其各种形态，力及其各种形态，它们对研究非生物界各种运动形态的区分，联系与转化的意义。

（三）生物界有哪几种基本运动形态

生物界的运动与非生物界的运动的区别与联系是什么？

生物界运动形态是按对象（微生物、植物、动物）划分，还是按新陈代谢与生长、生殖与遗传等方面来划分？生物界各种运动形态的区分与联系如何？

人的心理活动的地位怎样？它与生物界运动和社会界运动的联系怎样？

（四）运动的高级低级问题，还原论与神秘论问题

运动形态划分为高级和低级，高级运动从低级运动中发展出来，高级运

动常常伴随着低级运动，但不能还原为低级运动……这是恩格斯提出的辩证唯物主义的自然观的基本原则之一。如何判定（根据什么原则）运动的高级与低级？是根据自然界历史发展的顺序，还是根据自然界物质组成的顺序（如基本粒子→原子→分子→细胞……），或者是由运动规律形式的“简单”到“复杂”的顺序？

从历史发展的观点看，生物界运动形态高于非生物界运动形态，这是可以明了的。

非生物界运动形态有无高级和低级之分？如有，应如何划分？比如宏观力学运动是比微观的粒子运动低级还是高级？一般称为物理运动的诸运动之间，以及化学运动与物理运动之间，高低级关系如何？对生物界运动形态如何排列高低顺序？单条直线式的高低级排列顺序是可能的吗？

还原论肯定要反对，但必须研究还原论的本质，划清还原论的界限。反对还原论的斗争扩大化的结果便是忽视各种运动形态的联系及对这种联系的研究（例如，反对“大脑机械论”而忽视神经过程中的物理过程的研究，反对生物学中的物理、化学等“机械”倾向而忽视对各种射线和化学药剂处理种子、生长素、化学杀虫剂的作用等的研究，反对共振论的“机械论”而贬低量子化学的作用等）。而且还可能导致神秘论，即将高级运动形态归之于神秘的力，如化学力、生命力等。

（五）其他几个科学分类的原则问题

科学部门不仅按基本运动形态建立，也按其他原则建立，如天文学研究天体过程（包括天体的力学、物理学、化学、生物学）、地学研究地球。划分科学部门除按基本运动形态划分的原则外，还有哪些原则？

一个科学部门（例如化学、天文学）内部划分的原则有哪些？例如，按具体物质对象：植物学与动物学的划分；按具体物质对象的某一方面、某一类过程；地球物理学、地球化学的划分等；按研究方法划分，如按统计方法等。从多种角度来划分科学部门的必要性（客观的原因：物质对象与过程间的多样复杂的联系。主观的原因：人的认识角度的多样性。）

应用科学在科学分类中的地位。应用科学研究人所控制的自然过程，研究人如何利用已被认识的自然规律。应用科学内部划分的原则，如按它所运用的自然规律所属的部门分，按具体物质生产部门分，按某一类生产程序分等。

数学在科学分类中的地位及其内部划分的原则。

地理学在科学分类中的地位及其内部划分的原则。

研究目前广泛使用的一些科学分类概念，如基础科学、技术科学等。

从对科学分类的各项原则的研究中，研究各科学部门之间复杂的联系，研究新科学部门形成的规律和目前新科学部门形成的问题。

（六）对古典哲学家及唯心主义哲学家的科学分类原则进行研究和批判

例如，研究批判皮耳生等的抽象科学（研究知觉式样）、具体科学（研究知觉内容）、精密科学、概要科学、描述科学、实验科学等概念。

三、问题研究的现状

最近苏联发表了凯德洛夫专门研究这一问题的论文（中译文见《学习译丛》1955 年第 10 期），苏联哲学研究规划中列入了这个题目。许多关于自然科学哲学问题的论文都牵涉到（但不是专门研究）这个问题的内容。在我国，自然科学家学习与研究哲学时经常提出和讨论这个问题。资本主义国家的近况不清楚。

四、研究方法与要求达到的目的

这个题目要求进行集体的综合研究：专门科学家研究各科学部门所研究的运动形态及其与其他运动形态的联系，研究各科学部门在科学分类中的地位及内部分类原则；哲学家进行综合的、概括的研究。

要求：①写出若干篇专题研究论文；②在这基础上写出反映最新科学成就的辩证唯物主义统一世界图景的通俗专著；③写出科学分类原则及其系统的专著。

开展自然辩证法的研究工作*

在制订全国科学工作规划期间，在北京的许多自然科学家和一些哲学家一起开了一系列的座谈会，讨论了自然辩证法（或自然科学哲学问题）研究工作的规划。笔者有机会参加了这些讨论，现在将讨论的情况在这里作一个简略的介绍。

大家认为，自然辩证法的研究是哲学研究的最重要的方面之一，而且它正在开始形成哲学的一个独立部门，好像研究社会发展的一般规律的历史唯物主义已经成为哲学的一个独立部门一样（关于这个哲学部门的名称是否应该叫做自然辩证法，大家还有不同的意见）。但是，对这方面的研究整体来说还是不够的，作为一个科学部门还远不够成熟。在我国，自然辩证法的研究更完全是一个空白学科，专业研究人员几乎完全没有，不过，许多自然科学家在几年来的哲学学习中对这方面的研究表现了很大的兴趣。

自然辩证法的研究内容是很丰富的，大体上可以分为下面的五个方面。

1）现代数学和各门自然科学的基本理论中的哲学问题的研究。各门科学的基本理论部门在发展中不断向哲学提出许多新的问题。这样的哲学问题是自然科学家在他们的研究工作中不能不涉及的，是他们最感困惑也是最感兴趣的。这方面的研究成果对自然科学的发展起着直接的推动作用，同时，

---

* 本文原载《人民日报》，1956年12月26日。

哲学也首先是从对这些问题的研究中，根据自然科学的最新事实材料和最新理论概念来丰富和发展自己的。

属于这一方面的研究题目很多。例如，在物理学中，最重要的有量子力学的哲学问题和相对论的哲学问题等。量子力学认为对微粒子的运动只能做出统计性的描述，只能对运动的结果做出概率的（即表示可能性程度的）预言，它确立了不可能同时无限精确地测定微粒子的坐标和冲量的原理等，这就提出了在新的基础上研究像因果律的形式、统计的规律性的本质、必然性和偶然性、测量仪器在认识微观现象中的作用等哲学问题，以及驳斥对量子力学作不可知论的歪曲的任务。相对论根本改变了过去物理学家对物质、运动、空间和时间的概念，提出了在新的基础上进一步研究辩证唯物主义关于这些范畴的学说，驳斥对相对论作相对主义和主观主义歪曲的任务。此外，如物质结构理论和场论的哲学问题、统计物理学的哲学问题等也都很重要。生物学的哲学问题讨论得最多，米丘林学派和孟德尔学派之间争论的许多问题，像遗传的物质基础、环境对生物体遗传性的影响、生物种变化中量变质变的关系和质变的形式，以及种内种间关系上矛盾的性质等都有重要的哲学意义。在生命的起源和生命的最初发展问题上也有过不少有哲学意义的讨论。物理学、生物学中的哲学问题当然不止上面提到的这些，其他科学部门，如数学、天文学、地学、化学、心理学等，当然也都有自己的重要哲学问题，在这里不一一列举了。

2）有的已经形成了一整套成熟的研究方法，有的也已经创造了许多成功的研究方法，并且都在不断地创造新的研究方法。从辩证唯物主义的观点来分析和总结这些研究方法，建立系统的科学方法论，这对自然科学家的帮助会是很重要的。同时，哲学从总结自然科学认识活动的丰富经验中也能汲取很多东西，来充实认识论、辩证法和逻辑的研究。这方面的研究可以分为两部分。一部分是自然科学中较一般的方法的研究。例如，实验、观察方法的分析和研究，科学假设的研究（假设在形成理论中的作用，假设有些什么类型，获得假设有些什么途径，科学中重要假设的典型分析等），数学在各门自然科学研究中的作用，类比方法、形象等在研究中的作用等。另一部分是各门自然科学中的特殊方法的研究。此外，这方面的研究还包括和科学方法论有关的一般认识论问题，如辩证唯物主义一般方法和各门科学的具体方法的关系，研究方法和研究对象的关系问题等。

3）数学和各门自然科学思想发展的研究。这方面包括：数学和各门自然科学在各个时期的中心思想的发展，辩证唯物主义在数学和各门自然科学中发生、发展，以及和唯心主义和形而上学斗争历史的研究；数学和各门自然科学中重要概念（如数、物质、运动，质量、能量、信息、生物种、进化等概念）和重要理论（如物质结构理论、时空理论、进化论等）的产生、演变的研究，科学方法演变的研究；重要自然科学家和数学家的哲学观点和科学方法的研究（研究他们的哲学观点中一切唯物主义和辩证法的因素，批判有些科学家的唯心主义和形而上学观点，具体地揭示这些观点对他们的科学工作的妨碍）。这方面研究的目的是从历史发展的角度来总结自然科学认识活动的经验。

4）自然界各种运动形态和科学分类问题的研究。研究自然界各种运动形态的划分和联系，研究高级运动形态和低级运动形态的关系，会帮助人们深入地了解各个科学部门的划分，特别是它们之间的联系和相互渗透，这对推动各个科学部门相互影响，指导边缘科学（如量子化学、生物化学、生物物理学等）的发展，促进新科学部门的产生，都是有很大意义的。在各种运动形态关系的问题上，对还原论（把高级运动简单地归结为低级运动）和神秘论（否认高级运动和低级运动的联系，把高级运动归之于某些神秘的力，如生命力）的问题要多加研究，因为无论哪种倾向都大大阻碍着科学的发展。这方面的研究，对于形成依据最新自然科学成就的辩证唯物主义自然图景也是一种基础的工作。

5）根据数学和各门自然科学的新成就来研究辩证唯物主义的规律和范畴，研究自然界运动的一般规律。辩证唯物主义的规律和范畴是从自然科学和社会科学中概括出来的，因此，必须研究各门科学的基本概念，特别是依据自然科学对这些概念的最新理解来研究辩证唯物主义的范畴（如物质、运动、变化、发展、空间、时间、必然性、偶然性、有限、无限、连续、不连续等）。同时，在概括各门自然科学成就的基础上研究自然界一般规律的问题（如同历史唯物主义研究社会界的一般规律一样），也是今天应当着手的工作。

在以上五个方面研究的基础上，概括起来，研究自然辩证法这个哲学部门的逻辑体系问题，研究以最新科学成就为依据的自然图景和自然发展史问题，也是重要的研究任务。

以上各方面的研究工作，都要贯彻对唯心主义观点的研究和批判，都要进行历史的考察，继承前人在这些问题研究上的一切有益的成果。

从上述的研究内容，可以看出，自然辩证法的研究是十分重要的。对于哲学来说，这方面的研究不仅为辩证唯物主义原理提供无数生动的论证，不仅促使辩证唯物主义原理进一步丰富和精确化，而且提出许多新的、从过去的经典著作中找不到现成答案的哲学问题，这些新问题的解决将使哲学进一步向前发展。对于自然科学家来说，这方面的研究将帮助他们活跃思想，开阔眼界，帮助他们吸取人类认识史的经验和教训，帮助他们摆脱流行的庸俗哲学的思想束缚，获得思想方法上的正确指导。

如何开展这方面的研究呢？大家提出了下面这些意见：

开展这方面的研究，必须依靠自然科学家和哲学家的合作。我们已经拥有一批对自然辩证法研究有很大兴趣的自然科学家，这是开展自然辩证法研究的很好的条件。大家希望，随着自然科学家对哲学兴趣的进一步提高，这个队伍将不断地扩大起来，并且从中产生出一批兼为自然科学家和哲学家的人才。大家感到，我国有不少哲学家对这方面的研究还不够重视，希望这种情况能够改变，特别是在培养新的哲学干部的工作中，希望注意给青年以作为现代哲学家所必备的自然科学训练，并且培养出一批自然辩证法的哲学专家。只有通过自然科学家和哲学家两方面的努力，才能真正建立列宁所倡导的唯物主义者和自然科学家的联盟。

我国自然辩证法的研究刚刚开始，目前主要的任务是迅速把工作开展起来，但也应当注意吸取苏联和其他国家在这方面的经验和教训，培养正确的学风，防止那些会阻碍研究工作获得成绩的不良倾向。大家提到这样一种倾向：在正确地批判渗入自然科学的唯心主义哲学的同时，错误地不加分析地对真正的自然科学事实和理论采取否定态度，是要注意防止的。苏联有一些哲学家曾经一度由于批判唯心主义而对相对论、控制论、数理逻辑、量子化学抱有否定态度，近来得到了纠正。还有一种倾向，就是把哲学与自然科学的关系简单化、庸俗化，用哲学代替自然科学，用一般哲学命题代替自然科学原理，用一般哲学解释代替对具体自然过程的机理的自然科学研究，甚至不虚心对待自然科学的事实和成就，反而把一些哲学原理和条文僵死化并用其来向自然科学发号施令。生物科学哲学问题的研究中过去的一些错误和缺点，看来是属于这种性质。正如好的哲学会促进自然科学发展一样，不尊重事实和科学的、僵化而专断的坏的哲学，当然会阻碍自然科学的发展。

提倡一种切实的、朴素的学风，大家认为是很需要的。限于反复引证经典著作的字句，限于引用若干自然科学材料作为哲学原理的例证，不去正视自然科学发展中提出的一切激动人心的新鲜问题而把它一旁放过或一笔带过，这样的研究是没有什么用处的。提倡不摆架子，不装腔作势，发现一个问题就写出这一个问题，解决一个问题得到一点意见就写出这一点意见，发生一点困惑就写出这一点困惑，这样才能引导人们切实、朴素地进行研究。"百家争鸣"的方针要在这方面研究工作中贯彻。

推动自然辩证法的研究，还需要有关部门予以重视和支持，特别是由于这种研究工作带有一定群众性（从必须广泛吸引自然科学家参加研究的角度来说），更加需要这样。大家希望中国科学院哲学研究所注意联系广大自然科学家和哲学家，推动和组织这方面的研究工作，并且出版一个通讯性质的刊物作为联系、推动和组织工作的工具；希望出版机关把有关自然辩证法的外国专著和论文编译出版，为研究工作提供必要的资料。①

---

① 当时制订的规划中，还包括研究作为社会现象的自然科学这一方面的题目（如自然科学的特点和发展规律，自然科学同生产、技术的关系，自然科学同哲学的关系，自然科学同社会科学关系，自然科学同政治的关系，自然科学同宗教及其他上层建筑的关系，自然科学在社会主义和共产主义建设中的作用，党对科学工作的领导，等等）。

凯德洛夫著《论〈自然辩证法〉》一书简评*

恩格斯的《自然辩证法》是一本较为难读的经典著作。这是因为：第一，它是一本未完成的著作，除了一部分完整的论文外，大都是零星的札记和片断；第二，它涉及许多自然科学的材料，并且是好几十年前的自然科学材料。因此，一本介绍《自然辩证法》的著作应当从这两方面给读者以帮助。我也就从这两个方面来评价人民出版社最近出版的勃·凯德洛夫著的《论〈自然辩证法〉》一书。

在《自然辩证法》的材料的编排的问题上，作者提出了许多意见。目前版本的《自然辩证法》是将完整的论文和札记片断分为两部分，分别按恩格斯自己写的“总的计划草案”的顺序编排。作者则建议在阅读时将论文和札记片断混合编排。他提出了两个方案，一个是将论文和十余则最接近于完成的札记片断按“总计划”项目编在一起，供初读之用；另一个是将全部论文和札记片断（几则无法归类的和十几则摘引文献的片断除外）统一按“总计划”项目编排，供深入研究之用。在哪个札记片断应归于“总计划”的哪个项目之下的问题上，作者与“自然辩证法”目前版本两者之间有很大分歧。

作者还对《自然辩证法》的内容作了分析。根据他的分析，《自然辩证法》分为三个部分：一是导言部分，讲整个自然观和自然科学与辩证法的关

---

* 本文原载《自然辩证法研究通讯》，1957年第1期，第67页。

系；二是基本部分，讲物质的各种运动形态；三是结尾部分，批判几种唯心主义和形而上学思潮，每一部分又归为若干章节和主题。例如，物理学和化学的运动形态的章节归为能的转化和物质结构两个主题，生物运动形态的章节归为生命和细胞起源、达尔文的发展学说，以及对马尔萨斯学说和庸俗进化论的批判三个主题，等等。

作者的这些整理和分析，无疑对读者是会起到参考和帮助的作用的。

虽然如此，作者的整理和分析方法本身还有可讨论之处（作者自己也声明了他的整理方法“完全是试验性的”）。我在这里提出两点来讨论：①按照这个整理和分析，自然辩证法作为一个哲学部门，它的逻辑体系和主要内容是很不清楚的。而作者自己在《论科学分类》（见《学习译丛》1955 年第 10 期）一文中是主张自然辩证法应当和历史唯物主义一样成为哲学的一个部门的。②按照这个整理和分析，恩格斯关于辩证唯物主义的规律和范畴，如因果律、偶然性、必然性等的一些研究，关于自然科学方法论的研究，就没有独立的地位而分散到各个并非恰当的项目中去了。

在说明当时的自然科学状况方面，可惜的是，作者没有做什么工作。当时在各个主要科学部门里已发现了哪些重要事实和规律？取得了哪些公认的成就？有些什么重大的争论？哪些重要问题还模糊不清？流行的看法怎样？各种错误思潮及它们的根源与联系如何？这些问题，从这本介绍性的小册子中是找不到解答的。而且，作者的一些简单化的提法，如“降神术的传播是资产阶级对 1871 年法国革命事件，对无产阶级的革命运动的一种直接的思想反动”，很难令人同意。对这个提法，作者并没有进行验证，在我看来是没有根据的。[①] 恩格斯在《自然辩证法》中，列宁在《唯物主义与经验批判主义》中，都是首先从自然科学思想发展的内部去深刻地分析自然科学中的各种

---

① 我对于降神术很无知，但从恩格斯讨论到它的文章《精神世界与自然科学》中看来，它并不是 1871 年以后才盛行起来的。恩格斯的文章中说，华莱士搞这些玩意儿始于 1844 年，又据一些介绍心灵学的书（如爱德华·克洛得的《如果让死了，他能再活过来吗?》，上海心灵科学书局编的《心灵学讲义》中说，“现代心灵学”始于 1848 年佛克思姐妹，始于“发明辈出”之邦的美国，而后迅速传到英国、欧洲大陆和俄国。1848 年的一年以后，纽约城即有“神媒”上百，七年之内，在美国的信徒即有 200 万。足见在 1871 年革命以前，心灵学已经盛行了 20 年。何况，问题还不在于时间的先后。即使心灵学确是 1871 年以后盛行起来的，时间先后并不能代替因果关系，要做出降神术是 1871 年革命的直接思想反动的结论，也还需要拿出论证来。

唯心主义和形而上学思潮（如机械观，心灵学，“物理学”的唯心主义等）的根源，他们在考察这些思潮的社会根源时并不把它们简单直接地和某次革命、反革命事件联系起来。近来很少看到恩格斯、列宁那样的对唯心主义的深刻的、令人信服的分析了，常常看到的是各种简单化的庸俗社会学的“分析”了。例如，“自然科学内部的意识形态的斗争是直接同政治联系在一起的”①。

应当说明的是，上述的提法在我所评论的这本书中并不占主要地位。我在这里是“借题发挥”一番。

下面想专门谈一个问题，即《自然辩证法》这本书的意义的问题。作者在书的结论中（第 145 页）把《自然辩证法》的意义归结为“巧妙地把辩证唯物主义的方法用来解决当时的自然科学中的各种基本问题”，并具体化为三条：第一，“击破了资产阶级世界观在自然科学中的阵地”；第二，“解决了整个自然科学（科学分类）及自然科学各部门的各种最重要的具体问题”；第三，“以一系列预见给自然科学指出了进一步发展的道路”。

首先，我觉得作者对《自然辩证法》的研究在形成、建立和发展唯物主义中的作用几乎完全没有提到，辩证唯物主义既然是研究自然、社会和思维的一般规律的科学，就不能不去概括自然科学的一切成就和自然科学认识方法和认识史的全部经验，否则它就不能形成、建立和发展。哲学和自然科学在发展中是相互作用着的。只强调哲学对自然科学的作用，忽视或忘却自然科学对哲学的作用是片面的。

其次，在哲学如何对自然科学起作用的问题上，我觉得作者用哲学去“解决自然科学各部门的各种最重要的具体问题”的提法是有毛病的。哲学解决的是哲学问题，具体的自然科学问题要由具体的自然科学去解决。对于最重要的具体自然科学问题的解决，哲学可以也的确给予了思想上的影响和指导。这种影响和指导无疑是意义重大的。谁否认它谁就要“吃苦头”。但是哲学对自然科学却只能限于思想上的影响和指导，绝不能越俎代庖。举一个例子吧，火星上有没有生物的问题是一个具体的自然科学问题，它要由具体的自然科学部门——天文生物学去解决，哲学不能代劳。虽然生命现象是

---

① 《新编哲学史》，人民出版社，第 173 页，凯德洛夫参加了本书的编辑工作。这类的提法是颇为流行的。

自然界本身发展过程中的必然产物这一哲学信念对研究地球以外的其他天体上有无生物的问题具有原则上的意义。

索性再“借题发挥”一番吧！我觉得，现在确有一些希望从事自然辩证法研究的人，他们以为自己的任务就是拿着一根棍子到自然科学中去驱打唯心主义，发号施令，解决一切自然科学问题，甚至认为，不但一切哲学问题都已经解决了，而且一切具体科学问题都早由哲学解决了，现在之所以还争论不休仅仅是因为还有唯心主义作祟的缘故。他们很少甚至完全没有想到还需要向自然科学学习和吸取许多东西，还需要进一步丰富和发展哲学，也没有想到唯心主义固然必须批判，但哲学的任务主要不是去堵塞和限制自然科学的这条或那条道路，而是为许多自然科学问题的解决从思想上去开辟更多、更宽广的道路。

哲学对自然科学工作者究竟有什么影响*

作者前记

这里发表的是作者半年前写成的一则学习心得。

这一则学习心得是企图解释和论证哲学对自然科学的影响的一个初步尝试，其中有些部分还只具备提纲的性质。

——1957 年 10 月 28 日

哲学究竟在哪些方面影响自然科学工作者？我以为，概括起来说是在两个方面。一个方面是帮助自然科学工作者从根本上、从全局上来理解整个自然科学，即根据一定的世界观形成科学观；另一个方面是帮助自然科学工作者训练自己的思想方法和科学研究方法。

一、科学观方面的影响

什么叫做帮助自然科学工作者从根本上、从全局上来理解整个自然科学呢？

* 本文原载《自然辩证法研究通讯》，1957 年第 4 期，1987 年收入《科学·哲学·社会》（光明日报出版社，1987 年，第 8～19 页）时略有删节。

首先，有一个问题，每一个自然科学工作者都必须给出自己的回答。这就是：什么是自然科学，什么是科学？这是一个科学观问题，一个哲学问题，回答可以是多种多样的，但基本上只有两样。科学研究的是客观物质世界及其运动；科学是人对这个世界的本质及其运动规律的越来越深广和正确的认识——这是唯物主义的回答。根本没有什么客观物质世界，或者根本不可能认识这个世界，科学研究的只是人的感觉的世界、感觉与感觉的关系或仪器上面的读数；科学只是人的感觉的分类索引，只是为了方便，为了节约思想而人造的描述感觉的方法——这是唯心主义的回答。这两种相对立的问答具有截然相反的意义。举一个例子，哥白尼研究了天体运行的客观规律，创立了太阳中心的地动说的科学理论，向长久统治着人们思想的地球中心的天动说的宗教教义挑战。奇怪的是，他的书却是在他死后由一位教士印行的。只是教士在书中加了一篇序言，序言中说：哥白尼的意思并不是说地球是绕着太阳运动的，他无非是发明一套规则，以便更方便地描述天体的运动（如行星的视动）。

什么是科学的问题，即科学观的问题，并不像它初看起来那样空泛。它牵涉到对自然科学的思想基础和最基本的概念的理解，这正是哲学对自然科学发生影响的重要方面。这里不准备作系统的分析，只简略地举出下列的几项。

1）像世界的客观存在、它的可认识性、认识中主体和客体的关系等，就是涉及自然科学思想基础的哲学问题。量子力学中的测量干扰的问题，相对论中参考系与观察者的问题就都属于这个范围；没有人能否认这些问题必须提高到哲学上来探讨。只是哲学观点不同，理解也就相异。有许多科学家认为只有根据辩证唯物主义才能正确理解这些问题，同时自然科学在这些方面的进展也推动了辩证唯物主义的进一步丰富与发展。另一些科学家，如琴斯，则明确地宣布，从这些问题中，“我们达到的当然有些像巴克莱（这个彻底的主观唯心主义哲学家兼主教——引者）的著名论证，只是穿了现代的外衣，并且有科学知识的赞助”①。

2）像真理的标准和验证的哲学问题，就是科学观中的重要组成部分。

① 琴斯：《科学的新背景》，开明书店 1935 年版，第 251 页。

用什么作为检验真理的标准？用方便、简明、节约思想，自圆其说……还是用实践？从节约思想出发，19 世纪的物理学家和哲学家马赫曾坚决否定原子的存在，他认为，原子只是指出化合的量的规则的一种方便办法，只是人的一种智力的构造物，关于说像原子这样的东西存在着，那是可笑的“形而上学”。曾几何时，科学的历史无情，现在人们已经能照下原子的相了。于是，现代马赫主义者们只好声称自己是承认原子的存在的，以免自己陷在过于“可笑的”地位。然而，他们仍然是从方便的原则来承认原子的存在的。例如，连津说过：“马赫的错误并不在于他把原子当做一种智力的构造物，而是在于他没能预见到原子的长久的理论价值。”① 也就是说，没能预见到原子概念如此方便。即使承认以实践中主观和客观的符合作为检验真理的标准，也还有一些饶有兴趣的哲学问题是自然科学家不能不加以注意的，如逻辑推演与数学推演对实践验证的关系问题和形式逻辑的证明与辩证法所理解的证明的问题。实践证明是一次完成而且永久完成的吗？不是，那么还需研究实践验证的复杂性与相对性（在肯定其绝对性的前提下），研究从相对真理到绝对真理的发展中来考察的实践验证的辩证性质等。

3）像世界的统一性、因果律、规律性这些哲学范畴，都是牵涉到自然科学思想的出发点的。同样的事物在同样的条件下具有同样的规律，这是一个哲学假定。没有它，就谈不到科学的存在。而因果律的形式、统计的规律性的本质及其与力学的规律性的关系、偶然与必然的关系，这些热烈争论着的自然科学问题，都是有根本的哲学意义的。

4）像物质、运动、时间、空间、生命、意识这些最基本的自然科学概念，同时自然又成为哲学的范畴。在这里，两个方面的研究是互相交错的。任何一个方面的观点和研究进展都深刻地影响到另一个方面。因此，研究这些问题的自然科学家都不得不进行哲学的思考。这方面的许多著名人物的名字就不必列举了，只举一个最近的例子。最近我国留美物理学家李政道、杨振宁和吴健雄提出和证实了推翻所谓宇称守恒定律的普通性的新学说，苏联兰道院士也提出了左右空间和正反物质的复合反演的新学说，引起世界物理

① 连津：《物理理论中的实在观念》，见《哲学评论》，1945 年。转引自《现代主观唯心主义》一书俄文版，第 350 页。

学界的热烈的讨论。这些都牵涉到对物质、时间、空间的根本理解。因此很自然地，这些科学家都提出了一些饶有兴趣的哲学论点，哲学界也很注意这些问题。

显然，上面提到的都是涉及人的认识的本质的一些根本问题。自然科学作为人类认识的一个部门，必须将对这些问题的哲学解决，即哲学认识论作为自己的思想基础。

科学观问题还有另外的一面，即把科学当做社会的活动，当做社会意识形态来理解。在马克思主义哲学中，这属于历史唯物主义的范围。自然科学工作者有必要理解自然科学在社会生活中的地位与作用，它与生产的相互作用，它与社会制度、阶级和政治斗争的关系，它在社会中的发展规律等，以便认清自然科学工作的社会职责。

在资本主义国家里，自然科学家中曾经流行过一种脱离社会的观点，认为自然科学的目的仅仅在于追求自然的奥秘或宇宙的和谐或科学家自己的智力上的享受，也就是为科学而科学。数学家兼哲学家的彭加勒还从唯心主义认识论方面特别论证了这个口号。① 当然，更多的科学家的观点不是这样的，特别是现代科学在社会生活中的巨大的创造和破坏的力量，迫使自然科学家不能不考虑自己工作的“社会后果”。广大的研究原子核科学的科学家都呼吁反对原子战争和原子军备竞赛，这是大家都熟知的了。控制论的创造人维纳在看到自动控制技术将要给资本全义社会带来失业和奴隶劳动条件的前景时，不得不感到自己是“站在一个道义的位置上，这个位置至少是不很安适的”②。

在我们社会主义国家里，情况就不一样了。这里问题的关键是如何迅速发展自然科学为社会主义建设服务。这就要求自然科学工作者树立科学为人民服务、理论联系实际的观念；要求自然科学工作者认识社会主义制度对发展科学事业的优越性，自觉地接受体现着这种优越性的发展科学的社会主义道路。同时，还要求自然科学工作者，特别是他们中间那些担负一定领导责任的人，总结社会主义制度下科学工作的经验和教训，批评各种离开社会主

① 彭加勒：《科学之价值》，商务印书馆，绪论与第三篇。

② 维纳：《控制论》导言，《学习译丛》，1957 年第 6 期。

义道路的“右”倾观点和各种将科学道路的社会主义特征简单化、庸俗化的“左”倾观点，例如，脱离实际的学院态度或狭隘实用主义的某些表现，盲目崇拜资本主义国家科学或对资本主义国家科学成果采取虚无主义态度的某些表现等。只有摒弃这些观点，根据真正正确的马克思主义的科学观来组织科学工作，才能充分发挥社会主义制度在发展科学方面的巨大优越性。

此外，从根本上、从全局上理解自然科学，还有这样一个方面的意义：研究各门自然科学的对象，各门自然科学的相互联系与划分；研究各门自然科学发展中的相互作用，研究各门自然科学发展的规律与当前趋势，研究科学发展的“生长点”和“浪头”，研究新科学部门生长的规律；研究各门自然科学思想、概念、理论、方法的演变和发展，研究各门自然科学思想当前的状况与问题及进一步解决问题的途径，等等。这些自然绝不是纯粹的哲学问题，但也并不是纯粹的局部的、具体的自然科学研究所能解决的问题，它仍需要作高度概括的考察，也就是说，需要哲学的帮助。

二、科学方法方面的影响

哲学对具体的、经验的自然科学研究的影响，还体现在思想方法和科学研究方法方面。当然，科学方法的问题和科学观的问题是密切不可分的，以至于我们前面提到的一些科学观问题，同时也就是科学方法问题，反过来也是如此。关于哲学对思想方法和科学方法的训练，下面分为两个方面来分析和讨论。

哲学是研究思维规律和认识规律的科学，自然科学家掌握了这种规律，就能用之作为思想和认识的方法，以便更好地思想和认识。这是一个方面。

这里稍微具体地分析几点。首先，谈谈自然科学的最基本的认识方法之一——实验方法。实验并不仅仅是动手的问题，主要是动脑的问题。而且，如何理解与运用实验方法是一个方法论问题。实验中所复制的和控制的自然过程，已经不再是原来的自然过程本身，它舍弃了一些，割裂了一些，变化了一些……这是一种抽象。经过抽象是更深入地揭露了本质，还是会歪曲本质？这决定于进行抽象的方法和对“抽象”的实验的理解方法。例如，生理学中有所谓活体实验与离体实验，活体中的条件与离开活体的（如试管中）条件是相差很远的，而且在进行实验的条件下的活体里的过程与不进行实验的原来条件下的活体里的过程也往往是不同的。如何理解各种实验的意义是很重要的问题。胡适曾经歪曲了自然科学中实验方法能够创造与自然界中的条件和过程有所不同的或自然界不常有的条件和过程这一事实，把它说成是任意“自由”“创造证据”，这当然是极端有害的主观主义。不过，我们有的同志在批判胡适的时候采取了简单化的——反其道而行之的办法，走到了否认实验的抽象意义和创造意义的极端，这也是一种缺点①。

再来谈谈自然科学中广泛运用的另一种方法——数学方法。没有现代数学的广泛运用，现代的理论物理科学是不可想象的。然而，数学过程与实在的物理过程的关系如何？也就是说，如何来理解各种数学运算与数学项的物理意义？特别是近似的数学方法被广泛地运用着。近似方法自然又是一种抽象。从不同的方面用不同的方法去近似，常常会获得不同的结果。如何理解这些近似方法及其物理意义？有时候产生了对物理意义的遗忘，这是列宁指出过的引向唯心主义的一条道路。有时候又产生了对一些纯粹的数学关系赋予它们本来不具有的物理意义的情况，这是引向唯心主义的又一道路。近来，关于数学方法还提出了一个新问题，即高度抽象的数学方法在极为复杂具体的生物学领域、心理学领域乃至社会科学领域的运用问题。这里自然容易得到一些毫无意义的甚至荒谬的结果，但不加分析地否定它，就是一条在阻碍科学进步的道路。

假设方法也是自然科学的最重要的研究方法之一。恩格斯说过，“只要自然科学在思维着，它的发展形式就是假设”②。假设、理论与客观规律之间的关系怎样？如何看待历史上变化着的各种假设和现在矛盾着的各种假设？有人从这里得出主观主义的相对主义结论，如胡适就因此断言“科学律例是人造的”、“方便的假设”③。辩证唯物主义者则从相对真理到绝对真理的无限复杂的认识过程中去理解它们。此外，从辩证唯物主义的角度细致地研究下

---

① 胡适：《治学的方法与材料》（《胡适文存》三集卷二，第19页）及《胡适思想批判》第一辑，第165～167页。

② 恩格斯：《自然辩证法》，第201页。

③ 胡适：《实验主义》。

面这样一些关于假设的问题对自然科学家是有帮助的。这些问题是，假设有些什么类型？所谓作业假设的意义如何？获得假设有些什么途径？类比方法是获得假设的最重要途径之一。如何理解与运用类比方法，如何从经验公式的归纳中做出假设，从数学推演中如何做出物理的假设，假设如何发展，如何向理论演进，等等。

此外，逻辑学（形式逻辑和辩证逻辑）中关于归纳与演绎、分析与综合、一般与特殊等逻辑范畴的研究，无疑对自然科学家都会有方法上的帮助。

这里简单地分析一下一个科学部门——量子化学中自然科学家所遇到的各种方法论问题，哲学应该在这里起到帮助作用。

首先，量子化学的基本思想——运用量子力学的理论工具来研究化学的基本问题是饶有哲学兴趣的。哲学家凯德洛夫曾经认为这种方法是还原论机械论的（将高级运动形态——化学还原为低级运动形态——量子力学）①，另一些科学家反对这种观点②，最近苏联科学院涅斯米扬诺夫院长则认为物理学方法对化学的强烈影响是化学发展的主要方向之一③，而英国科学家贝尔纳更早就认为化学已变成物理学的一部分④。其次，量子化学里运用着几种（主要是价键法和分子轨道法两种）计算分子的近似解法，准确的解法现在还没有。这就涉及前面提到过的如何理解不同的近似数学方法的物理意义的问题。共振论的各种概念便是从一种近似解法（价键法）的数学项中引申出来的。苏联一些学者曾经批判了这些概念没有根据，并认为其是唯心主义的⑤。共振论的创始人鲍林则有不同的看法。不久以前，他在接受诺贝尔奖时发表的演讲中承认共振概念的“随意性质”，但认为“这种随意性质往往无须加以突出”，“讨论化学问题时共振观念的需要和优点是如此之大”，也就是如此方便，“因此，在对比之下，由于随意性因子而论证缺点显得意义

① 凯德洛夫：《反对有机化学中的唯心论和机械论》，《科学通报》，1953年第3期。

② 卡努仰茨、祖布科夫：《科学中的学派》，《科学通报》，1955年。

③ 《科学通报》，1957年第9期。

④ 《科学与社会》，三联版，第54页；《有机化学中化学结构理论的状况》及《论共振论》两书，科学出版社。

⑤ 《化学译报》，1957年第1期。

不大”。再次，鲍林为了辩护自己的观点，进一步提出，任何结构理论中都“可以找到理想化、假想化了的结构要素”，并认为这种“理想化”就是“随意性因子”①。在这里，鲍林谈的是几种化学键、单键、双键等的抽象问题。键，如单键这个概念，对一切具体的不同的单键是一个抽象。如何理解这种抽象？它是“随意”的吗？苏联一些化学家也讨论过化学键和化学结构式的抽象问题。

从对量子化学这个领域中的方法论问题的简单分析中可以看出，各个科学领域中的方法论问题是很多的，对这些问题可以有，事实上也确实有不同的看法，但有一点应该是一致的，即对这些问题进行认真的哲学探讨，得出正确的哲学见解，对科学的发展是会有帮助的。

上面讨论了哲学作为研究思维规律和认识规律的科学对自然科学研究方法的影响。下面再来谈谈另一个方面，哲学作为研究自然界、社会和思维的最一般规律的科学对自然科学研究方法的影响。自然，这两个方面又是密切联系着的。不过，这里不准备分析这种联系，人们在讨论哲学的对象问题时讨论过它。这里只来分析一下对自然界最一般规律的知识，如何对研究自然界的各种具体规律起着方法论上的指导作用。

例如，一切事物都是相互联系、相互转化着的，这是一条辩证法的最一般规律。这条规律并不是从天上掉下来的或是人们任意规定的。它是从各门科学关于各种具体事物的具体联系和具体转化的研究成果中概括出来的，这就是说，客观上存在着这种普遍联系和转化。一旦掌握了这条普通相互联系和转化的最一般规律，自然科学工作者就获得了一种强有力的思想上的支持和方法上的指导，可以帮助他去研究那些尚未研究清楚的具体事物间的具体联系与转化，例如，去研究基本粒子的相互转化，无生命物质到有生命物质的转化，生命物质的非细胞形态到细胞形态的转化，等等。这里强调的是最一般规律对研究具体规律的方法的指导。因为它只提供一种方向、一种角度、一种线索，而不是具体地把具体规律揭示出来。要揭示具体规律需要靠具体的自然科学研究，哲学不能越俎代庖。哲学（最一般规律）只是指出各

---

① 贝留托夫：《有机化学中化学结构理论问题全苏讨论会述》，《科学通报》，1953年第3期及同期凯德洛夫文。

种事物是相互转化的，因而各种基本粒子也会是相互转化的。但是只有具体科学，而不是哲学，才能指出这一种基本粒子经过什么样的具体方式转化为哪一种基本粒子。基本粒子的转化的具体方式是与哲学无关的，哲学也无法“指导”。同样，根据最一般的哲学规律，人们可以断定，有生命的物质一定可以由无生命的物质中转化而来，有生命物质的细胞形态一定可以由非细胞形态转化而来，两者之间没有不可逾越的鸿沟。但奥巴林和勒柏辛斯卡娅或别的什么人所提出的转化方式在科学上是否正确，则是具体的自然科学问题，应由自然科学的研究来鉴定，哲学无法干预（当然，哲学还可以讨论他们的研究方法中的问题）。几年以前，曾经宣传过波什扬所“发现”的病毒与细菌之间的相互转化，有人说这是辩证法规律的又一个证据。后来发现，原来这个“发现”是一个骗局①。骗局的揭穿表明了某些宣传工作者缺乏科学态度，他们把并未证实的东西当做重大成就来宣传了；但却无损于辩证唯物主义，因为辩证唯物主义并不要求波什扬所“发现”的那种具体转化方式或某种其他具体转化方式，它只是认为，无论是病毒或是细菌，都可以由别的东西转化而来，并自己转化为别的东西，都是没有不可逾越的、不能转化的鸿沟的，并要求自然科学去研究那种确实存在的具体转化方式。

我们强调最一般规律仅仅起方法上的指导作用，它本身并不能揭示也不能代替具体的规律。这种方法上的指导作用是意义重大的，因为它帮助自然科学家朝着正确的方向研究，而避免在黑暗中没有目的地摸索，从而会使自然科学的发展不走或少走弯路，不走或少走死胡同。

上面我分析了哲学影响自然科学的两个方面：科学观的方面和科学方法的方面。任何影响都是两面的，可以是正的积极的影响，可以是负的消极的影响，好的哲学给自然科学以好的影响。好的影响就是指导，因为它并不是对若干细枝末节的影响，而是对根本观念和方法的影响。坏的哲学给自然科学以坏的影响。坏的哲学就是唯心主义、形而上学，教条主义也是一种坏的哲学，它是主观主义和片面性的一种表现。坏的影响就是束缚思想，阻塞道路，一句话，妨碍自然科学的发展。

---

① 《违反科学的真理》，《科学通报》，1955 年第 4 期。

关于自然科学的学术争论*

在自然科学领域中，充满着各种不同学术观点、各种不同学派之间的争论。自然科学就是在生产实践和科学实验的基础上，通过各种学术争论的不断解决和不断产生，通过各种新旧理论的不断嬗替，而永远向前发展的。

下面我们想通过若干实例，对自然科学学术争论和新旧理论嬗替的几种形式，进行一些简略的分析。

一、比较正确的认识代替错误的认识

随着认识的进展，旧的、错误的理论被抛弃，而代之以新的、比较正确的理论，这是很常见的现象。值得注意的是，对于那些在自然科学中曾经存在过较长时期、发生过较大影响的错误理论来说，这种更替，往往不是一个简单抛弃的过程。

“在任何一门科学中，不正确的观念，如果抛开观察的错误不讲，归根到底都是对于正确事实的不正确的观念。”① 虽然我们抛弃了某一种错误理

---

* 本文是《自然科学和世界观》一文的一节，原载《红旗》1961 年第 16 期，《天津医药》1965 年第 5 期转载，后收入《关于自然科学发展规律的几个问题》，上海人民出版社，1961 年版（第84～111 页）和 1978 年版（第 2 版，第 114～139 页）。

① 恩格斯：《自然辩证法》，北京：人民出版社，1971 年版，第 139 页。

论，但这种理论所判明的并且企图加以解释的全部事实仍然继续存在。

某些错误理论有时是以一种歪曲的形式反映了一定的真实关系。热素说和燃素说是两个典型的例子。这些学说，是同当时流行的一种关于神秘物质的错误观念联系起来的。但是，正如恩格斯指出的，被热素说统治的物理学发现了一系列非常重要的关于热的定律，后来的正确见解不过是把前人在错误见解指导下发现的定律顺了过来。燃素说经过百年的实验工作把材料收集起来，而在这些材料的帮助之下，后人发现了幻想的燃素的真实对立物——氧气，因而抛弃了燃素说。但是并不是抛弃燃素说学者的实验结果，而不过把它们的公式顺了过来。①

二、比较全面的认识代替片面的认识

“统一物之分为两个部分以及对它的矛盾着的部分的认识，是辩证法的实质。”② 对光的矛盾本性的认识过程，是这方面的一个很好的例子。

17 世纪后期和 18 世纪初，人们对光的本性提出了两种学说。一种是惠更斯的波动说，一种是牛顿的微粒说。对一些光学现象，两种学说都可以做出合理的解释。当时还缺乏足够精确的实验材料来判断两种学说的是非。由于牛顿的威望，微粒说占据统治地位，达一个世纪之久。直到后来发现了一些为微粒说所无法解释而波动说却能很好解释的现象，波动说才取得了胜利。

旧的波动说把光设想为具有机械性质的介质中的弹性波，它本身存在一些困难和矛盾。19 世纪中叶，麦克斯韦提出电磁波学说，解决了这些矛盾。然而，在二三十年的时间里，人们不能接受光是电磁波的学说。机械的世界观的影响是造成这种情况的原因之一。直到赫兹从实验上证明了这个学说以后，它才得到公认。

但是，后来又发现一些实验事实，波动说不能加以解释，需要新的微粒说才能加以解释。20 世纪初，爱因斯坦从这些事实出发，推广了普朗克的量子论，建立了光的量子说。

---

① 恩格斯：《自然辩证法》，北京：人民出版社，1971 年版，第 33 页。

② 《谈谈辩证法问题》，《列宁选集》第 2 卷，北京：人民出版社，1972 年版，第 711 页。

量子力学建立以后，人们阐明了光的波动性与微粒性的矛盾的统一，才把波动说和微粒说当做各自反映了光的矛盾本性的一个片面的学说予以抛弃，同时在新的基础上，综合了两者的成果，建立了新的、比较全面的光学学说。

三、更加深入的认识代替表面的认识

“人对事物、现象、过程等的认识从现象到本质、从不甚深刻的本质到更深刻的本质的深化的无限过程”①，是辩证法的要素之一。人们对化学元素周期律的认识史，为这一点提供了一个很好的说明。

在周期律发现以前，人们就从现象上观察到一些元素之间的联系，陆续提出了“三联律”、“八音律”这样一些反映了某些局部的、表面的联系的学说。门捷列夫发现元素的性质随它们的原子量的递升而周期地变化，建立了统一的元素周期律，阐明了这些联系的本质。但是，门捷列夫的以原子量为基础的学说，仍然是对事物的不甚深刻的本质的认识。其中还包含几处矛盾的地方，有几个元素不能按原子量递升的顺序来排列，必须颠倒过来才符合实际。

后来，摩斯莱根据各个元素的特征 X 射线频率来排列元素的次序，提出了原子序数的概念，代替了以前按原子量顺序排列的方法，解决了原来方法中的矛盾。

原子结构理论的建立，更加深刻地阐明了元素周期律的本质，原子序数所代表的正是各种元素的原子结构中核外电子的数目，而元素性质的周期性不过是其电子的壳层结构的表现。而门捷列夫在建立周期律的时候，却是反对把他的学说同任何原子结构理论联系起来的。

四、更加普遍的认识代替局部的认识

在这种情况中，新理论指明旧理论应用范围的局限性，同时把旧理论作为一种局部情况包含在具有更大的普遍性的新理论之中。

---

① 列宁：《黑格尔〈逻辑学〉一书摘要》，《哲学笔记》，北京：人民出版社，1974 年版，第 239 页。

相对论和量子力学的建立，对牛顿力学是一个很大的革命。牛顿力学不再被当做可以用来说明一切运动的理论了。牛顿力学中关于绝对时间、绝对空间的概念，关于物质质量同它的运动状况无关的观点，被推翻了。粒子运动的轨迹概念和机械的决定论，对微观粒子已不适用了。物理学的基本概念因此发生了重大变革，以对牛顿力学的绝对化理解为基础的机械的世界观受到严重打击。不少自然科学家由于旧的机械世界观的束缚，在很长时间内不能理解和接受新物理学的概念。另外不少自然科学家由于不懂辩证唯物主义，在抛弃机械论的同时，也抛弃了唯物主义。围绕着相对论和量子力学引起了热烈的学术争论，其中也反映了各种哲学观点的激烈斗争。

但是，从自然科学的内容来说，相对论和量子力学并没有整个推翻牛顿力学，而是从两个方面指出了牛顿力学适用范围的局限性。在可以同光速相比较的高速领域中和普朗克常数起作用的微观领域中，牛顿力学不再适用了。只是在低速和宏观领域中，牛顿力学仍然适用，仍然是客观真实关系的反映。牛顿力学成为具有更大普遍性的新理论的局部情况。就是说，在物体运动速度同光速相比可以忽略不计的条件下和普朗克常数可以忽略不计的条件下，相对论和量子力学中的公式转变为牛顿力学的公式。在这种条件下，新旧理论互相符合。

我们在这里所引述的不过是自然科学发展历史中的几个片断。自然科学理论发展的形式，当然比这里所说到的要丰富得多。而且，在复杂的认识发展过程中，上述的这些新旧理论嬗替的形式和其他的一些形式，实际上是常常交织在一起的。

从这些粗略的分析之中，我们可以做出一些什么结论呢？

我们看到，人们认识自然界的过程是极为复杂的。对自然现象的正确认识不是一下子就可以达到的。认识的前进不是通过正确认识的简单积累来实现的。这里有着十分曲折的道路，充满着各种矛盾和斗争。不同的学术观点并不总是由于人们世界观不同而引起的；单是由于人们掌握材料的不同，观察问题的角度和深度的差别，研究方法和途径的殊异，也会产生各种学术见解和各种学派的分歧和矛盾。因此，自然科学中的各种学术争论，是认识发展中必然的、正常的现象。人们对自然界的认识，正是随着生产实践和科学实验的发展，通过这些不断解决着又不断产生着的认识上的矛盾的斗争和统一，使比较正确的认识代替错误的认识，比较全面的认识代替片面的认识，更加深入的认识代替表面的认识，更加普遍的认识代替局部的认识，从而经过无数相对真理的环节而向绝对真理不断前进的。

在从相对真理到绝对真理的过程中，旧的认识不断地被新的认识所否定。但是，在这里，否定不是绝对的否定，不是简单的抛弃，而是“作为联系环节、作为发展环节的否定，是保持肯定的东西……的否定”①。旧的认识，作为一定历史阶段的相对真理，其中包含着或多或少绝对真理的因素。这些绝对真理的因素，被当做肯定的东西而包含到新的认识之中。在自然科学发展过程中，一切经过实践检验的关于自然界的规律的知识，不管它们是在什么社会制度下，在什么世界观的影响下，在什么自然科学理论的指导下获得的，都世代继承和积累下来，成为人类认识的财富。一切由于历史的局限性而产生的错误的东西，或者片面的、表面的、局部性的东西，则被抛弃和克服，作为认识过程的复杂曲折的见证而记入史册。

自然科学的历史，十分清楚地表明了认识过程的辩证法。

---

① 列宁：《黑格尔〈逻辑学〉一书摘要》，《哲学笔记》，北京：人民出版社，1974年版，第244页。

基本学术资料的建设工作*

自然科学的研究论文有一些传统的格式。比如说，论文的前面一般有一段文字，历述在所研究的问题上前人做过的工作、得到的结果及自己的研究与前人工作的关系；论文的后面附上有关的文献。应该说这是一种好的格式，是一种仔细研究和尊重前人工作成果的、表达自己研究成果好的研究方法。我觉得，哲学社会科学方面的研究论文也应该采用这种好的方法。当然，这只是从治学的精神来说的。至于写文章的具体格式，那是不需要也不应该刻板地模仿的。

马克思主义经典作家常常教导我们，作研究要“详细地占有材料”。这之中当然要包括有关前人研究成果的材料，无论是正面的还是反面的材料。马克思的《资本论》在详细占有材料、详细征引文献、详细批判和总结前人工作成果方面是一个很好的范例。

现在，学术刊物上发表的自然辩证法方面（也不仅是自然辩证法方面）的研究论文，有一些并没有很好地这样做。看看这些文章所征引和参考的文献，往往只有马克思主义经典作家的著作，有时再加上一些作者所反驳、所批判的论点，此外就没有什么了。似乎除了马克思主义经典作家以外，在所

* 本文原题为《对自然辩证法研究的一点意见》，原载《人民日报》，1962年9月9日；后来以此标题，收入《科学·哲学·社会》，光明日报出版社，1987年，第67～73页。

研究的问题上就没有别的什么人做出过值得征引和参考的研究成果了。

研究学术问题如果不“详细占有材料”，批判地总结在这个问题上前人的全部主要研究成果，那是罕有能取得真正重要的成绩并对科学的进步做出贡献的。是否征引在附注和参考文献上倒是一个次要的形式问题。

就自然辩证法研究而言，造成上述缺点的原因之一，我觉得，是基本学术资料的建设工作还做得不够。

各个专题研究所要搜集的文献资料是各不相同的；一个学科研究工作的开展则有一整套共同的基本资料工作，首先需要把它做好。这种基本资料的建设工作，就是一个学科领域中历史上积累下来的学术遗产的系统搜集、整理和编译工作。

自然辩证法这个学科在我国是一个新开展工作的学科。自然辩证法研究的基本资料的建设工作尤其有迫切的重要性。如果说其他学科的基本资料的建设工作，尽管都还需要大大加强，但都或多或少有了一些基础。那么，自然辩证法方面基本资料的建设工作却几乎还是一个空白。现在愿意学习和研究自然辩证法的自然科学工作者和哲学工作者是不少的。对于这些同志来说，现在除了请他们读恩格斯的《自然辩证法》等几本经典著作以外，几乎就没有什么材料可以介绍给他们作为学习和研究的参考了。这样一来，自然辩证法的学习和研究当然很难深入开展下去。

我觉得，现在急需订出规划，组织力量，分工合作，逐步地把自然辩证法方面的基本资料的建设工作做好，首先是把近几十年来马克思主义学者、自然科学家和资产阶级哲学家有关自然科学哲学问题的最重要的著作和论文系统地编译出版，同时做好当前国内外有关的研究论文和动态的编译介绍工作，以便为自然辩证法学习和研究的进一步开展提供必要的条件。

马克思，特别是恩格斯和列宁，在概括当时自然科学的成果来论证、保卫和发展马克思主义哲学方面，做过许多经典性的研究工作。马克思主义哲学在自然科学家中间发生较大的影响，有较多的自然科学家和哲学家从马克思主义哲学的观点来研究自然科学的哲学问题，则是十月社会主义革命胜利以后的事情。在列宁提出的马克思主义者同那些趋向唯物主义、反对唯心主义的自然科学家结成联盟的卓越思想的指导下，近几十年来，苏联和其他国家的许多自然科学家（像苏联的物理学家瓦维洛夫、法国的物理学家郎之万）和哲学家用马克思主义哲学观点来研究自然科学的哲学问题，批判这些问题上的唯心主义和形而上学思想，概括自然科学的成果和方法来丰富辩证唯物主义，做了不少工作。已经出版了一些有价值的著作，更多的则是有价值的论文。当然，现在除了马克思主义经典作家的那些著作以外，这方面真正巨大的、有历史意义的学术著作还有待创造。但是，应该看到，学术发展需要有较长的积累过程，在哲学领域里更是如此。要做出一个新概括，形成一个新论点，乃至提供一个重要的新论据、提出一个重要的新问题，都是不容易的事情。所以，在用马克思主义哲学观点研究自然科学哲学问题方面所取得的每一点成果，哪怕是不大的成果，都应该加以珍视，并把它们很好地积累起来。对每一篇有价值的论文（著作更不必说了）都应该细心地搜集和挑选出来。国外所有的有价值的成果，都应该逐步地系统地编译出版，介绍给我国的读者。

用马克思主义哲学观点研究自然科学哲学问题的历史还不长，在起初的时候还极为缺乏经验。工作的开展不可避免地要经过一些复杂曲折的过程。在这个历史过程中所取得的经验，无论是正面的经验还是反面的经验，都是极其宝贵的。认真地总结这些经验，对正确地开展这方面的工作有重要的指导意义。所以，搜集和研究这方面的历史资料也是一件很有价值的工作。

许多著名的自然科学家，写过不少重要的哲学论文和著作，以及有重要哲学意义的自然科学论文和著作。自然科学是离不开哲学的。不仅古代的和近代科学兴起时期的大自然科学家大抵同时兼为哲学家，就是在科学分工越来越细的今天，那些在科学思想和理论的发展上做出重大贡献的大自然科学家，也仍然不能不去思索许多他们所面临的哲学问题，并做出自己的回答。

著名的自然科学家的这些著作是研究一个时代自然科学界的哲学思潮的最直接的材料。这些自然科学家既是这个时代的自然科学成就的代表者，也是这个时代自然科学界的哲学思潮的代表者。他们直接从事自然科学研究的实践，直接参与自然科学发展的推进，因而最深切地把握着科学思想前进的脉搏，感受到科学前进中思想解放的喜悦和思想受束缚的困惑。他们既然有推动科学前进的思想能力，那么，他们的世界观中必定有着积极的唯物主义成分和辩证法成分，而且，这些成分也必定是随着科学的发展而发展着的。虽然，除了那些自觉接受马克思主义哲学的自然科学家以外，对于绝大部分自然科学家而言，这些成分往往是不自觉的，或者半自觉的。由于阶级的和认识上的原因，他们中的许多人也自发地产生着一些形而上学和唯心主义的思想。资产阶级社会中占统治地位的唯心主义哲学也首先俘虏他们之中的某些人。这些著名的自然科学家的哲学观点，无论是其积极的成分还是消极的成分，都通过“内在”的方式，通过这些人在科学上的威信，同科学知识的传授一道，在广大的自然科学家中间造成深远的影响。

为了研究自然科学最新发展中面临的哲学问题，为了总结优秀的自然科学家从科学实践中得到的理论观点和研究方法上的积极思想成果，为了批判那些直接束缚着科学家的头脑、阻碍科学前进的唯心主义哲学思想，都必须认真地研究现代著名自然科学家的哲学著作。

对某些自然科学家（如爱因斯坦）的世界观究竟应该如何评价，近年来，我国学术界曾经有过一些争论。这些争论要取得真正的进展，必须对爱因斯坦等人的世界观的各个方面及其整个发展过程进行系统的研究。仅凭一点第二手的材料和辗转引用的片断文字，是不能得出有充分根据的结论的。而这就必须系统地搜集、研究他们的全部重要哲学著作和论文，以及那些有较大哲学意义的自然科学著作和论文，并且最好把它们编译出来，供广大研究者参考。

我觉得，所有对哲学问题有所探讨和发挥的著名自然科学家，都需要给他们编译一部哲学著作选集。这件工作要花多年的努力逐步去做，并且首先从现代的自然科学家做起。

资产阶级哲学家也时刻注视着自然科学的发展，企图从中做出有利于唯心主义哲学的解释。在自然科学如此发达的今天，资产阶级的反动思想体系一般地已经不可能像当年教会宣判哥白尼的地动学说违反教义那样，来直接反对自然科学的结论了。现在，资产阶级学者的手法是极力歪曲利用自然科学成果来“论证”唯心主义哲学，企图在这里为那早已破产的资产阶级哲学寻找新的藏身之所。资产阶级哲学的许多学派，特别是同实证主义有关的一些学派，更是极力把自己装扮成“科学的哲学”的样子。有一些资产阶级哲学家还特意歪曲自然科学成果来攻击马克思主义哲学。

马克思主义思想总是在同各种反马克思主义思想作斗争中发展的。在自然科学哲学这个领域中概括自然科学的成果和方法来丰富和发展马克思主义哲学，同样必须经历战斗的道路。所以，对论述自然科学问题的各个资产阶级哲学流派，它们的主要代表人物和代表著作，我们都应该系统地搜集和编译有关的资料，仔细地进行研究和批判工作。

上面谈到了自然辩证法领域中基本学术资料的建设工作的一些重要方面。这当然不能概括这方面工作的全部。比如说，关于十几年来我国自然辩证法工作开展的情况和经验的资料，近百年来近代自然科学思想及与之有关的哲学思想在我国传播和发生影响的资料，我国古代自然哲学和自然科学思想的资料等，都是需要认真搜集、整理和研究的。

上面是从思想来源的划分这个角度谈的。从研究内容的划分这个角度谈，我想，除了对各个自然科学领域中的专门哲学问题的研究以外，关于科学方法问题的研究，关于以现代科学成果为基础的统一的自然观的研究，关于科学和科学思想史的研究，这些方面的资料对于自然科学工作者学习和研究哲学，以及哲学工作者和哲学爱好者学习和研究自然科学来说都是迫切需要的。

至于当前国外研究的动态，我觉得，如果能够选定若干种有代表性的哲学刊物，做到凡是上面发表的有关自然科学哲学问题的文章都有人看过，凡是其中有价值的文章都摘要或翻译出来，作为研究的参考，那就很好了。

现在，在一些高等学校和哲学研究机构中有了一批专门从事自然辩证法工作的同志。这个专业队伍的成长，对自然辩证法研究的开展至关重要。这些同志大多是刚从事自然辩证法研究不久的青年。他们应该怎样来培养和提高自己呢？切实地从资料工作做起是一个重要的方法。系统地掌握所研究的专业领域的基本学术资料，并且获得切实地从事资料工作的基本训练，是科学研究工作干部培养工作的目标。没有这方面的基本知识和基本训练，研究工作必定流于空泛。同时，结合各自的专业方向进行资料工作，不仅对培养自己有益，对学术界也是一种贡献。学术机构要出成果，出人才。我看，学术资料的整理和编译既是培养人才的手段，又是工作成果的一种。

谈物质的无限可分性*

谈谈关于物质的无限可分性问题的一些想法。

第一，毛泽东同志十分强调物质的无限可分性这个思想。这是唯物辩证法的一个很重要的思想。

辩证法讲“分”，就是指“一分为二”，指事物内部的矛盾，指对立面的统一和斗争。

形而上学否认事物内部的矛盾，认为“一”就是“一”，是不可分的。辩证法也讲“一”。但是，辩证法认为，“一”是对立的统一，是可分的；宇宙间不存在任何最后的、绝对的、不可分的“一”。毛泽东同志说：“在人类社会和自然界，统一体总要分解为不同的部分，只是在不同的具体条件下，内容不同，形式不同罢了。”①

社会的发展永远是一分为二的，不会出现绝对的不可分的“一”。那种认为社会主义社会不再存在矛盾的形而上学观点，在实践上和理论上都已经破产了。毛泽东同志总结了我国和国际的无产阶级专政的历史经验，深刻地指出：在社会主义社会的整个历史阶段仍然存在阶级、阶级矛盾和阶级斗

---

* 本文写于1965年，原载《关于自然科学发展规律的几个问题》第2版，上海人民出版社，1978年，第169～175页。

① 《在中国共产党全国宣传工作会议上的讲话》，见《毛泽东选集》第5卷，人民出版社，1977年，第416页。

争。不仅如此，就是在 1 万年以后的社会，人们还是会划分为先进集团和落后集团，它们之间还是会有矛盾和斗争。只不过在不同的社会制度下，社会的“分”具有不同的性质和形式罢了。

在自然界，物质的分割也永远不会出现绝对的不可分的“一”。那种认为原子是绝对的不可分的观点（原子这个词就其希腊字源来说，就是不可分割的意思，我国最初曾经把它译为“莫破”质点），早已破产了。形而上学把它的阵地从原子后退到“基本”粒子。现在，它在“基本”粒子那里的阵地也根本动摇了。自然科学的发展日益表明：物质分割的系列是无限的，是没有终点的。只不过在不同的发展阶段和结构层次上，物质的“分”具有不同的性质和形式罢了。

否定“分”的普遍性、绝对性、无限性，就否定了自然界和社会的无限发展，就否定了认识的无限发展，就会使辩证法为之中断，就会使自然科学和社会科学停滞、死亡。

第二，有些同志对物质的无限可分性表示怀疑。他们觉得“分”这个概念未必可以无限地运用。关于这个问题，我看可以讨论一下。

承认不承认物质的无限可分性，是哲学史上古老的争论。在中国、外国都是如此。

《庄子·天下篇》记载着“辩者”的这样一个说法：“一尺之棰，日取其半，万世不竭。”

我认为，这个说法是以朴素的形式从量这一个侧面，说出了物质的无限可分性这个光辉的思想。

有许多人不能接受这个思想，不能理解一个有限物何以能够分解为无限个组成部分。其原因就在于他们不懂得有限与无限的辩证法，不懂得无限由有限构成，而有限中又包含着无限。

从纯粹的量的方面来分析，“一尺之棰”这样一个有限量，通过一次又一次的对分，的确展开为一个无穷系列：

$$\frac{1}{2}, \frac{1}{4}, \frac{1}{8}, \frac{1}{16}, \frac{1}{32}\cdots$$

这个数的系列有无限个项，但是，它的总和是一个有限数——1。

近代微积分学建立起来以后，从量的方面很清楚地表明了这种有限和无限的辩证关系。

当然，物质的无限可分性不能只是从量这一个侧面来考察，更重要的是，它还包含着无限多样的质的内容。

列宁在《哲学笔记》中摘录了黑格尔的这样的一些话，如“有限性只不过是对自身的超出；因此，在有限性中包含着无限性即有限性自身的他者”，等等。列宁在这些话旁边批道，“事物本身、自然界本身、事件进程本身的辩证法”；“应用于原子和电子的关系。总之就是物质的深远的无限性……”①

如果不限于抽象的量的侧面的考察，而深入具体的自然界本身的辩证法，那么，“一尺之棰，日取其半，万世不竭”这个说法，就不能充分说明“物质的深远的无限性”了。

“半”是个量的概念。“一”分为两“半”，事物在质上并没有发生变化，只是在量上小了一半。

辩证法不能把“分”理解为只是量的分割。

辩证法讲量变转化为质变。量的分割到一定的阶段引起质的变化。

且不说棰失去一定的长度就丧失了棰之为棰的性质。当物质的分割达到分子时，就到了一个质的关节点。进一步“分”，就使分子分解为组成它的各种原子。原子不是半个分子，而是与分子在质上根本不同的东西。

原子进一步“分”，就分解为电子和原子核。电子和原子核都不是半个原子，而是与原子在质上根本不同的东西。

如此类推。

恩格斯早就从哲学上深刻地指出：分子、原子不是“可分性的极限”，而是“分割的无穷系列”中的各个关节点，它们“并不结束这个系列，而是规定质的差别”②，它们“决定一般物质的各种不同的质的存在形式”③。

原子论在科学史上的重大功绩，在于它实际上指出了物质分割过程中的质变，引导人们去研究物质的一种极重要的质的存在形式。旧原子论的错误则在于它把物质分割过程中的质变绝对化当成了物质可分性的极限。

---

① 《哲学笔记》，人民出版社，1974年，第114～115页。

② 《致马克思》（1867年6月16日），见《马克思恩格斯全集》第31卷，人民出版社，1972年，第309页。

③ 《自然辩证法》，人民出版社，1971年，第269页。

只讲量变，否认质变也是一种形而上学观点。

第三，有些同志提出问题：物质的无限可分性是不是意味着，如同原子像一个小太阳系那样分为原子核（中心“太阳”）和电子（周围“行星”）一样，电子和其他“基本”粒子也将像一个更小的太阳系那样再分为自己的“太阳”和“行星”，如此类推，而形成一个比一个更小的“太阳系”的无限排比？

玩具店里有一种套娃娃，打开外面的大娃娃，肚子里套着个一模一样的小娃娃，打开这个小娃娃，肚子里还套着个一模一样的更小的娃娃……

物质的无限可分性，是不是就像这样呢？不，不能用这样的观点来看待物质的结构和分割。

物质的无限可分并不是无限地、单调地重复某一种特定的“分”的形式。

恩格斯及黑格尔都批评过所谓消极的无限，这种无限的特征之一，乃是同一事物的无穷的重演。这是一种形而上学的无限观。

辩证法所理解的无限包含着层出不穷的新质的内容。

物质的无限可分性是矛盾的普遍性问题；不同发展阶段和不同结构层次的物质的“分”的具体形式是矛盾的特殊性问题。

毛泽东同志说：“一切运动形式的每一个实在的非臆造的发展过程内，都是不同质的。我们的研究工作必须着重于这一点，而且必须从这一点开始。”①

在物质分割的每一个新的关节点上，以科学实验为基础，去探究前所未知的“分”的新性质、新形式、新规律，使自然科学不断有新的发展，这正是唯物辩证法所要求于自然科学家的。唯物辩证法根本不容许把某种已知的刻板的公式强加于自然界，强加于自然科学。

其实，说原子像一个小太阳系，这只是一种粗浅的比喻。它们两者具有完全不同的性质和完全不同的规律。研究原子的“分”的新性质、新形式、新规律，使经典物理学发展到量子物理学，实现了自然科学发展史上的巨大飞跃。

---

① 《矛盾论》，见《毛泽东选集》第1卷，人民出版社，1967年，第285页。

“基本”粒子的“分”，虽然现代物理学还没有把它研究得很清楚，却无疑预示着将会出现崭新的性质、形式和规律，研究它们，将会把物理学推进到一个更新的阶段。

自然科学在这方面的新发展，又将进一步丰富唯物辩证法关于“分”、关于对立统一、关于整体和部分这些概念，赋予它们以新的内容和新的理解。

如果否认“分”在质上的无限多样性，而把它理解为同一模型的无穷重演，那么，自然界就成了一个贫乏的世界，研究自然的工作就成了一件无聊的工作，自然科学家就没有什么可以发现、可以创造的了，自然科学就不能前进而寿终正寝了。

总之，要坚持物质的无限可分性的辩证法思想，反对那种认为存在着最后的、绝对的、不可分的“一”的形而上学思想；要坚持“分”的辩证观，反对“分”的形而上学观。

第四，物质是无限可分的，关于物质的学说也是这样，总是要一分为二。有科学的学说，就一定有反科学的学说与它对立；有正确的学说，就一定有错误的学说与它对立；有唯物论、辩证法，就一定有唯心论、形而上学与它对立。旧的对立解决了，新的对立又在前头，如此层出不穷，永远不会完结。

这个真理发展的规律也为自然科学的发展史所证明了。关于原子和“基本”粒子的学说的发展史就是一个很好的例证。

当那种长期在科学史上占统治地位的把原子看做可分性的极限的观点后来被科学实践的发展明显地证明其错误而被科学界普遍地抛弃的时候，当原子是可分的这个思想由于无可争辩的事实而被科学界普遍地接受为真理的时候，关于“基本”粒子也是可分的这个辩证观点又在同把“基本”粒子（至少是其中的某些种类）看做可分性的极限的错误意见作斗争。

当那些曾经显赫一时的否认原子的客观存在，声称原子只不过是一种“心灵的创造”、一种便于心灵用来再演某类事实的“数学模型”的唯心主义者们，后来被关于原子的科学研究的光辉成果弄得声名狼藉，以致他们之中的有些代表人物也不能不公开承认错误的时候，新的斗争——反对那种否认“基本”粒子的客观存在，认为它们只不过是为了从逻辑上推算测量仪器上标线的度数而创造的概念（弗兰克），认为它们“最后也还是一种数学形式”（海森堡）的新的唯心主义观点的斗争，又摆到了唯物主义的科学家们的面前。

人类对物质的认识就是这样在反复不断的艰苦斗争中前进的。

自然科学家必须注意学习和研究自然科学发展史，必须从学习和研究自然科学历史的丰富材料中去掌握认识的辩证法，去总结认识的历史经验，用以指导现在的科学研究工作。

可惜，不少自然科学家很少注意研究自然科学发展史。而且，有些书籍往往把自然科学史片面地描绘为似乎只是正确的认识不断堆积的历史。对自然、对物质的认识过程，似乎只是从正确到新的正确，没有错误，没有对立，没有斗争。那些在历史上曾经被当做真理、限制过人们的思想、阻碍科学前进的错误的东西，一旦被普遍认为是错误以后，人们就觉得，似乎在自然科学史上也不值得再提起它们了。这样，它们就逐渐完全被淡忘了。后来的人们，就逐渐不大知道他们学习的那些科学的真理是怎样不断地同错误的东西斗争而建立起来的了。

这是用形而上学观点看待自然科学史。这样的自然科学史，不能使人真正从中得到历史的教益。

一定要用“一分为二”的观点去分析自然科学的历史，分析真理在同谬误作斗争中发展的历史，从正、反两个方面去总结认识历史经验，一定要用“一分为二”的观点去分析自然科学的现状，揭露当前各种学说、观点和思想的矛盾和斗争，树立起敢于批判、敢于创新的学风。这样，就能够在思想境界上站得高一点，看得远一点，就能够比较自觉，少走一些弯路，就能够在自然科学发展中做出更多、更好的成绩。

建议开辟“文摘”栏*

编辑同志：

向你们建议：在《中国自然辩证法研究会通信》（以下简称《通信》）上开辟一个“文摘”栏。

现在，各专业学报和大学学报上经常刊登一些自然辩证法方面的文章或者从自然辩证法研究的角度上看应当加以注意的文章。但是，学报种类甚多，而这样的文章散见在大量专业论文中，关心自然辩证法的同志不容易都见到。“奇文共欣赏，疑义相与析”，陶渊明这句诗，自从在批评“右派”文章时引用过以后，人们误以为似乎是专指作为反面文章的“奇文”。其实，诗的原意，恐怕主要还是指正面的好文章，拿到朋友间来共同欣赏和讨论。我建议《通信》开辟“文摘”栏，就是希望这个专栏能经常向自然辩证法研究会的会员和热心者们介绍那些散见于各种学报或其他刊物上的文章。可以提倡“毛遂自荐”，由作者自己向《通信》推荐；也可以请各学报编辑部推荐，《通信》为各学报的这类文章作义务广告；还可以要求会员们读到了好文章，向《通信》推荐。

---

* 本文是龚育之写给《中国自然辩证法研究会通信》编辑部的一封建议信。编辑部将此信抄写誊清准备刊登时，不慎遗失，故未发表。因此信仍有现实意义，特在此刊登。

这个建议你们以为如何？如以为可，不妨把这封信在《通信》上登一登，鼓励大家来做。

敬礼！

龚育之

1979 年 6 月 13 日

《自然辩证法》在中国

——为纪念恩格斯诞生 160 周年而作*

恩格斯的光辉著作——《自然辩证法》在中国传播已经有将近 50 年的历史了。早在 20 世纪 30 年代初，就出版了它的第一个中译本。20 世纪 30 年代中期，在白色恐怖统治下的上海，一群革命的哲学工作者和自然科学工作者组成自然科学研究会，在进行革命的政治活动的同时，开始了关于自然辩证法问题的学习和讨论。1940 年在延安，成立了陕甘宁边区自然科学研究会。研究会发表《宣言》，以“开展自然科学与社会科学统一问题的研究”为自己的主要任务之一，倡导“运用唯物辩证法来研究自然科学，并运用自然科学来证明和充实唯物辩证法的理论”①。在延安窑洞里的油灯下，重新翻译《自然辩证法》的工作在认真地进行。抗日战争和解放战争时期的国民党统治区，也先后零散地成立过自然哲学研究会、《自然辩证法》读书会一类组织。

《自然辩证法》在中国的广泛传播，是中华人民共和国成立以后的事情。单就其译本来说，20 世纪 50 年代初就相继出版了郑易里的新译本和于光远、

---

* 本文曾在 1980 年 11 月 27 日在北京举行的纪念恩格斯诞生 160 周年学术报告会上宣读，原载《自然辩证法通讯》，1981 年第 1 期，第 19～22 页。

① 《自然科学研究会宣言》，《新中华报》，1940 年 2 月 28 日。

曹葆华的新译本。于译本（在延安时就已完成大部）这个比较成熟的译本的出现，对推动《自然辩证法》的传播，是起了较大作用的。20 世纪 60 年代和 70 年代，收入《马克思恩格斯选集》和《马克思恩格斯全集》的中央编译局的中译本出版。现在，一种更新的译本已交付出版，在译文的推敲、校订及注释方面，又有新的改进。

《自然辩证法》在中国广泛传播的一个表现，是它在我们的干部、理论工作者和自然科学工作者的马克思主义理论教育中占有重要的位置。新中国成立初期，在全国知识分子和青年学生中展开了一个以社会发展史课程为中心的马克思主义启蒙学习运动。这个学习运动使《劳动在从猿到人转变过程中的作用》这篇文章成了《自然辩证法》中在我国流传最广的一篇文章。毛泽东同志曾经一再提倡学习社会发展史和自然发展史。“从猿到人”正是自然发展史的最后一章，又是社会发展史的开头一章。而《自然辩证法》的“导言”，乃至《自然辩证法》全书，不也就是一部自然发展史吗？在高等学校中，对《自然辩证法》这部著作的学习，作为一门课程，最先在哲学系开设，后来逐渐扩展到为自然科学的教师、研究生和一部分大学生开设。现在，出现了一种新的情况，就是高等学校中自然辩证法课程内容和形式的多样化。除继续讲授《自然辩证法》这部著作外，关于自然观和自然史，关于科学观和科学史，关于科学方法论，关于各门自然科学的辩证法，关于外国科学哲学的介绍和研究，等等，各种各样的课程已经开设或在准备开设中。一种协作新编的《自然辩证法讲义》，作为供选用的教学参考书之一，已经出版。自然辩证法的研究工作，适应着国家建设和科学发展的需要，从 1956 年制订规划（作为当时哲学社会科学研究规划的组成部分）、创建机构（在中国科学院哲学研究所建立自然辩证法研究组）、创办刊物（《自然辩证法研究通讯》）开始，逐步有了发展。1958 年，在高级党校开办了第一个自然辩证法研究班。1960 年，在哈尔滨召开了全国第一次自然辩证法座谈会。20 世纪 60 年代初，在全国几个大城市成立了自然辩证法研究会。到现在，一批研究机构和高等学校建立了专门的自然辩证法研究室，再加上教研室（组），自然辩证法专业研究队伍在数量上已经达到可观的规模。1977 年，制订了新的自然辩证法研究规划作为全国科学规划的组成部分，成立了全国自然辩证法研究会的筹备会。许多地方和单位成立了本地方本单位的自然辩证法研究会。研究会不单是专业自然辩证法工作者的组织，而且是联系和团结广大的自然科学工作者中对自然辩证法研究有兴趣的积极分子的组织。继《中国自然辩证法研究会通信》于 1978 年出刊，《自然辩证法通讯》杂志于 1979 年重新创办之后，《自然科学哲学问题丛刊》、《科学与哲学》（研究资料）、《医学与哲学》等一批刊物陆续创办。各地的研究会和研究室也印了许多内部交换的自然辩证法“学习通讯”、“动态”、“信息”、“资料”。自然辩证法方面的各种文集也出版了多种。研究会和刊物编辑部近几年中组织了一系列讲习会和各种学术讨论会，比如现在正在举行的就有自然科学方法论讨论会和鲍波尔的科学哲学讨论会，学术活动是相当活跃的。

我们的自然辩证法研究的一个特点，就是除了专业的自然辩证法工作者的研究以外，有许多自然科学工作者结合自己的专业研究，探讨自然界和自然科学发展的辩证法，许多技术工作者结合生产实践问题，学习和运用唯物辩证法，许多科学工作者和管理工作者结合科学政策的制定和实施，结合科学工作的规划、组织和管理，对自然科学的性质、特点、发展的规律、在社会生活中起作用的方式等，进行理论的研究。在这些方面取得了积极成果。

回顾新中国成立 31 年的历史，为使自然辩证法的学习和研究朝着正确的方向健康发展，曾经进行了反复的斗争。我们走过的道路是曲折的。苏联 20 世纪 40 年代末和 50 年代初在自然科学领域进行粗暴批评，打棍子，贴标签，把马克思主义哲学简单化、庸俗化的错误做法，在新中国成立初期曾经被我们介绍过来，加以学习，在我们这里产生过消极的影响。1956 年，中共中央确定在科学和文化领域实行“百花齐放”、“百家争鸣”的政策。这个政策的提出，从自然科学领域说，就包含着对苏联和我们自己在这个领域所犯错误的历史教训的总结。毛泽东同志明确宣布，科学上的不同学派可以自由争论，科学中的是非问题应当通过科学界的自由讨论和科学的实践去解决，行政强制的办法有害于科学，“百家争鸣”是发展科学的必由之路。陆定一同志特别指出，“自然科学是没有阶级性的”，“说什么‘中医是封建医，西医是资本主义医’，‘巴甫洛夫的学说是社会主义的’，‘米丘林的学说是社会主义的’，‘孟德尔-摩尔根的遗传学是资本主义的’之类，就是错误的”[1]。1956 年 8 月在青岛召开了遗传学会议，目的就是以遗传学问题为典型，纠正过去在学习苏联中所犯的对现代科学成果进行粗暴批评的“左”的错误。这一年讨论自然辩证法的研究规划，大家也总结了这方面的教训，认为必须纠正在批判唯心主义的名义下“对真正的自然科学成果（如相对论、控制论、数理逻辑、量子化学等）采取否定态度”的倾向，以及“用哲学代替自然科学”、“把一些哲学原理和条文僵死化并用来向自然科学发号施令”的倾向，必须认识到“正如好的哲学会促进自然科学发展一样，不尊重事实和科学的、僵化而专断的坏的哲学，当然会要阻碍自然科学的发展”[2]。可见，“百家争鸣”政策的提出，端正了自然辩证法工作的方向。如果能够循着这个方向继续前进，一定会获得健康的发展。

可惜，不久这个政策的执行受到了干扰和破坏。20 世纪 50 年代末，在所谓“批判资产阶级”的一系列政治运动中，我们在自然科学领域又重犯了“打棍子”、“贴标签”一类的“左倾”错误。1961 年，中共中央批准的《科研十四条》这个政策文件，指出了这些错误，重申了“百家争鸣”政策，为在自然科学领域执行这项政策作了一系列具体规定。该文件在提倡自然科学工作者自觉地学习和运用马克思主义哲学的同时，强调不能强制，不能牵强附会，不能庸俗化，强调“在自然科学中运用马克思主义哲学不是一件简单的事情，不仅要深入学习马克思主义哲学的原理，而且必须通过具体的科学研究的实践，才能逐步做到”。《科研十四条》的贯彻执行，使自然科学学术思想和哲学思想的自由争论和自由探讨得到了鼓励，出现了某种活跃的局面。

然而，这一切健康的发展在“文化大革命”中却被当做“修正主义”而遭到批判。关于“文化大革命”的决定（十六条）中提出在“自然科学理论”战线上也要对所谓“资产阶级的反动学术权威”和“各种反动观点”进行批判。在“极左”路线影响下，“打棍子”、“贴标签”、“庸俗化”、“简单化”的一套错误做法，不仅重新泛滥，而且变本加厉地恶性发展了。1975 年，中国科学院向中共中央和国务院提出的关于科技工作的

① 陆定一：《百花齐放，百家争鸣》，《人民日报》，1956 年 6 月 13 日。

② 龚育之：《开展自然辩证法的研究工作》，《人民日报》，1956 年 12 月 26 日。

《汇报提纲》这个政策文件，企图再一次重申“百家争鸣”政策，纠正这些错误。《汇报提纲》针对“四人帮”散布的有关自然科学同哲学关系的谬论，鲜明地指出，“以为哲学可以代替自然科学，以为有了哲学就可以不要各门自然科学本身的基础理论，以为不需要依靠辛勤的科学实践和精确的科学论证，只依靠哲学的一般原理，就能推演出具体的科学问题的科学结论，是不对的”。但是，这个提纲还未能形成正式文件，1976 年又遭到“四人帮”的猛烈攻击。

粉碎“四人帮”以后，对他们在各方面包括自然科学工作方面的谬论和罪恶，逐步进行了清算。对自然辩证法工作中的历史经验和教训，逐步进行了总结。从总结历史的经验教训中，我们深切地认识到，必须始终不渝地坚持“百家争鸣”的正确政策，决不容许对这个政策的破坏及导致这种破坏的政治事件重演。只有这样，科学研究和科学争论的自由才能得到切实的保证，自然辩证法工作才能健康地发展。在这个前提下，我们的自然辩证法研究还要特别注重以下几个着眼点。

第一，要着眼于新的探索。辩证法的革命的、批判的精神，它的本质是要推动人类认识的新的探索和新的发展。自然科学进步很快，新的发现、新的创造、新的思想和理论层出不穷。我们绝不可以像守旧的庸人那样，囿于传统的观念，或者守住被僵化地理解的哲学教条，对自然科学中一切新事物，抱怀疑态度，怀恐惧情绪，甚至挥舞棍棒去加以打杀。遗憾的是，过去在辩证法的名义下却一再出现这种完全违背辩证法精神实质的事情。我们的自然辩证法研究，一定要摆脱这种精神状态，一定不要成为束缚和禁锢人们思想的东西，而要真正成为解放和启发人们思想的东西。批判的任务，不是去设置禁区、插挡路牌，而应该是帮助自然科学研究工作开辟新的领域、探索新的道路。马克思主义的自然辩证法工作者应该是为自然科学中的新事物开路的先锋。

第二，要着眼于同实际的联系。联系自然科学研究的实际、联系自然科学教学的实际、联系生产技术工作的实际、联系科学政策和科学工作管理的实际，来学习和研究自然辩证法，是我们的一个长处。庸俗化的错误要清除，联系实际的长处则要发扬。自然辩证法的研究同自然科学的理论和方法的研究，同自然科学史的理论研究，同科学学及科学政策、科学管理的理论研究密切结合，是联系实际的必然趋势。这种结合既遵循了恩格斯在《自然辩证法》中树立的范例，又为自然辩证法开拓了广阔的研究领域。

从联系科学政策的实际进行理论研究方面来说，过去随着我们在科学政策上出现偏差和错误，理论的宣传和研究上也出现偏差和错误。总结教训得出结论，不是要否定这方面的研究，而是要把这种研究真正摆在科学的基础之上。理论研究要有独立性，不依从于“政治气候”、“领导意图”或“权威意见”，而以探索客观真理为目的。我们要用这样的理论研究，为科学地制定我们的科学政策，科学地宣传我们的科学政策，根据实践经验和实际情况科学地检验和发展我们的科学政策，推动科学工作管理的改进和改革服务。

第三，要着眼于广泛的联盟。马克思主义的哲学工作者和自然辩证法工作者，要同广大的自然科学研究工作者、教学工作者、管理工作者及从事生产技术的实际工作者，结成广泛的联盟。一方面，吸引他们参加哲学的学习和研究，提高哲学的兴趣和素养；另一方面，通过他们并依靠他们把自然辩证法研究同实际密切联系起来，在实际生活中发挥作用。在我国已经有一批自然科学家对研究和运用马克思主义哲学产生了兴趣，今后必定要产生出大批立足于自然科学专门研究，同时兼而从事自然辩证法研究的学者。正是在这样的学者身上，可以期望对自然辩证法研究做出更有创造性的贡献。局限在专业自然辩证法工作者的圈子里面，自然辩证法研究是不可能有强大的生命力的。

第四，要着眼于同世界的交流。我们当然不能用无批判的态度去对待世界上的各种思想和哲学流派。但是，我们一定要看到，世界各国有许多自然科学家对哲学问题作过认真的探讨。凡在自然科学上有重大建树的科学家，不能设想他的哲学思想中没有积极的东西值得我们注意。自然科学在富有成果地向前发展，密切关注着、研究着这种发展的哲学家，也不能设想他的哲学思想中没有任何东西值得我们注意。马克思主义的自然辩证法不是一个自我封闭的哲学宗派，它要面向世界的科学家和哲学家，同他们在同一研究领域的积极思想成果互相交流，互相探讨。

总之，马克思主义自然辩证法这门科学要向前发展。恩格斯的《自然辩证法》为这门科学奠定了基础。认真学习这部著作的精神和方法，是我们前进的起点。我们要继续恩格斯的事业，使这门科学在研究现代自然科学不断出现的新成就中向前发展，在研究现代自然科学的组织和管理的新问题中向前发展，在同广大的自然科学工作者结成广泛的联盟中向前发展，在同世界科学家和哲学家的积极思想成果互相交流中向前发展。把自然辩证法这门科学从内容到形式推向前进，使之更加现代化、精确化、深刻化，这是对恩格斯及其《自然辩证法》的最好的纪念。

自然辩证法工作的马克思主义传统*

谈两点个人意见，是参加讨论和修改自然辩证法筹委会工作报告的过程中想到的。

一、关于自然辩证法工作的马克思主义传统

工作报告中有这么一句话：自然辩证法是马克思主义哲学的一个重要组成部分。有同志问，这个提法是不是对有关我们这个学科性质的争论（属于哲学，属于边缘或交叉科学，还是属于自然科学）做出了结论？不。工作报告无意就这个问题做出结论，这句话能不能表达得更周到一些也可以斟酌。但我觉得，不管文字上怎么表达，自然辩证法同马克思主义总是有着不可分离的密切联系，自然辩证法是马克思主义哲学同自然科学互相联结、互相交错而产生的一个很广阔的研究领域。恩格斯的《自然辩证法》开辟了马克思主义理论研究的这个新的领域或叫新的学科。在我国，新中国成立以前，最早传播自然辩证法的老同志和现在成为自然辩证法骨干的一些中年同志，都是在追求革命、追求马克思主义真理的过程中，由于自己又有自然科学的基

* 本文为1981年11月4日在中国自然辩证法研究会成立大会暨首届学术年会闭幕会上的发言，原载《中国自然辩证法研究会通信》，1982年第2期。

础，找一个结合点，于是就走到自然辩证法学习、研究的方向上来了。新中国成立以后，很多自然科学家和科学青年，都是在普遍学习马克思主义的过程中被吸引到自然辩证法工作中来的。自然辩证法队伍中很多人，都在或者曾经在我们党领导自然科学的从中央到基层的各级岗位上做工作，为了把工作做好，需要研究自然科学的发展规律，于是也学习和研究起自然辩证法来了。参加我们这次会议的各方面的老中青的成员，他们走上自然辩证法道路的经历，记载了我国自然辩证法工作的整个一部历史，反映了我国自然辩证法工作的传统：马克思主义的传统、革命的传统、党的工作的传统。这说明我国自然辩证法工作历来是我国人民革命事业的一部分，是我国马克思主义思想运动的一部分，是我们党领导自然科学、为自然科学在中国发展而进行的奋斗的一部分。这个传统是值得我们尊重的，值得我们珍惜的，需要我们坚持和发扬的。

在自然辩证法领域坚持马克思主义的传统，并不是要坚持过去几十年中我们所做的全部工作。应该采取一分为二的态度。我们过去的工作有弱点和错误的方面。这些错误是在马克思主义的名义下犯的，但是它们在本质上其实是违反了马克思主义的。过去受阶级斗争扩大化、绝对化的影响，搞了粗暴的批评。马克思主义哲学的指导作用说过了头，结果把哲学当成了出发点，而不是真正把客观实际、把经过实践和实验检验的科学成果当做出发点。坚持马克思主义，包括克服我们过去的错误这样一个含义在内，不是认为过去一贯正确。马克思主义者要求对自己走过的道路认真总结经验教训，既肯定应该肯定的值得自己尊重的历史，又正视自己过去犯过的错误，进行自我批评。马克思主义的政党、马克思主义的学术界、马克思主义者，都是如此。我愿意做一个马克思主义者，我在自然辩证法工作中也曾经犯过很多错误。例如，1951 年，我就曾经翻译和介绍过苏联对共振论的粗暴批判。1957 年，反“右”斗争扩大化，我写文章批评过当时认为是自然科学界的“右派”的观点，文章中的一些说法就是不对的、过分的。1958 年“大跃进”，放“高产卫星”，我也写过文章把这种浮夸宣传当做事实加以赞扬。粉碎“四人帮”后，十一届三中全会前我出了自己过去文集的增订新版；十一届三中全会后，拨乱反正，再看这个文集，其中的前言等几篇文章，涉及对“文化大革命”的看法，对“大跃进”的看法，对社会主义社会“阶级斗争为纲”的看法，都是不正确的，都反映了过去的错误观点。所有这些，我以为主要的不单是个人的问题，而是一种思潮，是一种政策，是一种习惯。如果对总的指导思想、政策思想、社会思潮方面没有透彻清理的话，那么许多问题是不能解决的，或不能解决彻底，或一件事情在这些人身上解决了，在另一些人身上又会重犯。例如，对共振论的批判，这本来应当是一场化学结构理论和量子化学研究的方法论问题的学术讨论，“打棍子”、“戴帽子”的“批判”只能妨碍科学发展。20 世纪 50 年代中期，我们从自己的实践中已经认识到这一点。党中央制定了“百家争鸣”的方针，明确指出学术问题可以自由讨论，共振论问题当然也是如此。但是，由于总的指导思想发生了阶级斗争扩大化的偏差，1958 年我们发现在“红专辩论”中，在“批判资产阶级”的口号下，又有人重犯对共振论粗暴批判的错误。贯彻《科研十四条》，在纠正这些错误方面作过努力，20 世纪 60 年代前期对共振论展开过重新评价，不同观点展开过健康的学术讨论。可是在“文化大革命”中，这些竟被当做“翻案”、“复辟”，听说甚至还为此而开大会斗争，这同原来没有经验、照搬外国的情况又不同了。可见，这些问题如果不从总的指导思想上认真加以清理，就会反复出现。

现在党对 32 年来的历史经验作了系统的总结，对过去“左”的指导思想作了认真的清理，我们应该把这个清理工作扩大到我们这个战线上来。总的全局的东西清理了，局部的东西也就比较容易清理了，在今后的工作中也就可以避免错误反复出现的现象。今后的工作中，错误总还会有，但错误的简单重复应该避免。马克思主义本身要求对历史经验作认真总结，要求自我批评。马克思主义的自我批评是为了前进。这种自我批评不是要我们离开马克思主义，否定马克思主义，而是要我们抛弃和否定那些当时认为是马克思主义实际上是背离马克思主义的错误，正确理解和坚持马克思主义的方向和原则，面向新的实践，丰富和发展马克思主义的传统。

二、关于自然辩证法工作的理论联系实际的传统

理论联系实际是马克思主义传统的一个方面、一种表现。这里讲实际，不单是讲客观自然界和自然规律的实际，首先是讲人民事业需要的实际。理

论工作必须为人民事业的实际需要服务，在今天，就是要为我国人民的社会主义现代化建设事业的实际需要服务。这是科学工作的社会目的问题。如果离开这个目的，科学工作就失去了它被社会重视、被社会接受的价值。但是，自然辩证法工作为社会主义现代化建设服务，是一个多层次、多方面的大结构、大系统。总的目标是为社会主义现代化建设服务。服务的方向、方面、层次是很多的，服务的方法、方式也是很不一样的。对如何为社会主义现代化建设服务，不能作过于狭隘的理解。

把直接为经济建设、经济规划服务的工作摆到重要位置，这是适合人民需要的，是应该的。有同志说，这些都是社会辩证法，不是自然辩证法。其实不尽然。现在我们强调在经济建设中要把自然科学和社会科学，把技术和经济，把自然环境和社会环境，把哲学研究和具体科学研究结合起来。如果仅限于研究社会方面，或者仅限于研究自然方面、技术方面，这种研究是作不好的。既然如此，这种研究中就有自然辩证法工作者的用武之地，而且比之其他哲学工作者，由于自然辩证法工作者具有较多的自然科学知识，在这方面的工作中具有较有利的条件，更有责任把这种工作开展好。

有同志说，是否可为自然辩证法工作规定一个统一的主攻方向？我认为，自然辩证法工作的领域很宽，自然辩证法队伍的人员来自各个不同的方面、不同的岗位，背景很不相同。对这样一个队伍，要规定一个统一的主攻方向，要求大家的力量都集中到一个方面来，恐怕不是一个合适的办法。总的目标是为社会主义建设的当前需要、长远需要、根本需要服务，每个单位、每个同志可以根据自己的情况、自己的基础、自己的可能性和自己接触到的社会需要去选择自己的具体的主攻方向。

关于自然辩证法基本理论的研究，也是为社会主义现代化建设服务的。不能说自然辩证法只为生产力发展服务。自然辩证法对思想理论的建设，对牢固树立随着自然科学的发展来发展辩证唯物主义和历史唯物主义世界观，对培养和发展人们的科学态度、科学精神和科学方法，建设社会主义精神文明，都是很重要的。

多层次地安排工作*

自然辩证法为“四个现代化”服务是多层次、多方面的大结构、大系统。服务的方向方面层次很多，服务的方式方法也很不一样。为社会主义现代化服务这个总的目标是坚定不移的。如何服务，要有个全面的观点。中共十二大提出全面开创社会主义现代化建设新局面。当然，自然辩证法为经济建设服务是应该突出的重点，过去做了一些工作，也有些好成果，但仅仅是开始。还要有更多人来关心，还要花很大气力。根据多年经验，一个时期要有一个重点，但要有全面的观点、全面的考虑，地位要摆得恰当，不能强调重点时把其他方面都丢掉，在强调新的工作的时候就把过去的工作丢掉。不能采取排他的方法，要在全面安排中突出重点。

在人员的使用和安排上，要做到使自然辩证法工作者在广阔的战线上各得其所。我们的队伍中的人有不同背景，应该根据每个人的基础、专长、志趣、具体条件，发挥每个人的长处，不要强人所难，要选择最合适的人去做最合适的工作。总的方针是为国家、为人民的需要服务。要充分发挥每个人的作用，使其在为国家、为人民、为科学、为马克思主义理论的发展中作出贡献。

---

* 本文为在1983年12月在中国自然辩证法研究会第一届理事会第二次扩大会议上的发言，原载《自然辩证法报》，1983年第2期。

自然辩证法：历史来源，建立过程，传播发展，主要内容*

自然辩证法是马克思主义中主要由恩格斯的《自然辩证法》这部著作所开创的一个广阔的研究领域，是马克思主义哲学的一个组成部分。

就自然辩证法这个词的原意来说，它是指客观自然界发展的辩证法；就它的广义来说，就被称为自然辩证法的这个科学部门形成和发展的实际情况来说，它不仅研究自然界本身的辩证法，而且研究人对自然界的认识——自然科学的辩证法，研究认识自然界和改造自然界的一般方法论。由于自然界本身的辩证法是通过自然科学和技术的发展而日益被揭示出来的，所以上述两个方面的研究是密切相连而不可分的。自然辩证法是马克思主义的自然观和自然科学观，体现着马克思主义哲学的世界观、认识论、方法论的统一。

一、历史来源

马克思主义自然辩证法的产生有其历史根源。古代东方和西方的自然哲学，同自然科学的萌芽状态相适应，其中的唯物主义思想和辩证法思想具有

---

* 本文是1985年10月同孙小礼合作为《中国大百科全书·哲学卷》写的“自然辩证法”条目的原稿，原载《龚育之文存》（下），上海人民出版社，2000年，第1587～1598页。

朴素的、直观的性质。自 16 世纪以来，西方近代实验自然科学建立和发展起来以后，唯物主义哲学和唯物主义自然观相应地有了重大的发展。但是，由于自然科学中首先得到充分发展和广泛应用的是力学，由于直到 18 世纪自然科学总体来说还处于分门别类地搜集材料、进行研究而未发展到足以揭示自然界的历史发展和广泛联系的阶段，因而那时的自然知识处于狭隘状况，那时的唯物主义自然观带有机械的（力学的）、形而上学的局限性。德国古典哲学特别是黑格尔哲学中有丰富的辩证法思想，这同自然科学的发展也是有联系的。但是，德国古典自然哲学尽管包含许多有见识的和合理的东西，却是以神秘的形式阐发的，在那里关于自然界的辩证法的思想，具有思辨的、唯心主义的性质。这种自然哲学就其形式、体系和方法而言，是同自然科学分离并凌驾于自然科学之上的。

从康德于 1755 年和拉普拉斯于 1796 年提出星云学说试图阐明天体演化的历史开始，形而上学的自然观被打开了第一个缺口。19 世纪以来，自然科学的一系列发现：维勒的尿素合成（从无机物得到有机物）（1826 年），赖尔的地质演变论（1830 年），施旺、施莱登的细胞学说（1838 年、1839 年），迈尔等人的能量守恒和转化定律（1842 年），洪堡德的比较自然地理学（1845 年），达尔文的生物进化论（1859 年），麦克斯韦的电磁理论（1862 年），门捷列夫的元素周期律（1869 年），等等（其中能量转化、细胞学说和进化论被恩格斯称之为三大发现），使自然界的历史发展和普遍联系被日益揭示出来，整个自然科学经历着从经验到理论、从分析到综合的发展过程。这一切不断地打击着和冲破了形而上学的自然观。正如恩格斯所说："在自然科学中，由于它本身的发展，形而上学已经成为不可能的了。"（《自然辩证法·总的计划草案》）自然科学为检验辩证法提供了极其丰富的、与日俱增的材料，"并从而证明了，自然界的一切归根到底是辩证地而不是形而上学地发生的"（《反杜林论》）。

二、建立过程

马克思主义自然辩证法就是在这样的自然科学发展的基础上建立起来的。从哲学思想的渊源来说，它正是依据这样的自然科学发展，对德国古典哲学中的唯心主义辩证法进行了唯物主义的改造。恩格斯说："马克思和我，可以说是从德国唯心主义哲学中拯救了自觉的辩证法并且把它转为唯物主义的自然观和历史观的唯一的人。"(《反杜林论·二版序言》)在马克思主义看来，事情不在于把辩证法的规律从外部注入自然界，而在于从自然界中找出这些规律并从自然界里加以阐发。根植于自然科学之中的马克思主义自然辩证法的建立，意味着凌驾于自然科学之上的、思辨地构造体系的旧自然哲学的终结。

马克思、恩格斯形成他们的新哲学世界观，开始于19世纪40年代，体现在他们分别和合作撰写的一系列手稿和著作特别是《费尔巴哈论纲》和《德意志意识形态》中。他们关于自然辩证法的思想萌芽，也应该追溯到这一时期。当然，系统地研究、建立和阐明马克思主义的自然辩证法，主要是由恩格斯来进行的，体现在他从1858年开始酝酿(1858年7月14日恩格斯致马克思信)、从1873年开始写作(1873年5月30日恩格斯致马克思信)的《自然辩证法》手稿和1877～1878年写的《反杜林论》中。马克思从19世纪50年代开始致力于《资本论》的写作，但是他了解并重视恩格斯关于自然辩证法的研究和写作。他在《资本论》中和在给恩格斯的信(1867年6月22日)中谈到过在历史上也像在自然科学上一样证明了黑格尔发现的量变到质变规律的正确性。他听过并同意《反杜林论》的全部原稿。他还研究过数学特别是微分学的辩证性质，写了《数学手稿》。因此，应该认为，《反杜林论》和《自然辩证法》手稿表达的是恩格斯和马克思的共同思想。

在《反杜林论》和《自然辩证法》中，恩格斯依据当时的自然科学成果描绘了整个自然界发展的辩证图景，运用丰富的自然科学材料阐发了辩证法的基本规律，研究了各门自然科学的辩证内容。他把自然科学所揭示的自然界的辩证法同自然科学认识发展和研究方法的辩证法联系起来研究，并认为从根本上来说认识的辩证法是客观的辩证法的反映。他指出："辩证法是唯一的、最高度地适合于自然观的这一发展阶段的思维方法。"恩格斯的许多论及自然科学问题的通信，应该看做是收集在《自然辩证法》中的札记的广泛补充。

马克思和恩格斯还很重视研究人和自然的关系，研究自然科学和技术在社会中发展的规律和在社会发展中的作用。他们早就提出过自然科学是人对自然的理论关系，工业是人对自然的实践关系（《神圣家族》）；认为“历史本身是自然史的即自然界成为人这一过程的一个现实部分，自然科学往后将包括关于人的科学，正像关于人的科学包括自然科学一样：这将是一门科学”（马克思《1844年经济学哲学手稿》）。恩格斯发现了科学的发展同已有的知识量成比例的规律，认为科学的发展将使人类所支配的生产力无穷无尽（《政治经济学批判大纲》）。他还做出了18世纪科学和哲学结合的结果就是唯物主义、启蒙时代和法国的政治革命，科学和实践结合的结果就是英国的社会革命（《英国状况》）的著名论断。马克思在研究政治经济学的过程中，详细地研究了技术史，论述了自然科学和技术在现代生产和现代社会中的作用。恩格斯在马克思墓前的演说中强调指出：“在马克思看来，科学是一种在历史上起推动作用的、革命的力量。”

恩格斯还说过，他引用现代自然科学来证明辩证法存在于现实之中，是因为唯物主义历史观及其在无产阶级革命斗争中的应用，只有借助于辩证法才有可能（见《社会主义从空想到科学的发展》德文本第一版序言）。这段话深刻地表明了自然辩证法作为马克思主义哲学和马克思主义整个革命学说的不可缺少的组成部分的重要意义。

三、传播发展

列宁在19世纪末20世纪初自然科学新发展的背景下，在捍卫马克思主义哲学的斗争中，写出了《唯物主义和经验批判主义》（1908～1909年）。在这部著作中，他考察了以X射线、电子和元素转化的发现为契机的物理学革命，分析了由它所引起的哲学思想的混乱，认为这种混乱产生的主要原因是不懂得辩证法，特别是不懂得自然科学认识发展的辩证法；他指出，现代物理学正在走“从形而上学的唯物主义提高到辩证唯物主义”这一步，唯物主义辩证法是自然科学的“唯一正确的方法和唯一正确的哲学”（《唯物主义和经验批判主义》）。在《哲学笔记》中，列宁强调辩证法内容的正确性必须由科学史来检验，“要继承黑格尔和马克思的事业，就应当辩证地研究人类思想、科学和技术的历史”（《黑格尔〈逻辑学〉一书摘要》）。

在十月革命以后，列宁发表了《论战斗唯物主义的意义》，要求战斗唯物主义同自然科学家结成联盟，用唯物主义的辩证法去研究自然科学革命所提出的种种哲学问题，从而为社会主义国家在这方面研究工作的发展提出了一个纲领。1925 年，恩格斯的《自然辩证法》在苏联出版。这部著作的公之于世，大大促进了马克思主义自然辩证法在苏联、在世界的传播。在中国，自然辩证法也是随着恩格斯这部著作中译本的出版（1929 年）而逐渐在接受马克思主义的哲学工作者和自然科学工作者中得到传播的；中华人民共和国成立以后，进一步在广大哲学工作者和自然科学工作者中得到广泛的传播。毛泽东也很关心和重视自然辩证法的研究，在这方面讲过一些深刻的意见，例如，他强调自然界无论在微观方面，还是在宏观方面，都是无限的，自然科学的发展也是无限的，自然发展史和自然科学史充分证明了辩证法的这一基本观点；他提出自由是必然的认识和对客观世界的改造；他论述了真理发展的辩证法，指出“百家争鸣”是发展科学的必由之路，等等。他的哲学著作《实践论》和《矛盾论》，在中国科学工作者学习马克思主义认识论和辩证法、开展自然辩证法研究中，起了重要作用。

自然辩证法的发展同自然科学的发展是紧密联系着的。20 世纪以来，自然科学的突飞猛进，极大地扩大和加深了人类对自然界的认识，远远超出了 19 世纪自然科学的眼界。列宁看到了这一深刻变革的开端。综观 20 世纪的自然科学，爱因斯坦的狭义相对论（1905 年）和广义相对论（1915 年）更新了经典物理学关于物质、运动、空间、时间、质量、能量的概念；从普朗克的量子论（1900 年）、波尔的量子化的原子结构理论（1913 年）到薛定谔、海森伯的量子力学（1925 年、1926 年），揭示了崭新的、不同于宏观物理学规律的微观物理学规律；对基本粒子的相互转化和更深结构层次的研究、对各种相互作用统一的研究，显现了物质的深远的无限性和深刻的统一性；宇宙论的研究把演化概念推到更广的范围和更深的层次（元素和基本粒子的演化）；生物学的研究借助于现代物理学和化学，从 20 世纪 40 年代开始由细胞水平深入分子水平，这方面研究的不断发展使人类开始真正揭开生命活动和遗传现象的秘密；从电子计算机的制成（1946 年）逐步发展到人工智能的探索，为思维科学的研究开辟了新天地；控制论、信息论、系统论的创立和发展，使自然科学的综合和抽象发展到更高的水平；数学和自然科学方法日益向社会科学渗透；科学的革命引起广泛的、日新月异的技术革命，引起新产业的不断兴起和旧产业的不断改造，引起社会生产力的巨大进步，引起人类物质生活、人们社会关系、人们思想方式的巨大变化；人类作用于自然界的能力的巨大增长，带来了人和自然界的关系的许多尖锐问题（如环境和生态问题等）。总之，20 世纪自然科学的发展在更加广阔的范围内和更加深刻的程度上揭示了自然界的辩证法和自然科学的辩证法，使辩证法的许多基本观点由于无数确凿的自然科学事实而在实际上为自然科学界所广泛接受，不管他们是否在哲学上承认辩证法。面对现代自然科学新发展提出的种种哲学问题，苏联的许多自然科学家和哲学家从马克思主义观点进行了广泛的研究和讨论，英国、法国、日本及其他资本主义国家的一些接受马克思主义的著名自然科学家也进行了有成效的研究和讨论。在中国，《自然辩证法（数学和自然科学中的哲学问题）十二年（1956—1967 年）研究规划草案》，和《1978—1985 年自然辩证法发展规划纲要草案》，表明了这方面工作的范围和方向。应该指出，在苏联，在中国，这方面工作的开展都走过曲折的道路，主要是发生过把马克思主义哲学简单化、教条化和对自然科学新成果、新思想进行粗暴批判的错误，从而阻碍过自然科学和马克思主义哲学的发展。尽管如此，自然科学和马克思主义哲学的强大生命力战胜了这些错误，促进着两者的健康的相互结合，使自然辩证法成为当代马克思主义哲学的一个十分活跃的研究领域。

四、主要内容

自然辩证法研究的内容，总体来说，有两大方面。一个是自然观，即对自然界的辩证法的研究；另一个是自然科学观，或称自然科学论，即对自然科学的辩证法的研究。

自然观的研究，要求不断地概括和运用当代自然科学的最新成果，来发展和更新人们关于自然界辩证发展的总图景和对自然界的总观点（包括关于自然界的物质观、运动观、时空观、信息观、系统观、规律观，以及自然发展史，自然界各种运动形态的划分、联系、交错和转化等）；来研究辩证法的基本规律和范畴在自然界各种过程中的丰富多样的表现，使人们对辩证法的规律和范畴的理解不断充实和深化，使它们在许多方面进一步清晰化、准确化和精细化，并增添新的内容，从而使辩证的同时是唯物主义的自然观，提高到同自然科学的新发展、新思想相适应的现代水平。

自然界不仅是指独立于人之外的自然界，而且包括经过人改造了的自然界，人按照自然规律创造出来的自然界，即人工的自然界。马克思主义自然观研究自然界的辩证法，当然要包括研究人工自然界的辩证发展。正是在人工自然界的辩证发展中，交汇着科学和技术，交汇着人、自然和社会，展现了丰富的辩证法内容。

自然科学论的研究，又有两个方面。一个是从马克思主义认识论、方法论来研究自然科学认识过程、认识方法和自然科学认识发展的规律；另一个是从马克思主义社会历史观来研究作为社会历史现象的自然科学在社会中发展和起作用的规律。

由于自然科学成熟较早、进展较快，研究的对象相对于社会现象来说较为简单，认识的检验较为直接和明确，它的历史和最新发展，为人们研究认识规律，研究诸如：科学认识从感性到理性的深化和从理性的较浅层次到较深层次的深化，科学认识中实验和理论的关系，假设和模型的作用，科学的逻辑结构和语言形式，科学思维的创造性，科学真理的相对性和绝对性，科学理论检验的确定性和不确定性，科学认识的积累、飞跃和革命，新旧科学理论嬗替的规律，科学争论和科学交流对科学认识发展的意义等问题，提供了最丰富的素材。自然科学在其长时间的历史进程中形成的并在不断发展的科学方法，从认识论和方法论上加以深入的分析、总结和阐述，使之得到更为广泛、自觉和正确的运用，这对人们在各个领域的认识活动和实践活动的更加科学化，有很大意义。科学认识论和科学方法论的研究，成为自然辩证法研究中最富有成果和最引人注意的领域。

自然科学发展规律的研究，要求把自然科学作为认识现象和作为社会现象这两个方面结合起来，因为自然科学认识的发展是在一定的社会历史条件下进行，受社会历史条件的决定（推进和限制）又反作用于社会历史的。诸如：自然科学作为知识形态的生产力向物质生产力转化的规律及其发展，科学、技术、生产和科学、经济、社会相互结合和影响的规律及其发展，自然科学和社会精神文明的发展，社会的科学能力的因素及其增长的规律，自然科学在社会中发展的规律和这种规律在不同社会制度下的不同表现，自然科学知识体系的分类和结构，学科的分化和整合的规律，科学发展中的生长点和带头学科形成的规律等问题，构成自然科学论研究的多方面的内容。

技术同科学密切联系，又是独立的社会现象。技术论的研究从总体上探讨技术的性质和特点、技术发展的条件和规律，以及技术和其他各种社会现象的关系等，是一个新兴的研究领域。

由于人们越来越要求有意识地组织科学技术的研究和运用，自然科学论和技术论的研究为科学技术政策的制定、科学技术发展的规划、科学技术工作的领导和管理提供理论基础，其重要性日益突出。

自然观和自然科学论的研究，一方面要从自然界和自然科学的总体和综合上来进行，另一方面要从各门自然科学的分体上来进行。分别结合各门自然科学的各种基本理论、各种基本概念和各自的研究方法，分别结合各门自然科学的思想发展史，以及重大发现史、重大创造史的案例，分别结合各门自然科学同技术发展和社会发展的关系，从哲学上进行细致的和专门的研究，构成各门自然科学的哲学问题的广阔领域，展开自然辩证法研究的丰富多彩的内容。

在自然观和自然科学论方面，各国的许多有重大理论成就的自然科学家，发表过许多有价值的意见和著作。不管他们是否有明确的哲学思想或受何种哲学的影响，由于他们的这类观点是从他们的创造性的实践和对自然科学的深切理解中提出的，自然辩证法研究者对这些思想财富都是十分珍视的，并努力在马克思主义基础上加以科学的分析和吸取。西方科学哲学和科学社会学的各派学者，他们的哲学观点和具体论点有许多可争议和应批评的地方，但是许多人从哲学、逻辑、语言、社会学等各种角度对自然科学作了细致的、有价值的研究，有些人也明显地受到马克思主义观点的不同程度和不同方面的影响。自然辩证法研究者也很重视对这些成果的了解，并努力在马克思主义基础上加以科学的分析和吸取。马克思主义自然辩证法不是一个封闭体系，而是一个向自然科学的新发展、向自然科学家和其他领域科学家的科学的新思想敞开大门，通过科学的研究、科学的讨论和科学的批评而不断吸取新成果以丰富和发展自己的开放体系。

用自然辩证法这个名称来概括包括上述主要内容的研究领域，在中国是从延安时期起就沿袭下来的习惯。对自然辩证法是否构成一个单独的科学部门，或构成一个怎样的科学部门，或这个部门应该叫什么名称，在我国学术界也有不同意见。

有一种意见认为：上述的研究内容，可以分别由辩证唯物主义、历史唯物主义、科学学、科学史等科学部门进行研究，不能构成一个单独的科学部门。不同意这种意见的则认为：自然辩证法的研究领域是马克思主义哲学和自然科学相互结合的领域，马克思主义哲学的其他各个部门，都从各自的角度对这个领域的问题进行研究，但这些部门的研究都不限于这个领域，而自然辩证法则专以这个领域为自己的研究对象；自然科学史、科学社会学，也都从各自的角度对这个领域的问题进行研究，但这些部门的研究主要是对具体科学的研究，而自然辩证法则主要是对这个领域进行概括的哲学的研究。因此，自然辩证法同马克思主义哲学的其他各个部门，同科学学和科学史的研究互相交错，而又形成马克思主义哲学的单独的组成部分。

还有一类意见，强调自然辩证法这门科学的独立性，或者认为它是哲学之外的一门独立科学，或者认为它是哲学和自然科学之间的一门边缘科学，或者认为它作为哲学的一个独立部门，有自己独特的规律和范畴的体系，并为构成这种体系作了尝试。对这类体系也有不同意见，或者认为形成的条件还不成熟，或者对其方法本身表示疑问。

在苏联，这个研究领域一般被称为自然科学哲学问题研究；但是也有一些哲学家认为，作为哲学科学的自然辩证法，同辩证唯物主义、历史唯物主义、辩证逻辑、伦理学、美学、科学无神论、哲学史一道，构成马克思主义哲学的统一整体；认为这样来看待自然辩证法这个哲学部门，可以避免把自然科学哲学问题弄得支离和零散。

这些争论，反映出自然辩证法同哲学的其他分支和自然科学、技术科学及其他科学领域的密切联系，反映出自然辩证法是一门在形成中的和向多方面交叉发展的科学部门。

在西方，这一研究领域分别由自然哲学、科学哲学、科学社会学和科学论、技术论等学科进行研究。

参考文献

于光远：《马克思、恩格斯论自然辩证法与自然科学》，科学出版社，1975～1978 年

《马克思、恩格斯、列宁：自然辩证法文选》，人民出版社，1980 年

《自然辩证法研究资料选辑》第一辑（1956 年自然辩证法研究规划说明书汇编），科学出版社，1960 年

《自然辩证法讲义》，人民教育出版社，1979 年

查汝强：《自然辩证法》，《百科知识》，1979 年第 3 期

于光远：《自然辩证法是一个科学群》，《自然辩证法通讯》，1980 年第 1 期

龚育之：《〈自然辩证法〉在中国》，《自然辩证法通讯》，1981 年第 1 期

访问美国和奥地利观感*

谈谈参加美国四个学会（科学哲学会、科学史学会、技术史学会和科学社会研究学会）的联合年会的感想。这四个学会每年都分别召开年会，每四年召开一次联合年会，因为这四个学会之间有着密切的联系。我国这方面相近学科的学会很多，如中国自然辩证法研究会、科学学和技术政策研究会、科学史学会、未来学会和人才学会等。于光远同志讲科学群，实际上也有个学会群。很多人员是交叉的，所谈论的课题很多是相近甚至相重的。如有机会开一开联合年会，肯定是有好处的。美国学会的会议非常重视学术内容，开得很紧凑，共四天时间，按论文的性质分成 107 个组，每天分三五段时间，大小上十个会议室，每段时间同时有上十个组开会，各个组都是专题讨论，完全是以学术内容来吸引人们自由参加。开会的方法是直截了当，作报告的人只需讲自己的主要观点，会议指定有评论人，评论人对报告人的论文应做出有水平的评论，主要时间用来提问和回答。这样的开会方式，对我们是有参考价值的。我们国家的学会开会，花在非学术性内容上的时间，花在听一般性报告上的时间太多了。建议今后学会的会议尽可能地将钱和时间花在学术内容上，用学术内容本身来吸引我们的会员，而把一些必要的程序、

---

* 本文是 1986 年 12 月 18 日在中国自然辩证法研究会第二届理事会闭幕式的发言，原载《自然辩证法报》，1987 年第 2 期。

组织性工作在时间上、经费上减少到最小限度，而且要结合学术活动来进行。

通过对美国和奥地利的访问，我看到对科学技术与社会的相互关系，从哲学、社会学、经济学、政治学和伦理学这些不同的角度进行研究，在国外是个蓬勃发展的趋势。从建立机构、开设课程和听课学生的增长看，这种研究是受欢迎的，而且近年来发展得比较快。这也反映了科学技术在社会发展中的作用、影响，引起大家的关心。发达国家的研究者注意的中心是科学技术发展引起的社会问题。他们经常表示，希望我们也注意这方面的问题。我们在这方面同他们处境不同，我们是发展中国家，科技比较落后，非常需要科学技术。而我们在过去“左”倾错误影响下，又很不重视科学。有这样两个背景。我们所谈的都是强调科学技术如何重要，如何发挥作用，如何解决问题。我想我们也应该更多地注意科学技术发展在社会中引起的各种复杂影响。这方面发达国家有经验教训，许多第三世界国家也有经验教训，我们要了解和研究。

美国在科学技术与社会问题方面的工作发展很快，机构也发展很快。但是，有许多机构对自己工作的开展采取非常慎重的态度，如美国斯坦福大学设有价值、技术、科学与社会计划学科（VTSS Program），已有 15 年历史，这两年才成为专业，这个专业的学生，分别拿文学士或科学士的学位，暂时还没有设本专业的高级学位。他们认为这种边缘交叉的问题非常重要，但这种研究要有很扎实的成果并不是一件容易的事，他们要保持这种学科的质量和荣誉，而不愿发展得很快，规模搞得很大，质量不高，皮毛肤浅。总之，是要适应时代的需求，摆脱传统学科的分割，搞综合研究，交叉研究，而又严格要求，讲究质量。我们现在许多院校要成立系，凡征求到我的意见，我都建议采取比较严格的态度。

中国自然辩证法和科学学研究的倡导者——于光远*

光远同志兼革命职业者和学者于一身。他在广阔的科学领域从事研究和组织活动。自然辩证法和科学学研究，是他的科学活动的主要领域之一。

我在这里特地把自然辨证法同科学学研究连在一起来说，因为这种联系的密切，是我们这方面研究工作的一个特点。自然辩证法作为马克思主义理论研究的一个专门领域，就其狭义来说，是指通过自然科学的成果来研究自然界发展的辩证法，就其广义来说，就其在中国发展的实际状况来说，还要包括研究自然科学认识方法、认识历史的辩证法。自然科学在社会中发展的辩证法。这广义的自然辩证法研究，就孕育着科学学理论基础的研究。

光远同志在大学里是学物理学的，那时他已投身革命运动，接受和研究了马克思主义。这样的背景，很自然地使他在从事青年运动的革命实践活动的同时，又把自己的注意力放到马克思主义同自然科学结合的理论课题上，并且使这种理论活动成为革命活动的一部分。1936 年他在上海参加了地下党组织的“自然科学研究会”，它的活动，一方面是团结自然科学界的进步分子推动抗日救亡，一方面是讨论“新哲学”——马克思主义哲学和《自然科

* 本文原载《自然辩证法报》1986 年第 22 期和《科学学研究》1986 年第 4 期，第 10～14 页。

学新论》——一部新译出的苏联果林斯坦写的用马克思主义哲学研究自然科学问题的著作。1939年到延安以后，他继续担负中央青委的工作，同时作为边区“新哲学会”的成员和“自然科学研究会”的驻会干事，积极从事和推动自然辩证法的学习和研究。鉴于恩格斯的《自然辩证法》的第一个中译本（杜畏之译本）尽管有其历史意义，毕竟不是完善的译本，光远同志在延安就着手重新翻译这部经典著作，在延安的报刊上发表了它的一些篇章。边区有了人民政权，自然辩证法不能只限于研究自然科学认识成果的哲学概括，更要注意研究如何组织和发展自然科学工作为人民服务，就是说，要为形成和发展党的科学政策、党对科学在社会生活中的地位和作用的观点，提供理论的根据和阐述。这实际上就联系到科学学研究。1940年11月10日延安《新中华报》有一则报道：“自然科学研究会组织之自然辩证法研究小组……召开第三次座谈会，讨论工业农业科学的应用。”正好说明了这种关系。

自然辩证法和科学学研究的联系，由于新中国发展科学事业的要求和党领导科学事业的需要而更加密切了。光远同志从1954年起担任中共中央宣传部科学处的副处长，旋即任处长。他参与起草的中共中央1954年3月对中国科学院党组织工作报告的批示，是新中国成立以后全面奠定党的科学政策的初步基础的第一个文件。1956年9月他在党的第八次全国代表大会上的发言，总结了新中国成立以来党领导科学工作的主要经验。他首先强调“希望各方面进一步重视科学工作”，说：“重视不重视科学工作是有没有远见的问题，我们共产党人是应该有远见的。”接着提出“我们要努力学习，使自己成为领导科学工作的内行”，要“依靠科学家”，要“掌握科学工作的规律”①。中央宣传部科学处从一种意义上可以说是党的一个研究科学政策的机构，而科学政策的研究当然要放在马克思主义观点对科学发展的规律进行科学研究的基础上。

20世纪60年代光远同志倡导自然辩证法和科学学研究，有几件事情应该说一说。

第一，1960年秋，由光远同志建议，并与李昌、潘梓年同志共同主持，

① 《中国共产党第八次全国代表大会文献》第570～571页。

在哈尔滨召开了第一次全国性的自然辩证法座谈会。这次座谈会的一个特点是扩大自然辩证法研究的视野，越出自然科学理论研究的范围，开展了有关技术发展的辩证法，在生产实践中运用辩证法的研究。后来引起毛泽东的注意，因而在《红旗》杂志上转载了的从积木式机床谈机床内部矛盾运动的文章，就是提交这次会议的论文之一。当时这方面的研究也不免带有那时流行的某些幼稚以至简单化的缺陷，但是，自然辩证法研究朝这样一个方向开拓，无疑是有积极意义的。

第二，1961 年，为了纠正“左”的错误，进一步贯彻百家争鸣方针，在光远同志支持下，科学处的工作同志继续研究苏联遗传学争论历史的工作，扩大范围到整个自然科学领域，搜集和编译了《苏联自然科学领域思想斗争的若干历史材料》（共九辑），并且写了一个综合研究报告，供党的领导干部研究科学政策作参考（这些材料，现在我们准备加以补充，公开出版，供自然辩证法和科学学工作者阅读）。

第三，1962 年，在光远同志推动下，由哲学所向党中央宣传部提出了一个加强自然辩证法研究工作的报告。决定重新出版《自然辩证法研究通讯》（它是在 1960 年中由于“整顿刊物”，认为它的任务可由《哲学研究》承担而停刊的）。决定在北京大学哲学系和哲学研究所招收正规的四年制的自然辩证法研究生，光远同志为领衔的指导教师（从这时起招收的几批研究生，现在大都成为有成绩的研究骨干）。决定增强哲学所自然辩证法组的力量（好几位同志都是这时调来的，光远同志仍兼这个组的组长）。决定组织国外自然科学哲学资料的系统的翻译出版工作（当时做出的规划虽然后来大部未能执行，但商务印书馆出版《爱因斯坦文集》和其他一批书籍，与这个规划和光远同志的促进是有关的）。

第四，1963 年《自然辩证法研究通讯》复刊第一期刊出了从俄文译出的日本科学家坂田昌一的《基本粒子的新观念》，引起毛泽东的注意。1964 年毛泽东几次同别人谈起这篇文章，8 月 24 日同光远同志和周培源同志两人长谈，谈到他对自然辩证法和对哲学的许多见解。于是，在光远同志推动下，由《红旗》杂志在 1965 年发表了重新从日文译出的坂田文章，加了一个较长的编者按（是根据毛泽东几次谈话的内容写出的），在科学界组织了广泛的讨论。这次活动对自然辩证法的学习和研究起了较好的影响。因为他着眼于引导，而不是“大批判开路”；它要求把哲学的探讨同自然科学的具体研究结合起来，而不是离开具体科学研究去谈哲学。

第五，1963年制订哲学社会科学十年著作规划，其中一项是多卷本《自然界的辩证发展》，光远同志任主编。这里讲的自然界包括人工自然界，所以这部书的计划，不仅包括天体史、地球史、生物史、人类史，而且包括农业史、工业史、医学卫生史。这部书编写工作的布置在1965年下半年到1966年上半年已经全面展开，会议开了多次，终因“文化大革命”而搁置了。

在“文化大革命”的困难境遇中，在自然辩证法和科学学研究方面，除了前面已提到的编选马恩的有关论述外，光远同志还把《自然辩证法》重新校译了一遍。这个校译稿，在一些同志的协助下，对各篇文章和札记片段重新进行了编排（恩格斯的手稿只分为几束，并没有编排好，俄译本的编排并不能认为是最完善的），增加了附录和注释，成为一个中文新版本，已于1984年出版。

“文化大革命”结束后的这十年，光远同志作为最活跃、最有影响的马克思主义理论家之一，展开了他有生以来最光辉的理论研究工作和组织工作。在他紧张的多方面的科学活动中，倡导和推动自然辩证法和科学学研究仍然是他给予极大注意的重要方面。他主持了中国自然辩证法研究会筹委会的工作，并在中国自然辩证法研究会成立大会上当选为研究会的理事长。他提议恢复出版了《自然辩证法通讯》仍兼任杂志的主编。他提议编写《中国自然辩证法百科全书》，并任主编。他又领衔招收自然辩证法研究生，为这个队伍聚集了新生力量。他发表了指导自然辩证法和科学学研究工作的许多文章和演说，特别强调对人工自然的研究和自然、社会、技术、经济的综合研究，还倡导要建立以社会科学为对象的科学学研究，因为过去科学学研究限于自然科学的范围。

但是，光远同志以前在自然辩证法和科学学研究方面的工作，现在的青年是不大知道的，中年老年同志也不一定全了解。每见谈中国科学学研究的文章，以为这门科学在中国是从20世纪70年代末80年代初开始的。其实，这只是“科学学”这个名词引进的时间。至于这门科学的内容，如果从翻译介绍算起，应当追溯到40年代苏联格森和英国贝尔纳文章的翻译，因为这些文章被公认为科学学的鼻祖；如果从自己的研究工作算起，则至少应当追溯到50年代光远同志和在他指导下的一些工作。科学研究工作要超越前人，又要了解和尊重前人的劳动。因此，在祝贺光远同志从事科学工作50周年之际，我愿意就我所知，详细介绍一下光远同志作为我国自然辩证法和科学学研究的倡导者过去在这方面的工作。

哲学学习和自然辩证法研究*

我想就丘亮辉同志《工作报告》中提到的今后两年工作的第一条，讲几点意见。一共五点。

第一点，在学习马克思主义哲学中，希望搞自然辩证法的同志更多地发挥作用。

党中央号召学习马克思主义哲学，重点是要求党的中高级领导干部，但不仅仅是他们，也包括党政工作的一般干部、知识分子专业干部和其他有条件学习的人。马克思主义的思想和理论建设是一件有根本重要意义的事情。当前，在中国，在全世界，正在展开一场大论战：社会主义往哪里去？资本主义往哪里去？中国往哪里去？世界往哪里去？需要观察，需要研究，需要讨论，需要思考。这就要解决一个指导思想问题，一个理论武器问题，也就是要了解、坚持、运用和发展马克思主义理论，包括马克思主义哲学。毛泽东同志讲过，马克思主义传到中国来，帮助中国的先进分子用无产阶级的宇宙观作为观察国家命运的工具，中国人在精神上就由被动转入主动，就对自己该走什么样的路得出了结论。这讲的是 70 年前的情况。70 年中，我们走这样的路，取得了巨大的胜利，中国发生了翻天覆地的变化。但是，路，即使是胜利的路，并不都是平坦笔直的。艰险曲折我们经历过，而且还在经历

* 本文原载《自然辩证法研究》，1990 年第 3 期，第 64～67 页。

着。70 年后的今天，面临中国和世界发展的新的历史关头，我们许多人又遇到不少思想上的困惑，就是说，精神上又有某些被动。怎样从困惑中走出来，取得精神上的主动呢？还是要靠马克思主义这种科学的宇宙观和历史观，靠面对新的实际来创造性地运用和发展马克思主义。离开马克思主义，是根本不可能找到出路的；不能面对新的实际，在实践中创造性地发展马克思主义，也找不到出路。当前强调学习和研究马克思主义哲学，是在这样的大背景下提出来的，意义极其重大。自然辩证法工作者从总体上讲是马克思主义哲学队伍的一部分，在这次学习马克思主义哲学中，我们应该很好地发挥作用，应该关心、支持、参加和推动这次学习。

第二点，对马克思主义的学习和研究，要面向现代世界的新发展，面向科学技术的新发展，进行新的探索，得出新的思想。

去年 5 月，邓小平在一次谈话中讲到："真正的马列主义者必须根据现在的情况，认识、继承、发展马克思主义。"又说："世界的形式，包括科学技术的发展日新月异，不用新的思想观点来继承、发展马列主义就不是真正的马列主义。一切墨守成规的做法只能导致失败。"（见 5 月 17 日各报报道）

怎样理解这些论述呢？

大家知道，多年来，曾存在一个对马克思主义、社会主义的理解问题。20 世纪 60 年代前期，在国际共产主义运动（国际共运）中展开了激烈争论。如何评价这场争论，涉及许多复杂问题。概括而言，我很赞成这样一个评价：经过 20 多年的实践，回过头来看，双方讲的都是空话。

所谓讲空话，就是说，对马克思以后 100 多年，究竟发生了什么变化；在变化的条件下，如何认识、发展马克思主义，没有搞清楚。

我也很赞成这样的意见：绝不能要求马克思解决他去世之后 100 年、200 年、上千年所产生的问题。列宁也同样不能承担他不在以后 50 年、100 年所出现的事情，不能要求他解决这些问题。

所以说：真正的马克思主义者必须根据现在的情况，认识、继承、发扬马列主义。

所以说：世界形势日新月异，特别是现代科学技术发展很快。现代的一天抵得上过去古老社会成百年或几十年，不以新的思想、观点去继承、发扬马列主义，不是真正的马列主义者。

所以说：列宁之所以是一个真正的、伟大的马克思主义者，就与他不是从书本里，而是从实际、逻辑、哲学思想、共产主义理想上，在一个落后的国家领导了十月革命。中国的伟大的马列主义者毛泽东，并不是在马列主义书本里寻找在落后的中国建设社会主义的途径。马克思能预料到在一个落后的俄国会实现十月革命吗？列宁能预料到中国会用农村包围城市夺取胜利吗？

所以说：墨守成规只能导致落后，甚至失败。

1960年，在报刊上展开论战和争论的第一个问题就是时代问题，当代科学技术的发展是不是改变了列宁关于时代的定义（我们的时代是帝国主义和无产阶级革命的时代）？说双方讲的都是空话，在这个问题上也暴露得很明显。双方都没有真正对当代科技的发展，它对帝国主义发展、对无产阶级革命斗争的条件和根据、对社会主义的建设和改革带来什么影响，进行切实的科学研究。或者讲几句空话，就轻率地断言科学技术发展使我们进入了原子时代、自动化时代，时代变了，列宁主义、马克思主义似乎也就过时了。或者认为时代没有变，马克思主义、列宁主义没有变，却没有去研究和解决科学技术发展提出的问题，所以也是一种空话。回顾20多年前关于马克思主义和社会主义的争论，空话讲得太多，新问题研究得太少。而这20多年中，科学技术革命发展得多么迅猛！社会主义如何迎接科技革命迅猛发展的挑战，如何适应科学技术成为第一生产力的现代化要求，如何使社会主义在促进生产发展和科技革命方面的优越性也充分地表现出来（在70多年社会主义的实践中，这种优越性在某些时候和某些方面有显著的表现，在一些时候和一些方面，特别是在当代的科技革命中，却未能很好地表现出来），这是十分重大的问题。总之，科学技术的发展，对当代资本主义，对当代社会主义，对当代马克思主义的发展提供了什么，需要我们很好地研究。

我们党过去多次提倡学哲学，有很多重要经验，如强调实事求是的思想路线，一切为了人民、一切依靠人民的群众路线，全面地、历史地看问题和按辩证法办事，这些，在现在学哲学中仍然要十分重视。除了这些以外，现在学哲学还要重视一些过去未曾很好重视的东西，如强调社会主义的根本任务是发展生产力（邓小平同志多次讲，过去我们对社会主义理解的一个重要失误，就是没有抓住这个根本任务），强调科学技术是第一生产力（这是邓小平同志做出的一个重要的马克思主义的新概括）。所以，要了解科学技术的新发展，即它的状况，它的态势，它的前景，它对马克思主义的认识论、历史观、文化观，对政治经济学，对科学社会主义学说，都提供了什么新东西，当今学哲学，应当把了解、研究、探讨这些问题提到比较重要的地位，才适合今天的形势。这方面，我们搞自然辩证法的人确实有很多工作应该做，因为我们是接触、研究这些问题较多的，应该很好地发挥作用。

第三点，学习《自然辩证法》、《唯物主义和经验批判主义》等马克思主义哲学的经典著作，要努力提高到现代的水平。

我们搞自然辩证法的很多同志一直反对“马克思主义过时论”，反对说《自然辩证法》、《唯物主义和经验批判主义》这些著作全部过时。我们主张今天学马克思主义哲学还要学这些著作，这本身就是对“过时论”的批驳。但是这些著作毕竟是写在上百年、好几十年前，今天学习它们，就有一个把这种学习提高到今天的水平的问题。如果不做这个工作，我们也没有尽到责任。马克思、列宁逝世以后，发展马克思主义的主要方面当然是无产阶级的阶级斗争、人民革命和社会主义建设的实践，同时也应该联系科学技术发展的实际。而后面这方面的联系，在现在条件下我们不可能靠哪一个政治领袖来做，也不可能靠哪一个科学家或哲学家来做，而要靠研究马克思主义理论的集体的队伍，包括研究自然辩证法的集体的队伍来做。对这些经典著作，要深入地理解和坚持它们的科学成果，要根据一个世纪以来科学的新发展来检验它们的论点，来丰富和发展它们的科学成果。攻击《自然辩证法》，认为“每一页都有错误”，这首先是反对马克思主义的政治态度、政治情绪的暴露。至于我们搞自然辩证法研究和教学的人，我们在充分肯定这些著作的基本思想，肯定它们的重大历史价值和现实价值，批评对它们的无根据的贬损的同时，也要努力去研究和说明这些著作中有哪些个别材料、个别论点已经过时，在哪些论述的问题上现在有了哪些新的科学材料、科学观点和科学争论。恩格斯讲过，自然科学书籍五年后再版就要修订，增加很多新材料，删去很多旧材料。列宁也讲过，根据新的科学事实，修改恩格斯自然哲学的个别论点，这完全不是“修正主义”，而是科学和哲学发展的必需。恩格斯、列宁之后的马列主义哲学工作者，自然辩证法工作者，应该按照恩格斯、列宁讲的这种精神来从事这样的工作。在高等学校的哲学教学中，除了介绍这些经典著作的历史背景、基本思想以外，还应该介绍新的科学发展提供了哪些新事实、新观点，有哪些需要更新的东西。对做好这个工作，自然辩证法工作者有更多的责任。

第四点，应该让更多的人了解苏联和我国在处理马克思主义哲学对自然科学的关系上的历史经验和教训。

马克思主义政党取得政权以后，担负起领导这个国家的自然科学发展的责任。这里有两个方面。一个方面是自然科学事业的发展及它在生产力发展和社会发展中的作用，这方面社会主义国家取得重大成就，但也还存在体制方面有待改革和完善的问题。另一个方面是在意识形态领域居于指导地位的马克思主义哲学对自然科学的关系，这方面有好的经验，也确有教训。对这些经验和教训，我们搞自然辩证法的许多同志是比较熟悉的，当然也有不熟悉的，我觉得，应该很好地、科学地研究这些经验和教训，并且应该让更多的人了解它们。为什么呢？一个原因是有一个思潮，抓住这方面过去苏联和我国发生的错误，渲染这些错误，借以反对、攻击马克思主义。我们要批评这种思潮，就要了解这些经验教训，对它们进行马克思主义的研究和总结。否则，我们就会感到茫然，或者就会对这方面发生过的错误采取轻描淡写的态度。而这是不合乎马克思主义的要求的。我们应该用马克思主义的实事求是的科学态度，对待过去在马克思主义名义下犯过的错误，弄清事实（既不夸大也不缩小），分析原因（既不维护也不苛求），总结经验，坚持使马克思主义哲学发展和自然科学发展相互促进的道路。还有一个原因，就是要通过了解和研究历史的经验教训，避免重复过去的错误。重复错误的问题，在历史上不少。苏联20世纪40年代末50年代初的许多错误，我们在新中国成立初期的学习苏联中重复过。1956年提出“百家争鸣”方针，一个很重要的背景，就是鉴于过去对自然科学的粗暴、简单的批评，在马克思主义的名义下做了很多违背现代科学发展的事情。1956年总结了这个教训，可是在反“右”、“拔白旗”、“阶级斗争”扩大化中，又在某些方面和某种程度上重犯了这样的错误。然后，1961年搞《科研工作十四条》，再一次把这些错误纠正过来。后来，到“文化大革命”，又在相当范围和程度上，甚至有时以更粗暴的方式，重犯这些错误。就这么重复了好几次。错误的重复，有它的历史原因和现实原因。对历史的经验教训没有很好地了解研究，没有使它成为大家的财富，恐怕是一个重要原因。经历过、研究过这方面经验教训的人，了解得多些。可是不断有新人加入我们的队伍，他们没有经历过，对这些历史不很了解。对于领导科技工作的干部来说，有这个问题。总之，自然辩证法工作者要多做工作，对这方面的经验教训做出科学的研究和总结，使之为更多的人所了解。

第五点，自然辩证法队伍本身也有一个加强马克思主义理论学习的问题。

我们是教人家学马克思主义的，自己当然应该学得比较多，很多同志也确实这样做，但问题仍然存在。我们这个队伍学习马克思主义的情况，大体说来，可以作以下分析：20 世纪 50～60 年代参加这个队伍的人，可能过去学得多一点，但也有是不是荒疏了、能不能在新的复杂情况下坚持和能不能努力提高到今天水平的问题。“文化大革命”中参加这个队伍的人，也学过一些马列著作，特别是毛泽东著作，可能学得偏一点、窄一点，有一个重新认识、全面了解和扩大知识面的问题。还有很大一批年轻同志是近些年参加这个队伍的，其中学马列有学得不错的，新东西也知道得多一些，但是有相当一部分同志没有很好注意学习马克思主义，对马克思主义缺乏知识又缺乏尊重的轻浮态度的确是存在的。既然在这个队伍里工作，担负着马列主义哲学教学的责任，我们自身的学习确实很重要，应该更多地研究、了解马克思主义哲学、政治经济学、科学社会主义的基本理论。除了大家知道的那几本重要经典著作外，对搞自然辩证法的同志，我想推荐大家读读于光远、孙小礼等同志编辑的《马克思、恩格斯、列宁论自然辩证法和科学技术》。科学出版社出版的这本书，把马克思、恩格斯、列宁论著里涉及科学技术与社会发展、马克思主义哲学与自然科学的很多材料集中起来，是大全性质的。要求一般学哲学的同志读这本书是不行的，但对专门搞自然辩证法的同志，我觉得都该浏览、查阅一下这本书。北京大学科学与社会研究中心还在这本书的基础上选编了一本篇幅不大的《马克思主义与自然科学》，是供研究生学习用的，我觉得这样做很必要，希望引起搞自然辩证法教学的同志更多的注意。我们强调学习和研究马克思主义必须面对现代世界和科学技术的新发展，不能停留在马列的书本上。但是，如果对马克思、列宁已经研究和论述过什么，他们进行研究的方法和结果是什么缺乏基本的了解，那么，我们自己进行研究的出发点和指导原则、指导方法又在哪里呢？近年来搞自然辩证法的同志了解、研究现在西方科学哲学的著作较多，这是好的，弥补了过去的不足。这种研究当然要继续进行。同时，人们又感到这些年介绍作得多些，用马克思主义观点进行分析作得不够。既然作介绍，也就有责任认真作分析。并不是在书前说几句“书中有些资产阶级观点，请读者注意”这种空话就行了。需要做的是认真地进行研究，科学地指出其中哪些是谬误的，为什么是谬误的，注意消除这些谬误的消极影响。只有这样，才有利于从他们的研究成果里批判地吸取那些积极的东西，来丰富马克思主义哲学。

马克思主义与自然科学的结合*

我的发言归结起来就两句话。第一句话是：我们的自然辩证法研究，历来是，现在仍然应该是马克思主义理论研究的组成部分。第二句话是：科学方法论的研究，是马克思主义与自然科学结合的一个重要生长点。

一、坚持和发展自然辩证法研究的马克思主义传统

我们的自然辩证法研究工作，我们的自然辩证法研究会，有一个传统，那就是马克思主义的传统。自然辩证法这个名称是从恩格斯的《自然辩证法》这本书来的，就是要继承和开拓主要以这本书为发端的马克思主义同自然科学发展结合起来的研究领域。最近，我在为自然辩证法百科全书起草一个条目：中国的自然辩证法研究。这是一个历史条目。《中国自然辩证法研究：历史与现状》这本书已经做了大量重要的基础性工作。当然，材料还要进一步发掘，许多情况还要核查，各项活动和成果的历史分量还要掂量，历史发展的脉络还要梳理。在作这种梳理的过程中，我更加强烈地感觉到：自然辩证法，作为马克思主义的自然观、自然科学观和认识自然、改造自然的

---

* 本文为1990年8月在第二届全国科学方法论学术讨论会上的发言，原载《内蒙古大学学报（哲学社会科学版）》，1990年第4期，第3～9页。

方法论，它在中国的传播和发展是同马克思主义在中国的传播和发展相伴随的，是中国马克思主义的思想运动和革命运动的一个组成部分。之所以会这样，是因为马克思主义这门革命的学说，建立在科学的世界观上。马克思主义哲学是关于自然、社会和思维发展的一般规律的科学。要全面理解和把握这样一门科学，马克思主义者就不能不注意研究自然科学、研究自然辩证法。马克思主义者领导的革命运动，也需要吸引越来越多的自然科学家参加，这也促使马克思主义者不能不注意研究自然科学面临的问题，不能不研究自然辩证法。另外，被革命运动吸引过来的自然科学家和学习自然科学的青年，通过革命运动的影响，从民族解放和社会解放的角度，接受了马克思主义的真理。他们需要寻找马克思主义同自己专业知识、专业工作的结合点，这样也势必走到研究自然辩证法的道路上来。新中国成立以后，自然辩证法的学习成为全国范围的广大知识界特别是科学技术界学习马克思主义的启蒙运动的一个组成部分。1956 年以后，自然辩证法研究工作逐步深入，学术成果逐步积累。其间经历了曲折，特别是“文化大革命”期间的曲折。在现代化建设和改革开放的新时期，我们的自然辩证法研究工作，比以前发展得更富有成果了。这是有目共睹的历史事实。

这些年流行一个词，叫“淡化”。我不是一般地反对提“淡化”，而是要看“淡化”什么。我认为，在我们的自然辩证法研究中，马克思主义的传统不要“淡化”，不应该“淡化”，也不需要“淡化”。但是，我们现在在搞社会主义现代化建设，搞改革，搞开放，在现代化建设和改革开放的新形势下，我们自然辩证法研究的马克思主义传统，需要坚持，需要发展，需要变化。什么样的变化？不是淡化，而是深化、广化，就是要向更深、更广发展。开放，就要放眼世界。改革，就要开创新局面。视野要更加宽阔，内容要更加丰富，方法要更加多样。只有这样，才是珍惜马克思主义的传统，丰富和发展这个传统，使我们这个传统同现代自然科学结合得更好，同现代化建设和改革开放形势的要求结合得更好。只有这样，我们在这个领域的研究，才会获得更多的成果。

二、马克思主义与自然科学结合有多方面的生长点

马克思主义是一门多方面的、包括各个组成部分的、内容丰富的学说，

马克思主义同自然科学结合也会有多方面的生长点。由于自然科学和技术在现代社会生活，现代经济、政治、文化中的作用越来越大，所以从社会方面来考察自然科学的发展，现在提到马克思主义理论研究的极重要的位置上来了。马克思主义的历史唯物主义同自然科学结合的生长点在哪儿？我想，这就要研究科学技术是第一生产力这样一个重要问题。历史唯物主义讲生产力与生产关系、经济基础与上层建筑的相互作用，明确指出，归根结底推动社会历史发展的决定力量是生产力，生产力是全部社会历史的基础和动力。而生产力包括科学在内，科学技术作为生产力，这是马克思在 19 世纪就已经讲过了的。科学技术作为第一生产力，这是一个现代概念，是当代马克思主义的探讨和概括。对这样一个新概括，需要展开研究，从当代科学技术发展的成果、趋势、前景来研究，从科学技术在现代生产力发展中的地位和作用来研究，从科学技术通过生产力发展影响社会生产关系和上层建筑的形势来研究。科学技术成为第一生产力，对历史唯物主义增加了怎样一些新的观念和思想？如何深刻地、正确地理解和把握这些新观念和新思想，克服同它不相适应的旧观念和思想？这些都需要认真地进行研究。

由此联系到的问题是：马克思主义的科学社会主义学说同自然科学结合的生长点在哪儿？科学社会主义是马克思主义的落脚点。马克思主义同自然科学结合，就要研究从科学社会主义学说来看当代科学技术发展的问题和从当代科学技术发展来看社会主义学说的问题。科学技术的发展到底要求什么样的社会环境和社会制度？它是要求资本主义，还是要求社会主义？从历史上看，马克思主义者明确地指出，资本主义的发生、发展与科学技术的发生、发展有很密切的历史关系。在近代，资本主义曾经为科学技术的发展开辟了广阔的道路。那么，到现代，资本主义与科学技术发展的关系又是怎样的呢？过去我们许多人以为，资本主义发展到帝国主义，它对科学技术发展的束缚大概就变成主导的方面了。现在看，问题不像我们许多人原来设想的那么简单。现代资本主义有扭曲科学技术发展的方面，但又有仍然能够容纳科学技术迅速发展这么一个事实摆在我们面前。为什么会存在这样的事实？怎么样看待当代资本主义与科学技术发展的关系？这是马克思主义者需要认真研究的课题。马克思主义者从分析资本主义的根本矛盾中指出社会主义代替资本主义的历史规律。资本主义有了若干变化，但是它的根本矛盾毕竟没有解决。生产力的发展、科学技术的发展，终将冲破资本主义战争和侵略制度的桎梏、资本主义剥削和压迫制度的桎梏，使人类走向新的社会制度。不仅马克思主义的革命家这样看待历史和未来，20 世纪以来许多著名的、有见识的、关心科学的命运和人类命运的自然科学家，都深深地谴责资本主义，向往社会主义。他们的科学良心，代表了科学技术同社会主义相结合的时代要求。这些自然科学家所观察到的、所谴责的资本主义的根本矛盾不是仍然存在吗？在现代的资本主义国家中，批评和揭露资本主义矛盾、弊端和罪恶的哲学家、自然科学家、社会科学家和社会人士仍然大有人在。对资本主义现实的抨击，就意味着对优越于资本主义的新的社会制度的追求。这个问题具有本质的重要性，需要科学社会主义者认真地加以研究。

三、科学方法论的研究是辩证唯物主义同自然科学结合的生长点

马克思主义的辩证唯物主义同自然科学结合的生长点在哪儿？这种结合也可以有许多方面，我想，科学方法论的研究应该是辩证唯物主义同自然科学结合的最重要的生长点。

寻找辩证唯物主义同自然科学恰当的结合点，经历过长时间的摸索。在这方面我们有过反面的教训，结合点没有找对头。找到什么地方了呢？找到批判上头，叫做批判自然科学理论中的所谓资产阶级学说。20 世纪四五十年代之交，苏联曾经这样做过，我们学习苏联也曾把他们的这些做法介绍进来。1948 年 8 月，在苏联发生了一件震动世界科学界、震动整个马克思主义队伍的事件，这就是李森科主持的苏联农业科学院讨论“生物科学状况”的会议。这是一场在马克思主义名义下进行的批判运动，批判被说成是反动的、资产阶级的、唯心主义的摩尔根遗传学，批判那些研究摩尔根遗传学的生物学家，对他们采取政治上压制、科学上禁止、组织上清洗的措施。这一事件影响很坏，在相当长一段时间里妨碍了遗传学在社会主义国家的发展，也极大地损害了马克思主义的声誉。有几位长期对苏联抱着友好态度，站在马克思主义旗帜下的自然科学家，当他们发现苏联的李森科用这种办法来解决马克思主义同自然科学的关系的时候，他们无法接受，从而断绝了跟苏联

的关系。最近才知道，生物学大会后不久，苏联还曾经准备在 1949 年年初召开一个同样声势和规格的物理学大会，批判“反动的、资产阶级的、唯心主义的”物理学理论。这个大会没有开成。为什么没有开成？据说当时苏联领导人头脑冷静了一下，问了问苏联主持原子弹研究的库尔恰托夫院士的意见。库尔恰托夫说：“我们搞原子弹就是按照相对论和量子力学的理论去做的。要批判相对论和量子力学可以，但如果那样，原子弹就搞不成了。”这位有勇气、有责任心的自然科学家讲了真话。大概斯大林听从了这位科学家的意见，制止了这次大会的召开。当然报刊上发表文章，批评物理学唯心主义和世界主义，仍在进行。但是，这样一次大会，类似生物学大会的物理学大会没有召开，影响是很不一样的。最近苏联发表了关于这次流产大会的准备过程的文章（在《自然》杂志今年头几期上)。这类做法在斯大林逝世前，开始有所纠正。斯大林在《马克思主义与语言学问题》一书中指出：语言是没有阶级性的，并不是凡有社会性的东西都有阶级性。开了这么一个口子之后，人们进而提出：形式逻辑没有阶级性，自然科学没有阶级性。这就为纠正那些“左”的批判准备了有利的理论上的条件。斯大林逝世以后，纠正错误的工作逐步展开。这也影响到我国。我们党提出“百家争鸣”，从自然科学方面说，就是以苏联和我国的一些教训为背景的。

根据我们多年的经验教训，对自然科学问题上的不同意见，即使涉及唯心主义还是唯物主义的争论，也还是用学术讨论、“百家争鸣”的办法来解决为好。

我们在上面提到的“物理学的”唯心主义，是列宁讲到过的。但是，请大家注意，列宁在“物理学的”几个字上是打了引号的。我认为，不存在唯心主义的物理学。因为物理学是观察、实验的结果，它的理论正确与否也要通过实践，运用一套科学的方法来检验，不能把它归属于唯心主义。唯心主义不可能产生任何一门真正的科学。严格地说，也不存在物理学的唯心主义，因为物理学没有也不可能真正给任何一种唯心主义提供任何一种论据。说“物理学的”唯心主义，并非说这种唯心主义有物理学根据，只是说这种唯心主义同对物理学成果和进展的哲学理解有关。既然同对物理学成果和进展的哲学理解有关，牵涉到比较复杂的物理学问题和哲学问题，那么，还是把它当做学术上不同意见之间的讨论为好。究竟某种对物理学成果的哲学理解是否陷入了唯心主义，是批评者掌握了真理还是被批评者掌握了真理，或者双方都未能掌握全部真理，各有多少不等的真理的颗粒，这些都需要进行学术讨论。就是某人认为物理学进展证明了唯心主义是正确的，我们马克思主义者当然不会同意这样的“证明”，但是究竟孰是孰非，也需要进行学术讨论，允许批评，允许反批评，在学术问题上要真正做到自由辩论。

1961 年，我们党制定了一个指导自然科学研究工作的文件，叫《科研十四条》。其中有一条专讲“百家争鸣”的具体政策问题。在这一条里有一款规定：“自然科学学术问题上的争论，有的是反映在理论概括和研究方法之中的唯物主义同唯心主义、辩证法同形而上学的争论，有许多则不是这种性质的争论。”“即使是有关唯物主义同唯心主义、辩证法同形而上学的争论，也是属于学术问题，也要进行具体分析，通过自由讨论的方法来解决。”这是我们党在总结了苏联和我国的有关的经验教训之后所做出的正确的规定。在这以前和在这以后的实践都证明，只有这样做才有利于自然科学的发展，也有利于马克思主义哲学的发展。不这样做，就会重蹈覆辙。

在这里，我还想举一个与我有点关系的例子，来说明简单粗暴的批判的有害之处和展开科学方法论讨论的有益之处，这就是对共振论的批判。1951 年，苏联科学院化学部曾开过一次全苏讨论会，批判一种化学结构理论——共振论。当时我还是清华大学化学系的学生，看了苏联的材料，把它们翻译过来在中国发表了，还给《人民日报》写过一篇介绍有关情况的文章。这件事在我国化学界产生了影响，尽管没有像在苏联搞得那么大，但也开过会，发表过一些批评共振论的文章。1956 年，我们党提出“百家争鸣”的方针，纠正自然科学方面粗暴批评的错误。重点是影响最大的遗传学批判，为此专门开了青岛遗传学会议来贯彻“百家争鸣”；也涉及其他自然科学领域过去进行过的批判，包括对共振论的批判。这时，我到北京大学去听取教授们的座谈。北京大学化学系的黄子卿教授恳切地说：“我从美国回来之前正做一项研究工作，那项工作在当时是在科学前沿的，如果我继续做下去，很可能是有成果的。但是回国后，国内正在学苏联，批判共振论，我搞的那项研究好像与共振论有点关系，所以就不敢研究了。现在讲‘百家争鸣’当然可以研究了，可是我已经耽误好几年。”黄子卿教授是我的老师，他这段话给我留下很深的印象。它使我意识到，用简单粗暴的批判方法去对待自然科学问题，使人们不敢去接触，不敢去研究，这就必然会妨碍自然科学的发展。

但是，对共振论问题可不可以讨论呢？我想是可以的。实际上，不仅仅是苏联对共振论有过批评，就是在资本主义国家的化学界里，也有一些有影响的化学家不赞成共振论，甚至提出过很尖锐的批评。但是，只要这种批评不带政治批判的色彩，而是学术争论的性质，没有什么作检讨、撤掉职务、禁止研究或者形成气氛使人不敢研究的情况出现，那么，学术上的讨论只会对自然科学的发展有好处。

关于共振论的争论，涉及许多科学方法论问题。共振论当时成为引人注目的化学理论，是由于它借助量子力学的方法研究化学分子，得出许多新概念，这本身就是一个有重要方法论意义的问题、物理学方法在化学中应用的问题。那时，量子力学还只能处理最简单的化学分子，而且要制定和选择模型——把所研究的对象和所研究的关系大大简化了的模型。不简化就不可能着手计算。简化又可能离开实际。如何构造和选定模型？对同一对象、同一关系可以有不同的简化模型，对按不同模型做出的不同的量子化学计算，如何理解它们的物理意义？共振论就是对一种模型（价键模型）作量子力学波函数方程计算并从中引出物理意义而来的。选取不同的模型（例如分子轨道模型）作不同的量子力学计算，便可能引出不同的物理意义。这之间，就可以有争论，如各自的物理意义之间的差异、矛盾或在何种条件下相互补充的争论，某些物理意义的真实或虚假的争论，不同方法在不同情况下的优劣长短的争论，等等。几十年过去了，共振论及其价键模型仍然有生命力，而当时刚刚起步不久的分子轨道模型、分子轨道方法却有了长足的、富有成果的发展，今天成为量子化学结构理论中更引人注目的理论。历史证明，围绕一门新的科学理论，展开有关科学方法的研究、讨论、探索和开拓，是多么重要，多么有意义。马克思主义哲学工作者关注自然科学研究中有关科学方法的这类讨论，以平等的科学的态度参与这类讨论，自然科学工作者在这类讨论中注意研究有关的哲学问题，注意研究辩证法和唯物主义，无疑将促进对辩证唯物主义和自然科学双方都有利的两者结合。

四、对所谓“反对科学主义”的质疑

科学方法论研究，就自然科学和社会科学的结合和统一来说，包括两个侧面：一个是社会科学从自然科学吸取研究方法，一个是自然科学从社会科学吸取研究方法。

马克思主义哲学和社会科学工作者认真地了解和研究自然科学的方法，努力从中吸取一些方法，恰当地用于对社会问题的研究，这是丰富和发展马克思主义的一个途径。我们说，马克思主义使社会科学开始成为科学，从一定意义讲，也可以说是马克思主义按照自然科学确立的最根本的科学原则和方法，把对社会的研究变成科学。自然科学成为科学早于社会科学。社会科学要成为科学当然要吸取和遵循自然科学所确立的科学之所以成为科学的根本原则和方法。社会科学要继续丰富和发展，当然要继续吸取自然科学迅猛发展提供的有可能用于社会科学研究的手段和方法。近年来听到一种议论，叫做反对“科学主义”，或者叫做反对“唯科学主义”。“科学主义”何所指？据说是指把自然科学方法运用于研究社会科学问题。1987 年我在中国科学技术协会的促进自然科学和社会科学联盟委员会的一次座谈会中，对此提出质疑。我说：“当然，如何将自然科学的一般方法论用到社会科学的研究中去，是一门学问，需要联系本学科的实际加以研究。目前，有的文章在运用这些方法时，确有生搬硬套的问题，因此引起人们的议论，也是自然的。但是热心于将现代自然科学的一般方法论渗透到社会科学研究中去，方向还是对的，应予鼓励，不要简单地批这是‘科学主义’。”这段发言，《科技日报》在 1987 年 3 月 6 日报道了。1989 年，在纪念五四运动 70 周年的一次座谈中，我又提出这个质疑。我说：“科学精神是现代化在文化方面的一个基本要求。如果追求民主，可以叫做民主主义，那么，要求重视科学、发扬科学精神，叫做‘科学主义’也无妨。近年来看到一些文章，批评和反对‘科学主义’，我不大理解。是不赞成‘科学万能’吗？‘科学与人生观’论战中，梁启超就以欧战造成的破坏来说明‘科学万能’论的破产。第二次世界大战的破坏更严重。但是，这些都是资本帝国主义制度的罪恶，不能归咎于科学，不能成为贬低科学的意义的理由。是要强调科学技术发展破坏了生态环境、物质资源吗？认识环境问题、资源问题，正是对发展问题取科学态度的结果；解决环境问题、资源问题也不是靠抑制科学技术发展，而是有赖于科学技术更好的发展。是不赞成运用自然科学的方法去研究社会和人文现象吗？马克思主义辩证法讲矛盾的特殊性，不同质的对象要用不同质的方法去研究，高级、复杂的运动形态不能归结为低级、简单的运动形态，同时又承认世界的物质的统一性，承认研究客观世界运动规律的科学方法的统一性。尽管不能不同意在运用自然科学方法去研究社会科学问题方面的确存在一些简单搬用、生吞活剥的毛病，但是绝不应该因噎废食。向自然科学学习和借鉴科学方法、科学精神、科学概念，无疑是社会和人文研究进步的一种推动。是反对把科学意识形态化吗？我们应当反对为了一时被认为是意识形态利益和需要的东西而抛弃或歪曲科学真理，认为无产阶级的意识形态自然而然地同科学吻合是过于理想化了。但是我认为我们共产党人、我们无产阶级的思想界，的确应当努力去建立真正是以科学为基础的、真正服从科学真理的、因而应当称之为科学的意识形态。总之，我认为，我们现在仍然缺乏足够的科学知识，缺乏足够的科学精神，缺乏对科学知识、科学精神、科学方法的足够的理解和重视，而不是多了个‘科学主义’”。这个发言当时没有发表，我在这里重述一下。

近来我又听到一种论调，把五四运动以来中国思想界对科学的追求，一概指责为“唯科学主义”，批评“唯科学主义”认为宇宙万物的所有方面都可以通过科学方法来认识，认为这种科学崇拜导致现代中国的思想界的大论战，也为“科学的”马克思主义在中国的全面胜利铺平了道路。在这派论者看来，社会人文现象是不可能通过科学方法来认识的，所以，根本不存在社会科学，马克思主义当然也就使对社会的研究成为科学这样的论断不能成立，科学的马克思主义就得打上引号了。

我们这次会议讨论的议题之一，是自然科学方法和社会科学方法的关系问题，我愿意提出有关反对科学主义问题的这一质疑，向同志们请教。

不完全是题外的话*

我赞成批评唯心论。马克思主义者、辩证唯物论和历史唯物论者，哪有不批评唯心论的道理？

对待物理学中的唯心论，我赞成用学术讨论的办法来解决，支持提出批评，也支持反批评，真正展开自由辩论。

不存在唯心论的物理学，物理学是由实验检验的科学，不能把它划入唯心论。严格地说，也不存在“物理学”的唯心论，因为物理学并没有为唯心论提供论据。说“物理学”的唯心论，是打了引号的，并非说这种唯心论有物理学根据，只是说这种唯心论同对物理学成果和进展的哲学理解有关。既然同对物理学成果和进展的哲学理解有关，就牵涉到比较复杂的物理问题和哲学问题。某种理解是唯心论的，还是并非唯心论的。是批评者掌握真理，还是被批评者掌握真理？也许真理并不全掌握在批评者或被批评者一方手里？这些都要通过讨论、通过实践和时间的检验来判明。不仅如此，就是某人认为物理学进展证明了唯心论是正确的，别人认为没有证明唯心论不对，这样的问题我认为也可作为学术问题展开讨论，尽管我们马克思主义者当然认为唯心论是不对的。

---

* 本文是在1990年8月全国物理哲学学术会议上的书面发言，原载《自然辩证法研究》，1990年第6期，第29、30页。

1961年我在《自然科学和世界观》一文中曾经主张："对反映在自然科学理论概括和研究方法中的世界观问题，只有采取百花齐放、百家争鸣的方针，通过自由的讨论，通过自由的批评和反批评，通过反复的相互比较，才能逐渐地解决。"1961年党中央批准的《科研十四条》在为贯彻执行"百家争鸣"方针作具体政策规定时，明确指出："自然科学学术问题上的争论，有的是反映在理论概括和研究方法之中的唯物主义同唯心主义、辩证法同形而上学的争论，有许多则不是这种性质的争论。""即使是有关唯物主义同唯心主义、辩证法同形而上学的争论，也是属于学术性质的问题，也要进行具体的分析，通过自由讨论的办法来解决。"

"文化大革命"中这个观点曾经被批评为"修正主义"。我却至今深信，我们经历过和研究过的历史证明，只有采取这样的政策，才能有利于自然科学的发展和马克思主义哲学的发展。

把有关自然科学成果的哲学理解中的唯心论、唯物论的争论，作为学术性质的问题来对待，就是说，不把它当做政治批判的问题来解决，也不用在政治批判中连带到这些问题的办法来解决。

资产阶级自由化，即否定社会主义、主张资本主义，必须坚决批判。这是政治批判，即对反社会主义政治势力和政治思潮的批判。当然政治批判也要讲道理，作理论分析。但是，这不属于学术问题。

哲学与政治有联系，又有区别。马克思主义者十分重视哲学与政治的联系。不然的话，我们为什么强调学习和研究马克思主义哲学，以利于我们制定、理解和执行马克思主义的政治路线呢？同时，马克思主义者又讲究要注意两者的区别。没有联系的东西，无须去讲区别。唯其有联系，又不是一个东西，就需要注意其区别。

唯心论为反动阶级、反动政治路线服务，这是一般而言。具体来说，情况就较为复杂。历史上不能排除这样的事例：某种唯心论观点曾经支持了某些历史人物的进步的政治追求和人生追求。列宁写《唯物主义和经验批判主义》，刚好说明一个特例：政治上当时同列宁站在一条路线（布尔什维克路线）上的波格丹诺夫，在哲学上却站在列宁所批评的马赫主义立场上；而政治上站在同列宁对立的路线（孟什维克路线）上的普列哈诺夫，在哲学上却站在反对马赫主义的唯物论立场上。特例不能否定一般，但却说明：运用一般原则不能简单化，必须具体问题具体分析。

所以，在批评同自然科学成果和进展的哲学理解有关的唯心论观点时，不宜简单地联系政治，不宜过分政治化。还是当做学术问题讨论为好。至于有意识地利用唯心论来为反动阶级、反动政治路线服务，那是另一种情况，又当别论。但我们仍不应用政治批判代替学术的具体分析或具体批评。

批评唯心论，向唯心论对唯物论的批评进行反批评，是马克思主义者的权利和义务。主张用学术讨论的方法来进行，绝不是不要批评，正是为了使马克思主义对唯心论的批评凭借科学的力量进行得更好。

学术讨论中的批评和反批评，自然以指名道姓、有根有据的引证为好。需要养成风气，在学术研究中，不以批评为奇；在学术批评中，不以指名道姓为奇。毋宁说，指名道姓，正是学术讨论的特色。政治批判中的指名道姓，倒是要作政治考虑了。这次讨论会以批评物理学中的唯心论为论题之一。写了以上一点意见，算是我的一篇没有紧扣论题也不完全是题外话的书面发言。所说意见只是我作为一个自然辩证法工作者个人的意见，是否正确，欢迎批评！

自然辩证法在中国*

自然辩证法，作为马克思主义的自然观和自然科学观，它在中国的传播和发展，是同马克思主义在中国的传播和发展相伴随的。其历史进程，可以分为四个大的阶段。恩格斯的《自然辩证法》这部著作于20世纪20年代末30年代初在中国翻译出版，以这个为标志，在这以前，为准备阶段；在这以后，到中华人民共和国成立前，为开始阶段；新中国成立以后，为广泛传播和发展阶段；20世纪70年代末到现在，为总结经验，开创新局面阶段。

一、准备阶段

中国古代哲学包含有深邃的关于自然、社会和思维的辩证法思想，尽管整个说来自然哲学并不是中国古代哲学见长的方面。然而，近代中国的自然辩证法研究，同中国古代哲学并没有直接的渊源关系，因为中间隔着近代自

---

* 本文是为《自然辩证法百科全书》写“中国的自然辩证法研究”这个条目而准备的一个详稿。写作中得到韩增禄、马慧娣、孙小礼同志的帮助，并采用了《中国自然辩证法研究：历史和现状》的一些材料。全文原以“中国自然辩证法史”为题载于《自然辩证法研究》1991年第1至第4期[中国自然辩证法史（一），1991年第1期，第8～14页；中国自然辩证法史（二），1991年第2期，第1～5页；中国自然辩证法史（三），1991年第3期，第17～24页；中国自然辩证法史（四），1991年，第4期，第29～36页，转49页。。2005年收入《自然辩证法在中国》（新增修订本）（北京大学出版社，第63～95页]时又有一些修改。

然科学、近代哲学和马克思主义的产生这样一个巨大的历史空间。当然，发掘、整理和阐发中国古代关于自然和自然知识的辩证法思想，是中国自然辩证法研究的一个重要课题。

近代自然科学和哲学从清末民初开始大规模自西方输入中国，对近代中国思想界产生了巨大影响。从严复、孙中山、章太炎到早期的鲁迅，他们的哲学思想中都反映出近代自然科学的影响，特别是反映出进化论的影响，形成了一些研究者所称的“中国近代哲学革命的进化论阶段”。恩格斯曾经指出，进化论等三大发现是辩证唯物主义自然观形成的自然科学根据。同样，进化论等近代自然科学知识在中国的传播和中国近代哲学革命的进化论阶段，为马克思主义及其自然辩证法在中国的传播，准备了条件。

新文化运动是 1919 年五四运动以前几年即已开始的，它的中心口号是民主和科学。这里讲的科学，不仅指自然科学知识，更重要的是指从自然科学发展中体现出来的科学方法、科学精神。科学首先被看成反对迷信、盲从、愚昧的思想武器。极力提倡科学的，有陈独秀、胡适这些“思想界的明星”，以及《新青年》这样的作为思想革命号角的刊物；还有任鸿隽、丁文江、王星拱这些关心思想文化问题的自然科学家，以及中国科学社这样的自然科学家团体主办的《科学》杂志——这家以介绍自然科学知识为主的刊物，那时几乎在每一期的卷首，都有宣传科学世界观的文章。五四运动时期的科学宣传，在哲学上主要是自然科学的唯物主义，在政治上同民主主义革命一起，属于思想启蒙的性质。新文化运动为马克思主义在中国的传播开了路，那时和那以后关于科学知识、科学方法、科学精神的宣传，对马克思主义自然观和科学观在中国的传播，也起着先导和同盟的作用。

马克思主义传到中国，首先引起人们注意的，是它的社会革命论和唯物历史观，而不是自然辩证法。但是，从着重介绍唯物史观开始，很快就发展到全面介绍马克思主义哲学，包括辩证唯物主义。瞿秋白是中国第一个担负起这项任务的人。1923～1924 年，他主办已经更新成为中共中央理论刊物的《新青年》，同时在上海大学主持马克思主义理论的讲授，发表了一批译文、论文和讲义，开始全面介绍马克思主义哲学。他的《社会哲学概论》这部讲义（1924 年上海书店），“从哲学上之宇宙根本问题研究起”，依次讲了“宇宙之起源”、“生命的发展”、“细胞——生命之历程”、“物质和意识”……这正是对马克思主义自然观的简要叙说。他的《社会科学概论》这部讲义（1924年上海书店），专有一章讲“科学”，则是对马克思主义科学观的简要叙说。特别应当提到的是他的论文——《现代文明的问题与社会主义》（1924年1月《东方杂志》）、《自由世界与必然世界》（1923年12月《新青年》）。这两篇论文已经超出一般介绍马克思主义哲学的范围。前一篇是针对当时中国思想界热烈展开的东西文化问题论战而写的。它分析了第一次世界大战后在中国喧闹一时的所谓西方科学和物质文明破产的论调，论述了现代科学在资本主义制度下的命运及其同社会主义发展的关系。后一篇是针对另一场热闹论战——科学与人生观问题论战而写的。科学派迎战了他们认为是力图贬低科学的玄学派，可是科学派宣传的科学观，既有属于自然科学唯物主义的东西，又有属于实用主义（胡适）、马赫主义（丁文江）的东西。瞿秋白则宣称既反对“宗法社会的专制主义”之“反对科学”，又反对“资产阶级的市侩主义”之“谬解科学”，站在马克思主义的立场，论述了自然现象和社会现象的规律性，以及自然科学和社会科学的性质和特点。应该说，这是我国最早论述马克思主义科学观的两篇哲学论文。

二、开始阶段（20世纪30年代以后）

自然辩证法作为马克思主义哲学的一个单独的组成部分在中国传播和发展，是从恩格斯《自然辩证法》这部著作的翻译出版开始的。

（一）《自然辩证法》和其他有关经典著作的翻译出版

20世纪20年代末到30年代中期，在中国出现了又一个翻译介绍马克思主义著作的高潮。“五四运动”前后那一次翻译介绍高潮，还没有来得及深入系统地进行，就迎来了中国实际革命运动的高潮——1925～1927年的第一次大革命。这次大革命失败以后，革命继续深入的需要呼唤着理论建设的继续深入。作为理论建设深入的一个侧面，马克思主义经典著作在这个时期在反动统治下的上海、北京（北平）等地一本接着一本地翻译出版，其中就有恩格斯的《自然辩证法》。还在1928年，就出版了《马克思主义人种由来说》（陆一远译，上海春潮出版社），此书即恩格斯的《劳动在从猿到人转变过程中的作用》，是最早译出的《自然辩证法》中的单篇论文。1930 年，出版了《从猿到人》（成嵩译，上海泰东图书局），收录了恩格斯的这篇文章及另一篇《人类进化的过程》（即《自然辩证法导言》中的一段），还编入苏联郭烈夫的论文——《马克思主义观点的达尔文主义》。同年，发表了《导言》的全译文，题目改为《辩证唯物论的宇宙观与现代自然科学之发展》（杜畏之译，《动力》月刊一卷二期）。《自然辩证法》全书，则是 1932 年出版的（杜畏之译，神州国光社）。此书根据苏联 1925 年首次公布的《自然辩证法》德俄对照本译出，尽管在材料的编排和译文的质量上有许多欠缺，但毕竟是第一个全译本，在 20 世纪三四十年代曾八次印行，在传播自然辩证法思想方面是起过较大作用的。大约同时，同自然辩证法有密切关系的恩格斯的《反杜林论》、《费尔巴哈论》和列宁的《唯物论和经验批判论》也先后出版了几个译本（如《反杜林论》1929 年钱铁如译本，1930 年吴理屏译本；1929 年彭康、林超真两个不同的《费尔巴哈论》译本；《唯物论和经验批判论》1930 年笛秋（陈绍奏）、朱铁笙译本，1934 年傅子东译本）。

此外，苏联哲学界的许多著作，这时也都翻译介绍到中国来了。辩证唯物主义的几种教科书（如西洛可夫等著，李达和雷仲坚合译的《辩证法唯物论教程》，1932 年北平笔耕堂；米丁等著，沈志远译的《辩证唯物论和历史唯物论（上）》，1936 年上海商务印书馆）和一些论战著作（如批评机械论学派的，批评德波林学派的），涉及不少自然辩证法的内容。专门的自然辩证法著作的翻译出版，则应当提到以下几部：德波林的《唯物辩证法与自然科学》（杜国庠译，1929 年上海光华书局）、果林斯坦的《自然科学新论》（原题为“辩证法的自然科学概论”，廖稚鸣译，1934 年上海辛垦书店，另有潘谷神译本，商务印书馆）、乌兰诺夫斯基的《新哲学与自然科学》（郑尤励译，1936 年上海读者书房）、格森的《牛顿〈原理〉批判》（原题为“牛顿〈原理〉的社会经济根源”，何封译，1937 年上海新知书店），英国沃拉尔的《科学的唯物论》（商务印书馆）也应该提到。

（二）中国社会科学家联盟和上海自然科学研究会

在学习《自然辩证法》等经典著作的基础上和苏联有关著作的推动下，

自然辩证法的学习和研究在中国逐渐开展起来。《自然辩证法》的译者在译出这部著作的同时，即写了题为“辩证法与相对论”的长篇论文，作为附录同该书一起印出。刘剑横的小册子《自然科学与社会科学的关系》（1932 年上海亚东图书馆），强调二者统一的责任落在马克思主义者的身上。20 世纪 30 年代在上海、北平等地活动的中国社会科学家联盟（社联），是中国共产党领导的秘密团体，是“左翼文化运动”的组成部分，在组织革命政治活动的同时，展开了广泛的理论研究和宣传活动。社联的纲领即已关注到自然科学，认为“马克思主义已经证明是贯通社会科学与自然科学思想的唯一正确的基础”。社联最活跃的哲学家之一艾思奇（曾经进过工业学校）1922 年写了《进化论与真凭实据》（发表在社联的刊物《正路》一卷二期）、《现代自然科学的危机》（上海《中华月报》一卷四期）和《形而上学与现代科学》，这三篇文章以后收入他的《新哲学论集》（1936 年上海读者书房），成为其中的“自然科学之部”。社联成员廖庶谦关于数学辩证法的一系列短文，后来编成《数学讲话》（1937 年上海读书生活出版社），被称为我国“用新观点新方法研究初等数学的第一本书”。艾思奇、周建人、高士其、廖庶谦和其他一些人还用科学小品的形式，将科学知识的介绍、哲学原理的阐发和社会政治的批评结合起来，在《读书生活》、《生活知识》等多种刊物发表，生动活泼，战斗性强，在当时颇有成效的马克思主义通俗宣传中别开生面。

20 世纪 30 年代初中国思想界展开了一场关于唯物辩证法的论战。论战是由张东荪等挑起的，他们摆开阵势，组合力量，从各方面向正在中国广泛传播的唯物辩证法发起批判。参与论战的，在政治和思想背景上情况十分复杂。中国共产党领导下的马克思主义哲学家在论战中批判各种错误思潮，在理论上取得很多成绩。这场论战也涉及自然辩证法。1933 年 5 月和 6 月，陈范予发表题为“辩证法与自然科学”的连载文章（上海《大陆》月刊），自称“根据自然科学的立场”，根本否定辩证法在自然界存在，进而否定“辩证法本身”和“马克思主义全部理论”。同年 8 月，社联成员主办的上海《现象》月刊发表自亦民的《辩证法与自然科学——评陈范予先生》，对陈文的观点进行了系统的反驳。这篇文章 1934 年 1 月在上海《新中国》月刊重登时，注明“待续”，但续文未见发表。而陈范予却在 1934 年三四月又写了《自然辩证法再批判》，发表于《新社会科学》季刊，这个杂志是南京正中书局发行的。

1936 年，在艾思奇、廖庶谦等人的发起下，在上海成立了自然科学研究会，参加的还有孙克定、钱保功、于光远、陈珪如等十余人。这个秘密团体，一方面团结进步的自然科学工作者进行抗日救亡活动，一方面学习和研究马克思主义哲学和自然辩证法，先后讨论过果林斯坦的《自然科学新论》、米丁的《新哲学大纲》、格森的《牛顿〈原理〉批判》等书。这是我国第一个自然辩证法研究团体。

抗日战争前，中国自然辩证法研究的中心在上海；抗日战争开始以后，中心分别移到了重庆和延安。

（三）延安自然科学研究会和解放区的自然辩证法研究

延安是中国共产党领导的根据地——解放区的首府，在这里，自然辩证法研究的政治环境，同上海大不相同了。由于同国民党合作抗日而获得相对稳定的根据地，中国共产党有了在全党干部中认真进行马克思主义理论教育的较好条件。这样，在延安，自然辩证法的学习和研究同干部的马克思主义哲学教育密切联系起来。1937 年七八月，毛泽东在抗日军事政治大学为干部讲授哲学，撰写了《辩证法唯物论讲授提纲》。著名的《实践论》、《矛盾论》就是其中展开论述并有创造性发展的两节，其他《物质论》、《运动论》、《时空论》、《意识论》、《反映论》、《真理论》诸节虽然极为简要，总起来说包含了关于自然界辩证法和自然科学认识辩证法的许多内容。这个提纲未正式出版，但在解放区广泛翻印（还流传到国民党统治区），是干部哲学教育的重要教材。1938 年成立新哲学研究会，毛泽东等党中央的许多领导干部都是会员，艾思奇为会长。在延安形成了浓厚的学习和研究哲学的空气，党中央的许多机关还组成了坚持数年、定期集会的哲学读书小组，《反杜林论》、《自然辩证法》都是这些小组认真阅读讨论的著作。

1938 年，高士其、董纯才、陈康白等在延安的自然科学家发起，在边区国防科学社下面成立了一个自然辩证法座谈会。这也是一个《自然辩证法》读书小组。1939 年延安自然科学研究院成立，研究院召开的科学讨论会上讨论的问题之一，就是运用唯物辩证法于自然科学。

1940年2月陕甘宁边区自然科学研究会在延安成立。会员300余人，以从事自然科学的为主，还有对自然科学有兴趣的哲学和社会科学工作者参加。毛泽东和党中央其他许多领导人出席了成立会并讲了话。这次会被称为中国共产党历史上第一次召开的自然科学方面的大会。毛泽东在成立会上的讲话，朱德在翌年8月自然科学研究会第一届年会时的庆祝文章《把科学和抗战结合起来》，是中国共产党领导人发表的最早的指导自然科学工作的基本纲领，也是《新民主主义论》提出的民族的、科学的、大众的文化总纲领在自然科学方面的具体体现。毛泽东在讲话中提出："自然科学是人们争取自由的一种武装"，"人们为着要在自然界里得到自由，就要用自然科学来了解自然，克服自然和改造自然，从自然里得到自由。"并说："自然科学是要在社会科学的指挥下去改造自然界"，这里的"社会科学"当然首先是指马克思主义，而"指挥"首先是指在中国共产党领导下进行社会的改造，以创造利于自然科学发展的社会制度。还说："马克思主义包含有自然科学，大家要来研究自然科学"，这里的"包含"，就是"概括和总结"的意思。朱德的文章也说："马列主义是反对黑暗与落后，尊重科学与文明的。"又说，马列主义把握了以前一切科学家从来未能把握的人类社会发展的科学，但它绝不只限于社会科学，它的世界观和方法适用于一切科学。这些论述表明，马克思主义同自然科学的互相结合和互相促进，是党所注意的重要主题。边区自然科学研究会发表了一个《宣言》，提出四项任务。头一项任务是"开展自然科学大众化运动"，用自然科学知识教育群众，"破除迷信，反对复古盲从等一切反科学反进步的封建残余毒物，使民众的思想意识和风俗习惯都向着科学的进步的道路上发展"。还有一项任务是："开展自然科学与社会科学统一问题的研究，运用唯物辩证法来研究自然科学，并运用自然科学来证明与充实唯物论辩证法的理论，努力使自然科学界与社会科学界建立统一战线，要使我们自然科学的工作同志研究社会科学，同时欢迎社会科学的工作同志研究自然科学，推动自然科学和社会科学更高度的发展。"

自然科学研究会组织了一个自然辩证法研究小组，由延安自然科学院院长徐特立指导，研究会驻会干事于光远主持，举行过多次座谈会，并系统地学习了《反杜林论》和《自然辩证法》。为着学习的需要，于光远从德文新译《自然辩证法》，并陆续在延安报刊发表了《劳动在从猿到人转变过程中的作用》（1940 年《中国青年》三卷一期）、《〈自然辩证法〉著作大纲》（即《总的计划草案》，1941 年 10 月《解放日报》、《科学园地》副刊）。1942 年，研究会组织了伽利略逝世、牛顿诞生 300 周年的纪念活动。1944 年在延安大学开设了全校师生都听的大课，内容分三部分：自然发展史、社会发展史、当前现实理论问题。第一部分由于光远讲授，成为在我国大学开设自然发展史——自然辩证法课程的开端，于光远的讲稿曾由延安大学油印。这样的课程开设在解放区其他一些学校和干部教育中也曾采用。

同干部和知识分子的马克思主义教育相结合是延安自然辩证法研究的一个特点，它的另一个特点，便是同自然科学工作方针政策的制定和贯彻相结合。在延安的条件下，自然科学研究和教育都还规模不大、程度不高。但是，在中国共产党领导的解放区毕竟开始了自己的自然科学研究和教育事业，如何制定和执行指导自然科学工作的方针政策已经提上议事日程。自然科学院院长徐特立发表的《怎样进行自然科学的研究》（1940 年 2 月《中国文化》二卷四期）、《怎样发展我们的自然科学》（《解放日报》1941 年 9 月），反映了这方面的努力。这两篇文章不仅根据边区的实际环境，而且根据一般原则并且着眼全国，从马克思主义哲学出发讨论了“科学和技术发展的方针”，涉及科学和生产结合、教育和生产结合、研究和教学中理论和实际结合这些问题，还涉及边区科学教育中应用课程同理论课程的关系、生产技术上“土法”同“洋法”的关系等争论。他的《对牛顿应有的认识》一文（《解放日报》1943 年 1 月）批评我们有些同志以为资产阶级的东西完全要不得，只有无产阶级的东西才是好的，并指出我们还有于学术不利的实利主义的偏向，这些批评是很值得注意的。特别应该提到的是：以反对教条主义为主要特征的“延安整风运动”开始以后，延安自然科学院和建设厅、工业局、军工局等单位的自然科学工作者联合召开了前后共进行 20 多天的讨论会，讨论自然科学研究方针和教育方针。李富春给自然科学研究会的一封信（《解放日报》1943 年 1 月），进一步推动延安自然科学界的同志以“整风”的精神，讨论了边区自然科学的工作方向与发展方向问题，学校、实验室与边区生产实践联系的问题，自然科学工作者与工农兵结合的问题。

在晋察冀边区，也成立过同延安自然科学研究会类似的组织，开展过类似的活动。

（四）重庆自然科学座谈会和国民党统治区的自然辩证法研究

1938 年在重庆，在郭沫若发起下组成了学术研究会，其中有一个自然科学小组。1939 年在《新华日报》社长、哲学家潘梓年推动下，成立了重庆自然科学座谈会。这都是在中国共产党影响下的、公开或半公开的学术组织，集合了一些（前后 20 多人）自然科学家，一方面从事坚持抗战、团结、进步的政治活动，一方面从事马克思主义的学习、研究和宣传。上海自然科学研究会到达后方的成员参加了小组和座谈会。同上海研究会不同的是，这时有了潘菽、梁希、金善宝、卢于道、干铎、李士豪、谢立惠、涂长望、曹日昌、丁瓒等一批有较高科学造诣的教授们参加。《科学的哲学》（1939 年 3 月，生活书店，这是一部用了较多自然科学材料来论述辩证唯物主义原理的著作）的作者、自然科学家葛春霖，也是座谈会的成员。《新华日报》特辟了一个“自然科学”副刊（后改为专页），实际上成为座谈会的会刊。在学术研究会自然科学小组和自然科学座谈会的学习和研究活动的基础上，重庆进步的自然科学界研讨自然辩证法十分活跃。廖庶谦的《怎样用新方法研究数学》、《怎样用新方法研究算术》，曹日昌的《新心理学方法的建立》，潘独清的《地质学上的辩证法》，吴磊伯的《地球均衡论的辩证考察》（均见 1939 年、1940 年《读书月报》），梁希的《用唯物辩证法观察森林》（1941 年 6 月《群众》），表明这种研讨开始超出一般综论的范围而分别进入各个专门科学领域。顾鸿藻译出了瓦维洛夫的《物理学与辩证唯物论》（1939 年《读书月报》），孙克定译出了何登的《唯物辩证法与自然科学》（1939 年《理论与现实》）、郎之万的《现代物理学与决定论》（1940 年学术研究会编的《哲学译文集》），表明译介工作已转向有成就的自然科学家研究唯物辩证法的论著。1941 年 5 月《新华日报》发表题为“何登教授呼吁研究马列主义”的报道，介绍为《自然辩证法》英译本作序和写注的英国科学家何登的科学和哲学著作。这些著作和贝尔纳的《科学的社会功能》等，都在座谈会上讨论过。1942 年《群众》还为纪念伽利略逝世、牛顿诞生 300 周年组织了专辑，发表了潘菽、谢立惠用马克思主义观点研究自然科学史的文章。座谈会成员还到教育改革家陶行知办的育才学校，为这个中学的自然科学组等专业班讲过辩证唯物论和自然辩证法。

1945 年年初，在周恩来的指导和支持下，为了进一步团结更多的自然科学工作者，座谈会的成员起草并通过了《组织中国科学工作者协会缘起》。这是一篇用马克思主义观点来分析科学技术在现代社会中日益增长的决定性作用、世界科学工作者当前面对的社会问题、中国科学运动和中国民主运动的关系、科学技术服务于我们的国家民族的途径的历史文献。《组织中国科学工作者协会缘起》得到包括竺可桢、李四光、任鸿隽、丁西林、严济慈等中国最重要的一批自然科学家的赞同和支持，由 100 多人发起，于 7 月在重庆正式成立了中国科学工作者协会。除重庆总会外，在别的一些城市以至于国外的中国科学工作者中成立了分会。总会出版了《科学新闻》月刊，编委多为座谈会的成员。

此外，“孤岛”和敌占时期的上海，陈珪如等仍在坚持自然辩证法的翻译和研究（如 1940 年《上海哲学》杂志刊登周建人译替米里亚崔夫的《达尔文和马克思主义》、陈珪如译莫洛多思《论唯物史观数学史的问题》）。抗战胜利后在上海出版了罗克汀的《自然科学讲话》（1947 年新知书店）、陈硅如的《自然辩证法》（1949 年 4 月上海书报杂志联合发行所）。陈硅如的书，前篇“自然辩证法史”有“德国自然辩证法的确立”和“苏联自然辩证法的发展”两章，后篇“自然辩证法概论”有“什么叫自然辩证法”和“自然辩证法的具体化”两章。罗克汀的书和张先辰的《自然和自然科学》（1942 年桂林文化供应社），被山东解放区的新华书店各取数章改编成《自然科学概论》，共分“自然科学史论”、“科学和社会的关系”、“自然科学和社会科学的关系”、“科学的发生与发展”、“学习科学应有的态度”五章，成为经审定的师范课本。

综上所述，中华人民共和国成立以前自然辩证法在我国的传播，是马克思主义思想运动和革命运动的一个组成部分。它是为理解和掌握马克思主义哲学作为关于自然、社会和思维发展一般规律的科学所必需的，又是为影响和吸引自然科学工作者到马克思主义领导的革命运动中来所必需的。而被革命运动吸引过来的自然科学工作者，接受了马克思主义，要寻找马克思主义同自己专业知识的结合点，也就会走上自然辩证法研究的道路。所以，这个阶段自然辩证法的学习、研究和宣传的成果，主要反映在马克思主义思想运动和革命运动的扩大和发展上，同时也积累了一些初步的学术成果。

三、广泛传播和发展阶段（20世纪50年代以后）

1949年，中华人民共和国成立，为自然辩证法在全国范围的广泛传播和发展，创造了政治条件。1956年，进行了自然辩证法研究的长远规划。以这个规划为标志，可以将我国自然辩证法广泛传播和发展的阶段，划分为前后两期：规划以前的七年间，主要是广泛的学习；规划以后到“文化大革命”之前的10年间，研究工作逐步深入。

（一）全国范围的马克思主义启蒙学习和自然辩证法

这种启蒙学习，首先在新老干部和知识分子中展开，内容是从社会发展史入手，从劳动创造人类世界和人类本身入手，来学习马克思主义的社会历史观和革命人生观。《劳动在从猿到人转变过程中的作用》，作为自然发展史的最后一章和社会发展史的开头一章，被当做学习材料，成为《自然辩证法》中流行最广的一篇文章。在自然科学知识分子中开展马克思主义的学习，必然要联系到《自然辩证法》。适应这种需要，1949年与新中国成立同时创刊的《新华月报》，开始连载于光远、曹葆华、谢宁新译的《自然辩证法》的若干篇章，这项翻译工作在延安即已开始并已出了《从猿到人》等单行本，1950年郑易里新译的《自然辩证法》由三联书店出版。1950年正式成立的中华全国自然科学专门学会联合会（中国科学工作者协会、中国科学社等都是它的前身）首任主席李四光，在中华全国自然科学专门学会联合会的机关刊物《自然科学》第一、第二卷上发表连载长文：《科学的中心思想在怎样转变》，通过详细分析机械论对科学方法的限制，阐发了唯物辩证法的一系列科学方法论原则，是一篇号召自然科学工作者学习自然辩证法的有内容、有见解的力作。古生物学家裴文中的《学习自然科学的人是否要学习马列主义》（《中国青年》1950年）也属于这类文章。在中国科学院，成立了以李四光为首的学习委员会，指导和推动研究人员学习马克思主义哲学。1950年年末和1952年年初毛泽东《实践论》、《矛盾论》相继正式发表，对这种学习又是一个推动。数学家华罗庚的《一个数学工作者学习〈实践论〉、〈矛盾论〉的初步体会》（中国科学院的机关刊物《科学通报》1952 年第七期），便是这类学习心得的代表。1954 年开始的宣传唯物主义、批判唯心主义的学习运动，在自然科学方面也产生了影响。1955 年于光远主持的《自然辩证法》新译本在人民出版社出版，艾思奇发表《以辩证唯物主义武装自然科学——介绍恩格斯的〈自然辩证法〉》（1955 年 8 月《人民日报》）。这个比较完善的新译本的出版和大量印行，在自然辩证法学习中起了很大的作用。作为学习《自然辩证法》的参考读物，除了苏联凯德洛夫的《论恩格斯的著作〈自然辩证法〉》（1956 年人民出版社）及其他苏联著作外，以下一些翻译著作当时也是引人注意的：美国斯帕克斯的《马克思主义与科学》（1950 年世界知识出版社），英国何登的《马克思主义的哲学与科学》（1950 年正风出版社），英国贝尔纳的《科学与社会主义》（1950 年商务印书馆）、《科学与社会》（1956 年三联书店），英国康福斯的《辩证唯物主义与科学》（1951 年五十年代出版社）、《科学与唯心主义的对立》（1954 年三联书店），法国郎之万的《思想与行动》（1957 年三联书店）。

自然辩证法课程在新中国的大学正式建立，是马克思主义理论阵地的新扩展。1955 年北京大学哲学系开设《自然和自然发展史》，提纲包括“绪论”、“物理世界”、“生物世界”、“人”四个部分，于光远讲授绪论，周培源、王竹溪、黄昆、徐光宪、乐森璕、沈同等自然科学家分段讲授其余部分。在一些大学还办了马列主义夜大，为自然科学教师开设《自然辩证法》、《唯物主义和经验批判主义》等经典著作课程。自然辩证法研究生最先在北京大学哲学系招收（1953 年招收两名，苏联专家为导师；1956 年招收六名，冯定、于光远、汪子嵩为哲学导师，周培源、王竹溪、徐光宪、沈同分任自然科学导师）。

（二）“学习苏联先进科学技术”和自然辩证法

学习苏联先进的科学和技术这一号召，从自然辩证法的角度来说，有两个方面。一个方面是介绍和学习科学技术在苏联社会主义建设中的作用，《列宁、斯大林论科学技术工作》（龚育之编译，1954 年中国科学院出版）一书就是为了达到这个目的编出的；还有一个方面是介绍和学习苏联在自然科学理论领域“批判资产阶级科学”的许多活动，这方面苏联走过弯路，中国学习苏联也跟着走过弯路。苏联在20世纪40年代末和50年代初，同文学艺术和哲学领域相配合，在自然科学理论领域也进行了一系列对所谓资产阶级学说的批判，其中以1948年8月全苏农业科学院会议讨论并通过李森科的《论生物科学现状》的报告，为这类错误的、粗暴的批评的顶峰。这次会议把摩尔根遗传学指责为“反动的、唯心主义的”，用政治和行政手段加以打击和禁止，并宣布只有米丘林生物学才是辩证唯物主义的。这个报告据称是经斯大林批准的，在苏联《真理报》上发表后，我国新中国成立前夕即由《东北日报》、《人民日报》译载。新中国成立以后，通过邀请苏联专家到中国办讲习班等各种方式，在一定程度上把苏联对遗传学的这些观点和做法，传播和推行到中国的许多研究机构和院校中来。中国的报刊和出版社，发表和发行了许多译介和赞扬李森科学说的文章和书籍，还发表过一些原来研究摩尔根遗传学的科学家在压力下所作的检讨。1950年苏联科学院和医学科学院联合召开的关于巴甫洛夫学说的类似会议，1950年、1952年苏联科学院生物学部把勒柏辛斯卡娅的“活质”学说（这个学说后来被确认为没有科学根据）称为“辩证唯物主义重大成就”的两次会议，1950年苏联报刊把波什扬“关于病毒和微生物本性的新发现”（这个“发现”后来被揭穿为作伪）吹嘘为“苏维埃生物学的宝贵贡献”的文章，《人民日报》、《科学通报》也作了译介。生物学是“学习苏联”最热闹的部门，其他自然科学部门也有各自的题目。《科学通报》相继译介了苏联天体演化学会议对一些天文学说的批评（1952年第4期）、苏联有机化学中化学构造理论会议对“共振论”的批评（1952年第3期）、苏联对量子力学和相对论解释中一些观点的批评（1952年第8期），《人民日报》也相继发表了介绍文章（1952年2月21日陈彪的《星体起源说的变迁和苏联天文学者在这方面的伟大贡献》、3月29日龚育之的《反对化学中的唯心论和机械论——苏联科学界讨论有机化学中化学构造理论问题的情况和意义》、5月21日何祚庥的《苏联科学界批判量子力学中的唯心论观点》）。1954年中国人民大学出版的《辩证唯物主义与自然科学》，分“天文学部分”、“物理学部分”、“生物学部分”、“巴甫洛夫学说部分”四大册，汇集了上述资料的主要部分，是当时在哲学学习中影响较大的一套书。总体来说，这个时期翻译和介绍的苏联会议和文章，当然包括苏联研究自然科学哲学问题的有益成果，但是从基本的导向上说，把自然科学界学习马克思主义哲学，同对某些自然科学学说的简单粗暴的批判联系起来，这种做法缺乏对自然科学成果的应有尊重，缺乏对哲学同自然科学关系的正确把握，缺乏对自然科学哲学问题展开自由的学术争论的良好气氛，不利于自然科学和马克思主义哲学的发展，给新中国成立初期自然辩证法的学习和研究带来了消极的影响。

1950 年斯大林《马克思主义和语言学问题》发表后，由于此书把批评的锋芒指向把马克思主义简单化、庸俗化的倾向，苏联科学界就此展开了关于自然科学特点的讨论，逐渐确认自然科学本身不属于上层建筑，没有阶级性。这些论文不少也译介过来，后来选编成《科学问题论文集》一书（1955 年学习杂志社出版）。斯大林逝世后，苏联开始重新评价和纠正过去在自然科学领域进行的各种批判，虽然这个进程发展是不平衡的，在李森科问题上还有反复。这时苏联批评过去错误的文章，主要的也都译介过来了，如科学家福克的《反对对现代物理学理论的无知的批判》，索波列夫的《论科学中的批评、革新精神和教条主义》，克努年茨的《科学中的学派》，《哲学问题》编辑部的《相对论讨论总结》，哲学家柯尔曼的《什么是控制论》和索波列夫的《控制论的若干基本特征》（这是标志苏联对控制论从否定到肯定的转变的文章），以及苏联科学院院长涅斯米扬诺夫对过去错误所作的评价（《苏联科学院工作的主要方向》）和《哲学问题》编辑部对过去错误所作的初步总结（《关于自然科学哲学问题的研究》），分别登载在《人民日报》、《科学通报》、《学习译丛》等报刊上。这些当然对我国自然辩证法的学习和研究带来了积极的影响。

（三）百家争鸣方针的提出和自然辩证法

“百花齐放、百家争鸣”作为中国共产党在艺术和科学工作中的一项基本方针，是 1956 年 4 月由毛泽东在政治局会议上加以论述并得到确认的。提出这个方针的背景，从自然科学方面来说，就是鉴于苏联在自然科学理论方面（特别是遗传学方面）进行粗暴批判和中国学习照搬这些批判的教训，同时又是中国在这个学习过程中曾经几次着手纠正某些错误的经验总结和发展。其次是在学习米丘林学说的过程中，对某些过分粗暴的、影响党的团结科学家政策的贯彻执行的做法的纠正。有一位农业院校的领导人有过这种错误，1950 年就曾受到党的批评和处理。1952 年五六月中国科学院三次召开生物科学工作座谈会，讨论和发表了《为坚持生物科学的米丘林方向而斗争》的报告，一方面继续强调要坚持推行米丘林学说，一方面批评那位同志在学习米丘林中的经验主义和教条主义错误，即“全盘否定传统生物科学”的“‘左倾’幼稚观点”和“牵强附会地搬用哲学术语，把唯物辩证法的一般规律去代替生物科学中的一些具体规律”的做法。前一个方面是因袭的方面，后一个方面是从因袭中开始摆脱的方面，成为后来进一步转变的发端。再一次是在学习巴甫洛夫学说的过程中，对那种认为中医是封建医、西医是资本主义医、巴甫洛夫学说才是社会主义医的错误观点和违背党的团结中西医政策的做法的纠正。一位卫生部门的领导人有过这样的错误，1953 年受到党的批评和处理。龚育之、李佩珊先是在党内刊物、1955 年 8 月又在《人民日报》发表文章，从自然科学本身没有阶级性立论，分析了这种观点的错误。1956 年 5 月中宣部部长陆定一代表党中央向科学界、文艺界作题为“百花齐放，百家争鸣”的报告，在报告中讲自然科学的部分，回顾了上述过程，指出我们从中摸索出了这样一条经验：“自然科学包括医学在内是没有阶级性的。”因此，给自然科学学说贴阶级标签，“例如说什么‘中医是封建医，西医是资本主义医’，‘巴甫洛夫的学说是社会主义的’，‘米丘林的学说是社会主义的’，‘孟德尔—摩尔根的遗传学是资本主义的’之类，就是错误的。我们切勿相信。”（《人民日报》1956 年 6 月 13 日）

1958 年 8 月，中国科学院和高等教育部在青岛召开遗传学问题座谈会，有关学科的不同学术观点的科学家百余人参加了讨论。这是在遗传学中实行“百家争鸣”并通过这个典型在整个自然科学中贯彻执行“百家争鸣”方针的科学会议。孟庆哲、黄青禾、黄舜娥为座谈会准备了关于苏联遗传学争论的历史和中国有关情况的详细调研材料。于光远在座谈会上两次发言，根据实际经验展开论述了在自然科学工作中贯彻“百家争鸣”方针的问题，并从多方面论述了如何正确把握马克思主义哲学同自然科学的关系，强调“哲学应该更多地向自然科学学习，不应该站在自然科学之上向自然科学发号施令。哲学家一定要向自然科学家学习。哲学只有向科学学习才能指导科学，如果把哲学与科学或把科学与哲学分割开来，则科学不能很好地发展，哲学也不能发展”。

对自然辩证法工作中“百家争鸣”的问题，龚育之的《开展自然辩证法的研究工作》（1956 年 12 月《人民日报》），介绍了一些自然科学家和哲学家座谈的共识：要注意防止在正确地批判唯心主义哲学的同时错误地否定真正的自然科学事实和理论，以及用哲学代替自然科学、用一般哲学代替对具体自然过程的机理的自然科学研究。龚育之认为，“正如好的哲学会促进自然科学发展一样，不尊重事实和科学的、僵化而专断的坏的哲学，当然会要阻碍自然科学的发展”。并说：“哲学的任务，主要不是去堵塞和限制自然科学的这条或那条道路，而是为许多自然科学问题的解决从思想上去开辟更多更宽广的道路。”（《自然辩证法研究通讯》1957 年第 1 期）许良英、范岱年合著的《科学和我国社会主义建设》（1957 年人民出版社）有论述“百家争鸣”的专章，强调在学术争论中：“一切要以事实为根据，实践是真理的惟一标准，在真理面前，任何人都是平等的。”

（四）自然辩证法研究远景规划的制订

1956 年在党中央提出“向科学进军”的号召以后，国务院组织了科学规划委员会，制订“全国十二年（1956—1967 年）科学发展远景规划”，包括自然科学和哲学社会科学。自然辩证法研究规划作为哲学社会科学研究规划的组成部分，是由于光远主持，集中一些自然辩证法工作者并广泛邀请对哲学有兴趣的自然科学家参加，共同讨论制订的。规划草案的说明指出：“在哲学和自然科学之间是存在着这样一门科学，正像在哲学和社会科学之间存在着一门历史唯物主义一样。这门科学，我们暂定名为‘自然辩证法’，因为它是直接继承着恩格斯在《自然辩证法》一书中曾进行过的研究。但也有人不同意，认为在目前还是以‘自然科学和数学中的哲学问题’来称呼比较确切些……开展这门科学的研究工作关键在于哲学家和自然科学家密切合作。”应贯彻“百家争鸣”的方针，“使各种有创见的思想都能畅所欲言，能不受阻碍地及时地相互交流，并且要使学术争论活跃起来”。

规划草案中拟定了九类研究题目：①数学和自然科学的基本概念与辩证唯物主义的范畴；②科学方法论；③自然界各种运动形态与科学分类问题；④数学和自然科学思想的发展；⑤对唯心主义在数学和自然科学中的歪曲的批判；⑥数学中的哲学问题；⑦物理学、化学、天文学中的哲学问题；⑧生物学、心理学中的哲学问题；⑨作为社会现象的自然科学。每一类题目又分为若干方面或子题，有52位各学科领域中的专家，分别就规划草案所提出的总题和子题写了较详细的关于本题的意义、研究内容、研究现状和前景的说明书。他们是数学家关肇直、胡世华、吴光磊、赵仲哲、吴文俊、秦元勋、丁石孙，物理学家胡宁、岳宗五、杨立铭、周光召、林万和、朱洪元、王竹溪、何成钧、虞福春、葛旭初、胡慧玲、胡济民，力学家张世龙、吴林襄，天文学家戴文赛、杨海寿、张钰哲、席泽宗、陈彪，化学家唐敖庆、郭挺章、徐光宪、卢锡琨、苏勉曾、戴乾圜，生物学家刘思炽、武兆发、沈同、娄成后、梁正兰、米景九、赵以炳，土壤学家张渠，心理学家吴江霖、丁瓒、朱智贤、潘菽、陈元晖，地学家施雅风、张文佑、孙敬之、胡兆量、陈传康。许良英就“科学方法论”这个总题写了说明书，龚育之就“自然界各种运动形态和科学分类”这个总题写了说明书并在《人民日报》著文对整个规划作了介绍。第九类题目因为是后来补充的，没有写说明书。

规划对研究内容只提出意向性的、指导性的意见，没有规定具体目标，但在开展研究工作的组织措施方面，有明确的要求，最重要的有两项。

第一项是在中国科学院哲学研究所成立自然辩证法研究组。这个研究组于1956年6月正式成立，中宣部科学处处长于光远兼任组长。这是新中国第一个自然辩证法的专业研究机构，后来逐步发展成为全国自然辩证法研究队伍的一支骨干力量。第二项是创办《自然辩证法研究通讯》。这个刊物即由这个研究组主办，于1956年10月出版了创刊号。这是新中国第一个自然辩证法的专业学术刊物。自然辩证法研究规划草案及其65份专家说明书，在该刊创刊号和第二期上全部发表。这个刊物，先后由许良英、赵中立，龚育之、孙焕林、傅懋和、胡文耕、赵璧如、张乃烈，查汝强、范岱年等负责编务，到“文化大革命”时停刊，共出了27期，为集中和交流自然辩证法研究的信息和成果提供了重要园地。

规划制订以后到“文化大革命”开始，自然辩证法研究虽然仍旧不免经历曲折，总的说来，是从各方面逐步向深入发展，在出成果、出人才方面，都是有收获的。

（五）关于科学技术论的研究

规划制订以后，研究和讨论开展得较多的，首先是其中的第九类选题，即“作为社会现象的自然科学”。这是因为，随着社会主义改造和社会主义建设的发展，自然科学工作相应地也发生了改革的问题。这种改革，涉及自然科学工作的政策、方针、规划和组织，在自然科学界引起许多思想认识上的纷争和探索，需要把问题提到理论上来探讨，就是说，需要努力运用马克思主义，特别是历史唯物主义观点，来研究自然科学在社会中发展的规律，尤其是它在社会主义社会中发展的规律。这样的讨论和研究，20 世纪 50 年代末的那几年就已广泛展开，在“反右派”斗争扩大化和“大跃进”、“反右倾”的“左”的错误影响下，出现了把马克思主义观点庸俗化和简单化的做法。20 世纪 60 年代初，同各项工作领域的政策调整一道，伴随着自然科学领域总结历史经验、制定具体政策的进程，简单化、庸俗化的偏向有所纠正，用马克思主义研究自然科学发展规律，逐渐走向深入。当时的讨论和研究，概括起来说，是围绕着四个方面的关系展开的。一个是自然科学与政治的关系（如自然科学有没有阶级性，社会制度对自然科学发展的影响，自然科学发展对社会的影响，对自然的斗争与社会阶级斗争的关系，自然科学工作者的“红”与“专”的关系，等等）；一个是自然科学与生产的关系（如生产发展对自然科学发展的决定作用，自然科学发展对生产发展的相对独立性和积极能动性，自然科学工作的计划性问题，理论联系实际问题，等等）；一个是自然科学与群众的关系（如工农劳动群众和科学技术专家在自然科学发展中的作用，杰出科学家个人在自然科学发展中的作用，自然科学工作中的群众路线问题，等等）；还有一个是自然科学与哲学的关系（如马克思主义哲学对自然科学的指导作用，怎样估价自然科学中的自发唯物主义，唯心主义和形而上学怎样妨碍自然科学的发展，为什么有些受唯心主义和形而上学世界观影响的自然科学家也能做出重大的科学成就，等等）。许多自然科学家和哲学家发表了探讨这些问题的文章。如叶渚沛的《科学与社会——科学将往何处去?》(《科学通报》1957年第1期)，运用马克思主义观点，对有关科学的历史发展、科学的社会根源、科学的社会职能、科学与生产力、上层建筑及基础的关系等一系列问题，作了全面的讨论，是一篇有见地的力作。钱学森的文章(载于《论又红又专》，1958年中国青年出版社)，从切身经历谈学习马克思主义哲学的体会，他发现自己多年钻研业务摸索出一套自鸣得意的研究方法，像处理问题怎样入手，怎样从失败和错误中取得教训等，原来在辩证唯物主义里都有，而且说得更完全、更明白。刘仙洲的文章(《红旗》杂志1959年第9期)，则主要依傍他的专业，论述了科学与生产的关系。有成就的自然科学家讨论这类问题的文章，给人们以深刻的印象。作为自然辩证法工作者的专门研究，龚育之围绕这四个方面的关系，写了10余篇论文，分别发表在中共中央新创办的理论刊物《红旗》和《自然辩证法研究通讯》等刊物上，并且变成文集，书名为“关于自然科学发展规律的几个问题”(上海人民出版社1961年12月初版，以后多次修订和增补)。这是我国自然辩证法领域第一本个人的研究论文集。李宝恒(如《自然科学和哲学的关系》,《哲学研究》1962年第2期)、胡文耕(如《关于自然科学的唯物主义》,《科学研究》1963年第3期)等也在这方面作了不少研究。

于光远在《开展自然辩证法的研究工作》(《学术月刊》1958年第6期)中，联系关于科学工作改革的理论研究，指出：“科学，作为一种社会现象，它的发生发展规律，可以成为一门科学研究的对象。”他认为把这门科学称为“历史唯物主义论科学”或许是适当的。龚育之在他的文集的前言中则使用了“马克思主义的科学技术论”的提法，即用马克思主义观点研究作为认识现象和社会现象的自然科学的发展规律。他认为：“正如马克思主义的文学艺术论这门学问是我们党的文艺工作方针、政策的理论基础一样，马克思主义的科学技术论这门学问则是我们党的科学技术工作方针、政策的理论基础。”1961年7月中共中央批准试行《关于自然科学研究机构当前工作的十四条意见(草案)》和聂荣臻关于《科研十四条》给中央的报告。这个条例和报告是中国共产党在总结经验和初步纠正三年“大跃进”的“左”的错误的基础上系统地确定和阐明科学工作政策的重要文件，不仅对“红”与“专”、“理论联系实际”、“百家争鸣”等一系列政策问题上的方针和界限做出了具体的规定，而且对这些政策规定的理论基础做出了简要的说明。这是总结实践经验、深入调查研究和广泛征求意见的结果，也反映了有关科学技术论的理论探讨和研究的成果。

（六）关于科学方法论和认识论的研究

这是规划制订以后研究和讨论开展得较多的又一类选题。1957 年《自然辩证法研究通讯》即已开辟“关于科学方法论的笔谈”的连续专栏，钱学森、顾震潮、卢于道等许多自然科学家就自然科学、技术科学、农业科学的方法论问题，发表了简要而富于启发性的短论。以后研究逐步深入，何祚庥在《红旗》杂志发表了《实验、抽象和假说在科学研究中的作用》（1961 年第 11 期）、《论自然科学研究中有关实践标准的若干问题》（1962 年第 2 期）、《数学方法在认识客观世界中的作用》（1962 年第 10 期）、《物理学研究中的理论和实验》（同周光召合作，1963 年第 11 期），在《新建设》杂志发表了《谈谈科学方法论问题》（1962 年第 9 期）；张巨青在《光明日报》发表了《论假说》（1961 年 10 月）、《再论假说》（1962 年 8 月）；陈昌曙发表了《关于类比法的几个问题》（《新建设》1963 年 2 月）、《自然科学史研究的哲学意义》和《自然科学研究方法论的意义》（《哲学研究》1963 年第 4 期、1964 年第 3 期）；吴忠伟发表了《自觉地运用实验、抽象、假说》、《科学研究工作的程序问题》（《光明日报》1962 年 4 月、1964 年 6 月）。这些题目，表明了方法论研究深入的方向，同时表明一些作者开始专注到方法论研究中来。1963 年以后，围绕对科学实验这种社会实践形式的研究，钱临照（《论实验》，《光明日报》1963 年 6 月）、陈国达（《怎样严密组织科学研究过程》，《光明日报》1963 年 11 月）、李宝恒（《科学实验的特点和作用》，《文汇报》1964 年 2 月）、杨朝俶（《科学技术的中间试验》，《红旗》1964 年第 7 期）、郭必康（《科学实验的重大革命意义》，《自然辩证法研究通讯》1964 年第 3 期）、龚育之（《试论科学实验》，《红旗》1965 年第 1 期）、茅以升（《与龚育之商榷》，《新建设》1965 年 11 月）等都发表了文章，或从马克思主义认识论上研究，或从其社会作用上研究，或论述科学实验同生产实践的联系和区别，或论述科学实验的历史和类型，讨论的方面是很广的。

20 世纪 60 年代中期，我国哲学界还展开过一场关于真理问题的热烈争论，涉及真理和错误的关系、相对真理和绝对真理的关系、实践标准的相对性和绝对性的关系、实践检验和逻辑证明的关系等诸多问题，引起争论的一个由头是如何评价自然科学历史上燃素说之类的错误观点，参加争论的有许多自然科学工作者和更多的哲学工作者，引用的认识史材料大都是自然科学领域的，又都试图从中做出一般认识论的结论。作为论战的主要一方，杜雷和吴俊光，还有陶德麟等在《学术研究》等刊物连续发表了多篇同何祚庥商榷的文章，何祚庥则多次发表辩驳文章。1964 年《哲学研究》编辑部将 1963 年以前参加论战的文章编选成册（《真理问题讨论集》，上海人民出版社），《红旗》第 10 期又同时发表论战双方的各一篇文章，表示重视和支持展开这一讨论。1966 年 2 月《光明日报》发表朱波的《逻辑证明和实践检证》，对双方的观点进行了比较全面公允的评述。龚育之以《认识发展中的肯定否定问题》（《红旗》1962 年第 5 期）、《认识曲折发展的一种形式》（《文汇报》1963 年 1 月）两文参加讨论，提出了关于新旧认识之间肯定否定关系的两种类型的观点。齐振海的《自然科学中真理和错误的相互关系》（《新建设》1963 年第 6 期），也是从自然科学认识的历史来探讨认识发展的一些规律。

（七）关于生产实践和技术发展的辩证法的研究

这方面的研究未曾列入规划，是中国自然辩证法研究领域的新开拓。当时的背景，一方面是马克思主义哲学的学习在广大群众和科学技术人员中进一步展开，另一方面是技术革新的活动在广大群众和科学技术人员中广泛展开，这两个展开的结合促进了这一新开拓。在工业技术方面，开展了对各行各业技术发展的辩证规律的研究，力图从理论上总结技术革新的经验，探讨技术革命的战略，寻找技术发展的方向；在农业科学方面，开展了对农业生产“八字宪法”的辩证法的研究，对农作物生长过程中群体与个体的各种矛盾的发展的研究；在医学方面，进行了关于中西医结合、关于治病的医疗思想的探讨等。这些工作仅仅是开始，也难免受到当时浮夸风的某些影响，但是它们使自然辩证法的学习和研究越出了过去一般只是同自然科学基本理论问题的研究相联系的范围，是一个有意义的新开拓。

1960 年 8 月，中国科学院哲学研究所在哈尔滨市召开了全国自然辩证法座谈会。这是新中国成立以后第一次大规模的自然辩证法学术会议，参加的有 130 多人，哲学研究所所长潘梓年、哈尔滨工业大学校长李昌和于光远主持了会议。提交会议的论文共 70 多篇，最有特色并引人注意的是讨论生产过程和技术发展辩证法的论文。1960 年 11 月《光明日报》发表了哈尔滨工业大学提交这次座谈会的题为“从设计积木式机床论机床内部矛盾的规律”的论文。根据毛泽东的建议，《红旗》第 24 期转载了这篇文章。毛泽东还以《红旗》杂志编辑部的名义给哈尔滨工业大学写信，建议他们再写一篇较长的文章，详细地解释他们的论点，对车、铣、磨、刨、钻各类机床的特点，也希望分别加以分析。后来，经哈工大机床及自动化专业教师讨论，由侯镇冰、郦明、关士续、陆纪培执笔的《再谈机床内部矛盾运动规律和机床的“积木化”问题》，在《红旗》1961 年第 9、10 期合刊上发表。《红旗》编辑部为这篇文章所加的按语指出：如果每一个大学的专业，每一个科学研究机关，每一个生产单位，都能用从实际出发、具体地分析具体矛盾的方法，抓住他们自己业务中的一个特殊性的矛盾，用一定的时间进行深入的、系统的、全面的研究，那就可以预期，我们的科学研究工作将获得愈来愈多的成果，将出现更加繁荣的“百家争鸣”、“百花齐放”的景象。不久，《红旗》第 24 期又综合介绍了讨论这个问题的不同意见。1961 年 11 月，在中国机械工程学会 10 周年年会上也对这个问题展开了热烈的争辩。会后，由中国工业出版社出版了《机床发展规律专题讨论文集》。

20 世纪 60 年代中期大庆油田建设的胜利，引起全国人民的关注。大庆经验的重要内容之一，就是油田工人、干部和科技人员认真学习毛泽东的《实践论》、《矛盾论》。1964 年 3 月，中国科学院哲学研究所召开了在生产斗争和科学实验中学习和运用哲学的座谈会，哈尔滨、上海、北京，以及石油部和国家科委的同志发言介绍了这方面的研究情况和工作部署。于光远在总结中提出：“根据我国的实践，我们要建立马克思主义哲学工作者和工人、农民、科学技术人员、科学技术的组织工作者的广大联盟。……而这也正是中国自然辩证法工作的特色，是我们的优点。”《自然辩证法研究通讯》第三期发表了座谈会纪要，同时发表了孙小礼《科学技术人员应该以毛泽东思想武装自己——到大庆参观的一些体会》，翌年第 2 期又发表了李昌的《在生产斗争、科学实验中学习和运用毛泽东思想》。这方面的研究成果，还应该提到闵豫的《在毛泽东思想指导下的大庆油田开发工作》(《红旗》1965 年第 13 期)、林宗棠的《〈实践论〉是做好科学工作的指针——参加一万二千吨水压机设计制造工作的体会》(《哲学研究》1965 年第 10 期)、丁效润的《辩证法教人聪明——从双水内冷汽轮发电机试制工作中得到的启示》(《人民日报》1966 年 2 月）这些有代表性的论文。

（八）关于自然界的辩证法的研究

关于自然界的辩证发展和各门自然科学的哲学问题的研究，也都有所展开。关肇直的《论数学的对象》和关于数学思想史的几篇札记（《自然辩证法研究通讯》1957 年第 1 期、1958 年后的几期)，朱洪元和罗劲柏论述宇称守恒定律的文章（《自然辩证法研究通讯》1957 年第 3 期、1958 年第 1 期)，赵慕愚的《从辩证唯物主义观点来看相平衡和相转变的基本特点》(《自然辩证法研究通讯》1959 年第 4 期）和《从物理化学变化来看质变和部分质变的问题》(《新建设》1962 年第 2 期)，杨钟健的《古脊椎动物演化中的几个哲学问题》(《科学通报》1960 年第 8 期)，陈国达的《大地构造的哲学问题》(《科学通报》1963 年第 2 期)，童第周的《生物的发展是辩证的》(《人民日报》1963 年 3 月)，可以说是有代表性的成果。

1965 年第 6 期《红旗》加按语发表了日本物理学家坂田昌一的《关于新基本粒子观的对话》。坂田昌一重视唯物辩证法并把它运用于自己的研究工作而取得了成就。他的这篇文章最先由段生林从俄文转译过来，发表在《自然辩证法研究通讯》1963 年 8 月出版的复刊第 1 期上。毛泽东对这篇文章十分赞许，1964 年曾几次向一些哲学工作者和自然科学工作者提到它，特别是 8 月 24 日同于光远、周培源谈话，从这篇文章谈起，表达了自己对自然界辩证发展的许多看法。因此，《红旗》请人从日文原文译出这篇文章，并作了注释，重新予以发表。编辑部还根据毛泽东谈话的精神写了长篇按语，按语中说："世界是无限的。世界是充满着矛盾的。万事万物都是对立的统一。没有一个事物不存在矛盾，没有一个事物是不可分的。一分为二，这是个普遍现象，这就是辩证法。自然界是如此，社会是如此，人类的认识也是如此。……宇宙，从大的方面说，在太阳系外面还有千千万万个太阳，在银河系外面还有千千万万个银河系，它是无穷无尽的。宇宙，从小的方面说，也是无穷无尽的。原子里头分为原子核和电子，它们是对立面的统一。原子核里头又分为质子和中子，它们也是对立面的统一。质子又有和反质子的对立的统一。中子又有和反中子的对立的统一。质子、反质子，中子、反中子，等等，这些基本粒子还是可分的。物质是无限可分的。”“人类对自然界的认识同样是无穷无尽的。人类的认识总是要在社会实践中不断有所发展，有所创造。”编者按还赞扬坂田昌一的文章，认为我国的自然科学工作者和从事其他工作的同志，读一读这样的文章，对唯物辩证法的学习，会受到有益的启发。

《红旗》编者按语，在全国引起了很大的反响。北京、上海、江苏、广州等地的许多大学、研究机构和学术团体纷纷邀集自然科学工作者和哲学工作者，举行关于《红旗》按语和坂田昌一文章的座谈会。许多报刊相继开辟专栏或发表文章，展开讨论。例如，《红旗》第 9 期以“自然科学与唯物辩证法”为专栏标题发表了朱洪元、高崇寿、徐光宪、龚育之、艾思奇、于光远的一组文章；《文汇报》六七月间在“自然科学工作者要自觉地学习和运用唯物辩证法”的通栏标题下发表了张香桐、苏步青、谷超豪、周世勋、谢希德、袁运开、陈念贻等的几组文章；《自然辩证法研究通讯》发表了何祚庥和庆承瑞的《关于〈关于新基本粒子观的对话〉的对话》、徐光宪的《现代分子结构理论的三大流派及其发展中的某些方法论原则》（第 3 期）、戴文赛的《试论物质系统的层次》（第 4 期），以及一大批座谈会的发言，展示了这场讨论的规模。

特别应该提到的是，从 1965 年 9 月到 1966 年 6 月，北京基本粒子理论组的朱洪元、胡宁、何祚庥、戴元本等来自中国科学院、北京大学、中国科技大学的 39 位同志，写了 42 篇论文，发表在《北京大学学报》上，提出了强子结构的层子模型。这是中国科学工作者在高能物理学前沿的理论研究中取得的重要成果，在当时属于初创性的工作。这项工作，是在其他国家自然科学家已有成就的基础上进行具体科学研究所取得的结果，而关于坂田昌一文章和《红旗》按语的讨论，无疑是对层子模型研究工作的一个直接的推动。

（九）关于干部培养、队伍组织和资料建设

自然辩证法研究的有效开展，首要在于吸引广大自然科学工作者参加，这也正是这个阶段工作的一大优点。同时，培养一批专门从事自然辩证法研究、教学和组织工作的骨干，也是做好工作、积累成果所必需的。这种培养工作主要通过招收研究生来进行。1958 年 10 月，经北京大学党委书记陆平建议，在中共中央高级党校开办了自然辩证法研究班，学员有 70 多名。这个班由艾思奇、陈康白主持，于 1961 年 1 月结业。作为学习成果的总结，研究班的学员们集体编写了一部《自然辩证法提纲》（草稿）。这是我国第一部关于自然辩证法的总论性的著作，尽管只是内部印发征求意见，未及公开出版。但它提供了一个新的叙述框架，第一编讲马克思主义哲学与自然科学，分为三章：自然科学与社会实践（相当于历史唯物主义论科学）、辩证唯物主义自然观、自然科学方法论；第二编讲自然界各种运动形态的辩证法；第三编讲改造自然的斗争和辩证法，包括农业、工业、医疗卫生中运用辩证法的问题。可以看出，特别是第一编、第三编，反映了我国自然辩证法研究的开拓和特色。

1961 年，中国人民大学招收了自然辩证法专业三年制研究生 12 人，1962 年又受教育部委托招收了一年制自然辩证法进修生 11 人。1962 年，北京大学哲学系和中国科学院哲学研究所联合招收自然辩证法专业四年制研究生八人，导师为于光远、龚育之，这批研究生凡是原来学哲学的都要到理科的一个系学两年自然科学基础课，凡是原来学自然科学的都要到哲学系学两年基础课，并且都要到《自然辩证法研究通讯》参加研究、资料和编辑工作的实践。以后几年哲学研究所还陆续招收了少量研究生。20 世纪 60 年代初，除北京大学、中国人民大学、北京师范大学以外，其他地方的一些高等院校，如复旦大学、华东师范大学、哈尔滨工业大学、大连工学院、厦门大学、华南工学院、华南师范学院等，也先后成立了自然辩证法教研室（组），为哲学系本科学生、理工科研究生和教师开设了不同类型的自然辩证法课程。北京三校（北京大学、中国人民大学、北京师范大学）的自然辩证法教研室在多年讲授恩格斯《自然辩证法》一书的基础上，合作编写了一本

《〈自然辩证法〉解说》，于 1964 年 1 月内部发行。这部书是结合科学史和现代科学的材料来解说恩格斯的著作，一些篇章有较深的研究，曾经被广泛采用。参加编写的有中国人民大学的李国秀、吴延涪、黄天授，北京大学的孙小礼、孙蓬一、程为昭、傅世侠，北京师范大学的沈小峰、张嘉同、彭新然。在这之前，中国人民大学还在 1962 年内部发行了一本《〈自然辩证法〉简释》。

在队伍组织方面，上海着手最早，1958 年 4 月就正式开始筹备工作，1960 年 5 月上海市自然辩证法研究会成立，舒文任会长，1962 年举行了首届年会，并举办了一系列不定期的自然科学哲学问题讲座。广东省也着手较早，1960 年广东省哲学学会成立了自然辩证法研究组，1962 年广东省自然辩证法研究会正式成立，史丹为会长，1964 年举行了首届年会。北京市地方 1961 年在市科学技术协会下面成立了一个自然辩证法组，1963 年北京市自然辩证法学会筹委会成立，由张子高任主任，开展了多次学术报告会和讨论会。至于全国性的组织，当时的设想是在各地方的组织成立起来并进行了有效的学术活动的基础上再来着手，但是由于“文化大革命”而未能进行。

在基本学术资料的建设工作方面，20 世纪 60 年代初曾经有一个设想，准备逐步把近几十年来马克思主义学者、自然科学家和西方哲学家有关自然科学哲学问题的最重要的著作和论文，系统地编译出版。为此，龚育之写了《对自然辩证法研究的一点意见》(《人民日报》1962 年 9 月 9 日)，强调学术资料的整理和编译，既是培养人才的手段，又是工作成果的一种，并特别建议：“所有对哲学问题有所探讨和发挥的著名自然科学家，都需要给他们编译一部哲学著作选集。”在这个阶段中，先后翻译出版了普朗克、爱因斯坦、玻尔、薛定谔、琼斯、玻恩、波姆、坂田昌一、维纳，以及赖欣巴哈、马根脑的许多著作，其中以商务印书馆做出的贡献尤多。当时进行这项工作注意了对所介绍的自然科学家的哲学著作和哲学观点，要进行研究和评论。例如，在《自然辩证法研究通讯》上，胡文耕评柏尔纳的《实验科学方法论》(1963 年第 1 期)，戈革评玻尔的哲学观点（1963 年第 2 期)，黄友谋评汤川秀树的哲学观点（1964 年第 1 期)，陈步评维纳的哲学观点（1964 年第 2 期)，邱仁宗评品菲尔德的哲学观点（1964 年第 3 期)，许良英、李宝恒评爱因斯坦的哲学观点（1965 年第 4 期)，以及龚育之为琼斯的《物理学与哲学》

中译本写序言（1964 年商务印书馆）等等，都是与编译介绍工作有关的。哲学研究所还同上海自然辩证法研究会合作，编辑了《外国自然科学哲学资料选集》，包括《苏联自然科学哲学领域思想动向的历史资料（1953～1963年）》、《全苏自然科学哲学问题会议文集》、《控制论哲学问题选辑》、奥地利哲学家霍利彻尔的《科学世界图景中的自然界》等，共八辑，内部发行，是当时的一项规模不小的资料建设工程。

上面综述了从 1956 年制订规划到 1966 年“文化大革命”前我国自然辩证法工作的主要进展。“文化大革命”是新中国历史上的一段特殊时期。在这个时期，我国的社会主义事业，我国的哲学、社会科学和自然科学工作，受到了极大的破坏和歪曲，自然辩证法工作也是如此。“文化大革命”一起来，高等学校和研究机构停止工作，《自然辩证法研究通讯》停刊，许多自然科学家、哲学家和自然辩证法工作者被当做“资产阶级反动学术权威”和“修正主义分子”斗争，原来确立的关于自然科学本身没有阶级性和关于“百家争鸣”的一系列理论观点被指责为给“修正主义路线”服务的“修正主义观点”，纠正在生产实践中运用辩证法出现的简单化倾向所作的努力被指责为“反毛泽东思想”，如此等等。“文化大革命”的纲领“十六条”提出了包括“自然科学理论战线”在内的对“资产阶级反动学术权威”和“反动观点”进行批判的任务。这方面一个最重要的事件，就是对爱因斯坦和相对论的批判。1968 年中国科学院大批判组即撰写了《相对论批判》一文，气势汹汹，多次讨论，数易其稿，是这一运动的带头之作。1970 年，以中国科学院革命委员会名义内部编印了两本《相对论问题讨论》专刊，发表了这篇文章及上海理科大批判组的《评爱因斯坦的相对论》。后一篇文章批判的调门更高，竟然说爱因斯坦“是本世纪以来自然科学领域中最大的资产阶级反动学术权威”，相对论“是当代自然科学领域中资产阶级反动的唯心论和形而上学的宇宙观的典型”，“是引导（自然科学）危机不断加深的一面黑旗”。这些文章虽然后来没有公开发表，原来准备举行的“万人批判大会”也没有召开，但是从上面引用的这些话可以窥见当时的指导思想于一斑。1973～1974 年，上海理科大批判组署名李柯在《复旦学报》、《自然辩证法杂志》（上海新创办的刊物）发表了评爱因斯坦时空观、运动观、物质观、世界观的系列文章，批判的调门虽然有所降低，但仍简单地断言爱因斯坦“从相对论出发建立的理论体系，从世界观来说，是反动的唯心论的先验论”。此外，1975 年又发表了批判热力学第二定律的文章（内部发行的《自然科学争鸣》第 1 期）。而 1974 年在“评法批儒”中进行的关于我国古代科学技术人物和思想的研究，虽然也有不少具体成果，却不能不使人们对我国科技史的理解受到极大的歪曲。

但是，在“文化大革命”期间，我国自然辩证法工作仍然有其积极的一面。1969 年相对论批判文章之所以由准备公开发表转为内部讨论，就是周培源、吴有训这些自然科学家阻拦的结果。当时内部或公开发表的讨论文章中，不少自然科学家在困难的情况下能够保持尊重事实、尊重科学的态度，发出了不同的声音，如原子能研究所的《评狭义相对论》、北京大学理科的《相对论问题讨论》和《物理》杂志的许多对批判文章进行反批评的文章，以及王竹溪论热力学第二定律的文章（《自然科学争鸣》第 1 期）。一些刊物编辑也力图发表不同的观点以防一边倒的批判局面。同时，中央编译局翻译的《自然辩证法》新译本的出版（人民出版社 1971 年）和复旦大学、北京大学先后译出的马克思《数学手稿》的第一次出版（分别刊载于复旦大学学报和北京大学学报，北京大学译本由人民出版社 1975 年出了单行本），推动了对这两部书的学习和研究。从 1970 年以后，高等学校复学招生，相继开设了自然辩证法课程，广大科技人员和工农群众学习自然辩证法的活动也较活跃。那时的学习和讲授，虽然反映了那时的一些极端观点和简单做法，仍然有不少有益的内容。资料编译工作也有相当进展。上海出版了一套《外国自然科学哲学摘译》，介绍了现代科学前沿许多领域的进展情况。还出版了一批有代表性的国外自然科学哲学著作，如上海人民出版社的伽利略的《哥白尼和托勒密两大思想体系的对话》、康德的《宇宙发展史概论》、牛顿的《牛顿自然哲学著作选》、薛定谔的《生命是什么》、莫诺的《偶然性和必然性》，北京科学出版社的海森伯的《物理学与哲学》（范岱年译）等。商务印书馆的三卷本《爱因斯坦文集》（许良英、赵中立、范岱年、李宝恒、张宣三编译）也是在这个时候成稿付印的。

1975 年，邓小平主持中共中央和国务院的日常工作，着手对各方面的工作进行整顿，中国科学院向中央提出了有关科学工作现状、问题和应该采取的方针的“汇报提纲”。针对那时流行的把自然科学看做有阶级性的上层建筑和认为自然科学理论就是指自然辩证法的观点，“汇报提纲”强调了科学是生产力的马克思主义观点，并且在肯定马克思主义哲学对自然科学研究的指导作用的同时，强调指出：“不注意哲学和自然科学的区别，以为哲学可以代替自然科学，以为不需要依靠辛勤的科学实践和精确的科学论证，只依靠哲学的一般原理就能推演出具体的科学问题的科学结论，也是不对的。”为了说明这些指导方针的理论依据，还找自然辩证法工作者编选了关于科学是生产力和题为“必须用哲学指导自然科学的研究，但不是用哲学代替自然科学”的马克思、恩格斯、列宁、毛泽东语录。但是，这年冬天“批邓反击右倾翻案风”运动又起，《汇报提纲》被当做三株大毒草之一而遭到集中的批判，上述的马克思主义方针被指责为反马克思主义的方针。这样的反击，只能使自然辩证法走入绝境。这种情况一直延续到“文化大革命”结束。

四、总结经验、开创新局面阶段（20世纪70年代末期以后）

1976年10月“文化大革命”的结束和以1978年中国共产党十一届三中全会为标志的伟大历史转折，开辟了我国社会主义发展的新的历史时期——在改革和开放中集中力量进行社会主义现代化建设的时期。在这个历史背景下，中国的自然辩证法研究，以新的长远规划的制定为标志，进入总结历史经验、开创新局面的阶段。

（一）第二个长远研究规划的制定

1977年3月，中国科学院理论组、中国科学技术协会理论组和中国社会科学院哲学研究所自然辩证法研究室，在北京联合召开了自然辩证法座谈会。这是“文化大革命”结束后自然辩证法研究重新活跃起来、走上健康发展道路的第一次集会。这次座谈会的主题是揭露和清算“文化大革命”期间自然辩证法工作所遭到的歪曲和摧残，李宝恒、罗劲柏、何祚庥、王守武等作了专题发言，针对“反击右倾翻案风”期间对“科学技术是生产力”、“科学研究要走在生产前面”、“哲学不能代替自然科学”这些马克思主义论点的荒谬批判，从政治上和理论上进行了拨乱反正。同时，还就自然辩证法工作的恢复和开展提出了建议。《自然辩证法座谈会选辑》一书记载了这次座谈会的成果。

1977年12月到1978年1月，在北京召开了自然辩证法规划会议。当时正在制订全国科学技术发展的长远规划，“自然辩证法和科学技术史研究”被列为全国规划的重点项目之一。《一九七八——一九八五年自然辩证法研究规划纲要（草案）》，拟定了九个主要项目：①自然辩证法方面马克思主义经典著作的研究和宣传；②深入批判“四人帮”，批判资产阶级唯心主义和形而上学；③编写自然辩证法综合性著作；■科学技术史的研究；⑤科学方法论的研究；⑥各门自然科学中的哲学问题的研究；⑦总结运用自然辩证法解决实际问题的经验；⑧科技教学中的哲学问题的研究；⑨国外自然科学哲学研究资料的翻译。主要措施有两项，即筹建自然辩证法研究会和筹办自然辩证法刊物。

（二）中国自然辩证法研究会的成立和刊物的创办

规划会议期间，即已成立中国自然辩证法研究会的筹备委员会，于光远、周培源、钱三强为召集人。筹委会创办了《中国自然辩证法研究会通信》，由专职负责筹备工作的钟林主持。筹委会积极推动自然辩证法研究活动的开展，1978年7月在北京举办了全国自然辩证法夏季讲习会，来自28个省、自治区、直辖市的1500余人参加了这次盛会，23人应邀作了专题报告，涉及自然科学和技术科学众多学科现阶段发展所提出来的哲学问题，以及从社会生产、社会政治方面和从认识论、方法论方面对自然科学和技术发展作综合性探讨的许多问题。全部专题报告由筹委会汇印成册。讲习会期间，筹委会同中国科学院理论组联合召开了真理标准问题的理论讨论会，积极参加了恢复和捍卫实事求是、解放思想的马克思主义思想路线的争论，是学术界最早召开的这样的会议；筹委会还召开了各省、自治区、直辖市自然辩证法工作的联络员座谈会和高等学校开设自然辩证法课程的经验交流会。这次暑期活动，对全国自然辩证法工作的恢复和开展，起了重要的作用。

1981年10月，中国自然辩证法研究会成立大会暨首届学术年会在北京召开。于光远被推选为理事长，周培源、卢嘉锡、李昌、钱三强、钱学森、钟林为副理事长，钟林（常务）、龚育之、查汝强为秘书长，周林为副秘书长。筹委会的工作报告，根据“拨乱反正”和全面改革进程中的新的认识，进一步阐明和确定了自然辩证法工作的方向和任务，强调要紧密结合国家经济建设和生产发展的实际进行研究，要紧密结合科技工作决策和管理的实际进行研究，要开展对国外科学哲学、科学社会学的研究。211 篇论文在大会期间进行了分组交流，会后编选为《自然辩证法论文集》（1983 年，人民出版社）。1986 年 12 月第二届理事大会在北京召开，通过了丘亮辉所作的《发展自然辩证法，为两个文明建设服务》的工作报告，进行了换届选举，于光远继续当选为理事长。经过调整，现任副理事长为李昌、龚育之、丘亮辉、李宝恒、钟林，丘亮辉兼秘书长，张济、王国政为副秘书长。[①] 除西藏外，全国各省、自治区、直辖市的研究会均已成立。全国研究会下建立了科学哲学、技术哲学、化学化工哲学、天文哲学、地学哲学、生物哲学、系统科学哲学、医学哲学、农业哲学、科学方法论、党校系统自然辩证法等一系列专业委员会。中国自然辩证法研究会的筹建、成立和工作的展开，是新时期我国自然辩证法工作开创新局面的重要组织条件。

关于自然辩证法刊物，规划会议期间即已拟订创办《自然辩证法通讯》的方案，由中国科学院主办，于光远为主编。1979 年这个刊物正式出版，李宝恒为实际负责的副主编，1981 年后由范岱年接替。中国自然辩证法研究会成立后，于 1985 年又创办《自然辩证法研究》，丘亮辉为主编、贾云祥为副主编。这两个全国的综合性刊物，以及《自然辩证法报》（1983 年《中国自然辩证法研究会通信》改为此报，1990 年停刊，先后由钟林、周林、丘亮辉任主编，申振钰、张凭、李昆峰任副主编）、《方法》（1987 年创刊，主编李宝恒，副主编钟林）、《医学与哲学》（1980 年创办，主编彭瑞聪，副主编邱仁宗、杜治政、陆德铭）、湖南的《自然信息》（1979 年创办，邓树增主编）、山西的《科学技术与辩证法》（1984 年创刊，张家治主编）、吉林的《科学·辩证法·现代化》（1985 年创刊，1988 年停刊，主编舒炜光，副主编解恩

① 1992 年理事会换届，第三届理事长为龚育之，副理事长有王梓坤、丘亮辉、李宝恒、朱训、朱丽兰、陈昌曙、周传典、彭瑞聪、曾近义。

泽）等研究会主办或地方主办的刊物的出版，为新时期自然辩证法工作开创新局面提供了众多的园地。

（三）马克思、列宁有关著作的校译、整理和编辑

规划纲要主要项目第一项中规定的重新校译和注释恩格斯《自然辩证法》的任务，由于光远负责，查汝强等协助完成，1984 年由人民出版社出版。这个新版本除译文的校正和改进外，它的特点是：全书结构有不同于过去版本的新的编排，反映了编者对恩格斯构思的研究和见解；补充了几则过去漏收的札记，附录了马克思、恩格斯关于写作《自然辩证法》的通信和恩格斯其他著作中关于写作《自然辩证法》的论述；注释也在利用俄、英译本已有注释的基础上，大大增多了条目，增加了文献征引、史实考证和联系现代自然科学发展所作的说明。因此，这个中译本不仅是一个重校本，而且是个新编本。

规划纲要规定的汇编马克思主义经典作家论自然辩证法的全编本和选读本的任务也已完成。于光远、孙小礼主持编辑的《马克思、恩格斯、列宁论自然辩证法与科学技术》（1988 年，科学出版社），是搜集资料比较完全的大型全编本。编者在序言中指出："在哲学、自然科学和技术，以及与此有关的领域中，马克思主义指导作用是不容忽视的。希望这部书的出版有助于有关同志研究掌握马克思主义，做好各自的工作。"选读本有复旦大学自然辩证法教研室编的《马克思恩格斯列宁自然辩证法文选》（1980 年，人民出版社）和北京大学科学与社会研究中心编的《马克思主义与自然科学》（1988 年，北京大学出版社），都是供学习自然辩证法课程用的。

学习和研究马列有关著作，是中国自然辩证法研究的起点和中国自然辩证法工作者不可或缺的基本功。那种宣称《自然辩证法》等著作已经过时而加以贬损的观点是错误的。同时，起点不是止步的地方。中国自然辩证法工作者既充分肯定这些著作的基本思想及其历史价值和现实价值，也认真去研究和说明这些著作中哪些具体材料和个别观点已经过时，努力面对现代自然科学的急剧发展和科学技术在现代社会中的巨大影响，把对这些著作的学习和研究提高到现代的水平。

（四）历史经验的总结

自然辩证法领域的拨乱反正，从清理“文化大革命”期间的歪曲和破坏，进而对整个自然辩证法工作的历史经验教训进行总结。龚育之在 1978 年夏季讲习会上作题为“自然辩证法工作的历史情况和经验”的长篇报告，系统地回顾苏联的历史和我国的历史。他在这方面的研究，汇集在《科学·哲学·社会》（1987 年，光明日报出版社）一书中。中国自然辩证法研究会组织编写的《中国自然辩证法研究：历史与现状》（周林、申振钰、董光璧主持，1983 年，知识出版社），是一个全面的叙述，它的贡献是搜集和首次汇印了一大批重要的历史文献和回忆材料，虽然材料的搜集和核查方面还有不少待做的工作。《自然辩证法通讯》相继发表了石西元的《李森科其人》（1979 年第 1 期），李靖炎的《勒柏辛斯卡娅新细胞学说的兴亡》（1981 年第 1 期），屈儆诚、许良英的《关于我国“文化大革命”时期批判爱因斯坦和相对论运动的初步考察》（1984 年第 6 期、1985 年第 1 期）等历史文章，《科技日报》1986 年开辟“为了忘却的回顾”专栏，相继发表了唐有祺等的《双百方针与批判共振论》等 15 篇文章，对过去自然科学领域发生过的粗暴批判，逐一进行回顾和清理。《百家争鸣——科学发展的必由之路》（1956 年 8 月青岛遗传学座谈会纪实，1986 年，商务印书馆）一书及李佩珊、孟庆哲、黄青禾、黄舜娥写的《青岛遗传学座谈会的历史背景和基本经验》，对遗传学争论的历史作了深入的总结。《自然辩证法发展史》（黄顺基、周济主编，1988 年，中国人民大学出版社），上溯到古代，现代部分包括苏联、中国和日本，并旁及西方。《历史的足迹》（龚育之、柳树滋主编，1989 年，黑龙江人民出版社），则是一部双重意义上的历史资料书，它既是有关苏联自然科学领域哲学争论的历史资料，又是反映我们过去对苏联这方面历史的研究情况的历史资料。

总结历史经验的核心，是要研究在马克思主义政党执政的社会主义条件下，如何正确处理马克思主义哲学同自然科学的关系。这方面有做得好的经验，也确有做得不好的教训。历史上某几段时间在自然科学领域发生的粗暴批判，是在马克思主义哲学的名义下进行的，但它们在本质上是违背尊重科学、尊重创造的马克思主义革命批判精神的，并且已为马克思主义者所纠正。科学地总结这方面的历史经验，使之为更多的人所了解和掌握，一方面是为了防止那些违背马克思主义精神的错误重复出现，另一方面是为了澄清那种把这类错误归咎于马克思主义本身的谬见。这样才能正确地坚持马克思主义的指导地位，建立马克思主义哲学和自然科学之间相互尊重、相互促进的正常关系，推动哲学工作者同自然科学工作者之间相互学习、平等讨论，用“百家争鸣”、实践检验的方法来解决有关自然科学的学术争论和哲学争论，从而既有利于自然科学的发展又有利于马克思主义哲学的发展。总结历史，不是要抛弃我国自然辩证法工作的马克思主义传统，恰恰是为了在当代世界科学技术革命迅猛发展的形势下，在我国现代化建设和改革开放的新的历史条件下，在开拓自然辩证法工作的新局面中，更好地坚持和发展马克思主义的传统。

（五）教学工作的开展

自然辩证法课程被指定为高等学校理工农医科硕士研究生必修的一门马克思主义理论课和本科生的选修课，是自然辩证法工作新局面的一个重要方面，使自然辩证法的学习和研究同新一代科技工作者的培养训练紧密地联系起来，获得很大的群众性。这是由教育部和国家教委确定的。课程的正式和广泛开设，推动了教学队伍的建设（全国已有300余所高校建立自然辩证法教研室、组）和教材的编写。规划纲要确定的综合性著作编写任务中，《自然辩证法讲义》是最迫切和最重要的一项，这项工作由孙小礼主持，有解恩泽、吴敬华、吴炳荣、曾近义、高达声、李慎、苏子仪等20多个单位的90余人参加，在1979年完成总论部分，由人民教育出版社出版。总论分为“自然观”、“自然科学观”、“自然科学方法论”三篇，这是一个新创的自然辩证法课程内容的理论框架。到1983年继续完成了10个专题资料附册，分别论述工程技术科学、农学、医学、科学分类、数学、天文、地学、物理学、化学、生物学的辩证内容。总论部分印刷10次，总计35万册，是我国自然辩证法著作印行最多的一部。在这以后，教程或概论之类的著作相继出版，如《自然辩证法原理》（舒炜光主编，1984年，吉林人民出版社）、《自然辩证法原理》（陈念文等编写，1984 年，湖南教育出版社）、《自然辩证法教程》（黄顺基、吴延涪、黄天授、刘大椿主编，1985 年，中国人民大学出版社）、《自然辩证法概论新编》（萧焜焘主编，1989 年，江苏教育出版社）、《自然辩证法总论》（曾近义、徐天芬、解恩泽、柳树滋主编，1990 年，山东人民出版社）、《自然辩证法概论（修订本）》（吴延涪、高达声、寇世琪统稿，1991 年，高等教育出版社）等，共约 40 种。这些教材，或者面向不同的学科专业，或者从某一方面概括了新的科学技术材料，或者在体系和观点上有自己的特色，而数量之众，一方面反映了教学发展的需要，一方面提出了力求写出新的特色和水平的要求。国家教委还规定理工农医科博士生要开设"现代科学技术革命与马克思主义"，这门课程的教材已出版了林德宏、陈文林主编的一本（1989 年，南京大学出版社）。

自然辩证法专业硕士生和博士生的招收，是自然辩证法工作新局面的又一个重要方面。自 1981 年实施《中华人民共和国学位条例》以来，先后批准了自然辩证法（科学技术哲学）硕士学位授予单位 28 个，博士学位授予单位四个（博士生导师八人：中国社会科学院研究生院于光远、龚育之、查汝强、邱仁宗，吉林大学舒炜光，中国人民大学陈昌曙、黄顺基，北京大学孙小礼），为自然辩证法教学和研究队伍源源不断地补充了新生力量。

中央党校在 1981～1982 年举办了第二届自然辩证法研究班，为地方党校和一些高等学校培训了教师。自然辩证法和科学技术概论之类的课程在一些党校、干部学校和军事院校开设，是自然辩证法教学阵地的扩展。

（六）关于科学方法论、科学史和科学学的研究

自然辩证法研究的多方面开拓，逐渐提出和形成了自然辩证法是一个"科学群"的思想。科学方法论，科学史的理论基础，科学学、科技政策和科技管理的理论基础，都属于这个"科学群"。科学方法论和科学学理论的研究，不能不依托对科学历史的考察，而科学史的外史（科学在社会中发展的历史）和科学史的内史特别是其中的思想史的研究，不能不借助于辩证唯物论和历史唯物论的引导。这几个研究领域是紧密联系和多边重叠的。《自然辩证法通讯》杂志后来加了一个副题——关于自然科学的哲学、历史和社

会学的综合性、理论性杂志，反映了这一发展。

科学方法论的研究，除了对传统的自然科学研究的基本方法和不同学科的研究方法作系统的研究以外，注意力更多地转向控制论、系统论、信息论、耗散结构论、协同学、突变论等新兴学科的方法论意义的研究，以及对西方科学哲学中方法论研究的分析和评论。这方面已经出版了不少著作，如《科学方法论研究》（全国科学方法论第一次学术讨论会的论文集，张济、韩增禄、林可济、李冰霜编选，1983 年，科学普及出版社）、《数学方法论选讲》（徐利治著，1983 年，华中工学院出版社）、《自然科学的发展与认识论》（陈昌曙著，1983 年，人民出版社）、《系统科学方法论导论》（魏宏森著，1983 年，人民出版社）、《系统思想与方法》（黄麟雏、李继宗、邹珊刚著，1984 年，陕西人民出版社）、《科学研究方法概论》（林定夷著，1986 年，浙江人民出版社）、《重大科学发现个例研究》（钱时惕主编，1987 年，科学出版社）、《自然科学研究方法》（袁运开主编，1988 年，华东师范大学出版社）、《临床思维及例证》（彭瑞聪主编，1988 年，广东科技出版社）、《化学方法论》（乔世德等著，1989 年，浙江教育出版社）、《医学方法概论》（常青、邓平修主编，1990 年，广东科技出版社）、《科学认识论》（舒炜光主编，已出前三卷，1990 年，吉林人民出版社），以及《数学方法论丛书》（徐利治主编，1988 年开始，江苏教育出版社）、《认知与方法丛书》（张巨青、刘文君主编，第一批 10 册，1990 年，浙江科技出版社）等。在广大青年和干部中普及关于科学方法的知识的著作，有王梓坤写的《科学发现纵横谈》（1978 年，上海人民出版社）、陈昌曙主编的《科学方法论丛书》（13 本，1985 年出齐，辽宁人民出版社）等。《科学家论方法》（周林、殷登祥、张永谦主编，1983 年第一辑、1985 年第二辑，内蒙古人民出版社），除摘录了 18 位外国科学家关于方法的论述以外，还摘录了六位中国古代和现代科学家的论述。

科学学这个名称和作为一门具体科学的研究成果是新时期才介绍到中国来的。但是，用马克思主义观点来研究自然科学的性质、特点和发展规律，研究科技政策的理论基础，一直是中国自然辩证法研究的中心课题之一，而科学学的理论基础是应该摆在这样的研究之上的。于光远、龚育之在 1979 年第一次全国科学学学术讨论会上即已强调我们的科学学研究要尊重自己的马克思主义传统，要有独立的、马克思主义者的考虑问题的立场和方法，钱学森连续发表了《科学学、科学技术体系学、马克思主义哲学》（《哲学研究》1979 年第 1 期)、《关于建立和发展马克思主义的科学学的问题》(《科研管理》1980 年第 1 期）等文章，钱三强提出“建设具有中国特色的科学学体系”的任务（《迎接我国科学学发展的新阶段》，《科学学研究》1985 年第 3 期)，都是讨论中国科学学研究的指导思想问题的。出版的著作有《科学学教程》(田夫、王兴成主编，1983 年，科学出版社)、《科学学基础》（夏禹龙、刘吉、冯之浚、张念椿、孙章编著，1983 年，科学出版社)、《科学学纲要》(何钟秀、关西普主编，1985 年，天津科技出版社)，以及《科学能力学引论》(赵红洲著，1984 年，科学出版社)、《科学活动论》(刘大椿著，1985 年，人民出版社)、《科学社会学》（张碧晖、王平著，1990 年，人民出版社)、《大协调——科学技术社会学》（李庆臻、卢继传、李春国主编，1990 年，山东人民出版社）等。《科学学研究》杂志（陈益升主编)，是发表这方面理论研究成果的一个园地。

（七）关于国外科学哲学的研究

西方科学哲学过去长时期基本上没有进入我们研究的视野，改革开放以来关于西方科学哲学的介绍和研究迅速开展，成为自然辩证法工作新局面的特点之一。新时期自然辩证法研究着眼于同世界的交流。马克思主义者当然不能用无批判的态度去对待世界上的各种哲学流派，西方哲学中一些违背科学的、攻击社会主义和马克思主义的言论，必须据理加以反驳，同时马克思主义者又看到西方许多有建树的自然科学家的哲学思考中会有积极的东西，西方那些依托自然科学历史和现代发展来研究科学方法、逻辑和哲学的哲学家的学术成果中也会有积极的东西，值得我们注意。马克思主义的自然辩证法不是自我封闭的，它要面向世界的自然科学家和科学哲学家，同他们在同一研究领域的积极思想成果相互交流、相互探讨，批判地吸取这些积极成果来丰富自己的研究。

西方科学哲学各流派的主要代表人物（如亨普耳、卡尔纳普、弗兰克、波普、拉卡托斯、库恩、夏皮尔、本格、费耶阿本德、劳丹等）的最重要著作，大都已经有了中译本。江天骥的《当代西方科学哲学》（1984 年，中国社会科学出版社）、邱仁宗的《科学方法和科学动力学》（1984 年，知识出版社）和舒炜光、邱仁宗主编的《当代西方科学哲学述评》（1987 年，人民出版社）这些专著，表明介绍和评述工作在逐步深入。而邱仁宗主编的《成功之路——科学发现的模式》则是一本反映我国学者研究成果的文集。《自然科学哲学问题》、《科学与哲学》这两个译刊（均已停刊）和《国外自然辩证法和科学哲学》（1982 年，知识出版社）这本书介绍了国外科学哲学的许多材料。关于科学哲学的系列学术讨论会，大约每两年召开一次，已举行过五次。

介绍外国有关自然科学的哲学研究，视野不能局限于西方，而应该是全方位的。对苏联这方面的研究成果的翻译和介绍，在基本上中断多年以后也逐渐开展起来，除出版一批译著外，还出版一本专门刊物《苏联自然科学哲学研究动态》（孙慕天主编）。

国际学术交流活动的逐步开展，是新时期自然辩证法工作的一大进展。到国外参加有关自然科学哲学问题的会议，请国外的有关专家来华访问讲学，都是过去很少有的。1987 年逻辑、方法论和科学哲学世界大会开会期间，中国自然辩证法研究会参加了国际科学哲学和科学史联合会科学哲学分会这个国际组织，查汝强当选为分会执行委员。

（八）关于技术革命和技术经济社会发展的哲学研究

在以社会主义现代化建设为全国人民中心任务的新时期，自然辩证法把更多的注意力转向对技术的研究，这是势所必至的新开拓。从阐发科学技术是生产力这一马克思主义的经典命题，到介绍和研究我们面临的新技术革命的挑战和机遇，再到论述科学技术是第一生产力这一反映当代科学技术发展新形势的马克思主义的新概括，自然科学工作者、自然辩证法工作者和哲学工作者积极参与，发表了许多文章，并有一些专著，如《迎接新的技术革命》（1984 年，湖南科技出版社），《大杠杆——震撼社会的新技术革命》（黄顺基、李庆臻主编，1985 年，山东大学出版社），《科学——改变世界的主导力量》（林京耀、陈荷清著，1989 年，江苏人民出版社），等等。

技术哲学的研究，也以国外成果的介绍为开端，逐渐在中国开展起来。

已经出版了《论技术》（远德玉、陈昌曙著，1986 年，辽宁科技出版社）、《技术论》（陈念文、杨德荣、高达声主编，1987 年，湖南教育出版社）、《技术学导论》（邓树增主编，1987 年，上海科技文献出版社）这样一些专著。

在哲学工作者参与科学技术和经济社会发展的综合研究方面，自然辩证法工作者是走在前头的。例如，我国第一次讨论城市在国家发展中的战略地位的学术会议，就是自然辩证法研究会在城乡建设部支持下发起的，在 1982 年召开的，《城市发展战略研究》（吴良镛、周林等编选，1985 年，新华出版社）一书汇集了这次会议的论文。这对我国城市科学的发展是起了启动作用的。关于农业发展战略思想的讨论会，也是中国自然辩证法研究会在农业部支持下发起，从 1983 年起召开过几次，由李怀志、申振钰、陆银初主编的《现代农业发展战略研究》就是 1988 年讨论会的文集。上海、江苏、黑龙江、湖北等不少地区的发展战略和规划的研究，也都有自然辩证法工作者积极参与。

此外，像环境问题、生态问题，都不是单纯的自然问题，而是自然和技术、经济交互影响的问题。自然辩证法工作者研究这些问题的著作有《当代社会与环境科学》（佘谋昌著，1986 年，辽宁人民出版社）、《当代环境问题导论》（郝志功著，1988 年，湖北科技出版社）、《生态·人口·环境》（王新岭主编，1990 年，人民出版社）等。

医学哲学问题除了自然的一面，也有其社会的一面。自然辩证法研究会 1979 年在广东召开的医学辩证法讲习会上提出了我国西医、中医、中西医结合都要长期发展而不可能在短期内创造出统一的新医学派的战略思想，以后陆续组织的关于“生物—心理—社会”的医学模式的讨论，关于治疗过程辩证法的讨论，关于安乐死的讨论，关于医学道德和伦理的讨论，都是有积极影响的。出版的著作有《医学辩证法》（元文玮著，1980 年，人民出版社）、《医学辩证法》（彭瑞聪主编，1984 年，人民卫生出版社）、《生命伦理学》（邱仁宗著，1987 年，上海人民出版社）等。

在上面这些研究工作积极开展的背景下，于光远概括地指出：“我们这个研究会一直讲这样一个观点：作为我们研究对象的自然，既包括‘天然的自然’，也包括‘人工的自然’，或‘社会的自然’。我们不仅把‘天然的自然’而且也把‘人工的自然’作为对象进行哲学的研究。兼顾两者，是我们这个研究会的特色。”“这样，自然辩证法研究也就为哲学和科学、认识与实践的结合提供了一条新的途径。”（《在中国自然辩证法研究会一九九零年工作会议上的讲话》）

（九）各门自然科学的哲学问题的研究

向多方面广泛开拓的自然辩证法研究，其核心的部分，当然还是关于数学和各门基础的自然科学的哲学问题的研究。新时期这方面的研究也很活跃，学术活动频繁，学术争论热烈。研究着重在从哲学上探讨各门自然科学的新思想、新理论、新方法，以及它们之间的相互影响、相互渗透，也仍然重视各门自然科学基本成果的哲学概括。写出的著作，除了一些自然科学家的哲学色彩较浓的学术专著，如陈世骧的《进化论与分类学》（1987 年，科学出版社增订再版）等之外，应当提到一批包括多门学科的研究论文集，如《科学前沿的哲学探索》（傅世侠主编，1983 年，辽宁人民出版社）、《现代自然科学的哲学问题》（中国社会科学院哲学研究所自然辩证法研究室编著，1984 年，吉林人民出版社），这些主要是自然辩证法工作者的研究成果；《人・自然・社会》（孙小礼、楼格主编，1990 年，北京大学出版社修订再版），则主要是自然科学工作者写成。还有一批分学科的文集和专著，如《数学与文化》（邓东皋等主编，1990 年，北京大学出版社）、《天文学和哲学》（戴文赛、王绶珀、殷登祥等著，1984 年，中国社会科学出版社）、《耗散结构论》（沈小峰、胡岗、姜璐著，1987 年，上海人民出版社）、《物理学理论的结构与拓展》（洪定国著，1988 年，科学出版社）、《物理学的哲学思考》（柳树滋著，1988 年，光明日报出版社），何祚庥关于宇宙论和量子力学哲学争论的系列文章、《化学思想史》（熊汉缙、乔世德等著，1986 年，湖南教育出版社）、《分子生物学中的哲学问题》（胡文耕著，1982 年，天津人民出版社）、《现代综合进化论》（卢继传著，1987 年，光明日报出版社）、《偶然性与科学》（郑玉玲著，1990 年，中国社会科学出版社）、《人工智能的认识论问题》（张导刚、刘海波著，1985 年，人民出版社），等等。此外，还出版了《数学哲学新论》（郑毓信著，1990 年，江苏人民出版社）、《化学哲学基础》（唐敖庆、卢嘉锡、徐光宪主编，1986 年，科学出版社）、《地学哲学概论》（王子贤主编，1989 年，中国地质大学出版社)、《农业哲学基础》（金善宝、沈其益、陈华葵主编，1991 年，科学出版社）这样一些通论性的著作。

五、简单的结语

中国的自然辩证法研究，从历史传统和现实发展中形成了自己的特色。第一，它是马克思主义理论研究的一个组成部分，坚持用马克思主义的基本观点来研究自然科学和技术发展的成果，通过研究日新月异的科学技术发展来促进马克思主义的丰富和发展。第二，它不仅研究自然发展的过程和认识自然的过程，而且研究改造自然的过程，不仅研究“天然的自然”，而且研究“人工的自然”，由此来促进哲学、自然科学、技术科学和社会科学各部门的广泛交叉和结合。第三，它着眼于同实际的联系，包括自然科学和技术研究的实际，科技工作政策、规划和管理的实际，科学、技术和经济、社会协调发展的实际，以服务于我国物质文明和精神文明的社会主义现代化建设。第四，它依靠广泛的联盟：自然辩证法专业工作者同对哲学有兴趣的广大自然科学工作者的联盟，同注意科学技术发展的广大哲学社会科学工作者的联盟，同注意理论研究的广大科学技术管理工作者的联盟，同在生产第一线的对哲学有兴趣的工人、农民和技术人员的联盟；并且通过教学的开展，联系广大的科学青年。第五，它坚持对外开放和国际交流，坚持“百家争鸣”既是科学发展的必由之路，也是马克思主义发展的必由之路。

近十几年来，中国的自然辩证法研究从总结历史经验中开创了远较以前开阔和繁荣的新局面。自然辩证法专业工作者的人数大大增多了，广大自然科学工作者的参与相对说来有所不足，而自然科学工作者的广泛参与正是自然辩证法研究工作的生命力源泉和深刻度的关键。国外成果的介绍大大增多了，以中国马克思主义者的独立立场加以分析和研究，并同中国的实际相结合而做出创造性的研究亟待加强。学术活动和论文、著作的数量大大增多了，提高质量，加深研究，把活跃的思想同严谨治学的态度和作风结合起来，是取得扎实成果的保证。坚持我们的优良传统，充分估计已有的成绩，努力弥补尚存的不足，中国的自然辩证法研究必将得到更好的发展。

解放思想，解放生产力

——从邓小平“南方谈话”谈自然辩证法工作*

中国自然辩证法研究会第三届全国理事会今天召开，正逢邓小平同志视察南方的重要谈话在全国干部和群众中广泛传达。大家都在兴高采烈地学习和讨论这篇谈话，这也应该成为我们这次理事会暨学术讨论会的中心议题。

不仅这次会议应该这样，学习和研究邓小平建设有中国特色的社会主义的理论和路线，用这个理论和路线来指导我们的工作，应该成为我们研究会的一项基本任务和基本指针。自然辩证法是马克思主义哲学的一个组成部分，是马克思主义同自然科学和技术发展相结合的广阔的研究领域。在这个领域从事研究和教学，强调要以马克思主义在当代中国的新发展作为工作的指针，尤其重要。

一、解放思想的再讨论

邓小平“南方谈话”，对十一届三中全会以来逐步形成的建设有中国特色的社会主义理论的核心内容，作了系统的概括，又在当前复杂形势下，鲜明地有针对性地重申和发挥了他的许多一贯的思想，还提出了许多新的思

* 本文是1992年4月7日在中国自然辩证法研究会第三届理事会上的发言，原载《自然辩证法在中国（新增修订本）》，北京大学出版社，2005年，第141～153页。

想，使这个理论得到了新的发展。

许多同志指出，学习邓小平“南方谈话”，是一次解放思想的再讨论、基本路线的再教育、改革开放的再动员、加快建设的再推进。我看概括得挺好。

14 年前开始的关于实践是检验真理的唯一标准的讨论，是一场有重大历史意义的解放思想的大讨论。那场大讨论，冲破了长期以来个人迷信和“两个凡是”的思想束缚，重新恢复了调查研究、实事求是、一切从实际出发而不是从本本出发，在实践检验中不断纠正错误、发展真理的思想路线。这场思想路线的拨乱反正，成为政治路线拨乱反正（从“以阶级斗争为纲”转变到以经济建设为中心）的先导，是建设有中国特色的社会主义理论和路线的历史起点，也是它的逻辑起点。

我们自然辩证法工作者积极参加了那场大讨论，在推动思想路线的拨乱反正中起了自己应起的作用。我们这一届召开的座谈会，是学术界最早就真理标准问题召开的座谈会之一。在讨论中，自然科学的历史和方法成为论证马克思主义关于真理标准的基本命题的重要论据。这也是很自然的。自从近代自然科学摆脱神学婢女的地位成为真正的科学，面向事实，尊重事实，以实验、实践作为检验理论的标准，就成为科学精神、科学态度、科学方法的不可动摇的根本原则。自然辩证法不是要研究科学精神、科学方法吗？由自然科学长期历史发展培育出来的科学精神，同马克思主义的科学精神，是一脉相承、相得益彰的。讨论真理标准，破除“两个凡是”，也就是用科学精神、科学态度、科学方法对待马克思主义本身，就是把反对盲从、反对迷信用于对待马克思主义本身，或者说，就是把马克思主义本来具有的科学精神恢复和发扬起来。只有恢复和发扬马克思主义的科学精神，才能恢复和发扬马克思主义的创造活力。

邓小平指出：“一个党，一个国家，一个民族，如果一切从本本出发，思想僵化，迷信盛行，那它就不能前进，它的生机就停止了，就要亡党亡国。”“从这个意义上说，关于真理标准问题的争论，的确是个思想路线问题，是个政治问题，是个关系到党和国家的前途和命运的问题。”“不打破思想僵化，不大大解放干部和群众的思想，四个现代化就没有希望。”①

---

① 《邓小平文选》第 2 版，第 2 卷，人民出版社，1994 年，第 143 页。

拨乱反正需要解放思想，实事求是；全面改革需要解放思想，实事求是；建设有中国特色的社会主义的整个进程，都需要解放思想，实事求是。什么时候解放思想、实事求是不讲了，什么时候我们的事业就会停滞。

现在，形势要求我们改革开放"胆子更大一点，步子更快一点"。进行解放思想的再讨论，使党和人民"思想更解放一点"，是"胆子更大一点、步子更快一点"的前提和先导。

二、要害是姓"资"姓"社"问题

这次解放思想的再讨论，围绕什么中心问题呢？我看，就是如何看待姓"资"姓"社"的问题。改革开放迈不开步子，不敢闯，说来说去就是怕姓"资"。农村包产到户的改革，从合作化以来，三次兴起，三次都被压了下去，因为它被判定为姓"资"，在 20 多年之久的时间里一直不被允许试验。十一届三中全会以后，解放思想、实事求是的思想路线重新确立了，农民群众的这一创造才被允许试验。由于试验收到显著效果，三年工夫推广到全国，引起农村经济的大发展和农村面貌的大变化。社会主义在中国农村比以前巩固得多了，农民拥护得多了。建立在土地公有基础上的家庭联产承包责任制（包产到户），符合中国国情，充满生机活力，实践证明它姓"社"不姓"资"。

再一个典型事例是兴办经济特区。对这个创议，也是从一开始就有不同意见，担心是不是搞资本主义。中央采取允许试验、支持试验的方针。经过几年实践，正如邓小平"南方谈话"中所说的："深圳的建设成就，明确回答了那些有这样那样担心的人。特区姓'社'不姓'资'。"

试想，如果没有解放思想、实事求是的思想路线，对办特区这样的创议，不允许试验，一定要先问清、争清它姓"资"还是姓"社"，那么，我们的对外开放又会耽误多少个 10 年呢？历史还能等待我们多少个 10 年呢？

在自然科学和自然辩证法研究领域，姓"资"姓"社"的问题也曾困扰我们多年。

头一件困扰我们的事情，是自然科学包括医学在内的阶级性问题，这就是个姓"资"姓"社"的问题。现在说来简直难以令人相信，可是 20 世纪

40年代末50年代初在我国，的确有一种指导思想，认为中医是封建医、西医是资本主义医，苏联巴甫洛夫医学是社会主义医；认为摩尔根遗传学是资本主义的，米丘林生物学是社会主义的。1956年，陆定一代表党中央宣布"百家争鸣"方针，郑重指出：自然科学包括医学在内是没有阶级性的，上面几种说法都是错误的，大家切勿相信。这才基本上解决了这个问题，虽然"阶级斗争为纲"的"左"倾错误发展起来以后，中央的这个结论还几次受到冲击，自然科学有阶级性的谬论几次或隐或现地卷土重来。试想，如果让这种思潮得势，资本主义国家日新月异的科学成果都被认为姓"资"而加以拒斥和批判，中国的现代化有什么希望呢？

再一件困扰我们的事情，是科学技术知识分子和整个知识分子属于资产阶级还是属于工人阶级的问题。这也是个姓"资"姓"社"的问题。社会的人，当然有阶级性。问题是如何判定社会主义中国知识分子的阶级属性。也是在1956年，周恩来代表党中央宣布我国知识分子已经是工人阶级的一部分，明确了我国知识分子从整体上说不再姓"资"的问题。但是，这个指导思想后来经历了严重曲折。1957年，"反右"扩大化以后，我国知识分子又被一般地划入姓"资"的范围。1962年调整时期，周恩来再一次给我国知识分子摘"资产阶级"之帽，加"劳动人民"之冕。不久，这个结论又被冲掉，到"文化大革命"中广大科学技术专家被当做"资产阶级反动权威"打倒，知识分子成了"臭老九"。"文化大革命"结束，邓小平代表中央第三次宣布我国知识分子"已经是工人阶级和劳动人民自己的知识分子"，这才基本上解决了这个问题，虽然把知识分子视为异己的思想仍然不时或隐或现地露头。同包产到户一样，这是又一个经历三落三起，折腾达20多年之久的姓"资"姓"社"的争论问题。试想，如果把知识分子视为异己的思潮得势，掌握"第一生产力"的科技知识分子的积极性受到压抑，中国的现代化有什么希望呢？

还有一件困扰我们的事情，是科技工作的两条道路——资本主义道路和社会主义道路的问题。这又是一个姓"资"姓"社"的问题。自然科学和技术没有阶级性，这个问题解决了，发展科学和技术的具体组织形式、协调手段等等，是不是都有资本主义道路和社会主义道路之分，这个问题仍然很长时期没有解决。我们有过一种观点，认为资本主义国家采用的各种组织形式和协调手段，都姓“资”。如果抱定这种见解不放，不能解放思想、实事求是，从有利于解放和发展科技生产力、有利于科技和经济相互结合和相互促进的标准出发，去吸取和借鉴资本主义国家发展科技和促进科技与经济结合的行之有效的组织形式和协调方法（如基金制度、技术市场等等），在社会主义基础上根据我国的实际加以运用，那我们的科技体制改革就不可能迈开步伐，我们的科技发展就还受到许多束缚，我们的科技和经济的结合就还有许多阻隔，中国的现代化也很难有希望。

从根本的方向、目标而言，我们当然必须坚持社会主义。中国只能走社会主义道路，不能走资本主义道路，这是由近代中国历史的必然性所决定的。如果姓“资”姓“社”是指这个根本方向的历史选择，我们当然不能不问。同时，我们坚持社会主义，又有一个思想路线问题，即我们头脑中关于什么是社会主义、什么是资本主义的观念，必须拿到实践中去检验，看它们是否真正都反映了事物的本质，或者有一些只不过是从属于某种模式、某种空想而脱离了生活的僵化观念。就人类进步的历史总进程来说，社会主义成为高于资本主义、取代资本主义的社会制度，一方面要解决资本主义本身不能解决的固有矛盾，排除资本主义制度侵略、掠夺、压迫、剥削的罪恶，另一方面必须把资本主义社会中发展生产力、发展科技的成果和组织经验通通接受过来，在社会主义基础上加以继承和发展。没有后一方面，社会主义就不能充分显示出对资本主义的优越性。那种“宁要贫穷落后的社会主义，不要富裕发达的资本主义”的谬论，只能败坏和葬送社会主义。邓小平多次强调：我们坚持社会主义，可是过去多少年对社会主义是什么，没有完全搞清楚，认识不是完全清醒的。这就有一个正视现实、调查研究、开拓创新、大胆试验，从实践检验中去搞清楚社会主义是什么、社会主义怎样才能建设好的问题。在经济和科技工作中，对那些已被实践证明为阻碍生产力发展的具体体制、形式和手段，不能因为它们曾被认定为姓“社”就加以固守。对那些反映人类社会文明进步成果、有利于发展经济和科技的具体体制、形式和手段，不能因为是在资本主义社会中形成的就认定它姓“资”而加以拒绝。对某种组织形式、协调手段，社会主义能不能采用，还是只有资本主义才能采用，要允许试验，用实践来证明。姓“资”姓“社”的结论，要做在试验之后，不能做在试验之前。如果一定要问清、争清姓“社”姓“资”，才允许试验，实际上就是故步自封，不允许进行任何新的试验。没有共识（共同承认它姓“社”）就不允许试验，没有试验又不可能取得共识。这是个死结。如果被这个死结捆住，我们就一步也不能前进。

一个是不能把那些本来姓“社”的东西错误地判定为姓“资”，而加以排斥。一个是不能把那些本身没有姓“资”姓“社”的问题，既可以为“资”所用又可以为“社”所用的东西，错误地判定为姓“资”，而加以排斥。还有一个是有些东西确实姓“资”，在一定条件下和一定限度内却可以为“社”所用，对社会主义有利（如在我国社会主义法律允许下合法经营的外国资本、港台资本），也不能加以排斥。在改革的试验中，判断的标准是什么？就是邓小平提出的：“应该主要看是否有利于发展社会主义社会的生产力，是否有利于增强社会主义国家的综合国力，是否有利于提高人民的生活水平”。

三、计划经济、市场经济和科技发展

长期以来，我们认定计划经济等于社会主义，商品经济、市场经济等于资本主义。1984 年，中共中央关于经济体制改革的决定，突破了把社会主义、计划经济同商品经济对立起来的传统观念，明确指出社会主义经济是“公有制基础上的有计划的商品经济”。这是思想的一大解放，马克思主义经济学说和社会主义学说的一个发展。但是，社会主义商品经济的提法被认可了，市场经济却仍被一些理论工作者视为等于资本主义。有的文章以外国的经济学词典为依据，说词典中给市场经济下的定义包括以私有制为基础这一条，所以市场经济只能是资本主义的。这是无法使人信服的。讨论问题不能从定义出发。即使是马克思主义的词典所下的定义，也不能作为出发点，何况是外国的并非马克思主义的词典所下的定义！更何况不同的外国词典还有不同的定义！讨论这个问题要从哪里出发呢？对此，邓小平有很精辟的论述。

1985 年 10 月 23 日，在回答美国企业家代表团团长格隆瓦尔德关于社会主义和市场经济的关系的提问时，邓小平说：“问题是用什么方法才能更有力地发展社会生产力。”请看，这才是马克思主义者讨论问题的出发点。邓小平说："我们过去一直搞计划经济，但多年的实践表明，在某种意义上说，只搞计划经济会束缚生产力的发展。把计划经济和市场经济结合起来，就更能解放生产力，加速经济发展。"这是明确地运用生产力标准来观察、评价计划经济和市场经济的问题。

邓小平提出这个新观点的时间，还可以往前追溯。早在 1979 年 11 月 26 日，邓小平会见美国《不列颠百科全书》副总编吉布尼等美国学者时就说过，说市场经济只限于资本主义社会、资本主义的市场经济，这肯定是不正确的。市场经济，在封建社会时期就有了萌芽。社会主义也可以搞市场经济。他认为，社会主义的市场经济在方法上基本上和资本主义社会相似，但也有不同。这有同全民所有制之间的关系，当然也有同集体所有制之间的关系，也有同外国资本主义的关系。但是归根到底是社会主义的，是社会主义国家。

如果以资本主义私有制为基础，像外国那本词典所说的，那就是资本主义的市场经济。在社会主义国家，在以多种社会主义公有制为主体的基础上、在社会主义国家政策和计划的宏观调控下搞市场经济，那就是社会主义的市场经济。前面所引的邓小平谈话，我认为可以作这样的理解。

邓小平还多次讲过，这次"南方谈话"又讲了，计划多一点还是市场多一点，不是社会主义与资本主义的本质区别。计划经济不等于社会主义，资本主义也有计划；市场经济不等于资本主义，社会主义也有市场。计划和市场都是手段。

邓小平反复讲这个问题，说明他对这个基本理论问题经过了深思熟虑。对邓小平这个新观点取得共识，对我们进一步解放思想，认清"计划"和"市场"作为手段并不注定姓"社"姓"资"，从而更大胆地推进经济体制改革和科技体制改革，有重大意义。

四、改革是革命，是解放生产力，包括第一生产力

邓小平"南方谈话"鲜明地提出："革命是解放生产力，改革也是解放生产力。"这就深刻地说明了我们从事的这场改革的性质和意义。

有些同志认为，在这以前邓小平"还未明确地提出改革也是解放生产力

的新概念”。这不符合事实。说过去只讲在社会主义条件下发展生产力，没有讲还要通过改革解放生产力，这是指邓小平倡导改革以前，也是指邓小平“南方谈话”以前我国理论界的许多文章和讲话。至于邓小平自己，在这次谈话以前，已经多次讲过改革是解放生产力。这是有书报为证的。

前面引用的 1985 年邓小平同美国企业家的谈话，就讲到我们应该把计划经济与市场经济结合起来，这样就更能解放生产力。

1984 年 11 月 12 日，邓小平同挪威首相谈话，也讲过“农村改革实际上是一场革命，其目的是解放生产力”。

更正规的场合，则是邓小平在中央召开的讨论和通过科技体制改革决定的会议上的讲话——《改革科技体制是为了解放生产力》。其中说：“经济体制，科技体制，这两方面的改革都是为了解放生产力。”

可惜，我们理论界未能很好地注意和领会邓小平关于改革是解放生产力的论述的深刻含义，未能认真地加以研究和宣传。这里讲理论界，包括自然辩证法界。邓小平关于科技体制改革的讲话，我们自然辩证法界不是理应特别注意和认真研究吗？

“革命是解放生产力，改革也是解放生产力”，由此而来的自然的推论就是“改革是一场革命”。

1984 年，邓小平同西德总理科尔谈话就说过：“我们把改革当做一种革命，当然不是‘文化大革命’那样的革命。”这是在十二届三中全会讨论经济体制改革决定的前夕说的。

第二年邓小平同日本二阶堂进谈话，进一步提出：“改革是中国的第二次革命。”

再过一年邓小平同希腊总理谈话，再次肯定这个命题：“我们把改革当做是第二次革命。”

在这期间，邓小平用过的类似的提法还多，比如，“当前的改革是一场革命性变革”；“在某种意义上是一种革命”；“实质上是一场革命”。1985 年，邓小平在党的全国代表会议上的讲话中的提法则是：“改革是社会主义制度的自我完善，在一定范围内也发生了某种程度的革命性变革。”

为什么说改革是一场革命呢？我认为，这是要让人们懂得这场改革已经和将要引起的社会变革的重大、广泛和深刻，是要动员人们高度重视、郑重对待这场改革，以极大的热情和毅力从事这场改革。

这里需要从几方面划清界限。

一个方面的界限是：我们的改革绝不是改变我们制度的社会主义性质的“革命”，这样的改变，把社会主义改变为资本主义，绝不可能是任何意义上的革命，只能是历史的倒退；我们的改革也不是像“文化大革命”那样的“革命”，“文化大革命”虽然以“改善”社会主义标榜自己，实践证明，它也不是任何意义上的革命，继续下去只能葬送社会主义。

另一个方面的界限是：我们的改革不只是枝节的、细微的、日常性质的变革，而是带有某种程度的根本性质的变革，是机制的转换，是体制的革命，即“从根本上改革束缚生产力发展的经济体制”，“建立起具有中国特色的、充满生机和活力的社会主义经济体制”（《中共中央关于经济体制改革的决定》）。

因为我们这场改革对体制的变革带有某种“根本”性质，所以称之为革命。因为革命要扫除发展生产力的障碍、解放生产力，改革也有扫除发展生产力的障碍、解放生产力的任务，所以，我们现在进行的改革，作为我国社会主义发展的一个特定历史阶段，一个还需要奋斗 10 年、20 年、30 年的历史阶段，它是又一场革命，是我国人民夺取政权、建立社会主义基本制度那次革命之后的第二次革命。

总之，在有中国特色的社会主义的旗帜下，进一步解放思想，解放和发展生产力，包括科学技术这个第一生产力，我以为是邓小平“南方谈话”的一个重要主题。我们自然辩证法工作者，无论是从狭义的自然辩证法研究的立场来说，还是从关心国家大事、关心马克思主义理论研究的大事的立场来说，围绕解放思想，解放和发展生产力，解放和发展科学技术这个第一生产力，都有许多问题需要去深入讨论，有许多工作需要去扎实进行。

毛泽东与自然科学*

不能说，毛泽东是一个自然科学素养很高的人。这是容易理解的，完全可以从他的经历、他的环境和他所承担的使命看出，也就是说，从历史条件加以说明。人是历史造就的，不可以脱离具体的历史条件苛求于前人。

这篇文章里想要介绍和说明的是，作为一个求知者，作为一个思想家、哲学家，毛泽东对学习和涉猎自然科学是颇为注意的，对某些问题表现出浓厚的兴趣，发表过一些深刻的见解。就这些而言，应该说，是他值得称道的长处。

一、“多向自然科学学习”

毛泽东向斯诺讲述过自己青年时代追求新知的经历，说他在湖南师范学校求学的五年中，“想专修社会科学。我对自然科学并不特别感兴趣”[①]。这是1913～1918年的事。值得注意的是，1921年新民学会在长沙的会员召开新年大会，讨论“改造中国与世界须采用什么方法的问题”（毛泽东发言，

---

* 本文为纪念毛泽东同志逝世10周年而作，原载1986年三联书店出版的《毛泽东的读书生活》一书中，1996年、2003年此书重印，先后作了一些补充，又发表在《自然辩证法在中国》（新编增订本），北京大学出版社，2005年，第109～140页。

① 斯诺：《西行漫记》，三联书店，1979年，第121页。

赞成“俄式”方法和“激烈方法的共产主义”，即“列宁的主义”）之后，在讨论个人的计划时，毛泽东发言：“觉得普通知识要紧，现在号称有专门学问的人，他的学问，还只算得普通或还不及。自身决定三十岁以内只求普通知识，因缺乏数学、物理、化学等自然的基础科学的知识，想设法补足。”① 这一年毛泽东二十八岁，“三十以内”，还有两年。毛泽东还说：“两年中求学方面，拟从译本及报纸了解世界学术思想的大概。惟做事则不能兼读书，去年下半年，竟完全牺牲了（这是最痛苦的牺牲）。以后想办到每天看一点钟书，一点钟报。”②

这段话之所以值得注意，是因为当毛泽东明确选择马克思列宁主义这门科学和这条革命道路的时候，同时强调了学习自然科学基础知识的必要。他并不以学生时代对自然科学不甚感兴趣为正确或无所谓，相反，他要设法补足由这种偏颇造成的知识结构上的缺陷。现在我们不能详知，那两年中他在多大程度上挤出了学习自然科学基础知识的时间。看来，紧张繁重的革命工作，首先是建党工作，使他不得不在读书方面继续做出“最痛苦的牺牲”。但是我们知道，终其一生，毛泽东都注意尽可能挤出时间，从书籍报纸中了解一点世界自然科学学术思想的“大概”。延安时期如此③，北京时期如此，直到逝世前几年，眼力很差了，他还收藏和阅读一些特地印成大字的自然科学书刊④。

从 1921 年这一段话，联想到 1941 年的另一段话。那是毛泽东 1941 年 1 月 31 日写给在苏联上学的两个儿子毛岸英、毛岸青的信中的话：“惟有一事向你们建议，趁着年纪尚轻，多向自然科学学习，少谈些政治。政治是要谈的，但目前以潜心多习自然科学为宜，社会科学辅之。将来可倒置过来，以社会科学为主，自然科学为辅。总之注意科学，只有科学是真学问，将来用

---

① 《新民学会会务报告》（第二号），见《新民学会资料》，人民出版社，1980 年，第 32 页。

② 《新民学会会务报告》（第二号），见《新民学会资料》，人民出版社，1980 年，第 33 页。

③ 延安时期毛泽东搜集的藏书中有不少自然科学书籍，如商务印书馆出版的汤姆生《科学大纲》，辛垦书店出版的普朗克《科学到何处去》，琼斯《环绕我们的宇宙》，爱丁顿《物理世界的本质》等。中国人民政治协商会议第一次会议开会前，毛泽东邀请商务印书馆的创始人张元济等同游天坛，曾向张元济说，他读过商务印书馆出版的《科学大纲》，从中得到很多知识。

④ 如达尔文的《物种原始》、杨振宁的《基本粒子发现简史》，以及《动物学》杂志、《化石》杂志、《自然辩证法》杂志等。

处无穷。”[①] 这里讲了政治和科学的关系——谈政治要以学科学为基础；又讲了学科学中自然科学和社会科学的关系——先以学习自然科学为主，然后再学社会科学。撇开这段话可能针对的具体背景不谈，我认为，就一般意义而言，这个主张是很有道理的。从科学发展史来看，最先成为科学的是自然科学，然后社会科学才成为科学。对社会的研究早就有了，上升为科学，从总体来说，以马克思主义诞生为发端。先成为科学的自然科学，对社会科学之发展成为科学，从科学思想、科学方法、科学精神，都起了很大的影响。人们的学习过程在一定程度上要大致地重复人类的认识过程，这种历史和逻辑的统一、“精神古生物学”和“精神胚胎学”[②] 的统一，合乎系统发育和个体发育统一的规律。所以，对年纪尚轻的人，有意识地按照这个规律来指导他们的学习，是很有益处的。当然，这是我对毛泽东这一主张的一种体会。他如何形成这一主张，信中没有细说理由。一个可以想见的显著理由，就是系统地学习自然科学基础知识，如果年轻时没有获得或抓住机会，成年后便很难有时间和条件。在这个问题上，毛泽东同许多人一样，是过来人。所以，他谆谆告诫年纪尚轻的人，要抓住机会潜心“多习自然科学”，频频督促我们的干部，要以钉子精神挤时间学习，包括“学一点自然科学”。

二、进化论与救亡图存

毛泽东向斯诺列举年轻时代给他以深刻印象的西方著作时，提到一本自然科学书，就是达尔文的《物种原始》。

严复译出赫胥黎宣传达尔文学说的著作《天演论》（原名《进化论与伦理学》），于 1898 年出版，在中国知识界立即掀起巨大的波澜。被帝国主义“虎视鹰瞵”，即将遭到“瓜分豆剖”的中国（1894 年孙中山《兴中会宣言》中语），先觉者欲奋起救亡图存，从“物竞天择”、“优胜劣败”、“适者生存”的进化论中，找到了警醒和激励国人的思想武器。所以，进化论在当时的中

① 《毛泽东书信选集》，中央文献出版社，2003 年，第 152 页。

② 恩格斯：《路德维希·费尔巴哈和德国古典哲学的终结》，见《马克思恩格斯选集》第 4 卷，人民出版社，1995 年，第 219 页。

国，与其说是作为一种自然科学学说，毋宁说是作为一种社会学说，引起人们的注意，受到人们的欢迎。现在，从马克思主义观点看问题，人们常常批评用生物进化学说来解释社会现象是社会达尔文主义。我当然不认为社会达尔文主义是科学的。但是，像进化论这样重大的自然科学思想成果，不能不影响人们的世界观和历史观。马克思不是说过吗？“达尔文的著作非常有意义，这本书我可以用来当做历史上的阶级斗争的自然科学根据。”① 我认为，进化论对人们世界观、历史观的影响，是汇合为“从自然科学奔向社会科学的强大潮流”② 中的一股潮流。

毛泽东也是从这样的角度来看待进化论的。他曾经说过，为了抵御帝国主义，“中国人被迫从帝国主义的老家即西方资产阶级革命时代的武器库中学来了进化论、天赋人权论和资产阶级共和国等项思想武器和政治方案，组织过政党，举行过革命，以为可以外御列强，内建民国。但是这些东西也和封建主义的思想武器一样，软弱得很，又是抵不住，败阵下来，宣告破产了”③。这失败，不是作为自然科学学说的生物进化论的失败，这个生物学学说被事实证明为真理，是不败的；这失败，是朴素的进化论历史观的失败，由此导致马克思主义世界观和历史观（它以包括进化论在内的重大成就为其自然科学依据）在中国的传播和胜利。

在马克思主义传播以前，关于近代西方学术思想的所有译作中，《天演论》是影响最大的一部。毛泽东无疑读过这部书。至于《物种原始》，是不是在他向斯诺所说的年份读过，情况比较复杂，需要多说几句话。按斯诺的记述，那是毛泽东 1912 年每天到湖南省立图书馆去读书的时候读到的。但是，《物种原始》的第一个完全的中译本，即马君武的译本，是 1920 年才出版的。1920 年 10 月毛泽东起草文化书社第一次营业报告，记载了临时营业一个多月销售出去的书刊清单，其中有《达尔文物种原始》，计售出十份。这个时期毛泽东读到《物种原始》的全译本，是可能的，在这之前不可能读

---

① 《马克思恩格斯全集》第 30 卷，人民出版社，1975 年，第 574 页。

② 列宁：《又一次消灭社会主义》（1914 年 3 月），见《列宁全集》第 25 卷，人民出版社，1988 年，第 43 页。

③ 毛泽东：《唯心历史观的破产》（1949 年 9 月 16 日），见《毛泽东选集》第 2 版第 4 卷，人民出版社，1991 年，第 1514 页。

到。不过马君武译这部书，经过多年努力，在 1901 年出版了《达尔文物竞篇》（即《物种原始》第三章），1902 年出版了《达尔文天择篇》（即《物种原始》第四章），1904 年出版了达尔文《物种原始第一卷》（即前五章，全书共十五章），这些部分篇章的单行本虽然传播不广，毛泽东读到过是可能的。当然也不排除误记的可能性。按斯诺的记述，毛泽东在这一年读的书中还有“亚当·斯密的《原富》”，“约翰·斯·穆勒的一部关于伦理学的书”，“卢梭的著作”，“斯宾塞的《逻辑》”，“孟德斯鸠写的一本关于法律的书”。除卢梭的著作外，这里列举的都是严复译的名著。其中“穆勒的一部关于伦理学的书”，是《穆勒名学》（论理学、逻辑）的误记；“斯宾塞的《逻辑》”是《群学肄言》的误记。由此推测，“达尔文的《物种原始》”，也可能是严复译的赫胥黎《天演论》的误记。

毛泽东晚年还提到过达尔文、赫胥黎和《天演论》。

1970 年，毛泽东在一个批示中写道：“《人类在自然界的位置》请找一本给我。《天演论》前半是唯物的，后半是唯心的。”这两本书都是赫胥黎写的。他对《天演论》的这个评价，显然是依循马克思主义的一个常说的观点：旧唯物主义，自然科学的唯物主义，在研究自然界的时候是唯物主义的，一旦进入社会历史领域就不能贯彻唯物主义了。

1974 年，英国前首相希思来中国访问，会见毛泽东时，送给毛泽东一张达尔文的照片（有达尔文的签名和达尔文自己写的话：“这是我的确十分喜欢的一张照片，同我的其他照片比，我最喜欢这一张。”），还有达尔文《人类原始及类择》的第一版，是达尔文的后人提供的。

毛泽东说：达尔文，世界上很多人骂他。

希思说：但我听说，主席很钦佩达尔文的著作。

毛泽东点头，说：嗯！我读过他的书。帮他辩护的，叫 Huxley（赫胥黎）。

希思点头，说：他是十分杰出的科学家。

毛泽东说：他自称是达尔文的咬狗（这里说的是赫胥黎为捍卫达尔文学说，同攻击达尔文学说的人激烈辩论的故事）。

毛泽东钦佩达尔文的著作为世人所知，不仅是由于斯诺那本书的传播。毛泽东在自己的著作和谈话中，多次提到达尔文的进化论。其中最重要的一次，是在《关于正确处理人民内部矛盾的问题》中。在这个讲话中论述“百花齐放，百家争鸣”的一节里，他说：“历史上新的正确的东西，在开始的时候常常得不到多数人承认，只能在斗争中曲折地发展。正确的东西，好的东西，人们一开始常常不承认它们是香花，反而把它们看做毒草。哥白尼关于太阳系的学说，达尔文的进化论，都曾经被看做是错误的东西，都曾经经历艰苦的斗争。”①

三、遗传学与百家争鸣

党中央和毛泽东提出“百家争鸣”方针，有多方面的历史背景，其中一个重要方面，就是自然科学发展的历史经验教训。哥白尼日心说和达尔文进化论的经历，是过去时代的历史教训；遗传学的经历，则是社会主义时代的历史教训。这个历史教训，发生在苏联，也发生在中国。

大家知道，李森科发动的在 1948 年全苏农业科学院会议上达到高潮的对遗传学中摩尔根学派的粗暴批判，是苏联在自然科学领域进行的一系列批判中影响最大、最恶劣的一起。那次会后不久，这个批判随着报刊上的介绍和苏联专家来华讲学而在我国传开。我国有关的大学和研究机构中，广泛组织了对李森科报告的学习，并在某种程度上仿效苏联的做法，用行政手段和政治压力取缔了摩尔根学派的课程讲授和研究工作。这种不正常情况，在苏联，在我国，都持续了相当长时间，后来才逐步得到纠正。

在这期间，毛泽东曾三度注意到遗传学的问题。

第一次是 1950 年。

当时，有一些人向中央反映，一所大学由于仿效苏联做法粗暴对待摩尔根学派学者，引起共产党和自然科学家关系的紧张。这所大学的领导人得知后，给刘少奇写了一个报告，为自己申辩。7 月 15 日，刘少奇将这个报告送毛泽东、周恩来、朱德及陆定一、胡乔木传阅。7 月 16 日毛泽东批示，“这个报告里所表现的作风是不健全的”，这位同志“思想中似有很大毛病”。同一天，毛泽东还批阅了反映同一问题的另一份材料，指出必须彻查这个学校的领导，

① 毛泽东：《关于正确处理人民内部矛盾的问题》（1957 年 2 月 27 日），见《毛泽东文集》第 7 卷，人民出版社，1999 年，第 229 页。

“并作适当的处理”。查处的结果，解除了这位同志在大学的领导职务，先在会议上后来又在报纸上批评了他对待知识分子和对待科学问题的简单粗暴的做法。

这是党中央纠正这方面错误的开端，虽然仅仅是范围和程度很有限的开端，但毕竟是有了开端。后来陆定一在阐述党的“百家争鸣”方针的由来时，曾提到这次批评。

第二次是 1956 年，即在提出“十大关系”和“百花齐放，百家争鸣”方针的时候。

这里先讲一点背景。从 1952 年年底开始，苏联科学刊物上陆续发表了一些对李森科某些学术观点表示不同意见的批评文章。这种情况的出现，同斯大林《马克思主义和语言学问题》一文的发表是有关系的。因为这篇文章批评了苏联学术界某些权威的“军阀式统治制度”，指出“没有不同意见的争论，没有批评的自由，任何科学都不可能发展，不可能有成就”①，从而引起了苏联学术界气氛的若干变化。斯大林逝世后，苏联共产党的报刊进一步批评了李森科企图压制学术争论的错误行为，还陆续揭露了李森科学军阀作风的一些事件。苏共二十大后不久，李森科辞去农业科学院院长职务。中国的刊物和报纸，对这些作了介绍和报道。毛泽东显然注意到了遗传学领域的这些动向。

1956 年 4 月，毛泽东看到一份材料，是东德一位党的负责干部的谈话记录，谈他们国内遗传学家对强制推行李森科学派观点的反映。4 月 18 日，毛泽东在这份谈话记录上给当时任中宣部副部长的张际春写了几句话：“此件值得注意，请中宣部讨论一下这个问题。讨论时，邀请科学院及其他有关机关负责同志参加。陆定一同志回来，请将此件给他一阅。”

一个星期以后，4 月 25 日，毛泽东在中央政治局扩大会议上讲“十大关系”。在讲“中国和外国的关系”的时候，他强调对外国的东西必须有分析有批判地学，不能盲目地学，对苏联经验也应当采取这样的态度；并说：

① 《斯大林选集》下卷，人民出版社，1979 年，第 521 页。

"过去我们一些人不清楚，人家的短处也去学。"① 学习苏联李森科那一套，就被举出作为盲目学习人家短处的一个例子。

1956 年 4 月 28 日，毛泽东在中央政治局扩大会议上提出"百花齐放、百家争鸣"，我看这应该成为我们的方针。艺术问题上"百花齐放"，学术问题上"百家争鸣"。他还说："讲学术，这种学术可以，那种学术也可以，不要拿一种学术压倒一切，你讲的如果是真理，信的人势必就会越多。"② 5 月 2 日，毛泽东在最高国务会议上作关于"十大关系"的讲话。在参加会议的各方面代表人物发言之后，毛泽东再一次讲话，正式宣布：艺术方面的"百花齐放"的方针，学术方面的"百家争鸣"的方针，是有必要的。他说："百家争鸣"是诸子百家，春秋战国时代，2000 年前那个时候，有许多学说，大家自由争论，现在我们也需要这个。他指出：在中华人民共和国宪法范围之内，各种学术思想，让他们去说。在说这些话的时候，他一再举了自然科学方面"像李森科这样的问题"作例子。

在毛泽东这些讲话和他给中宣部领导同志那封信的推动下，经中宣部建议，中国科学院和高等教育部 1956 年 8 月在青岛召开了遗传学座谈会。这是百家争鸣方针提出后，我国为认真贯彻执行这个方针，系统地纠正过去的错误而召开的一次影响很大、很好的学术座谈会。它同全苏农业科学院 1948 年 8 月会议形成鲜明的对比。③

第三次是 1957 年春天。

《关于正确处理人民内部矛盾的问题》这篇讲话作过之后不久，毛泽东读到遗传学家李汝祺教授发表在《光明日报》上的文章《从遗传学谈百家争鸣》。这是李汝祺参加青岛遗传学座谈会后，谈会议收获和自己意见的一篇文章。4 月 30 日，毛泽东写信给胡乔木："此篇有用，请在《人民

---

① 毛泽东：《论十大关系》（1956 年 4 月 25 日），见《毛泽东文集》第 7 卷，人民出版社，1999 年，第 41 页。

② 毛泽东：《在中共中央政治局扩大会议上的总结讲话》（1956 年 4 月 28 日），见《毛泽东文集》第 7 卷，人民出版社，1999 年，第 55 页。

③ 1948 年的会议，苏联出版了逐字记录的文本，中译本由财经出版社于 1955 年出版。1956 年青岛会议的发言记录，1957 年由科学出版社出版，内部发行，1986 年由商务印书馆公开出版，书名为"百家争鸣——发展科学的必由之路"。关心这方面历史的读者，如果对比着读这两本书，会感到很有趣味和引人深思的。

日报》上转载。”他还亲自代《人民日报》拟了一个按语：本报编者按："这篇文章载在四月二十九日的《光明日报》，我们将原题改为副题，替作者换了一个肯定的题目，表示我们赞成这篇文章。我们欢迎对错误作彻底的批判（一切真正错误的思想和措施都应批判干净），同时提出恰当的建设性的意见来。”①

“发展科学的必由之路”——这就是毛泽东替作者换上的题目。这个简明而精辟的论断，是对科学发展规律的重要概括，对“百家争鸣”方针的深刻阐述。

四、关于机床设计发展战略的讨论

毛泽东比较爱看《光明日报》，因为这份报比较注意登理论文章，能给他较多的关于学术思想的信息，包括有关自然科学学术思想的信息。

除了前述的要求《人民日报》转载《光明日报》上李汝祺文章的事例以外，还有一个事例，就是要求《红旗》杂志转载《光明日报》上关于机床设计的文章。

1960 年 8 月，在哈尔滨召开了全国第一次自然辩证法座谈会。提交会议的文章中，有一批是结合当时技术革新的发展而研究和写出的。“蚂蚁啃骨头”（小机床加工大工件）、“积木式机床”，是当时引人注目的技术革新成果。哈尔滨工业大学的一些教师就这个问题作了分析和研究，写了《从设计“积木式机床”试论机床内部矛盾运动的规律》一文，在会上已引起注意。会后，此文在《光明日报》哲学专刊上发表了。毛泽东看到这篇文章，请《红旗》杂志加以转载，并代《红旗》杂志编辑部给作者写了下面这封信。

中共哈尔滨工业大学机械系机床及自动化专业分总支委员会同志们：

看了你们在一九六零年十一月二十五日《光明日报》上发表的

① 《毛泽东书信选集》，中央文献出版社，2003 年，第 485 页。

文章，非常高兴，我们已将此文在本杂志上转载。只恨文章太简略，对六条结论使人读后有几条还不甚明了。你们是否可以再写一篇较长的文章，例如一万五千字到二万字，详细地解释这六条结论呢？对于车、铣、磨、刨、钻各类机床的特点，也希望分别加以分析。我们很喜欢读你们的这类文章。你们对机械运动的矛盾的论述，引起了我们很大的兴趣，我们还想懂得多一点，如果你们能满足我们的（也是一般人的）要求，则不胜感谢之至。

信末原署“毛泽东　一九六零年十一月二十八日”，后来改署为“红旗杂志编辑部　一九六零年十二月六日”。

这封信当然给作者们很大鼓励。他们原来的文章，转载在《红旗》1960 年第 24 期上。他们按照信的要求写出的第二篇文章《再论机床内部矛盾运动的规律和机床的“积木化”问题》，《红旗》杂志在 1961 年第 9、第 10 期上予以发表，还加了一个按语。按语说了前面那封信的要求，说了这篇文章的论点还可以讨论，还有不同意见，还需要经过实践的检验，并且表示希望：“如果每一个专业，每一个科学研究机关，每一个生产单位，都能用从实际出发，具体地分析具体矛盾的方法，抓住他们自己业务中的一个特殊性的矛盾，用一定的时间（哈尔滨工业大学研究机床内部矛盾运动的同志，从 1958 年 10 月开始，到这篇文章的写成，共用了两三年的时间），进行深入的、系统的、全面的研究，那就可以预期，我们的科学研究工作将获得愈来愈多的成果，将出现更加繁荣的百家争鸣、百花齐放的景象。”

半年以后，在《红旗》杂志 1961 年第 24 期上，发表了一篇关于机床内部矛盾问题的讨论综述，介绍了在这个问题上的不同看法。

这两篇文章和当时的讨论，有些关于矛盾的分析和议论，从哲学方法上说可能有不同的评价（是不是有搬弄概念的缺点?），但是主要的、实质的东西，是对机床发展方向的分析和预测。经过 20 余年的实践，文章所作的预测的科学性到底怎样，这是应该由机械学家们来判断的事情。最近有的同志写文章，认为那两篇文章是我国从宏观上、综合上讨论技术发展战略问题的较早的文献，而这类研究正是现在应该大力提倡的。我觉得这个评论是有见地的。

毛泽东说，他“很喜欢读这类文章”，“还想懂得多一点”。这说明他对哲学研究同技术研究的结合，对技术发展的思路和战略的探讨，表现了很大的兴趣和关注。

五、坂田昌一的文章和《自然辩证法研究通讯》的复刊

毛泽东爱读《自然辩证法研究通讯》杂志这件事，我知道以后是很高兴的。因为于光远创办和主持这个杂志，我是参与了其事的。

1956 年，制订自然辩证法研究工作十二年规划的时候，大家建议在哲学研究所设立自然辩证法组，并创办一个通讯性质的杂志。这两条建议当年都付诸实施了，于光远兼任这个研究组的组长，《自然辩证法研究通讯》杂志（季刊）即由这个组负责编辑。创刊号上刊载的就是自然辩证法研究规划草案及其所列项目的 20 多份说明书。杂志办到 1960 年年中停刊。当时整顿刊物，说哲学研究所应集中力量办好《哲学研究》，《自然辩证法研究通讯》的任务由《哲学研究》承担就行了。事实上，《哲学研究》不可能完全承担，于是《自然辩证法研究通讯》于 1963 年秋天复刊。

这个杂志发行量不大，开始不过 2000 份，后来也不过 1 万份。读者圈大致限于自然辩证法工作者和一些对自然辩证法有兴趣的教师和学生。哲学界多数人都不大注意。然而，毛泽东注意到了。这一情况，我们最先是 1963 年年底知道的。

1963 年 12 月 16 日，中央科学小组的聂荣臻、张劲夫、韩光、于光远、范长江等同志到颐年堂向毛泽东汇报新的科学技术十年规划。谈话中，毛泽东问起这个杂志，说：“有一本杂志《自然辩证法研究通讯》，曾停了很久，现在复刊了。复刊了就好。现在第二期已经出了。”①

于光远向毛泽东说明了情况，回来告诉了我们。

停刊前的《自然辩证法研究通讯》，哪些内容引起毛泽东的注意，不得

---

① 毛泽东：《不搞科学技术，生产力无法提高》（1963 年 12 月 16 日），见《毛泽东文集》第 8 卷，人民出版社，1999 年，第 351 页。

而知。复刊后引起他注意的有哪些，很快我们就得到了信息。[①]

1964年8月18日，在北戴河，我参加了毛泽东同几位哲学工作者的谈话。这次毛泽东又讲到这个杂志，特别讲到杂志复刊第1期上刊登的从苏联《哲学问题》杂志转译过来的日本学者坂田昌一的《基本粒子的新概念》这篇文章，赞赏坂田昌一关于“基本”粒子并不是最后的不可分的粒子的观点。根据我当时整理的谈话记录，毛泽东是这样说的：

> 列宁讲过，凡事都可分。举原子为例，不但原子可分，电子也可分。可是从前认为原子不可分。原子核分裂，这门科学还很年轻。近几十年来，科学家把原子核分解了。有质子、反质子，中子、反中子，介子、反介子，这是重的，还有轻的。至于电子同原子核可以分开，那早就发现了。电线传电，就利用了铜、铝的外层电子的分离。电离层，在地球上空几百公里，那里电子同原子核也分离了。电子本身到现在还没有分裂，总有一天能分裂的。“一尺之棰，日取其半，万世不竭”。这是个真理。不信，就试试看。如果有竭，就没有科学了。世界是无限的。时间、空间，是无限的。空间方面，宏观、微观，是无限的。物质是无限可分的。所以科学家有工作可做，一百万年以后也有工作可做。听了些说法，看了些文章，很欣赏《自然辩证法研究通讯》上坂田昌一的文章。以前没

---

① 根据毛泽东故居图书管理组的同志提供的材料，现在我们知道，在《自然辩证法研究通讯》1963年复刊第一期的刊物上，毛泽东在坂田昌一的《基本粒子的新概念》这篇文章的题目前面，用铅笔画了三个大圈。在作者的名字下，画了一道。全文在杂志上占八面，几乎每面都画满了横道，夹有一些波纹线和双线。文末的译者名字下面，也画了一道。

这一期刊物，毛泽东还读了两篇文章。一篇是何祚庥对坂田昌一的文章的简短评注，占一面，大部分文字下面画了横线或波线。另一篇是郁里《评玻恩的〈物理学中的实在概念〉一文》，在文章的第一部分画了横线或波线。

1964年第一期，毛泽东在目录上，在我所编辑的《马克思主义者关于科学实验的论述》这个题目前面画了一个大圈。在正文中，在这个题目前面也画了横线和波线。这篇材料的第二部分，集纳了马克思、恩格斯、列宁的有关论述，毛泽东在这一部分的导语下面画了横线。

1964年第二期，毛泽东在席泽宗的《宇宙论的现状》一文的最后两段，画了横线或波线。

有看过这样的文章。他是辩证唯物主义者，引了列宁的话①。

8 月 24 日，在北京，毛泽东又找于光远、周培源到中南海他的卧室，谈坂田昌一的文章，并且比较系统地谈了他对自然界辩证法的一些见解。关于这次谈话的情况，于光远作过一番描绘：

> 到了颐年堂，毛泽东身旁的工作人员就把周培源和我领到了卧室。毛泽东正靠在床上，第一句话是不无歉意地作了一句解释："我习惯在床上工作。"我就说："主席找我们来大概是谈坂田文章的事吧？"他说："对了，就是这个事。"于是我们就坐在离床不远的两把椅子上。坐定之后，秘书沏了两杯茶就走了，整个谈话时间都没有进来。谈话时房间里只有三个人，安静极了。于是，毛泽东就长篇大论地说起来。一开头，他说："今天我找你们就是想研究一下坂田的文章。坂田说基本粒子不是不可分的，电子是可分的。他这么说是站在辩证唯物主义立场上的。"毛泽东讲："世界是无限的。世界在时间和空间上都是无穷无尽的……宇宙从大的方面看来是无限的，从小的方面看来也是无限的。不但原子可分，原子核也可以分，电子也可以分……因此我们对世界的认识也是无穷无尽的，要不然物理学这门科学不会发展了。如果我们的认识是有穷尽的，我们已经把一切都认识到了，还要我们这些人干什么？"毛泽东又说："什么叫哲学？哲学就是认识论，别的没有。双十条第一

---

① 准确地说，列宁在《唯物主义和经验批判主义》中所说的原话是："电子和原子一样，也是不可穷尽的。"坂田昌一引用的就是这句话（《列宁全集》第 18 卷，人民出版社，1988 年 10 月第 2 版，第 275 页）。

此外，列宁在《哲学笔记》中，在黑格尔"有限性中包含着无限性"这些话旁边，还批了这样的话："应用于原子和电子的关系。总之就是物质的深邃的无限性……"（《哲学笔记》，人民出版社，1993 年 7 月版，第 95 页）。

恩格斯在 1867 年 6 月 16 日致马克思的信中，早就指出过：分子、原子不是"可分性的极限"，而是"分割的无穷系列"中的各个关节点，它们"并不结束这个系列，而是规定质的差别"（《马克思恩格斯全集》第 31 卷，人民出版社，1972 年 6 月版，第 309 页）。

可见，物质的无限可分性，物质分割的无穷系列，物质的不可穷尽性，物质的深邃的无限性，说的都是一个意思。

个十条前面那一段是我写的。我讲了物质变精神、精神变物质。我还讲了，哲学一次不要讲得太长，最多一小时就够了。多讲，越讲越糊涂。我还说，哲学要从讲堂书斋里解放出来。”毛泽东还说：“认识总是发展的。有了大望远镜，我们看到的星球就更加多了……如果说对太阳我们搞不十分清楚，那么从太阳到地球中间的一大块地方现在也还搞不清楚。现在有了人造卫星，在这方面的认识就渐渐多起来了。”在毛泽东讲到这些问题的时候，我插进去提了一个问题：“我们能不能把望远镜、人造卫星等等概括为认识工具?”毛泽东回答说：“你说的那个认识工具的概念，有点道理。认识工具当中要包括镢头、机器等等。人的认识来源于实践。我们用镢头、机器等等改造世界，认识就深入了。工具是人的器官的延长。镢头是手臂的延长，望远镜是眼睛的延长。身体五官都可以延长。”我接着问：“哲学书里通常以个人作为认识的主体。但在实际生活中，认识的主体不只是一个一个的人，而常常是一个集体，如我们的党就是一个认识的主体。这个看法行不行?”毛泽东回答说：“阶级就是一个认识的主体。最初工人阶级是一个自在的阶级，那时它对资本主义没有认识。以后就从自在的阶级发展到自为的阶级。这时，对资本主义就有了认识。这就是以阶级为主体的认识的发展。”回答了我的两个问题后，他从天讲到地，从地讲到生物，从生物讲到人，就关于自然发展史的轮廓发表了一些想法，根本的思想是“一切个别的、特殊的东西都有它的产生、发展与死亡”。“每一个人都要死，因为他是产生出来的。人必有死，张三是人，张三必死。人类也是产生出来的，因此人类也会灭亡。地球是产生出来的，地球也会灭亡。不过我说的人类灭亡和基督教讲的世界末日不一样。我们说人类灭亡，是指有比人类更进步的东西来代替人类，是生物发展到更高的阶段。我说马克思主义也有它的发生、发展和灭亡。这好像是怪话，但既然马克思主义说一切产生的东西都有它自己的灭亡，难道这话对马克思主义本身就不灵？说它不会灭亡是形而上学。当然马克思主义的灭亡是有比马克思主义更高的东西代替它。”

话题又转到物理学的新发现上来。毛泽东说："什么东西都是既守恒又不守恒。本来说宇称守恒，后来在美国的中国科学家李政道和杨振宁说它不守恒。质量守恒、能量守恒是不是也这样？世界上没有绝对不变的东西。变、不变，又变、又不变，组成了宇宙。既守恒、又不守恒，这就是既平衡又不平衡，也还有平衡完全破裂的情形……世界上一切都在变，物理学也在变。牛顿力学也在变。世界上从原来没有牛顿力学到有牛顿力学，以后又从牛顿力学到相对论，这本身就是辩证法。"①

当时，正在举行北京科学讨论会，坂田昌一作为日本代表团的团长参加了会议。1964 年 8 月 23 日，毛泽东接见与会的各国科学家时，同坂田昌一握手，并说自己读过他的文章。这引起坂田昌一的惊讶和喜悦。后来游览颐和园，坂田昌一向于光远询问，于光远向坂田昌一说明了毛泽东从哪里读到坂田昌一的哪篇文章，告诉他毛泽东非常重视他引用列宁关于电子不可穷尽的论述，非常重视他关于"基本"粒子可分的见解，还告诉他，毛泽东在 1957 年莫斯科会议上就说过一分为二是普遍现象，原子分为原子核和电子，原子核又分为质子和中子，质子又有反质子，中子又有反中子……②（那时我们还不知道毛泽东在 1955 年 1 月就同钱三强谈过"质子、中子是由什么东西组成"的问题，表示过"物质是无限可分的"、"质子、中子、电子也应该是可分的"、"你们信不信？你们不信，反正我信"的意见）坂田昌一很感兴趣，说：可惜他原来不知道毛泽东 1957 年讲过这些意见，如果早知道，他的文章一定会引用的。坂田昌一回国以后，多次写文章讲到毛泽东的这一见解。

因为毛泽东对坂田昌一的文章这样重视，坂田昌一又说过他那篇文章苏联译得不甚准确，我们找人从日文重新译出这篇文章，题目按原文恢复为"关于新基本粒子观的对话"。听说毛泽东对人说过，这样的文章，专门名

---

① 于光远：《毛泽东和自然辩证法》，见《缅怀毛泽东》，中央文献出版社，1993 年，第 361～363 页。

② 毛泽东：《在莫斯科共产党和工人党代表会议上的讲话》（1957 年 11 月 18 日），见《毛泽东文集》第 7 卷，人民出版社，1999 年，第 332 页。

词、专门知识一般读者不懂，应该作些注释。我们又组织人作了一批注释。根据毛泽东几次谈话的精神，我们替《红旗》杂志编辑部起草了一个较长的按语，连同译文、注释一起，在《红旗》杂志 1965 年第 6 期发表。随后在科学界和哲学界进行了一系列讨论，《红旗》杂志 1965 年第 9 期还发表了一个讨论专辑。

这些活动，对自然辩证法的学习和研究引起了较好的影响。因为它着眼于引导，要求把哲学的探讨同自然科学的具体研究结合起来，而不是离开这种具体研究去谈玄。

当时我国有一群理论物理学家，致力于基本粒子的研究。毛泽东强调的“基本粒子”可分的思想，本是从物理学家那里来的，反过来又影响这群物理学家去认真探索“基本粒子”以下层次的粒子。他们把这种粒子称为层子，建立了基本粒子结构的层子模型，发表了一批研究论文。这些成果在当时是站在前沿的工作。在这前后，西方物理学家发展了关于基本粒子重粒子结构的“夸克”学说。“夸克”大致相当于“层子”。从那时以来，这方面的研究工作取得了长足的进展，“基本”粒子有更深层次的结构，在物理学界已得到公认。

六、杨振宁、李政道、格拉肖、“毛粒子”

毛泽东同于光远、周培源谈到诺贝尔物理学奖获得者杨振宁、李政道，后来，他有机会同杨振宁、李政道本人讨论了粒子可分不可分和宇称守恒不守恒的问题。

20 世纪 70 年代以后，中美关系正常化了，杨振宁、李政道等许多海外华裔学者纷纷回国探亲、访问。

1973 年 7 月 17 日毛泽东接见了来访的杨振宁，陪同杨振宁来见毛泽东的是周培源。杨振宁在海外报刊上多次谈到毛泽东同他这次谈话的情况和内容。

毛泽东在谈话中问到哥本哈根学派现在怎么样了，又问到光量子能不能分？杨振宁答：这个问题现在还没有解决。毛泽东表示，他认为物质是无限可分的。如果物质分到一个阶段，变成不可分了，那么 1 万年后，科学家干什么？又问现在坂田昌一怎么样了？周培源说坂田昌一在 1970 年去世了。毛泽东又说到公孙龙和惠施，说到“一尺之棰，日取其半，万世不竭”，说到“飞鸟之影未尝动也”，“天下之中央，燕之北，越之南”，“白马非马”，等等。杨振宁说：在国际上，对基本粒子可分，有两种看法：一种认为基本粒子有构造，但观察不到；一种认为能观察到，不过现在还没有看到。

周培源把话题引向杨振宁、李政道提出的宇称不守恒的原理。杨振宁说：宇称守恒，简单地说，就是左右对称。在原子核里头，在强相互作用和电磁相互作用下，宇称是守恒的，但是在弱相互作用下，宇称不守恒。毛泽东问：宇称守恒又不守恒，是吗？并说自己是搞政治的，不懂科学，称赞杨振宁对世界是有贡献的。还两次讲到不要讲什么“万寿无疆”的话，这句话不对，不科学。

1974 年 5 月 30 日毛泽东又接见了来访的李政道。关于这次谈话的内容，李政道在《大自然探索》（1988 年第 3 期）发表过回忆文章。

> 毛泽东请李政道讲讲他的那个发明创造。李政道说：我们没有什么发明，就是通过实验得出结果，通过结果求得了解，又想能不能另外做一些新的实验来校正原来的想法。实验的结果又修改想法，反复不断地进行。从实验开始，引出理论，进行解释和猜想，又进行实验。陪同接见的朱光亚说：你讲讲关于宇称不守恒的发现吧。李政道说：那就是，宇宙是不是绝对对称？比如，有正电子、负电子，正质子、负质子等。但后来理论就脱离了实践，说宇宙一切都是绝对对称的。1956 年我和杨振宁看到一些新的实验很难解释，就问那时的理论是不是有根据，发现很多没有根据。我们做实验，发现从前的绝对猜想是错误的。很多事实表明，正负、左右是不对称的。
>
> 毛泽东说：我的肩膀就是这（右）边高，这边低。我的眼睛这边（左）好，这边差。
>
> 李政道说：常常说，人有不大对称的。有时期宇宙，比如，从人开始，是不对称的。比如，心在左边。
>
> 毛泽东说：心在左边，胃是向右的，从胃到小肠是向右的。

李政道说：但是心不对称，不等于自然界都不对称，大多数是对称的，人的心在右边的也有，不过人数很少，大约占一百万分之一。但是现象不对称，不等于基本原理不对称。

毛泽东问：平衡跟对称是一个意思吗？李政道用铅笔作了演示。毛泽东又讲到宇宙、空间、时间，是运动的，是无限的。构成宇宙的是微观世界了。难道微观世界是有限的吗？我在这里想，可能也是无限的。

李政道说：我们追求科学真理是无穷的。我们说，原子构造是无限的，一时看到的有限。朱光亚说：但是一个时候叫了“基本粒子”。李政道说：是粒子，但不是基本。这倒不是我们叫出来的，在我们以前，有人就叫做“基本粒子”。我们认为错误了。这只是一种相对的了解。现在大部分科学家都认为“基本粒子”完全不基本。

毛泽东问：希腊人说，那个原子是基本，是不可分割的。现在分得一塌糊涂。现在好多问题闹不清楚，比如，光子，太阳发出来的光，它的结构怎么样呢？

李政道说：我们觉得是电磁场的波动。

毛泽东问：内部结构呢？

李政道说：我们知道光子走的时候，是正电子和负电子偶的结合，然后下面是正介子和负介子偶的结合，再下面又是正介子和负介子偶的结合。大概是这样一个结构，也是复杂的。

毛泽东又问：电子呢？李政道作了解释。毛泽东再问：外围电子呢？李政道又作了解释。

毛泽东又讲到牛顿的宇宙力学要用一个外面的力来推动宇宙，第一次推动，以后就自己动了。讲到第一个提出宇宙演化的是德国的康德，他的学说叫星云说。后来法国的拉普拉斯发展了。讲到英国的培根、达尔文、莱伊尔都是了不起的学者，莱伊尔是搞地质学的，达尔文是搞生物学的。

有趣的是，毛泽东还讲到英国汤姆生编著的《科学大纲》，讲到自己年轻时读过那本书。第二天在飞机场，李政道收到毛泽东让人给他送来的一本1922年版的《科学大纲》，作为送别的礼物。

同这样两位有伟大贡献的理论物理学家畅谈这门科学前沿的哲学问题，在以“毛泽东与自然科学”为主题的叙述中，这件事是值得一记的。还有一件值得一记的事情是，毛泽东逝世后，1977年在夏威夷召开第七届粒子物理学讨论会时，诺贝尔物理学奖获得者格拉肖说了这样一段话。

> 有好多次，科学家都相信他们已经找到了自然界的最基本的组成部分，但却又发现还有更深更简单的结构。格局总是这样：建议把一种实体看成是基本的，然后就观察到这种实体还有许多不同的变种，于是就出现了一种猜测的分类法，最后终于认识到，这种实体只是由更为基本的部分组成的复合体。
>
> 这样，定比和倍比定律以及气体的行为向人们证明了原子的存在，接着就确定了40多种类型的原子，发现了元素周期表，并成功地预言了许多当时未知的元素。后来，卢瑟福证明了原子是由电子和原子核组成的，又过了25年，有关原子结合的动力学也搞清楚了。
>
> 不久，人们认识到，不同的元素有不同的原子核。实际上，就是相同的元素，它们的原子核的质量和放射性质也还可稍不相同。原子量和原子序数的有规律的行为导致了一个过于简单的理论，就是所有原子核都是由质子和电子组成的。只是随着中子的发现和同位素的引入，一个恰当的原子核结构的图像才出现了。
>
> 很快，又发现了上百种的强子，它们和质子及中子一样，同样可称为是基本的，而‘八重法’的近似有效则提供了强子有结构的线索。我们被引导到带色的夸克和量子色动力学，把它们作为强子结构理论的一个组成部分。
>
> 今天，所剩下的真正的基本粒子的候选者只有夸克和轻子了。但是，实验已经揭示存在五种不同夸克和五种不同的轻子，或许将来还会发现更多。我们究竟还要找到多少种夸克和轻子，才能看到有规律性存在的信号，才能察觉还没有想到的更深结构的线索呢？

洋葱还有更深的一层吗？夸克和轻子是否都有共同的更基本的组成部分呢？许多中国物理学家一直是维护这种观念的。我提议把构成物质的所有这些假设的组成部分命名为“毛粒子”（Maons），以纪念已故的毛主席，因为他一贯主张自然界有更深的统一。

这个建议并不是对粒子命名的一个具体建议，这个建议表示了一个科学家对一个哲学家的深刻见解的敬意。

七、“不搞科学技术，生产力无法提高”

作为革命领导人和国家建设的领导人，毛泽东也多次强调过自然科学在国家建设中的重要作用，强调过为了建设必须学习自然科学。

1940 年 2 月，在革命根据地延安，成立了自然科学研究会，毛泽东是发起人之一，在 2 月 5 日的成立大会上发表了讲话。“自然科学是人们争取自由的一种武装。”“人们为着要在自然界里得到自由，就要用自然科学来了解自然，克服自然和改造自然，从自然里得到自由。”[①] 这些名言就是在这次讲话中提出来的。1942 年在《经济问题与财政问题》这本书中，毛泽东把聚集在边区的科学技术人员，称为“建立工业的指导力量”[②]。

新中国成立前夕，毛泽东在《论人民民主专政》中说：“严重的经济建设任务摆在我们面前。我们熟习的东西有些快要闲起来了，我们不熟习的东西正在强迫我们去做。”[③] 这里面就包含要学习自然科学和技术。

第一个五年计划开始，毛泽东一再号召我们，不仅要学习马克思、恩格斯、列宁、斯大林的理论，而且要学习苏联先进的科学技术，来建设我们的国家[④]。强调学习苏联，有当时的历史背景，照搬苏联经验，有严重的消极

① 毛泽东：《在陕甘宁边区自然科学研究会成立大会上的讲话》（1940 年 2 月 5 日），见《毛泽东文集》第 2 卷，人民出版社，1993 年，第 269 页。

② 《毛泽东选集》，东北书店，1948 年，第 815 页。

③ 毛泽东：《论人民民主专政》（1949 年 6 月 30 日），见《毛泽东选集》第 2 版第 4 卷，人民出版社，1991 年，第 1480 页。

④ 毛泽东：《在全国政协一届四次会议闭幕会上的讲话》（1953 年 1 月 7 日），见《毛泽东文集》第 6 卷，人民出版社，1999 年，第 264 页。

方面。但是，把学习科学技术的任务同学习马列理论的任务相并列，反映了形势的发展和认识的进步，是有重大积极意义的。

1955 年，在全国党代表会议上，毛泽东指出："我们进入了这样一个时期，就是我们现在所从事的、所思考的、所钻研的，是钻社会主义工业化，钻社会主义改造，钻现代化的国防，并且开始要钻原子能这样的历史的新时期。"① 他说："只要我们更多地懂得马克思列宁主义，更多地懂得自然科学，一句话，更多地懂得客观世界的规律，少犯主观主义错误，我们的革命工作和建设工作，是一定能够达到目的的。"②

1956 年，党中央专门召开知识分子问题会议，毛泽东讲话，号召全党努力学习科学知识，同党外知识分子团结一致，为迅速赶上世界科学先进水平而奋斗。③

在党的八大的第二次预备会议上，毛泽东进一步提出这样一个重要论点：我们对新的科学技术还不懂，还要作很大的努力。现在中央委员会是一个政治中央，还不是科学中央，将来，中央委员会就是科学委员会了。④ 胡耀邦在纪念马克思逝世 100 周年的讲话中，特别引用了毛泽东这个论点。⑤

1958 年年初，毛泽东要求全党工作的着重点转到技术革命和经济建设上来，并且说："提出技术革命，就是要大家学技术，学科学。""过去我们有本领，会打仗，会搞土改，现在仅仅有这些本领就不够了，要学新本领，要真正懂得业务，懂得科学和技术，不然就不可能领导好。"⑥

毛泽东关心和支持中国"两弹一星"的研究，关心和支持中国石油的勘探，关心和支持中医药宝库的发掘，用诗意的浪漫，想象着纸船明烛送瘟神，巫山高峡出平湖……

---

① 毛泽东：《在中国共产党全国代表会议上的讲话》（1955 年 3 月），见《毛泽东文集》第 6 卷，人民出版社，1999 年，第 395 页。

② 同上书，第 393 页。

③ 《新华半月刊》，1956 年第 4 号。

④ 毛泽东：《关于第八届中央委员会的选举问题》（1956 年 9 月 10 日），见《毛泽东文集》第 7 卷，人民出版社，1999 年，第 102 页。

⑤ 《十二大以来重要文献选编》上卷，人民出版社，1986 年，第 312 页。

⑥ 毛泽东：《工作方法六十条（草案）》（1958 年 1 月），见《毛泽东文集》第 7 卷，人民出版社，1999 年，第 350 页。

毛泽东也深感自己需要学习发展生产力的自然科学知识。1962 年，毛泽东在“七千人大会”上说：“拿我来说，经济建设工作中间的许多问题，还不懂得。工业、商业，我就不大懂。对农业，我懂得一点。但是也只是比较地懂得，还是懂得不多。要较多地懂得农业，还要懂得土壤学、植物学、作物栽培学、农业化学、农业机械，等等；还要懂得农业内部的各个分业部门，例如粮、棉、油、麻、丝、茶、糖、菜、烟、果、药、杂等等；还有畜牧业，还有林业。我是相信苏联威廉斯土壤学的，在威廉斯的土壤学著作里，主张农、林、牧三结合。我认为必须要有这种三结合，否则对农业不利。所有这些农业生产方面的问题，我劝同志们，在工作之暇，认真研究一下，我也还想研究一点。但是到现时止，在这些方面，我的知识很少。我注意得较多的是制度方面的问题、生产关系方面的问题。至于生产力方面，我的知识很少。”①

1963 年 12 月，聂荣臻等同志向毛泽东汇报新的十年科学技术规划的时候，毛泽东说了两段极重要的话。

> 科学技术这一仗，一定要打，而且必须打好。过去我们打的是上层建筑的仗，是建立人民政权、人民军队。建立这些上层建筑干什么呢？就是要搞生产。搞上层建筑、搞生产关系的目的就是解放生产力。现在生产关系是改变了，就要提高生产力。不搞科学技术，生产力无法提高。
>
> 科学研究有实用的，还有理论的。要加强理论研究，要有专人搞，不搞理论是不行的。②

历数毛泽东的这些论述，我们看到，毛泽东在新中国成立后强调自然科学和技术的重要性的时候，都是在他把注意力着重放在经济建设上的时候。如果一直按这样的指导思想贯彻执行，我国经济发展和科学发展当会另有一

---

① 毛泽东：《在扩大的中央工作会议上的讲话》（1962 年 1 月 30 日），见《毛泽东文集》第 8 卷，人民出版社，1999 年，第 302～303 页。

② 毛泽东：《不搞科学技术，生产力无法提高》（1963 年 12 月 16 日），见《毛泽东文集》第 8 卷，人民出版社，1999 年，第 351 页。

番景象。可惜的是，毛泽东未能始终地坚持这些正确思想。相反，在社会主义改造基本完成以后，他却反而越来越强调“以阶级斗争为纲”。而在大抓所谓阶级斗争的时候，这些重视自然科学的思想就被冲淡了、搁置了。这种情况虽有起伏，但总的趋势是越演越烈，直至演变为“文化大革命”，既严重地损害了经济建设，也严重地损害了科学发展。这是历史的悲剧。现在党中央总结历史经验教训，坚定不移地把全党工作重点转移到经济建设上来，因而也就把科学发展摆到重要的战略地位上来。只有在这时，毛泽东重视自然科学的那些正确思想，才能恢复它的原貌并获得新的发展。

八、附　　记

为了说明毛泽东强调的“基本粒子”可分的思想，在这里还想多说几句。

1965 年，在讨论坂田昌一的文章的时候，我写了一篇《谈物质的无限可分性》，说了以下的意见。

> 《庄子·天下》记载的“辩者”关于“一尺之棰，日取其半，万世不竭”的说法，是以朴素的形式，从量这一个侧面，说出了物质的无限可分性这个光辉的思想。但是，如果不限于抽象的量的侧面的考察，而深入到具体的自然界本身的辩证法，那么，这个说法就不能充分说明“物质的深远的无限性”了。
>
> “半”，是个量的概念，“一”分为两“半”，事物在质上并没有发生变化，只是在量上小了一半。
>
> 量的分割，到一定的阶段，引起质的变化。
>
> 且不说棰失去一定的长度，就丧失了棰之为棰的性质。当物质的分割达到分子时，就到了一个质的关节点。进一步“分”，就使分子分解为组成它的各种原子。原子不是半个分子，而是同分子在质上不同的东西。
>
> 原子进一步“分”，就分解为电子和原子核。电子和原子核都不是半个原子，而是同原子在质上不同的东西。

如此类推。物质的无限可分，并不是无限地、单调地重复某一种特定的“分”的形式。

在物质分割的每一个新的关节点上，以科学实验为基础，去探究前所未知的“分”的新性质、新形式、新规律，使自然科学不断地有新的发展，这正是唯物辩证法所要求于自然科学家的。唯物辩证法根本不容许把某种已知的刻板的公式，强加于自然界、强加于自然科学。

研究原子的“分”的新性质、新形式、新规律，使经典物理学发展到量子物理学，实现了自然科学发展史上的巨大飞跃。

“基本”粒子的“分”，虽然现代物理学还没有把它研究得很清楚，无疑却预示着将会出现崭新的性质、形式和规律，研究它们，将会把物理学推进到一个更新的阶段。

现在有些同志还怀疑物质的无限可分性，我觉得，是因为他们以为无限可分说的是同样的“分”的形式的无限重复。现在，对“夸克”的研究的发展，提出了“夸克幽闭”的假说，按照这种假说，单个的自由的“夸克”不可能从幽闭它的空间中释放出来。有些同志据此认为，这就是“物质可分”的极限。在我看来，第一，幽闭说还只是假说；第二，这个假说的提出本身，即已显示出在这个关节点上的“分”，具有全新的、为过去所不了解的性质和形式。这正好说明了物质的不可穷尽性和深远的无限性。

从一部书读一部史

——读于光远《一个哲学学派正在中国兴起》*

江西科学技术出版社出版的《一个哲学学派正在中国兴起》，是用独特的方式编辑起来的、收集了于光远同志在马克思主义哲学的一个领域——自然辩证法领域的主要研究成果的文集。说“独特”，就是说，不是按通常的方式——以时间为序或以内容分类，把于光远在这个领域的论文选编出来，而是以于光远对自己的自然辩证法研究和中国的自然辩证法研究的方向所作的最新论述为导论、为总纲，再把他过去的文章分类编辑，以一类为一章，用来说明他后来形成“中国自然辩证法学派”的学术主张的由来和发展，为此还在每章前面新写一个“引言”。因此，这部书虽然从严格意义上来说还不能说是按他最新的学术思想写的一部专著，但却是按他最新的学术思想来精心编辑的一部专著性质的文集。

从于光远同志这部书，可以读一部中国自然辩证法研究史。因为于光远是中国自然辩证法研究的倡始者，一直是这个领域的积极活动者和领导者。如果从 1936 年在上海成立自然科学研究会算起，中国马克思主义的自然辩证法研究到现在已经有 60 年的历史了。于光远是这个研究会仅存的成员。1940 年陕甘宁边区自然科学研究会在延安成立，于光远是这个研究会的驻会

* 本文原载《一个哲学学派正在中国兴起》，江西科学技术出版社，1996 年，第 312～317 页。

干事，是于光远和屈伯川去向毛泽东汇报，请毛泽东到会并讲了话。1944 年延安大学按毛泽东的提议开设三门公共课，其中一门是自然发展史，这是一个创举，于光远是这门课的讲授者。新中国成立之初在自然科学工作者中间进行马克思主义的启蒙学习，于光远和曹葆华的《自然辩证法》译本成为可供大家学习的比较完善的译本。1956 年在中国第一次进行了自然辩证法研究的长期规划，第一次建立了专门的研究组织（哲学研究所自然辩证法研究组），第一次出版了专门研究刊物（《自然辩证法研究通讯》），作为中宣部科学处处长的于光远是创议者、主持者并兼任组长和主编。1956 年，于光远在青岛遗传学会议上的两次长篇发言，是继陆定一代表中央全面阐明党的“百花齐放、百家争鸣”方针的报告之后，从自然科学领域阐明这个方针并深入地加以哲学论证的重要文献。1958 年，于光远最先提出了“历史唯物主义论科学”这样一个研究领域，并结合科学工作的实践对这个领域的研究提出了系统的意见。1958 年，艾思奇、陆平、于光远等倡议在中央党校创办了第一个自然辩证法研究班。1960 年，于光远和李昌主持在哈尔滨召开了第一次全国自然辩证法会议，把生产实践和技术发展中的哲学探讨纳入自然辩证法研究的视野。1962 年，北京大学和中国科学院哲学研究所联合招收第一批四年制的自然辩证法研究生，于光远为导师。1963 年，《自然辩证法研究通讯》译载了日本坂田昌一讲基本粒子不是不可分的文章，引起毛泽东同于光远和周培源作了长谈，由此在中国学术界展开了关于自然辩证法的一场广泛讨论，于光远为推动这个讨论进行了组织，撰写了文章。“文化大革命”后期，还没有恢复工作的于光远用了很大精力阅读原著，搜集和编辑了《马克思、恩格斯论自然辩证法》这部资料书，说明他对这个研究领域的执著。“文化大革命”结束后，于光远和周培源、钱三强一起向党中央建议成立全国自然辩证法研究会，恢复自然辩证法刊物，得到邓小平批准。于光远成为全国研究会的首届和第二届理事长。于光远还倡议编辑中国（可能也是世界）的第一部《自然辩证法百科全书》，并任主编，亲自撰写几个主要条目。所有这些，凡有他的文章和讲话的，都选入这部书中，没有文献保存的，书中也收录了于光远自己的回忆文字。从这样的叙述中，当可见到“从一部书读一部史”的说法不为虚妄。

于光远所倡导的“中国自然辩证法学派”的特点在哪里呢？通观全书，

于光远从多方面论述了它的特点，我在这里着重讲五条。

第一，这是一个马克思主义的自然辩证法学派。之所以这样说，不仅是因为“自然辩证法”这个名称就是从马克思主义来的，中国这个领域的学习和研究，一开始就是作为马克思主义的学习和研究的一个部分而产生、形成、发展的，而且是因为在改革开放的新时期，在介绍西方科学哲学、科学学、科学和社会研究日益广泛的情况下，于光远和中国的许多自然辩证法研究者在强调认真研究这些成果的同时，始终认为一定要重视中国在这个研究领域中的马克思主义的传统，一定要在总结这个传统中的成就和教训的基础上，更好地发展、深入和拓宽这个领域的马克思主义的研究。当然，我们坚持的马克思主义，不是教条和宗派的马克思主义，而是随着实践和科学发展而不断向前发展、实行广泛交流的马克思主义。

第二，这是一个特别重视社会实践问题研究的自然辩证法学派。自然辩证法固然要研究自然科学所揭示的纯粹自然界（物理运动、化学运动、生物运动）的辩证法及对这些运动的认识过程的辩证法，同时它又应该重视从更广泛的社会角度去研究与自然和自然科学有关的辩证法。之所以要扩展到社会实践的领域，甚至要更重视社会实践的领域，是由于社会的需要。从中国自然辩证法研究向社会实践领域扩展的过程来说，首先是科学技术在社会中发展的规律这个研究领域，这是研究党和国家的科学技术政策的理论基础的需要。其次是生产实践和技术发展中的辩证法这个研究领域，这是研究工业、农业、医学发展和资源环境生态等问题的实践需要。技术科学、农业科学、医学科学、环境科学、生态科学都属于广义的自然科学，又都属于自然科学在人类社会生产和生活中的应用。依傍这些科学的成就并提到哲学的高度来研究自然辩证法，是中国自然辩证法研究者的开拓。由此引申和抽象开去，于光远在这些年中特别强调“社会的自然”或“人工的自然”这个概念。他还说：“这个学派的特殊规定性最基本的一条是它有这样一个哲学观点：那就是自然界这个物质的存在的整体，可以而且应该区分为天然的自然和社会的自然这样两个部分，并且特别把社会的自然作为重要的研究对象。”于光远这些年在这方面做了许多开创性的工作。

第三，这是一个特别重视精神文明问题研究的自然辩证法学派。这里所说的精神文明问题主要就是科学精神问题。讨论实践是检验真理的唯一标准，这是恢复马克思主义的科学精神，是把科学态度用于马克思主义本身。在于光远的支持下，中国自然辩证法研究者在这个讨论中是走在前列的。捍卫科学尊严，发扬科学精神，反对迷信愚昧，反对伪科学，是精神文明建设的重要课题，中央三番五次指示过，于光远和中国自然辩证法研究会的许多研究者又是走在前面的。于光远在这个问题上写的许多文章不是一些感想性的讲话（这样的态度鲜明、论辩有力的短话也是有意义的），而是作了大量的、哲学的和历史的研究的文章。历史将证明这些文章的价值。

第四，这是一个特别重视科学方法论研究的自然辩证法学派。马克思主义哲学历来讲究世界观和方法论的统一。中国的马克思主义哲学更注意把辩证法、认识论、历史观化为实践中的认识方法、思想方法、工作方法。中国的自然辩证法研究则特别重视科学方法论，包括自然科学的方法，工程科学的方法，也包括自然科学方法、工程科学方法同社会科学方法的比较和渗透。而在于光远那里，对科学方法的重视又有他自己的创造和特色，这就是他所倡导的“聪明学”。他说：“学聪明可以说就是学方法。”他提倡在实践中学聪明，并创办了一本《方法》杂志，把它称为“专门评论聪明和愚蠢问题的杂志”。

第五，这是一个实行广泛的联盟的自然辩证法学派。列宁很重视战斗唯物主义者和自然科学家的联盟。中国自然辩证法研究从上海和延安时候起就遵循这个传统。新中国成立以来，在自己的发展进程中，先是形成如于光远所说的三部分人（对自然科学有兴趣的哲学工作者、对哲学有兴趣的自然科学工作者、专业的自然辩证法工作者）的联盟，后来由于更重视社会实践问题的研究、社会的自然的研究，又把这个联盟的范围进一步扩大，从自然科学工作者扩大到广大技术工作者和科学组织工作者，从哲学工作者扩大到广大社会科学工作者，此外，还包括广大有哲学兴趣的生产实践者（工人和农民），形成这样一个广泛的联盟。

《一个哲学学派正在中国兴起》是作为“科学技术哲学文库”这一套书中的一部而出版的。由于于光远在中国自然辩证法界的奠基者的地位，由于于光远在形成中国自然辩证法学派进程中的指导者的作用，这套书以于光远的这部书为第一本是很自然的。希望这个文库为更充分地反映中国自然辩证法界的研究成果做出更大贡献。

《历史的足迹——苏联自然科学领域哲学争论的历史资料》一书前言*

《历史的足迹》是一部双重意义上的历史资料。

第一，它是有关苏联自然科学领域哲学争论的历史资料。

第二，它是反映我们过去对苏联这方面历史的研究情况的历史资料。

从20世纪50年代中期到60年代初，在于光远同志主持下的中宣部科学处，曾经两次对苏联这方面的历史进行过集中的了解和研究，两次都是为了总结历史经验教训，纠正“左”的错误，以便贯彻执行我们党提出的“百家争鸣”的学术自由方针。

第一次是1956年，党中央刚刚提出这个方针。提出这个方针的背景，从自然科学这个角度来说，一个重要问题就是苏联的李森科对遗传学中摩尔根学派的粗暴批评及我们仿效苏联在中国也进行这种粗暴批评所造成的恶劣后果。当时苏联已开始纠正这方面的一些错误，但是并没有对错误作认真的历史的清理。毛泽东、周恩来讲百家争鸣方针，都举了李森科问题作例子；陆定一代表党中央向科学界作阐述“百家争鸣”方针的主旨演说，也举了李

* 本文是为《历史的足迹——苏联自然科学领域哲学争论的历史资料》一书写的前言，此书由黑龙江出版社于1990年出版。后来作者对这个前言补充了较多的历史材料，原载《自然辩证法在中国》，北京大学出版社，1996年，第51～76页；发表在《自然辩证法在中国（新增修订本）》，北京大学出版社，2005年，第63～106页，将标题改为“自然辩证法在苏联”。

森科问题和把巴甫洛夫学说称为“社会主义的”、把魏尔啸学说称为“资本主义的”这两个例子。党中央还决定由中国科学院和高等教育部联合召开遗传学座谈会，以便以遗传学问题为典型，在自然科学领域贯彻“百家争鸣”方针，纠正过去照搬苏联粗暴批判的错误。为了做好这项工作，中宣部科学处的孟庆哲、黄青禾、黄舜娥三位同志作了系统的文献调查，由黄青禾同志写成了《1935—1956 年苏联生物学界的三次论争》这份详细的研究报告，约 5 万字，印成一本小册子，作为内部资料，供有关领导干部研究科学政策作参考。这个报告，经过修订，收在商务印书馆 1986 年出版发行的 1956 年 8 月青岛遗传学座谈会纪实《百家争鸣——发展科学的必由之路》这部书中，公开发表了。

第二次是 1961 年，党中央批准试行聂荣臻同志主持制订的《科研十四条》。《科研十四条》针对 1957 年以来几次政治运动中自然科学领域重新发生粗暴批判的错误，对进一步贯彻执行百家争鸣方针，作了一系列政策规定和理论说明。这时，科学处的同志一方面调查和反映国内“学术批判”中“左”的错误的情况，一方面认为有必要对苏联建国以来如何处理哲学与科学、政治与学术的关系的历史经验教训，作更系统的调查和研究。这后一方面的工作，是由我来承担的。当时在国内搜集苏联早期的历史资料，困难甚多，难以齐全。就已经搜集到的，编译和打印了九辑《关于苏联自然科学领域的思想斗争的若干历史资料》，共十几万字。在这个基础上，编写了一个研究报告：《苏联自然科学领域思想斗争的历史情况》，共 15 000 字，1962 年 10 月 18 日在中宣部的内部刊物发表，供领导干部了解情况和研究政策作参考。

现在这部《历史的足迹》，就是将那时编印的九辑材料加以增补而编成的。增补工作由柳树滋同志主持。有两个方面的增补：一是增补原来暂付阙如的一些事项，特别是 20 世纪 20 年代的情况；一是原来以摘编方式打印的若干文章，这次改用全文或更完整的摘录。增补后，改编为十六辑，共 30 多万字。

下面分别就各辑作一些说明，有话则长，无话则短。

第一辑：关于无产阶级文化派的争论与自然科学。

这一辑是新增的。无产阶级文化派主张自然科学，如社会科学，是有阶级性的，这是自然科学领域“左”的思想的总根源。以前我们对这个派别在自然科学方面的观点知之不详。从列宁全集中给布哈林的一张便条，知道列宁曾批评这个派别的一位代表人物普列特涅夫所鼓吹的“无产阶级”科学，斥之为“伪造历史唯物主义”。根据这个线索，我曾从《真理报》上译出了普列特涅夫的文章，当时未见到列宁的批注。这次材料搜集得较全了。了解一下这个派别的观点和他们的论证和理由，对我们研究这类观点为何几十年来多次重复出现，是有益的。

无产阶级文化派的主要理论家，叫波格丹诺夫，就是列宁在《唯物主义和经验批判主义》中批判过的那个波格丹诺夫，这个人就讲自然科学有阶级性，甚至讲什么“如果说，曾经有过封建的几何学，后来又有过资产阶级的几何学，那么现在需要有也会有无产阶级的几何学，这并不是奇谈”。

普列特涅夫是无产阶级文化派的另一个主要理论家，这个人在《真理报》上发表了一篇文章，1922 年 9 月 27 日发表的，题目是“在意识形态战线上”。这篇文章在自然科学方面提出了一些什么观点和口号呢?

普列特涅夫说：那种认为“不可能有阶级的数学、阶级的天文学”、“不论从无产阶级还是从资产阶级观点来看二乘二总是等于四”的论点，是“资产阶级阵营中的敌人”的论点！

合乎常识，合乎实际，倒是“资产阶级”观点；一定要违反正常人的理智，荒谬绝伦，才算无产阶级观点！

普列特涅夫还提出口号，号召无产阶级去“进攻资产阶级的科学”，去把“科学本身”、“科学的内容”“社会主义化”。在这里他说的科学都是指自然科学。他不是要求科学为社会主义服务，而是要求自然科学的内容要“社会主义化”！

普列特涅夫还宣称：“没有科学，社会主义是不可能的。有资产阶级科学，社会主义同样是不可能的。”言下之意，就是一定要靠他们臆造出来的“无产阶级”科学，才能有社会主义。

列宁看了普列特涅夫的这篇文章很生气，在文章旁边作了许多批注，斥之为“紊乱不清”、“十足的杜撰”、“一派胡言”[①]。列宁把他批注过的这张报

① 《列宁论文学与艺术》第二册，第 766～783 页。

纸寄给当时主持《真理报》工作的布哈林，还写了一张便条，质问他："为什么要把普列特涅夫用各种炫耀博学的时髦字眼来虚张声势的小品文这类昏话登载出来"，并且指出："作者应该学习的不是'无产阶级'科学，他应该进行普通的学习。难道《真理报》编辑部不打算向作者指出他的错误吗？要知道，这是伪造历史唯物主义！玩弄历史唯物主义！"①

在列宁写这个便条的 11 天以后，1922 年 10 月 8 日《真理报》发表了娜·克鲁普斯卡娅写的题为"无产阶级意识形态与无产阶级文化协会"的文章，批评普列特涅夫的错误。克鲁普斯卡娅讲了道德和艺术的阶级性，然后说："至于科学，情况就要复杂得多。无疑，在社会科学方面，既有资产阶级科学，也有无产阶级科学。资产阶级和无产阶级对社会现象的评价是完全不一样的。在精确科学方面，情况就不同了，精确科学是以许多世纪以来人类在掌握自然力方面的经验为基础的。这些科学的材料是从实验中得来的，时刻经受实践的检验，给予人类以比过去许多世纪强大得多的支配自然的权力，抛弃这些科学成就是可笑的，令人诧异的。当然，现在精确科学也被用来为资产阶级牟利，为少数专家所占有。无产阶级掌握了科学，要使它们成为广大群众的财产，使它们变得较易于理解，把实质的东西同非实质的东西区别开来，并且要发展一系列为无产阶级、为全人类所关心而资产阶级却不关心的新的精确科学部门。只是在这个意义上才能说，也应该说，即使是精确科学也能带上一定的阶级印记。"

我们现在不知道，列宁是不是提示和审阅了克鲁普斯卡娅的这些论点。但是，这一段话，第一，把自然科学同社会科学区分开来了；第二，把自然科学的内容同哪个阶级利用和掌握自然科学，区分开来了；第三，把自然科学同社会生产力、同人类支配自然的能力，联系起来考察；第四，强调自然科学来自实验、实践，经受了实验、实践的检验；第五，谴责了那种要求把自然科学当做资产阶级的东西予以抛弃的错误观点。我觉得，应该说是言简意赅，为分析自然科学的性质问题勾画了一个基本的轮廓，是符合马克思列宁观点的。

但是，普列特涅夫并不接受批评。过了几天，10 月 17 日《真理报》上

① 《列宁全集》第 35 卷，第 557 页。

又登出一篇普列特涅夫的文章，反驳克鲁普斯卡娅的批评。普列特涅夫在文章中不得不表示“同意”社会科学和精确科学之间有差别。可是，他接着就说：“无产阶级在建立自己的阶级文化时，不能对资产阶级为其阶级利益而利用精确科学的事实置之不顾。例如，杰方斯从周期性经济危机同太阳黑子数量变化的周期相同（大约 11.5 年）这一现象出发，建立了他的危机理论，得出了一个连环：太阳黑子增多；太阳放出的热量减少；由于蒸发量减少而使降雨量减少，从而产生干旱；干旱导致歉收；歉收降低农民的购买力，商品过剩，紧缩生产，发生危机。精确的科学、天文学在为资本主义辩护。我们强调的只是一点，那就是：精确科学被资产阶级学者们纯粹投机式地加以利用，以维护和巩固资本主义政权，证明资本主义生产方式和建立在它上面的相互关系的和谐性和生命力。因此，一方面要消灭资产阶级社会科学的基础，在精确科学中则要剥夺资产阶级为资本主义的利益而投机式地利用它的可能性。这就是我们过去提出和现在坚持提出的有关科学的问题。”

因为资产阶级的社会政治理论、经济理论、哲学理论中歪曲利用了自然科学材料，就把自然科学说成是资产阶级的，就要抛弃这种自然科学，另立“无产阶级”的自然科学，这完全是一种诡辩。这种诡辩术很有典型性。后来的一些认为自然科学有阶级性的观点，往往都是运用类似的诡辩术。

对无产阶级文化派关于自然科学性质的观点的批评，从我接触的材料来看，好像没有进一步展开。尽管列宁批评了这种观点，但在当时的条件下，还没有可能系统地彻底地清算它，还没有可能把这类问题提到重要议事日程上来。所以，无产阶级文化协会收场了。但是，无产阶级文化协会的收场，并不是无产阶级文化派思想的收场。后来，在自然科学的阶级性问题上公开同列宁的观点相违背，同无产阶级文化派观点相类似的观点，还是不断出现。

第二辑：《在马克思主义旗帜下》杂志和战斗唯物主义者协会。

这一辑也是新增的。列宁的《论战斗唯物主义的意义》，是布尔什维克掌握政权以后，在哲学战线提出的纲领，其中特别注意自然科学最新成果的哲学概括，强调马克思主义者要同战斗的唯物主义者和自然科学家结成联盟。这是重要而正确的指导思想。此文是列宁为新创刊的《在马克思主义旗帜下》杂志而写的，列宁的文章还导致战斗唯物主义者协会的产生。20 世纪

20年代在这个杂志和这个协会里，自然科学哲学问题的研究相当活跃。这方面的资料我们至今搜集得不全，研究很少。这期间有一场机械论学派和辩证法学派之争，被称为机械论学派的代表人物主要是一批自然科学家，论战也就以辩证唯物主义和自然科学的关系为核心问题之一。这里选译三篇，前两篇（季米里亚捷夫一篇，是列宁的文章中提到过的，德波林一篇），是两派代表人物当时的作品，后一篇是苏联学者近年写的回顾和评论当时争论的文章。

第三辑：对德波林的批评与自然科学战线。

这一辑即原来的第一辑。批评德波林这场哲学大争论，广泛涉及自然科学。所选四个文件，都是党组织的决议中有关自然科学的部分，反映当时的指导思想和方针的。

这是一些什么样的指导思想和方针呢？

1931年3月15日，联共（布）中央关于工程主义科学院主席团的报告的决议和共产主义科学院主席团在红色教授学院自然科学部参加下做出的关于自然科学战线的决议，提出了如下所述的一些口号和观点。

“自然科学的党性原则。”

“在哲学、社会科学和自然科学方面，对所有一切反马克思主义以及从而反列宁主义的观点予以无情的批评，无论它们是怎样伪装起来的。”［以上见联共（布）中央决议］

“改造资产阶级科学。反对向资产阶级科学投降。”

“在马克思列宁主义方法论的基础上改造自然科学的内容。”

“为科学的布尔什维克化而斗争。”

“争取马克思列宁主义的自然科学。”

“马克思主义者自然科学家的任务，在于改造资产阶级学者做出的成就，善于消除它们的反动倾向，贯彻自己的路线，同敌视我们的各种力量和阶级的整个路线作斗争。”（以上见共产主义科学院主席团决议）

一年后，尤金在总结工作的报告中说：“在自然科学战线上进行了最大量的批判工作。它是在自己的领域中最坚决和彻底地进行了反孟什维克化唯心主义的斗争的部门之一。现在，自然科学家转向更艰巨的工作，转向在自然科学的各个专门领域中具体地、深入地批判孟什维克化的唯心主义和机械论。”

在这段时期内，在组织方面，采取了如下所述的几项重要措施。

1926 年，苏联中央执行委员会批准共产主义科学院的院章。院章规定，工程主义科学院的任务是，“既在社会科学中，又在自然科学中，为严格地贯彻辩证唯物主义观点而斗争，揭露唯心主义的残余”。社会科学方面的研究机构先建立起来，后来又设立了自然科学方面的研究机构和自然科学部。

在联共（布）中央和共产主义科学院主席团的决议中，批评了自然科学部原有的领导的错误，指出“学部的研究所至今同不属于共产主义科学院的同类的研究机构没有多大区别”，要求“特别注意自然科学部的全部工作的迫切的政治的重要性”，确定共产主义科学院的基本任务是“对苏联各主管部门的最重要的科学研究机构实行方法论的监督”，“对苏联的整个科学研究工作发生党的方法论的影响”，“加强对苏联科学院的党的影响”。改组了自然科学部，建立了生物、高级神经活动、地质、数学（包括力学）、物理（包括地球物理和天文物理）、化学、社会主义保健原理、自然科学史等八个研究所，这些研究所的任务是：分别对各主管部门的相应的研究机构进行方法论的协助，监督它们的研究工作，审查它们的计划，研究对马克思主义世界观有重要意义的基本理论问题（如生物进化、地球和天体演化、物质结构等问题）；研究有关的技术（如农作与畜牧、动力、热工、地质勘探等）的方法论问题。

在共产主义科学院周围，组织过一系列的马克思主义者协会，如物理学家——马克思主义者协会，数学家、医生、生物学家、心理神经学家、地质学家——马克思主义者协会。决议说：这些协会的活动“至今仍有学院的和非政治的性质”，“影响没有超出共产主义科学院的范围”，要求“把共产主义的自然科学界组织起来”，改组各协会，使之成为群众性组织，坚决克服工作的自流状态，组织各地的分会。

共产主义科学院自然科学部原来出版了《自然科学与马克思主义》杂志，但是认为它“实质上成为支持德波林集团的自然科学家的派别刊物”，因而需要改组，并且易名为《争取马克思列宁主义的自然科学》。

还普遍检查科学出版物，组织对教科书、教学计划、教学大纲和教学方法的“检查”，编写各门自然科学的“马克思列宁主义的教科书”。

如此等等。

第四辑：从1932年开始的在自然科学领域反对把马克思主义简单化的斗争。

这一辑即原来的第二、第三两辑。这场反简单化的斗争，以及简单化在苏联曾经发展到怎样的程度，在这以前中国全不了解。20世纪50年代初苏联学者格列则尔曼曾就反对简单化的问题给杨献珍同志写过一封信，在《学习》杂志上发表了。因为并未具体介绍苏联当年简单化的情况，中国人弄不清楚是怎么回事，也就很难从中得到历史教益。通过这次查阅历史文献，了解了这些情况，对我们注意纠正和克服把马克思主义哲学简单化倾向有积极作用。由此可见，具体地而不是抽象地了解历史情况和经验，是很必要的。

有哪些具体情况呢?

1932年6月，联共（布）中央文化宣传部部长斯切茨基在《真理报》发表《论简单化和简单化者》一文，严厉指责了自然科学中的简单化现象。《在马克思主义旗帜下》也为此发表了社论。

这些文章指出的简单化倾向，主要有如下几种现象。

“简单地在这个或那个知识领域中添上辩证法的或者马克思列宁主义的标签和蛇足。”例如，提出了“争取外科学中马克思列宁主义的纯洁性”之类的口号。《苏联花柳病和皮肤病学通报》声称，“杂志上一切问题都要从辩证唯物主义观点来提出”。机器制造和金属加工研究所的机关刊物发表的《论锻造业中的马克思列宁主义理论》一文说：“必须记住，在我们的条件下，如果没有充分的马克思主义的论证，任何一个工艺过程，都不应该付之实现，同样的，任何一种机器，也不应该安装，更不应该从国外订货。”《争取保健事业的社会主义改造》一书，根据否定的规律，认为医学应该从关于疾病的学说变成关于健康的学说，认为治疗医学是“个人主义的无益的‘缝补工作’”，医生应当同工程师一起掌握生产过程，以建立最愉快和健康的劳动条件。

“把政治口号、党的口号直接搬到各个自然科学部门。”如《苏联口腔学》杂志要求在口腔学工作中警惕托洛茨基主义私贩，揭露“右倾”和“左倾”机会主义者，以及各种各样的自由主义调和分子，认为杂志在这方面犯了腐朽的自由主义错误。

建议派出特殊的方法论工作队，去帮助各专门研究所，训练和纠正各研究所、教研室的思想。

专家们关于科学技术问题的实实在在的书籍和文章，常常由于没有讲到辩证法而遭到辱骂。同时，一些“辩证的”胡说八道，也居然在杂志上发表。

对简单化的批评，提得十分尖锐，甚至提到：“殷勤的傻瓜比敌人更危险。”

在反对简单化的斗争中，主要是强调了掌握专业知识的必要性。关于“自然科学的党性原则”，“在马克思列宁主义基础上改造自然科学”等口号，还没有放弃。只是强调“首先要要求科学工作者认真地掌握自己的专业，通晓整个科学领域，在其中坚持不懈地工作”，“没有这个条件，关于科学中的党性的宣言，一钱不值”。“改造数学，物理学等等，只有在详尽地批判地研究这些科学的全部现有材料，通晓它的历史，理解它的特点等等的基础上，才能达到，更不用提这样的基本前提，即必须成为本门业务的专家和很好地通晓辩证法的内行。”

《在马克思主义旗帜下》杂志的社论仍然强调，“毫无疑问，没有一个自然科学、医学部门，从物理学起到花柳病学、口腔学为止，不偷用资产阶级唯心主义理论”，并指出近来自然科学家中反唯物主义力量的积极性加强了，必须同这些资产阶级理论经常斗争。但是一定要“在每一门科学的实际材料的基础上具体地进行这一斗争”。

在批判中提出，简单化倾向实质上是“在新阶段上复活了的孟什维克化的唯心主义对自然科学、医学和技术的态度”。“因为，冒充马克思主义科学的关于方法论的废话，根本不懂物理学和外科学却来改造科学的企图，如果不是孟什维克化的唯心主义的表现，又是什么？”

在这之后写的批判德波林派的文章中，提出了“德波林派对待现代自然科学的‘左派’路线”，认为在自然科学问题上，德波林同列宁的区别就在于他看不到也不愿意看到现代自然科学中基本的唯物主义的一面，夸大了自然科学中唯心主义的作用，德波林派的自然科学家阿哥尔宣称：“在整个自然科学中充满了资产阶级的气息。”此外，还批判了德波林派轻视自然科学的实践，傲慢地看待自然科学家，就像对待经验主义者和思想方法狭隘的人那样。

在这以后，采取了如下的组织措施。

根据联共（布）中央的指示，自然科学和技术红色教授学院进行了改组，学员分配到有关的专门研究所去工作。“因为有了这个措施才把红色教授学院的许多学员从丧失创造精神和无意义的空谈中挽救出来。”

各门自然科学家——马克思主义者协会旋即解散。联共（布）中央文化宣传部部长的文章指出：“所有这些协会差不多全都是由共产党员组成的，他们封闭在自己的狭隘范围内，脱离广大的苏联科学界。”是时候了，应该“拆掉这堵墙壁，让共产党员到广大苏联科学家中间去”。这和苏联文艺界解散“拉普”（俄罗斯无产阶级作家协会）是同时的事情。

1936 年 2 月，联共（布）中央和苏联人民委员会决定，由于考虑到两个科学院并存是不适宜的，为了将其合并为一个全国科学中心，取消共产主义科学院，将共产主义科学院的机构、研究所和人员移交苏联科学院。共产主义科学院自然科学部好像更早就已取消了。共产主义科学院工作的主要缺点之一，被认为是脱离苏联广大科学界。

1933 年，《争取马克思列宁主义的自然科学》杂志停刊。

第五辑：格森论牛顿的论文及其影响。

这一辑是新增的。格森是物理学家，在哲学上被指责为属于德波林学派。1931 年，在伦敦举行第二次科学史世界大会，作为苏联代表团成员，格森作了题为“牛顿〈原理〉的社会经济根源”的报告。这是用历史唯物主义观点，从社会经济背景上来研究自然科学史的创举，按贝尔纳的说法，这篇论文给西方科学史界以猛烈的马克思主义的冲击。西方科学社会学的产生，与这篇论文的影响有直接关系。至今人们在追叙科学学的历史时，都要提到这篇论文。格森的文章于 1937 年 2 月由何封译出，在新知书店出版，但题目被不恰当地改为“牛顿原理批判”。这次收入此集的是赵红洲、蒋国华的译介和评述稿。

第六辑：日丹诺夫论哲学战线与自然科学。

第二次世界大战后不久，联共中央作了一系列关于意识形态问题的决议，在文化和科学领域广泛地展开“反对资产阶级思想”的斗争。因为是日丹诺夫主持其事，西方称之为日丹诺夫主义。首先是在文艺问题上，随即转入哲学问题。我国那时“学习苏联”，这些都介绍过来，出过《苏联文艺问题》和《苏联哲学问题》两本书。日丹诺夫在讨论《哲学史》一书时的发言，实际上讲的是整个哲学战线，其中涉及自然科学，提出了“战斗任务”。选辑在这里的是日丹诺夫发言中涉及自然科学的部分，它是随后自然科学各个领域展开批判的先声。

当时有如下所述的一些口号和指导思想。

> 反对世界主义，反对奴颜婢膝地拜倒在资产阶级科学面前。
>
> 保卫俄罗斯科学家在自然科学上的发明权。维护俄国先进的唯物主义自然科学的伟大传统。
>
> 在自然科学中，坚持布尔什维克的党性原则。
>
> 人民的苏维埃科学同时是有党性的科学。党性原则在一切知识部门中，即社会科学、技术和自然科学中的影响是巨大的和有效果的。世界上根本没有无党性的科学。
>
> 先进的苏维埃自然科学与资本主义自然科学判然不同。阶级社会中没有也不可能有统一的世界的自然科学。
>
> 资本主义科学的总危机。资产阶级科学在这个或那个有限的部门中还能做一点积极的工作，但已经不能解决最重要的原则性的问题了。

第七辑：李森科和1948年全苏农业科学院会议。

这是苏联在自然科学领域进行粗暴批判的样板和高潮，影响是很大很坏的，对马克思主义和社会主义形象的损害是很严重的。李森科在会上的报告全文当时即已译成中文在《东北日报》和《人民日报》发表。这里只选了会议决议和李森科的报告。捧李森科、批摩尔根的文献汗牛充栋，不可能多选，只能摘印黄青禾同志的综合研究报告。

关于李森科事件的情况，这里说得稍微详细一点。

李森科批判摩尔根遗传学，打着拥护米丘林苏维埃生物学的旗号。米丘林本人是一个植物育种学家，他并没有批判过摩尔根。20 世纪 20 年代末共产主义科学院自然科学部的一些人倒是接近摩尔根派的遗产学观点，后来这些人被批评为德波林派孟什维克化的唯心主义。李森科那时研究春化，研究植物阶段发育。李森科作为一个学派，同传统的遗传学派展开争论，大约从1934年开始，围绕获得性可不可能获得遗传这个根本问题，旁及很多具体的理论和实际问题。1935年年末，李森科主办的《春化》杂志发动在报刊上争论。1936年12月，全苏列宁农业科学院开了一个特别会议，讨论了遗传和育种问题，争论达到高峰。当时争论已经很激烈，但是争论各方还能把意见讲出来。1936年，这次会议出了速记记录，各种观点的发言都在内。1939年，《在马克思主义旗帜下》杂志又就这个问题召开了讨论会，出了文集，刊登各方意见。争论进程中应当引为严重教训的是，自然科学学术观点的争论，越来越同政治问题混淆起来，李森科这派的一些人越来越惯于给对方扣政治帽子，把对方坚持的学术观点说成是“人民公敌”的观点，这比给自然科学学说戴“资产阶级”、“唯心主义”帽子的做法，更加严重得多了。李森科说，反对春化处理就是阶级斗争，就是富农破坏。李森科有个搭档，是个搞哲学的，1937年发表文章说，“托洛茨基匪徒遗传学家，在用魏斯曼主义的形而上学来扰乱我们的读者的思想方面做了不少工作”。布哈林写过一本书，叫《达尔文主义和马克思主义》，其中讲到孟德尔、摩尔根，讲到苏联的植物学家瓦维洛夫。瓦维洛夫等赞同摩尔根基因学说的科学家就被称为“基因学骑士”，报刊上的文章说“人民公敌布哈林同这些骑士们一起战斗”。学术上的争论变成一方指责另一方为人民公敌的一伙。不但报刊上这样批，行政部门也这样搞。1940年，瓦维洛夫就他遭遇到的这种情况写信给当时农业部的负责人，这个负责人回答说：“我们正式谴责孟德尔主义和形式遗传学造成的影响，绝不给这种潮流以任何支持。”1940年夏天，瓦维洛夫被捕。当然，没有看到材料说他只是因为赞成摩尔根就被抓起来了。但是，他是这场遗传学理论问题的激烈争论中对立一方的主要代表人物，他和他这一派的许多人越来越频繁地被对方扣上政治帽子，被对方指责为“人民公敌”的一伙。他是在这种背景下被捕的，后来宣判罪名，说他属于布哈林右派阴谋集团，是外国间谍，判处死刑。不久改为10年监禁。1943年，瓦维洛夫在监狱中死去。

1948年8月，列宁农业科学院的会议，照李森科的说法，就是他那一派（他叫做“苏维埃生物学”）“全面胜利”的会议，是“最后结束”遗传学中这场从 20 世纪 30 年代开始的、拖得太长了的争论的会议，是“最后粉碎”“资产阶级形式遗传学”的会议。会议的决议说：“在生物学中已划分出两条正面对立的路线，一条是进步的、唯物主义的米丘林路线，另一条是反动的、唯心主义的魏斯曼（孟德尔-摩尔根）的路线。”正式给摩尔根学派扣上了“反动的”、“唯心主义的”、“资产阶级的”三顶帽子。李森科在会上宣布，他的报告是经党中央委员会审查并且批准了的。《真理报》发表社论，说李森科的报告“体现了布尔什维克党的路线”。这样就以联共中央、以党的名义对遗传学争论问题作了结论。

会议闭幕前一天，1948 年 8 月 7 日，在《真理报》上登了联共中央宣传部科学处处长的检讨。这个处长叫尤·日丹诺夫，是联共中央书记日丹诺夫的儿子，他曾经对李森科不太满意，认为李森科作风粗暴，不尊重事实，在一次讨论会上发表过一些对李森科有所批评的意见。因为斯大林在这场争论中表了态，完全支持李森科，所以尤·日丹诺夫在《真理报》上发表了这封写给斯大林的检讨信。信里面说：

> 由于在讨论会上作了关于现代达尔文主义中争论问题的演讲，我犯了一系列严重错误。
>
> 一、作报告本身就是一个错误……
>
> 二、我的报告中的根本错误在于引导生物学中的两个正在斗争的方向调和起来。
>
> 从我到科学处工作的第一天起，就有形式遗传学的代表来向我申诉，说他们获得的一些栽培植物的具有优良品质的新品物，没有运用到生产中去，并遭到李森科院士的拥护者的阻碍……
>
> 我的错误在于，当决定袒护这些实际上是“糖衣炮弹”的实践结果时，我没有对孟德尔-摩尔根遗传学在方法论上的根本缺陷，给以无情的批评。我承认，这是办事的事务主义态度，是单纯地追求实际利益。
>
> 生物学中不同方向的斗争常常表现了吵闹和起哄的不健康的形式。然而，我以为，除了吵闹和起哄以外，什么内容也没有。
>
> 这些原因使我产生了想“调和”争论双方，消除分歧，强调团

结，而不是强调分开的想法。但是，在科学上，如同在政治上一样，原则是不能调和的，而只能战胜，斗争不能用掩盖矛盾的办法，而应该用揭发矛盾的办法来进行。在事务主义和狭隘实际主义的基础上产生的想调和原则的企图和对争论的理论意义认识不足，把我引导到了折中主义的道路上。

三、我对李森科院士尖锐和公开的批评是一个错误。

我确定魏斯曼主义和孟德尔-摩尔根主义的地位，在很大程度上是：不论好的或坏的，都凭良心说话。我不但没有给这些反科学的观点以致命的打击……相反地，我却错误地为自己提出了探索它们在生物学理论发展中的地位和在它们中间寻找“合理的内核”的任务……

由于尤·日丹诺夫的职务、他作检讨的方式及他在检讨中对何者为是、何者为非所作的奇特的阐明，这封信成为很能说明苏联那个时候的指导思想的一份材料。

还有一个奥尔贝里，是苏联科学院的院士，原来主持生物学部的，1948年8月会议后，在苏联科学院主席团会议上也作了检讨，他说：“我表现了过分容忍和自由主义，过分长期地维护染色体理论和形式遗传学自由发展的可能性。在这方面我个人遵循了下述原则：我认为，必须尊重不同的意见，不应该排斥那些和自己科学观点有分歧的人，必须为了最终地得到正确的、真正的结果而保证科学争论的可能性，保证不同观点、不同意见和不同研究方法争论的可能性。”

在1948年8月的会议上也有一些科学家敢于出来批评李森科和他的拥护者们的某些具体观点。举一个例子，李森科的一个追随者叫德米特里耶夫，在会上叫嚷：“我认为提高科学的最重要的条件之一，就是完全消除在科学上直到现在还被叫做‘学派’的‘单干户’。”有一个科学家起来反驳说：“国家计划委员会农业计划局局长德米特里耶夫在这里说，不应该有学派。”李森科插话：“很对！”这个科学家继续说：“我不知道米丁院士出席没有，恐怕他没有能够尽到责任。乌拉佐夫院士昨天在《文学报》上发表了一篇文章，题为‘爱护学派’……（笑声）我想我们应该爱护科学上的学派，在苏联有很多这样的学派，我们不能仅有一个科学学派。”米丁当时是《文学报》主编。但是，在会议的最后一天，所有几个坚持不赞成李森科观点的共产党员，都作了检讨。比如，那个反驳德米特里耶夫，要求爱护学派的科学家检讨说：“正当党中央委员会在生物科学的两条路线之间划清了界线的时候，我作了前天的发言，这就使我不配做一个共产党员和苏维埃科学家。”另一个共产党员科学家，原来申明自己不是摩尔根主义者，也不都赞成李森科，现在检讨说：“不肯走到头，只采取中间立场，似乎是不配做一个布尔什维克科学家。”

还有一个共产党员科学家，党的会议上要求他公开表态拒绝染色体理论，他不干。人家引证莫洛托夫，说莫洛托夫在十月革命节的庆祝大会上都讲了。这个共产党员科学家反问道：“为什么你认为莫洛托夫比我更懂得遗传学呢?”他不同意别人用莫洛托夫关于遗传学争论的话来压他，结果被开除出党，撤销了工作。后来到了一个地质研究所去做实验，他是一个生物学家。

用党的名义作自然科学问题的学术结论，用党的纪律来干预自然科学问题的学术争论，要求党员科学家按照党的决议来决定自己在自然科学学术争论中拥护什么观点、抛弃什么观点，这是很有害的做法，是很严重的教训。

不仅是党的纪律，还采取了行政措施。1948 年 8 月会议后，苏联科学院主席团立刻开了三天扩大会议。主席团决议，第一条就是解除奥尔贝里生物学部秘书（相当于学部主任）的职务，吸收李森科参加了生物学部的工作；第二条是解除施马尔高森进化形态学研究所所长职务，他是在会议上坚持不赞成李森科观点的主要代表人物；第三条是解散细胞学、组织学与胚胎学研究所所属的细胞遗传学实验室，封闭这个研究所的植物细胞学实验室，结束进化形态研究所的形态发生学研究室，因为它们都是研究摩尔根学说的。还有，重新审查生物学部各研究所学术委员会和生物学杂志编辑委员会的成分，“清除魏斯曼、摩尔根遗传学的拥护者”等。高教部也开会，发布命令，从莫斯科大学、列宁格勒大学开除一批不支持李森科观点的科学家，还决定取消一批课程，取消一批研究计划，等等。之后，很多杂志编辑部改组，研究所、教研室改组，用行政命令的办法把学术上持不同意见的人压制下去，撤销职务和停止工作。

这样，李森科一派当然就取得“全面胜利”了。李森科到季米利亚捷夫农学院去讲课的那一天，很大的教室，都是坐小汽车来的人“听课”，学生只好到外面拉线听。李森科穿过夹道欢迎的队伍，军乐队高奏“胜利进行曲”。但是，历史证明，这样的“胜利”，不但是个闹剧，而且是个悲剧，是社会主义国家科学事业发展历史中的一个悲剧。

第八辑：马尔科夫文章和物理学中的批评。

《哲学问题》是日丹诺夫讲话以后创办的，但很快受到批评，帽子是“世界主义”，编辑部被改组，主编凯德洛夫被解职。《哲学问题》被批评的原因之一是发表了马尔科夫《论物理学知识的本性》一文。发表这篇文章的那期《哲学问题》杂志我们现在还没有找到。不得已，只能将马尔科夫 30 多年后发表的同题文章译出，作者自称此文再现了原先那篇文章的内容。

从对马尔科夫文章的批判，进一步引发在报刊上批评了量子力学中哥本哈根学派（波尔、海森堡）的唯心主义的、“彻头彻尾反动的”观点，批判了相对论中爱因斯坦的“反动的哲学观点”，以及爱因斯坦认为物质转变为能量的“现代唯能主义”，批判了“一个明显地充满世界主义情绪的苏联物理学家集团，许多年来在他们的活动中完全以西方科学家马首是瞻”，“从未放过‘哥本哈根’或‘剑桥’物理学派方面所说的任何一句话”。

第九辑：巴甫洛夫学说和对魏尔啸的批评。

1950 年，苏联科学院与苏联医学科学院召开了关于巴甫洛夫院士生理学说问题的科学会议。会议要求在巴甫洛夫学说基础上“改造生理学、心理学和医学”，批判了“阻碍把巴甫洛夫学说贯彻到医学和生物学中去”的“伪科学”魏尔啸学说，批判了“对巴甫洛夫学说采取反抗态度的苏联学者别利托夫院士及其他某些唯心主义生理学家、心理学家”，批判了奥尔贝里院士“违反巴甫洛夫方向的错误道路”，指责了“若干科学家们制造他们自己的生理学‘学派’和‘小学派’的毫无理由的倾向，以致使他们违反了巴甫洛夫学说的总方向”。

第十辑：对勒柏辛斯卡娅和波什扬的宣扬。

1950 年和 1952 年，苏联医学科学院和苏联科学院生物学部两次开会讨论了勒柏辛斯卡娅细胞学说，批判“阻碍科学进步的最虚伪、最反动、最唯心的”魏尔啸细胞学说，认为“在过去一百年当中，科学上和政治上都是反动的德国学者魏尔啸的细胞学说统治着生物学界”，“在社会主义已经胜利了的祖国，不应当再有反动的魏尔啸的理论存在”。勒柏辛斯卡娅的著作被授予斯大林奖金。

报刊上宣传了波什扬关于病毒和微生物相互转化的学说，认为是“符合辩证唯物主义”、“反对形而上学的魏尔啸学说”的。

第十一辑：关于天体演化学的争论。

第十二辑：关于共振论的争论。

1951 年，苏联科学院召开了有机化学中化学结构理论问题讨论会，批判了美国当代学者鲍林的“共振论”和英国英果尔德的“中介论”，认为它们是“唯心主义的、机械论的、反动的并且是无用的伪科学”，批判了宣传共振论的苏联学者苏尔金和加特金娜，宣传了 19 世纪俄国化学家布特列洛夫的“先进的、唯物主义的、辩证的化学结构理论”。

这里关于共振论问题想多说几句，因为作为这个批判的主要译介者，我了解较多的情况。批判共振论，给它戴上唯心论、机械论、反动的帽子，无疑是错误的，尽管对共振论及其方法可以有不同的评价。这种不同评价在西方理论化学界当时和后来都存在，有些评论还很尖锐，这是正常的学术现象。用政治和哲学帽子，搞声势浩大的集中批判，则是不正常的现象。但是应该看到，在当时不正常的情况下，苏联许多科学家，包括化学结构理论讨论会主题报告的作者们，还是坚持了一些科学的观点的（如仍然强调运用现代物理学及其实验的和理论的方法来研究化学结构理论，肯定量子化学在理论化学中的作用），特别是断然拒绝了发动这场批判的切林拆夫教授所臆造的一种“新的结构理论”，明确指出他的理论“既与实验事实矛盾，也与量子化学的普遍原则矛盾，没有科学根据，应该予以抛弃”。在当时，能这样做是难能可贵的。切林拆夫猛烈抨击会议报告跟共振论一样错误，指责它的作者们是共振论的直接拥护者。会议报告和决定为与会的科学家所赞成，只有切林拆夫一人表示反对。切林拆夫未能成为化学界的李森科！

以上七辑（从第六辑到第十二辑）是由原来的第四至第七辑补充重编而来的，展现了苏联 20 世纪 40 年代末 50 年代初以遗传学问题为中心，扩展到自然科学各个领域的那场“批判”的概貌。所有这些批判，当时都迅速介绍到中国来了。总体来说，这些批判及其介绍都是起了消极作用的，虽然这种作用的强度和深度在各个学科是不相同的。

第十三辑：从《马克思主义和语言学问题》引起的关于自然科学特点的讨论。

这一辑是新增的。斯大林的《马克思主义和语言学问题》有反“左”的内容。它破除了任何社会现象都有阶级性这样一种偏执的观点，为从根本上克服自然科学有阶级性的观点开辟了道路；它反对语言学界“马克思主义”的学术权威马尔的学阀统治，主张批评自由，为动摇李森科之流的学阀统治开辟了道路。斯大林的这部著作发表后，苏联科学界讨论了形式逻辑问题、自然科学问题。《科学问题论文集》一书搜集和译出了苏联关于科学的性质、特点、作用的讨论中的重要文章，现在选用了其中的一篇，作为代表，从中可以看到，尽管一时仍不能摆脱那时“批判”的许多“左”的观点，但是从这些影响下摆脱出来的最初的步伐毕竟已经迈开了。

第十四辑：福克对马克西莫夫的批评。

马克西莫夫是在自然科学哲学问题上曾经居于权威地位的哲学家。物理学家福克对他的批评，引起了很大震动，长了科学的志气，灭了对科学的无知批评的威风。这场批评和反批评是围绕着对相对论的看法展开的。后来《哲学问题》杂志编辑部作了《相对论讨论的总结》，支持了对马克西莫夫的批评。

第十五辑：对控制论的批评和对这种批评的纠正。

《哲学问题》杂志在 1953 年第 5 期发表了署名为“唯物主义者”的文章，指责 cybernetics 这门科学是“反动的伪科学”，是“唯心主义的机械论”。1954 年出版的苏联《简明哲学辞典》按同样观点写了这个条目。对一门有巨大创造性和生命力的新科学采取这样一种敌视和否定的态度，而又以“马克思主义”的名义行事，的确是一种耻辱。马克思主义理论队伍中不久即发现这种批评的谬误并着手纠正它。1954 年 11 月，柯尔曼在苏共中央社会科学院作了题为“什么是 Cybernetics”的报告，代表了这一纠正工作的开端，据此报告写成的文章在《哲学问题》杂志 1955 年第 4 期发表了。

“唯物主义者”的文章当时没有翻译出来在中国发表。之所以没有翻译，并不是中国的同志有辨别力，不赞成它。简单得很，就是没有注意到它。《简明哲学辞典》是译成中文出版了的，这个条目也在内，cybernetics 这个词，按辞典所作的批判，被译为“大脑机械论”。不过，在我国哲学界和科学界，没有谁注意到这个条目说的是怎么回事。因此，当时在中国没有跟着苏联对“大脑机械论”展开批判。后来苏联《简明哲学辞典》撤销了 cybernetics 这一条。在中国，是从翻译柯尔曼的文章开始介绍这门学问的。正是在校译这篇文章时，才研究了 cybernetics 应该如何中译的问题，并确定了“控制论”这个译法。之后有同志建议译为“控制学”，虽有道理，但“控制论”的译法已经传开，也就沿用下来了。20 世纪 60 年代编译控制论论文集，追踪历史，才将“唯物主义者”的文章补译出来。近来常有人说，我国跟着苏联，批了遗传学，批了共振论，批了控制论。前两项是事实，后一项不是事实，没有跟上趟。讲历史，还是讲得事实准确为好。

这两辑，都是这次增补的。

第十六辑：总结历史经验，重新评价自然科学领域的各项哲学争论。

在斯大林逝世以前，苏联科学界对李森科已经开始有所批评，对马克西莫夫也开始有所批评。斯大林逝世以后，科学界逐步清算自然科学领域的各次哲学争论，报刊上发表了许多文章。会议上苏联科学院领导人也讲过多次。这些总结历史，批评教条主义的文章和讲话，当时都翻译介绍过来了。其中最有代表性和权威性的几篇，收在这一辑内。这一辑，就是原来的第八辑。

这方面主要的文章有 1953 年《真理报》发表的《论科学中的批评、革新精神和教条主义》，1955 年《文学报》发表的《科学中的学派》，1956 年科学院大会上涅斯米扬诺夫院长的报告，1957 年《哲学问题》杂志的社论，以及 1958 年全苏现代自然科学哲学会议。

这些文章和其他一些文章，体现了如下所述的指导思想的变化。

不提自然科学的党性原则，不提资产阶级自然科学和社会主义自然科学了。1956 年，苏联科学院学术秘书长在《共产党人》上发表文章，认为“没有‘资本主义’科学和‘社会主义’科学之分。自然科学作为对周围世界的规律的正确反映和理解的结果，就其实质是统一的”。

“不能把同敌对思想、同阶级敌人作斗争的方式和方法搬用到苏联学者对各种问题的学术讨论中来。”不能乱扣“反动的”、“唯心主义”的帽子。这种批评武器“必须针对着那种异端思想的真正表现。但是，非常轻率地和毫无根据地运用那样一些‘激烈的’字眼，却只会给我们带来损害”。

反对“粗暴的庸俗社会学态度”。“科学家在专门自然科学上的立场，同这些科学家所居住的那个帝国主义国家的政策，被混为一谈了。”

反对“对待自然科学的积极成就的虚无主义态度”。

提倡不同的学派，不能“满意于在这一或那一知识领域中只存在一个学派”。一个学派垄断，“创造的天地就会缩小，并且会使某些学派有可能遭受崇拜个人工作和个人观点的危险”，甚至出现种种“不端行为”。

同时，对各门学科中那些被推崇过和被批判过的学说，许多都重新作了评价。

在生物科学方面，涅斯米扬诺夫在1956年科学院大会上说：“用压制科学上的反对者，贴标签以及类似的不科学的方法来解决科学上的争论问题的习气，曾经在我们的生物学里扎下了根。”“米丘林方向要尽可能好和尽可能快地发展。它应该从错误的和被沾染的东西中解放出来。但是米丘林方向的活动者不应该妨碍生物学研究的其他实验方向。”

他还说：“我们的生理学几年以来在某种程度上是站在一条很少有好处的道路上的。”“在争论以后的时期中，即使是高级神经活动领域里的成就也是单薄而片面的。”科学院学术秘书长说：不能认为“在生物学中米丘林生物学是唯一先进的，在生理学中巴甫洛夫生理学是唯一先进的。当然，这些科学派别是非常进步的，并且是唯物主义生物学的精华，但是却不能鄙视米丘林和巴甫洛夫没有指出过的科学中的各种新言论和各种新的材料，而把它们认为是伪科学，是反米丘林或反巴甫洛夫的”。

恢复了奥尔贝里的研究工作。据说，巴甫洛夫本人对奥尔贝里的生理学派作了很高评价，并认为他有在科学中走独立道路的权利。

关于勒柏辛斯卡娅学说，涅斯米扬诺夫在科学院大会上说：“在我们的科学里也有这样的例子，一个概念根据不足，却在大吹大擂，在苏联科学中发展了并宣传了的关于细胞发生的概念就是这么一回事，它并不能帮助科学进步。在科学里也和在自然界里一样，死亡，这是正常的。”

1955年，《医务工作者》报发表《违反科学的真理》一文，宣布波什扬学说经过检查，没有任何科学根据，是不正确的。它带来了混乱，阻碍了科学的前进。波什扬缺乏诚恳和正直的品质，撤销了波什扬的实验室。

在物理学方面，1955 年《哲学问题》杂志关于相对论讨论的总结中，批判了马克西莫夫否认相对论的物理学结论的观点，认为是“对待现代物理学中最重要理论之一的恶劣的虚无主义观点”。

1958 年，全苏自然科学哲学问题会议学术秘书的文章，批判过去一些哲学家“否认例如量子力学、相对论、控制论以及研究遗传学的生物物理学派和生物化学派等有价值的物理成果，仿佛这些都是跟辩证唯物主义相对立的”。

《哲学问题》杂志社论认为过去该刊对马尔柯夫一文的批判“采取了不应有的尖锐态度”。“这篇文章包含了一系列可以争论甚至错误的论点，但是对它的批判具有这样一种‘一棍子打死’的性质，以致至今回忆起来都像是一次‘不许涉及’新问题的阴森的警告。”

在化学方面，涅斯米扬诺夫在科学院大会上说：“1951 年举行的结构理论讨论会，绝没有促进工作的进展，而是使科学家比较快地离开了这个科学领域。”参与起草这次讨论会批判共振论报告的化学家克鲁仰茨说：“在讨论中，虽然正确地指出了共振论的错误，但也同时没有任何根据地给现代化学发展中有巨大意义的量子论概念和量子力学计算方法投上阴影，而同时又不公正地根本怀疑共振论的创始人之一、卓越的进步学者鲍林教授的全部研究的科学价值。”他还说：“某些讨论的不很高的水平，有时也会妨碍我们的学者同外国的进步科学家之间的正常相互关系。”新版《简明哲学辞典》中撤销了“共振论”这一条。鲍林被选为苏联科学院外国院士。

苏联在 20 世纪 50 年代中纠正过去批判中的错误的情况，大致如此。至于李森科，他的学术观点和学阀作风受到批评，被解除了职务，后来在赫鲁晓夫支持下又重新上台，发生反复，直到赫鲁晓夫垮台，他再次被解职。

20 世纪 50 年代中期我们党提出百家争鸣方针，一是总结自然科学历史的经验教训（毛泽东在阐明这一方针时讲到哥白尼的日心说和达尔文的进化论都曾经被认为是错误的东西，经历过受压制的历史）；二是总结苏联建国以后在自然科学领域进行粗暴批判的历史教训；三是总结我国在这方面照搬苏联的历史教训。苏联 20 世纪 50 年代中叶重新评价自然科学领域各次哲学争论的文章和报告，对我们了解情况、思考问题是有帮助的。1956 年制订我国自然辩证法研究规划的时候，参加讨论规划的同志表达了这样的看法：“我国自然辩证法的研究刚刚开始，目前主要的是迅速把工作开展起来，但也应当注意吸取苏联和其他国家这方面的经验和教训，培养正确的学风，防止那些会阻碍研究工作获得成绩的不良倾向。大家提到，这样一种偏向：在正确地批判渗入自然科学的唯心主义哲学的同时，错误地不加分析地对真正的自然科学事实和理论采取否定态度，是要注意防止的。苏联有一些哲学家曾经一度由于批判唯心主义而对相对论、控制论、数理逻辑、量子化学抱有否定态度，后来逐渐得到了纠正。还有一种偏向，就是把哲学对自然科学的关系简单化、庸俗化，用哲学代替自然科学，用一般哲学命题代替自然科学原理，用一般哲学解释代替对具体自然过程的机理的自然科学研究，甚至不虚心对待自然科学的事实和成就，反而把一些哲学原理和条文僵死化并用来向自然科学发号施令。生物科学哲学问题的研究中过去的有一些错误和缺点，看来是属于这种性质。正如好的哲学会促进自然科学发展一样，不尊重事实和科学的、僵化而专断的坏的哲学，当然会要阻碍自然科学的发展。”（龚育之：《开展自然辩证法的研究工作》，1956 年 12 月 26 日，《人民日报》。）

前事不忘，后事之师。研究历史，是为了现在。

第五部
科学与人文

从交叉科学看教育改革*

教育体制改革当然不可能纯粹是讲体制，一定要涉及教育结构、教育内容、教育方法、教育指导思想的改革。为了适应交叉科学发展的趋势，教育应怎样改变它的指导思想、它的内容方法，我觉得这是教育改革的重要课题。很多同志都认为，交叉科学的产生与发展是历史的必然，是科学发展的强大潮流。我想，面对科学发展的强大潮流，我们现在的学校教育形式是很不适应的，应该从这个方面提出一些问题来促进教育指导思想的改变。

教育要赶上科学发展的形势，有很多工作要做，粗略想来有三个方面的问题。

第一，交叉科学在我们的教育中间，特别是高等教育中，应该得到比较充分的反映，应该开设这类课程，甚至设置这类专业，等等。这方面虽然已经做了工作，但是很不充分。学校里教学课程的设置、专业的设置、科系的设置，从大学专科、本科到研究生，在反映科学发展方面，都很不充分。我们应该在这个方面发挥作用，使交叉科学取得应有的教育阵地。现在教育搞改革，要减少必修课，增加选修课。我想，我们交叉科学是不是应该在大学里开一大批选修课，向学生传播新的科学思想、新的科学知

* 本文原载《迎接交叉科学时代》，光明日报出版社，1985年，第18～20页。

识。选修不是强迫学生来听，而是要靠内容来吸引。我想，交叉科学的课程是会受到学生欢迎的。当然，我们在高等学院里，除了应该让各级领导了解这种潮流、支持我们这种努力外，还要靠我们自己拿出切切实实的成果，开出一大批课程来。

第二，我想提出这样一个要求：我们从事交叉科学工作的人应该帮助学校里马克思主义教育的改革。高等学校（也包括中等学校）中马克思主义教育非常重要，但确实早就到了非改革不可的时候，现在更应该尖锐、迫切地提出这个改革问题。我想，改革中一个重要的方向，就是马克思主义作为一门科学，应该同其他科学一样，不是封闭的，而是开放的；不是停止的，而是发展的；不是孤立起来的，而是同其他科学相互交叉的。交叉是科学发展的一个规律。马克思主义既然是科学，就要和其他科学相交叉，就要和自然科学发展相交叉，就要和各门社会科学、社会研究发展相交叉。从这些学科中吸收新的东西，同时也去影响其他科学的发展。如果没有这么一种交叉，马克思主义就会变成一个孤立的封闭系统，就会脱离其他科学的发展，也就会脱离革命实践的发展，变成一种僵死的、没有生命力的教条。现在的教育，就有相当一部分处在这种状态中。要吸收自然科学和社会科学方面很多同志帮助马克思主义教学的改进和改革。搞交叉科学的同志更能直接地来促进这一改革，因为马克思主义要与自然科学的各门科学发展相交叉，要与社会科学当前发展相交叉，而我们各门交叉科学正在从事这些内容的研究，事实上我们有些交叉科学部门正在做这些工作。例如，自然辩证法的教学，就使人感到比脱离自然科学讲哲学、讲马克思主义要好；科学史的教学，在帮助马克思主义哲学、帮助自然辩证法教学能够更好地与科学相结合方面也起了一些很好的作用。科学学的一些教学对辩证唯物论和历史唯物论与科学相结合也起了一些很好的作用。

第三，从更深的层次上看，交叉科学能为我们国家、民族的人才培养克服现在的一些弊端，使得小学、中学、大学的人才培养能适应科学发展的趋势，适应自然科学和社会科学结合的趋势。这不仅仅是开一门交叉科学的课程或专业的问题，也不仅仅是帮助马克思主义教学改革的问题，而是在教育中怎样体现这么一种精神，即基础教育、大学教育要积极促进自然科学和社会科学的结合和交叉。钱伟长同志也认为，在大学理工科教育里，经济的课程、哲学的课程、社会学的课程、政治学的课程太少。学的那一点政治课，又脱离现在的政治经济的社会实际。而在社会科学的科系里，自然科学知识太少，其他具体社会科学知识也太少。有同志讲，现在我们大学的哲学系已发展到了几十个，招了很多学生。为什么学生会这么多呢？有一个情况，据说有些学生以为哲学系最容易学，不需要懂数学，也不需要读很多自然科学，似乎读几本经典著作，读几本讲义，这个哲学就能念得下去，而这样的哲学发展是很难设想的。

科学是推动物质文明的巨大力量 也是推动精神文明的巨大力量*

这次中央六中全会的文件比较充分地体现了科学在中央的决策中，在整个国家事业中，在精神文明建设中的重要地位。

这个文件通篇都贯穿了重视科学这样一个精神。能不能这样说，这个文件所表达的社会主义精神文明建设是革命精神和科学精神的统一，是马克思主义和现代的社会科学和自然科学发展的统一。

过去我们谈精神文明建设时，主要强调的是政治觉悟、伦理道德，把政治觉悟和伦理道德看成精神文明建设的全部。政治觉悟和伦理道德的确是重要的问题，没有一个革命的觉悟和伦理道德是不行的。但是，如果在搞社会主义现代化建设的条件下，讲精神文明建设，只是看到政治觉悟和伦理道德，而看不到科学知识、科学精神的话，这样的精神文明是不全面的，也不能适应现代化要求的，必须把两者统一起来。有时我们也看到，谈精神文明建设时，着重强调的是马克思主义，马克思主义确实非常重要，是精神文明建设的指导思想。但是，马克思主义如果没有教育、科学、文化的发展，没有现代科学，就不能产生。离开现代科学也不能发展。只看到马克思主义，

* 本文为1986年在科学技术协会常务委员会发言摘要，原载《自然辩证法报》，1986年第21期，第一版。

而不把马克思主义和现代科学统一起来，也是片面的。

最近几年也强调科学，但更多强调的是科学对物质文明建设，对转化物质生产力而起的巨大作用，这当然很重要。但科学的革命作用，不仅限于促进生产力的发展，创造新的技术。在马克思主义看来，整个科学的革命作用有两个方面：一方面转为新的物质生产力；一方面提高人的精神境界，变成一种精神力量。科学发展所提供的这种精神力量对人们的世界观，对人们的思想境界，对人们的思维能力起着巨大的革命作用。

恩格斯对 18 世纪的情况有一个很好的概括。他说，科学和实践结合起来，导致了法国的启蒙运动。“五四”时期，搞新文化运动，提出了民主与科学的口号。那个时候讲科学也包括两层含义：一方面要用科学引来新的技术，来改变中国的贫穷和弱小——科学救国；另一方面要抛弃中国旧的封建道德、文化和专制思想等非科学成分，将一种新的精神注入中国的文化，这在很大意义上，也是把科学当做一种精神力量来起作用的。后来，马克思主义传入中国，由中国共产党领导革命斗争，同样是继承了民主和科学的口号，并且把它提到新的阶段。毛泽东同志在延安讲新民主主义论，总的题目讲的就是新民主主义文化，对新民主主义文化提出了三个口号：民族的、科学的、大众的。毛泽东同志说，大众的就是民族的，科学的就是从马克思主义的科学精神到自然科学的唯物主义精神。这里面就讲到，马克思主义者要用科学精神反对封建迷信。那时毛泽东同志也是把科学思想的发扬作为发展生产力和提高人们的唯物主义思想，克服愚昧、落后、盲从的一种精神力量提出的。所以，科学要从两个方面考虑，它既是推动物质文明的巨大力量，也是推动精神文明的巨大力量。

把科学精神和革命精神统一起来，把革命的理想、道德、纪律和现代科学文化统一起来，把马克思主义和现代自然科学、社会科学发展统一起来。这种结合为科学技术协会的工作开辟了很好的前景、宽广的道路。中央这样重视，全社会这样重视，科协的工作就会受到更大的支持和重视，同时，也就提出了更多的任务。怎样既把科协所联系的科学工作者推到为物质文明建设，为“四化”的发展起作用，同时也要为精神文明建设，为科学知识普及，为科学精神的发扬发挥作用？过去讲科学普及时，讲得更多的是知识的普及，这是基础，非常重要，但也还要强调科学精神的普及。人类科学发展的成果，不仅表现在反映知识方面，而且表现在长期科学实践中所形成的科学精神方面，如尊重事实、尊重真理、尊重实践，反对盲从、反对迷信等。科学尊重开拓、尊重创新，反对保守、守旧。真正的科学家，为人类做出贡献的伟大科学家，都充满现实精神。过去的科学家可能没有共产主义理想，也谈不上为共产主义献身。但是，他们是为着人类知识的进步，为着这种知识能为人类造福，有很多高尚的品德。这也是社会主义精神文明必须要继承的。中央文件里特别强调，一切对人民幸福和社会进步有利的思想和精神，一切对"四化"建设的进行和祖国统一有利的积极思想和精神，一切用自己的劳动来追求美好生活的精神都应该充分吸取、发扬，并且和马克思主义思想和社会主义联系起来。这样的道德建设也就不是一种脱离人类的道德发展，脱离社会上追求正义的人士的高尚品质的狭隘的东西，而是最广泛地吸收一切积极成果的一种精神文明。

政治民主是学术民主的前提*

谈“百花齐放、百家争鸣”的方针，首先，它是政治民主在学术领域里的一个表现。有了政治民主，才可能有这个方针，如果这个政治民主搞乱了，搞糟了，这个方针或者提不出来，或者提出来也会变成形式，实现不了。所以，政治民主是学术民主的一个前提，同时也应该是宪法规定的人民权利的一种表现。言论自由，学术也是言论，这就是宪法规定的自由研究的权利。从科学规律来讲，又是科学发展的一种客观规律，历史证明如此，现实情况也证明如此。其次，“百花齐放、百家争鸣”方针的提出，也是中国共产党在领导科学工作中经验和教训的一种总结。当初提出这个方针来，确实一方面有苏联的经验和教训，也包括我们国家的经验和教训。把这些曲折的经验和教训总结出来，就可以使得以后的道路的曲折少一点。这是政治民主在学术领域里的具体体现，是宪法规定的权利，是科学发展的客观规律，也是党领导科学工作的经验、教训的总结。

---

* 本文为1986年8月21日在青岛遗传学座谈会30周年纪念会上的发言（摘要），原载《自然辩证法报》，1986年第9期。

科学技术是现代文化的基础*

近年来掀起了一股文化“热”，人们从各方面谈论文化问题。从改革的进程来说，这是很自然的。首先是经济体制改革，进一步是政治体制改革，再进一步是观念形态、文化心理的改革。这些东西不那么有形，却从更深层次影响着人们。改革要克服文化心理上的阻力，要寻求文化心理上的动力，很多问题都需要探讨。

“文化”可以有无穷个定义，内涵丰富，外延广阔，大到可以包容人类活动的全部成果。从狭义上讲，文化单指精神文化，也就是精神文明。

自古以来，科学就是文化的一部分。自近代以来，科学不仅是文化的一部分，而且日益成为文化的基础，并贯通全部人类文化和社会生活。这是近代文化、现代文化区别于古代文化的重点。

中国进入近代，迟于西欧、北美。西学东渐，中西文化撞击，引起持续论战。论战中有过一种流行的观点：西方物质文明虽好，东方精神文明更高。持这种观点的人，不理解、不承认西方近代文化的精神价值，只承认西方的物质文明。他们极力颂扬和维护东方“精神文明”，而他们心目中的东方精神文明，实际上正是腐朽的封建礼教、道德和文化。这些东西正是抵抗

---

* 本文为1988年4月在《现代化》杂志座谈会上的发言，原载《自然辩证法在中国》，北京大学出版社，1996年，第129～131页。

西方近代文化输入东方的阻力。为了中国的进步，必须扫除这种文化阻力。五四运动首先是一个文化运动。新文化运动的口号是民主和科学，这是“五四运动的总司令”、后来接受马克思主义的陈独秀提出来的。陈独秀在论战中说，西方文明，于物质生活之外，也有“精神文明”。民主和科学，是西方近代精神文明中的精华。五四运动的另一个领袖人物，即后来反对马克思主义的胡适，那时也说过“西洋近代文明的精神方面的第一特色是科学”，又说“十八世纪的新宗教的信条是自由、平等、博爱。19 世纪中叶以后的新宗教的信条是社会主义。这是西洋近代的精神文明，这是东方民族不曾有过的精神文明”。所以，五四运动是把科学作为新的文化观念、文化因素来引进的，是把科学作为改造我们的旧文化、建设我们的新文化的重要力量来提出的。就科学提供关于世界的科学知识，提供科学的世界观和思想方法而言，科学是精神文明。后来在延安，毛泽东写了《新民主主义论》，其中对新民主主义文化的界定是“民族的、科学的、大众的”。大众的也就是民主的，因为，民主是人民大众的民主。这里既突出了科学在文化中的地位，又把科学、民主同大众联系起来，是对五四运动所提出的民主和科学口号的继承和发扬。这里讲科学，不仅是作为文化的一部分，而且是规定文化的性质和方向。这里讲科学，既包括马克思主义科学，也包括自然科学和其他科学。延安自然科学研究会宣言中强调要用自然科学来“破除迷信，并反对复古盲从等一切反科学、反进步的封建残余毒物，使人民的思想意识和风俗习惯都向着科学的进步的道路上发展”。张闻天在说明新文化的科学性质时，强调“反对武断、迷信、愚昧、无知，拥护科学真理，把真理当做自己实践的指南，提倡真能把握真理的科学与科学的思想，养成科学的生活与科学的工作方法”。可见，从“五四”到延安，一直有这样一种指导思想：提倡科学知识、提倡科学精神，把科学作为新文化的基础、性质和方向。这是一个好的传统，应该继承和发扬的传统。

但是，毋庸讳言，我们还有另一种传统，即不好的传统，就是轻视科学知识、忽视科学精神的传统。《中共中央关于建国以来党的若干历史问题的决议》总结新中国成立以后失误的教训，有一条就是“要坚决扫除长期间存在而在‘文化大革命’期间登峰造极的那种轻视教育科学文化和歧视知识分子的完全错误的观念”。既然是“长期间存在”，就可以说是一种传统。本来，革命取得胜利，转入建设时期，同革命时期相比，在建设时期，在思想文化领域应该更加强调科学知识和科学精神。应该把提倡科学、民主、法制这些代表近代文化的东西与革命精神、革命觉悟、革命道德很好地结合起来，不应该把这两个方面分裂开来，更不应该对立起来，片面地强调一个方面。可是在“左”倾错误下，在革命胜利、社会主义改造基本完成以后，反而更加强调“以阶级斗争为纲”，好像强调科学就是“科学至上”、“专家路线”，就是反对“政治挂帅”和“群众路线”；强调民主、法制，就是“反对党的领导”。这样，使科学精神的建设和民主政治的建设受到忽视和扭曲。所以，今天我们讲文化问题，讲精神文明建设，应该继续纠正这种忽视和扭曲，进行全面的建设。邓小平同志提出的“四有”，即“有理想、有道德、有文化、有纪律”，就是全面的纲领。《中共中央关于社会主义精神文明建设指导方针的决议》对“四有”的纲领作了系统的、展开的说明，它不仅强调了理想建设、道德建设（这无疑是极其重要的），而且从社会主义初级阶段的实际出发，论述了理想建设、道德建设的一系列指导方针问题；它又强调了科学、教育、文化（这里指更狭义的文化）的建设，包括科学教育文化事业的发展、科学文化知识的普及和科学精神、科学方法的提倡；它还强调了民主、法制、纪律观念的建设，并指出法制、纪律是社会主义民主政治中必不可少的。这样就在社会主义的基础上，把科学、民主与理想、道德相联系、相统一。这是革命精神同科学精神的统一，是革命的理想、道德同现代科学文化的统一。我觉得，我们对这个决议的这些思想、这些方针，宣传贯彻得还不够。今天这个座谈会把这一问题提出来了，我们大家共同来讨论，如何在文化建设中，把科学摆在应有的突出的位置上，这是很有必要的。

文化要着眼于建设*

我赞成这个会的宗旨，文化发展问题必须摆到重要位置，引起全党、广大知识界和人民群众的充分注意。

五四运动一方面是反帝救亡的政治运动，另一方面是解放思想、启蒙倡新的文化运动。救亡和启蒙两个主题的结合，是历史的必然。政治和文化作为革命斗争的两条战线，相互推进。革命，就是要破坏旧世界，建设新世界。那时我国社会的主要矛盾，是人民大众同封建主义、帝国主义的反动统治（政治、经济和文化的统治）的矛盾。毛泽东在《新民主主义论》里强调“不破不立，不塞不流，不止不行”。这是革命的真理。五四新文化运动的批判锋芒，直指旧礼教、旧道德、旧思想、旧文化，所向披靡，是革命的政治运动所必不可少的前锋和侧翼。

但是，即使在革命时期，新文化运动的建设工作也始终没有放松，不能放松。请看，以鲁迅、茅盾、巴金、曹禺为代表的新文学建设者，写出了多少好作品，从郭沫若开端的新史学建设提出了多少新论点，出版了多少新著作……成绩斐然。更不用说马克思主义基本原理同中国革命实践相结合的理论建设了。没有这些新文化建设，革命的胜利是不可能的。

---

* 本文为1988年4月在“文化发展问题”座谈会上的发言，原载《自然辩证法在中国》，北京大学出版社，1996年，第132～134页。

中华人民共和国的建立，标志着在我国破坏旧世界的最重要的工程已经完成，致力于建设新世界的最基本的政治条件已经具备。从文化来说，着眼于建设，就更加重要，更需突出了。新中国成立之初，毛泽东讲过，随着经济建设高潮的到来，文化建设高潮也将到来。20 世纪 50 年代中期又进一步讲过，全国工作中心要转到发展经济和文化上来。就是 1958 年讲技术革命和文化革命，那个文化革命，也是从扫除文盲，普及教育，发展科学，建设医院、图书馆……的意义上来讲的。这同列宁从文化建设的意义上来讲文化革命是一致的。

但是，这种着重文化建设的思想，未能充分地和一贯地得到执行。文化建设取得了成绩，却远远没有达到本来应该并且能够达到的程度。而在学术、文艺领域，从新中国成立初对电影《武训传》的批判开始，发动了一系列的批判运动。应该说，人民政权的建立并不意味着思想批判任务的自然消失。但是，正因为有了人民政权，更有条件、有必要、有可能通过自由的讨论、自由的争辩，依靠真理的力量和实践的检验，来解决人们思想上的纷争。而我们在学术、文艺领域展开的一次又一次的批判运动，不仅往往混淆了是非，而且往往采用群起而攻、无限上纲、不容分说的办法。这就不能不挫伤文化知识界的积极性和创造精神，十分不利于文化建设。这种情况发展到“文化大革命”时登峰造极。这时的“文化革命”已经完全脱离文化建设而成了文化破坏。

社会主义现代化建设时期，我们社会的主要矛盾，已经不是对抗阶级之间的矛盾，而是人民日益增长的物质文化需要同落后的经济文化不能满足这种需要之间的矛盾，文化工作尤其要着眼于建设。中共中央《关于社会主义精神文明建设指导方针的决议》指出，“加强精神文明建设，就要牢记历史教训，正确处理社会主义社会的各种矛盾，坚持对思想性质的问题采取讨论的方法、说理的方法、批评和自我批评的方法，就是说，用教育和疏导的方法去解决；坚持一切着眼于建设，把注意力集中到团结人民，充分发挥人民的社会主义积极性和创造精神上来，集中到满足人民的文化和精神需要上来，集中到加强思想道德建设和教育科学文化建设上来，归根到底，集中到促进社会生产力的发展上来”。这是根据对社会主要矛盾的科学分析来规定精神文明建设指导方针而得出的结论。这个决议是中央全会通过的，十三大报告又予以肯定的。文化要着眼于建设，这一指导方针应当在广大干部的思想中更加明确起来。

科学·文化·杜亚泉现象*

杜亚泉是何许人？

五四新文化运动伴随着一场持续10余年的中西文化问题的论战。论战的一方，代表新文化运动的一方，以《新青年》杂志主编陈独秀为主帅之一；论战的另一方，在论战的初期，以《东方杂志》主编杜亚泉（伧父）为主帅之一。对五四运动和近代思想史有所了解的人大都知道这场论战，并从这场论战的这一面（仅仅从这一面）知道有过杜亚泉这样一位人物。

但是，杜亚泉还有另一面。他首先是一个自然科学家，是在中国努力介绍自然科学知识成绩卓著的编译家。是他，独自创办了中国人自己办的第一个（这一点也许待考）自然科学杂志——《亚泉杂志》；是他的杂志，最先向中国介绍了元素周期律；是他本人，为那时新发现的一批元素确定了中文命名。他在离开《东方杂志》主编的岗位（这是论战形势使然）以后，仍然主持商务印书馆编译所理化部、博物部的工作，主持编成了《植物学大辞典》、《动物学大辞典》这些基本科学读物。他一生都在为中国的科学和教育事业辛勤工作！他在这方面的贡献是不可抹杀的。他的这一面，现在很少为人所知，即使在科学界也是如此。近年研究中国近代科学

---

* 本文为1988年5月在“科学与文化论坛”座谈会上的发言，原载《自然辩证法在中国》，北京大学出版社，1996年版，第135～137页。

史，有些同志提到了他。我因此才知道有这样一位在中国传播自然科学知识的先驱者。我同时惊讶地发现，他原来就是五四新文化论战中被当做守旧派的那位人物！

我完全赞成对杜亚泉这位中国近代文化史上的人物做出如实的、全面的、公正的评价，不应该让他只是作为反面形象留在后人的心目中和史书上；我也赞成对杜亚泉在文化论战中的论点再作分析，可能其中也会有某些有价值的、曾经被忽视了的东西。

但是，我以为还有一个很值得研究的“杜亚泉现象”：为什么一个介绍自然科学知识的先驱者竟会成为以民主和科学为中心口号的新文化运动的对立面？为什么会出现这样的矛盾现象？

可不可以说，作为科学的倡导者，他只停留在介绍知识的浅层次上。在更深层次的文化观念上，他却努力捍卫旧中国的固有文化。他把旧礼教、旧道德受到猛烈冲击，视为“国是之丧失”、“为国家致亡之由”。他很怀念这样一种状况：“吾人在西洋学说尚未输入之时，读圣贤之书，审事物之理，出而论世，则君道若何，臣节若何，仁暴贤奸，了如指掌；退而修己，则所以处伦常者如何，所以励品学者如何，亦若有规矩之可循。”他叹息于“固有之是既破弃无遗，而输入之是则又恍焉惚焉，而无所导”，“如斯现状，可谓之精神界之破产”。他认为，“救济之道，决不能希望于自外输入之西洋文明，而应希望于己国固有之文明。若望救济于西洋之种种主义主张，是犹望魔鬼之接引入天堂也”，“魔鬼乎，魔鬼乎，汝其速灭”。

他也主张尽力输入西洋学说，但要“使其融合于吾固有文明之中”。他也主张“民主主义”，以为这就是“民贵君轻”，“中国伊古以来之政治原理”。他也赞同“社会主义”，以为这就是孔子的“不患寡而患不均”，“乃吾国所固有，传自先民”。

这不是晚清时期“中学为体、西学为用”的思想在这个时期的再现吗？科学如果只停留在浅层次的知识介绍上，竟如此软弱无力；几千年的固有文化，竟有如此的力量，来抵制或融合、扭曲外来的新文化。这一事实，在“杜亚泉现象”上表现得如此尖锐和鲜明。

今天的“文化热”中，不少人在重新讨论中西文化问题。研究“杜亚泉现象”的由来和教训，不无现实的意义。

在现代，讲文化要以科学为基础，讲科学要提到文化的高度。就是说，除了讲科学知识，还要讲科学方法、科学精神、科学态度，讲科学的宇宙观、社会观、人生观，讲科学的思想方式、工作方式、生活方式。这样的文化才是科学的文化。五四运动以民主和科学作为新文化的两面旗帜，《新民主主义论》认为新民主主义的新文化是民族的、科学的、大众的，体现了科学和文化的深刻的、内在的结合。

纪念胡耀邦同志　发扬五四精神*

胡耀邦同志作为一个伟大的马克思主义者，是很重视科学和科学精神的，是很重视民主和民主精神的。

胡耀邦同志用科学精神对待一切事物，包括对待我们的指导思想。马克思主义自身本来是一个启蒙的思想，是一个科学的思想，靠它的科学力量在中国得到传播、发展和胜利。但马克思主义在它发展过程中间，在中国的环境下，受到旧传统那种盲从、迷信的蒙昧主义态度的对待，这就阉割了马克思主义的科学精神。五四精神在今天的发扬，就是要用科学精神对待一切事物，包括对待马克思主义这个我们的指导思想，要使马克思主义真正像它本身所应该的那样，具有充分的科学精神。

胡耀邦同志组织真理标准讨论时，是针对着“两个凡是”的思想的。“两个凡是”就其实质讲是思想的蒙昧状态，是一种不科学、反科学的状况。胡耀邦同志搞“拨乱反正”，平反冤假错案时还讲，不管是什么人定的案，不管是哪一级组织定的案，如果这个定案不符合客观事实，不符合被定案者本人实际，就应该经过一定的程序把它甄别清楚，予以推翻。这也是他的科学态度在政治生活里一种非常集中的表现。他反对“两个凡是”，提倡“两

---

* 本文为在中国科协纪念“五四”运动七十周年座谈会上的发言摘要，原载《自然辩证法报》，1989年第9期，第2版。

个不管”是一种彻底的唯物论精神，彻底的科学精神，彻底的尊重事实、尊重实践、尊重客观真理的精神。

胡耀邦同志也很重视民主精神。他对中国的社会主义民主建设很重视，特别是在指导思想上，提出了要建设社会主义民主政治，要为中国建设民主政治而斗争，一直写在我们共产党的旗帜上。但是，在新中国成立以后，发生了一些很微妙的变化。如果回忆一下，可以感觉到，在很长的时期里，我们党的政策文献和领导人讲话，很少用民主政治这四个字了。事实上，是另外一些东西讲得多了。《中共中央关于社会主义精神文明建设指导方针的决议》，是胡耀邦同志作为中央主要领导人之一主持制定的最后一个文件。在这个文件中特别讲了民主问题。它确定了作为马克思主义者关于民主问题的非常重要的思想和应该持有的基本观点。

我们现在搞现代化。现代化的政治应该是民主政治；现代化的文化，应该是科学的民主的文化。在这些问题上，胡耀邦同志给我们留下了重要的思想财富。

促进自然科学和社会科学的联盟*

中国科学技术协会（以下简称科协）“三大”以后，在钱学森、钱三强、钱伟长、于光远、李昌等同志的推动下，建立了促进自然科学和社会科学联盟委员会（以下简称“两科联盟”委员会），钱三强同志为主任，李宝恒同志协助他做了许多工作。科协“四大”以后，“两科联盟”委员会换了届，新一届委员会已于去年年底成立，钱三强同志等继续担任委员会的顾问。希望这一届委员会能在促进自然科学和社会科学的联盟和协同方面，继续做一些工作。这次专题研讨会，就是新一届“两科联盟”委员会组织的一项活动。

中国自新文化运动以来，自然科学和社会科学的交叉和结合，一直为科学界、思想界所关心。例如，20世纪20年代“科学与人生观”问题那场论战，是影响广泛而深远的一场论战，所论的主题，正是典型的交叉科学主题。后来“中国科学化”问题的讨论，在科学界也引起了很多人的参与和注意，所论的主题，也是典型的交叉科学主题。

“科学与人生观”论战中一个重要收获，就是提出在马克思主义唯物史

---

* 本文为1992年2月在中国科学技术协会四届二次全委会交叉科学专题研讨会的开场白。以“论两科的交叉与融合”为题原载《学会》，1992年第3期，第16、17页；同年以“促进两科联盟和协同——在中国科协四届二次全委会交叉科学专题研讨会上的开场白”为题收入《自然辩证法研究》，第8卷第4期，第64、65页。

观的基础上建立和发展对社会和人文问题的科学的研究，从而建立和发展自然科学和社会科学的统一。我认为这是中国思想界的一大进展。不管当时参与论战的马克思主义者提出的论点，今天看来还有哪些不足，所论的问题本身也没有当时设想得那么简单，但是，中国近代思想史上的这一重要进展，是不应该被抹煞的。

20 世纪 30 年代初，中国社会科学家联盟在上海成立，它在纲领中提出了在马克思主义基础上“贯通社会科学与自然科学思想”的任务。20 世纪 40 年代初，自然科学研究会在延安成立，它在宣言中也提出了“促进自然科学与社会科学的统一”的任务。这两个组织是左翼组织，它们所讨论的社会科学和自然科学的“贯通”和“统一”，主要指的就是马克思主义和自然科学的统一。

中华人民共和国成立以后，经济建设的任务摆到我们面前。“科学技术在国家建设中的地位和作用”问题，成为党和国家的政策研究和马克思主义理论研究的一个重大主题，这无疑也是典型的交叉科学主题。

大略说来，围绕这个主题，展开过四次大讨论。

第一次在 20 世纪 50 年代。1953 年第一个五年建设计划开始实施，到 1956 年党中央召开知识分子问题会议发出向科学进军的号召，是这一次讨论的历史背景。1954 年党中央对中国科学院党组报告的批示和 1956 年周恩来同志代表党中央在知识分子问题会议上的报告，代表了中国共产党对这一问题的政策思想和理论观点。在科学界，展开了科学作为一种社会现象的性质、地位、作用的研究和讨论，新的技术革命（周恩来报告中提到这个革命正在到来）形势的讨论，世界和中国科学技术发展状况的调查研究和我国第一个科学技术发展长期规划（1956～1967）的制订，科学发展规律（如“百家争鸣”）的研究和讨论，等等。

第二次在 20 世纪 60 年代。这一次大讨论在某种程度上纠正 20 世纪 50 年代后期发展起来的“左”的错误，调整党和国家的各项政策，是这一次讨论的历史背景。1962 年，聂荣臻同志关于“科学十四条”若干政策问题给中央的报告和中央的批示，周恩来同志《建成社会主义强国，关键在于科学技术现代化》的讲话，代表了中国共产党这时对这一问题的政策思想和理论观点。在科学界，进一步展开了关于科学与生产、科学与政治、科学与群众、科学与哲学的相互关系的讨论，提出了系统地研究科学技术发展的规律，建立和发展马克思主义的科学技术论的任务。第二个科技发展长期规划（1963～1972）的研究和制订也在这个时期。

第三次在20世纪70年代。1975年整顿各方面工作时《科学院工作汇报提纲》的起草，后来对这个提纲的错误批判和1978年全国科学大会的召开，是这一次讨论的历史背景。这次讨论在理论上的核心，就是如何看待“科学是生产力”这个命题。这本来是马克思的命题。指导起草《汇报提纲》时邓小平同志指示要运用马克思提供的这一理论武器，针对“文化大革命”对经济工作和科技工作的破坏（包括对党关于科学工作的政策和理论的破坏），实行对科技工作的整顿。可是，很快掀起“批邓”旋风，马克思的这一命题，竟被“四人帮”当做邓小平的“修正主义理论”——“唯生产力论”和“科学技术决定论”的理论，大加批判。这种批判，不但反对马克思的命题，而且反对科技发展和社会进步的时代潮流。粉碎“四人帮”、结束“文化大革命”，才结束了这场荒唐的批判。邓小平同志在全国科学大会上的讲话，是对这一次讨论的总结，代表了党对科学技术工作的新的政策思想和理论观点，开拓了党的科技政策和中国科技发展的历史新时期。科技工作方针拨乱反正的广泛讨论，科技体制改革的研究、讨论和起步，新技术革命的挑战和对策的讨论，以及各地各业关于科技兴省、兴市、兴业的讨论等，都是由此而展开的。

第四次就是当前的讨论。它从邓小平同志1988年提出“科学技术是第一生产力”和1991年江泽民同志在中国科协“四大”讲话代表党中央再一次强调这一观点开始。邓小平同志这一理论观点，继承了马克思主义，又发展了马克思主义；是从总结当代科学技术的急剧发展和对社会进步的巨大作用中提出来的，又是适应我国社会主义现代化建设和改革开放进入新阶段、登上新台阶的现实需要而提出来的。邓小平同志强调要重视和研究当代科学技术发展，认为这对坚持和发展马克思主义有重要意义。他说：“世界形势，包括科学技术的发展，日新月异，不用新的思想观点来继承、发展马列主义，就不是真正的马列主义。一切墨守成规，只能导致失败。”他强调要把科技和教育摆在我们的发展战略的首位，认为在这个问题上如果没有远见、没有魄力、没有切实有效的措施，就难以实现我们第二步达到小康、第三步基本实现社会主义现代化的战略目标。“科学技术是第一生产力”的理论观点和战略思想，是邓小平建设有中国特色的社会主义理论和路线的重要组成部分。

当今世界变化迅速，竞争剧烈。国力的竞争表现为政治、军事、经济、科技、教育、思想、文化诸多方面的综合，根本在经济，而经济发展能力的关键又在科技和教育。10 多年来，在邓小平建设有中国特色的社会主义理论和路线的指引下，我国综合国力有举世瞩目的较快增长，人民生活有人人感到的显著提高。今后，我们国家的巩固，我们的社会主义道路的优越性，要靠我们继续坚持这个理论和路线，牢牢抓住经济建设这个中心，在提高效益的基础上把经济发展得更快一些。这就需要改革开放更大胆一些，也需要在贯彻执行“科学技术是第一生产力”的战略思想方面做得更有成效一些。

从自然科学和社会科学的结合上研究和讨论“科学技术是第一生产力”，以推动这一战略思想的落实，近年来正在逐步展开。1991 年中国科协“四大”交叉科学分会场上，这是讨论的一个主题。本次专题研讨会，仍然贯穿这一主题。由于这是一个基本的理论观点和需要长期贯彻执行的战略思想，这一主题的研究和讨论需要持续地进行，特别是需要结合实际扎实地深入地进行。本次专题研讨会的几个发言，就在几个问题上对这个主题的研究和讨论有所深化。自然科学和社会科学的交叉和结合，是非常广泛的，包括许多层次和许多方面的研究领域。“科学技术是第一生产力”只是这个研究领域的一个主题，其他主题还有很多。强调这个主题，并不意味着可以忽视其他主题。“两科联盟”委员会准备在广阔的领域选多样的主题来开展讨论和研究。自然科学和社会科学的交叉和结合，要求逐渐形成一些交叉学科专业，聚集和培养一批专门从事这些交叉学科专业的研究人员。但我认为，最重要、最有效的是吸引广大的在自然科学或社会科学某一专业领域进行研究的科学工作者来关心和参与交叉学科的研究。只有在广大社会科学工作者关心科学技术发展和广大自然科学工作者关心社会科学研究的基础上，在组织自然科学工作者和社会科学工作者密切合作、相互交流、协同研究的基础上，交叉科学才能取得许多切实有效的科学成果。“两科联盟”委员会的工作取得成效的关键，也在这里。

《世界科技思想论库》序*

我曾经在纪念五四运动 70 周年的一个座谈会上说过这样一个意见：现代化的经济是商品经济，现代化的政治是民主政治，现代化的文化是科学的文化。我们要在社会主义的基础上实现现代化，因此，我们要建立和发展社会主义的商品经济，社会主义的民主政治，科学的、社会主义的精神文明。当时我还说过，我认为，在社会主义公有制为主体的基础上实行市场经济，就是社会主义商品经济。现在看来，这些意见是站得住脚的。

说现代化的文化是科学的文化，并不意味着否认在古代文化中科学有它的地位。但是，科学在古代文化中的地位，当然远没有它在现代文化中的地位那样来得重要。

说现代化的文化是科学的文化，并不意味着否认其他因素在现代文化中的地位。但是，其他因素在现代文化中的地位，当然远没有科学在现代文化中的地位那样来得重要。

由于科学技术成为第一生产力，科学就不仅在现代文化中占有重要地位，而且在现代经济中占有越来越重要的地位，乃至在整个人类社会生活中占有越来越重要的地位。

因此，现代的有文化的公民，需要努力提高自己的科学素养。这包括两

---

* 本文写于 1992 年 1 月，原载《世界科技思想论库》的卷首，华夏出版社，1994 年，第 1 页。

个方面：一是增长科学技术知识，一门或几门具体的科学技术知识；一是增加对科学技术的理解，科学技术作为一个整体，它的性质和意义，它的方法和精神，它的历史和趋向，它与经济、政治、军事、教育、文化、艺术、哲学、伦理乃至社会和人生的各个方面的关系，人们都需要有所了解。

通过怎样的途径来增加这后一方面的了解呢?

我认为，如果为有这方面兴趣和要求的人们，开一个供他们选读的书目，该是一件很好的事情。

现在，《世界科技思想论库》为人们做了这件开书目的工作，共开了中文论著和译著 1000 多本。人们当然不可能也不必要读这么多书，但是，有了这个书目，人们就可以从这个书目及其简介中挑选自己想读的书。正如有了一本导游手册，人们不能也不必遍游各个景点，却可以借助手册，选择自己想去和能去的景点。

《世界科技思想论库》不仅开了一个书目，而且从这些书中摘出编者认为精彩的段落，分篇、分章、分目编辑起来，编成一部大书。如果用导游作比方，书目是导游手册，《世界科技思想论库》可以说是每个景点各有若干幅照片的大型导游图册了吧!

是为序。

悼念三强同志*

钱三强同志是我的老师。1948年钱三强同志回国在清华大学物理系任教，这一年我考入清华大学化学系念书。普通物理是化学系学生的必修课，开这门课的有三位老师，我选的是钱三强同志开的普通物理。所以，称钱三强同志为我的老师，首先是在这个称呼的最严格的意义上来使用的。但是，我用这个称呼，着重是在另一层含义上。钱三强同志是我国自然辩证法和科学学研究的提倡者和指导者，我在这个领域做工作，是后学，钱三强同志是我的老师。

新中国成立以后，钱三强同志将主要精力用在我国科学事业的建设、领导、组织和管理上。中国科学院建院，钱三强同志是付出了大量心血的，他主持的计划局、学术秘书处，当时可以说是科学院学术领导的核心机构。那时科学院有两"强"，钱三强、恽子强。恽子强是从解放区来的，钱三强是从国外回来的。钱三强同志有很高的学术成就，又有很高的政治热情，全身心投入新中国科学事业的组织工作。他率领一个庞大的代表团赴苏联访问，仔细考察苏联科学工作的组织和经验，回来给党中央写了报告。党中央批转了这个报告和科学院党组关于科学院情况和任务的另一个报告。中央批转这两个报告的批语，是简明而又全面地确定了中国共产党的科学工作政策的第

---

* 本文原载《科学学研究》1992年第3期，第6、7页；同年收入《自然辩证法研究》第8期，第69页。

一个历史文献。科学院初创，科学工作各方面具体的政策、方针、规章、制度都有待制定，汪志华同志（他也是计划局的，钱三强同志的部下，是参加了地下党的学自然科学出身的干部，可惜在“文化大革命”中被迫害死了）曾把这类工作称为“制礼作乐”。中国科学工作的“制礼作乐”，钱三强同志“与有力焉”。后来，钱三强同志转到另一个岗位——中国原子能科学和“两弹”研制的领导和组织的岗位。

领导和组织科学工作，不是单纯的行政和政治工作，它本身也是一项科学工作，并且逐步形成一门科学。钱三强同志是科学家，组织科学工作的领导责任，促使他去钻研科学工作的规律、科学规划的原则、科学工作的合理和有效的活动方式和管理方式、科学工作同其他工作的相互关系，等等。他很重视这种研究的意义和价值，热心从事和提倡这方面的研究工作。

“科学学”，这个名称是 20 世纪 70 年代末 80 年代初才从西方传来的。钱三强同志说过一句话：“原来不知道什么叫‘科学学’，看了一些介绍以后才发现，过去我们从事科学工作的领导和组织，研究过有关科学工作的许多问题，不都是属于‘科学学’的研究吗?”这句话成为科学学界经常引用的一句名言。

这就是说，我们在科学工作的组织和管理的实践中早已开始了一些可以称为“科学学”的研究工作，而且在“自然辩证法”的名义下早已开始了这方面的一些理论探讨。钱三强同志就是这些研究的热心的提倡者和指导者之一。

正因为如此，所以 20 世纪 70 年代末筹备中国自然辩证法研究会，钱三强同志和于光远同志、周培源同志三人一起成为这项筹备工作的负责人。中国自然辩证法研究会成立，钱三强同志担任第一届副理事长；中国科学学和科技政策研究会成立，钱三强同志担任第一届理事长；交叉科学第一次全国学术讨论会召开，钱三强同志作了题为“迎接交叉科学的新时代”的著名讲演；中国科协成立促进自然科学和社会科学联盟专门委员会，钱三强同志担任第一届委员会的主任……

同钱三强同志在物理学发现上的成就和领导原子能事业的成就相比，他对软科学研究的关注和贡献，就不大为人们注意了。其实，这也是钱三强同志科学贡献的一个重要方面，体现了现代科学发展的一个重要趋向。悼念钱三强同志，学者们要在钱三强同志关注和提倡的这个科学方向上更加切实地从事研究，努力取得更多的成果。

把提倡科学精神贯穿科协工作*

第一，玉台同志的工作报告，在分析科协工作存在的问题时，指出，“在科普工作中，比较重视科技知识的普及和实用技术的推广，在面向广大群众传播科学思想、科学精神，提倡科学态度和科学方法方面做得不够”。这个意见很重要。我认为，“传播科学思想、科学精神，提倡科学态度和科学方法”，不仅应该贯穿在科学普及工作中，而且应该贯穿在整个科协工作中。这是提高科协工作思想水平的一个关键。

第二，“法轮大法事件”不是一个孤立的事件，它是这些年来日渐泛滥的迷信和伪科学逆流的一个集中的爆发。冰冻三尺非一日之寒，三尺之冰非一日可化。这个情况，的确值得认真反思，主要是中国共产党、中国政府、党政领导干部、思想工作干部，要反思。中国人民、中国各界，都要反思。

科学界也要反思。

第一，“法轮大法”和各种迷信逆流是反对科学的，是伪造科学的，同反科学、伪科学的东西作斗争，科学界责无旁贷，科协责无旁贷。这方面，我们做得如何，成效如何？这值得反思。

第二，科学教育、科学普及，科学宣传，多年来教育界科学界做了大量工作，为什么许多人，并不是全无科学知识，却那么容易轻信一些神秘迷信

---

* 本文为 1993 年 4 月在中国科学技术协会一次会议上的讲话。

的东西为“科学”？在我们的科学教育中，有什么弱点？有什么缺失？值得反思。

尤其值得反思的是，科学界竟然也有一些人，科协干部中竟然也有一些人，也迷信“法轮大法”及诸如此类的神秘主义的东西。怎么会这样？问题出在哪里？当人们批评“法轮大法”违反科学的时候，“法轮大法”的信众就反诘：“你们说它反科学，为什么科学家也信呢？”这是需要回答的问题。

第三，同迷信和伪科学作斗争，科学界是做了工作的，科协是做了工作的。远的，将近 20 年前国家科委分工联系科协工作的副主任、中国科协促进自然科学和社会科学联盟委员会第一任主任于光远就开始抓了。近的，中国科协所做的工作，在玉台同志的工作报告中作了汇报。在朱光亚、周光召两位主席的指导下，在科协普及部和宣传部的支持下，促进自然科学和社会科学联盟委员会从 1995 年起创立了一个以“捍卫科学尊严，反对迷信和伪科学”为主题的常设的系列论坛，五年来围绕这个论坛开展了一些活动，产生了一些社会影响。但是，同客观形势的需要相比，这些工作大大不足。一是参加论坛活动的科学界人士，不够广泛，“老是那么几个老头”，活跃分子队伍没有不断扩大。二是从社会支持来看，不够热烈，相当时候还感到有些受冷落。不是哪个人要风光。科协反迷信反伪科学的活动，要受到主流新闻媒体和思想领导部门的更多支持，才可能对社会产生较大的影响（网上“法轮大法”拥护者就曾经嘲笑反伪科学的人只能动员几张小报）。

第四，科学发展的成果，不仅表现在科学知识上，更宝贵的是表现在长期科学实践中形成优良传统的科学精神上。什么是科学精神呢？科学精神是科学之所以成为科学，科学之所以能够不断前进的本质的东西。科学精神就是尊重事实、尊重真理、反对迷信、反对盲从；就是不断创新、不断开拓、反对守旧、反对因循；就是实践的检验、批判的头脑、理性的思考、自由的讨论。

我们国家的干部队伍过去在素质上的弱点和工作上的失误，不仅由于科学知识的普及程度和发展水平不高，还由于科学精神和科学方法不足。

这种不足，使许多人没有能够从根本上（或者说，从世界观和方法论上）掌握思想的武器，去鉴别科学和迷信、科学和伪科学。

第五，我们教育的弱点，不仅在于科学精神不足，而且在于人文精神不足。我赞成许多人文学者的这个意见。从促进自然科学和社会科学联盟的角度来说，我们应该提倡科学精神和人文精神的结合。

什么叫人文精神？人们说了许多，有些说得很有启发，有的说得玄玄乎乎。我无意在这里给人文精神作一个界说。我以为，通俗地说，用我们大家听得懂的语言来说，就其核心来说，我们讲世界观、人生观、价值观，就讲到了人文精神。人的意义，人生的追求、目的、理想、信念、道德、价值等，这中间的高尚的、善良的、健康的精神，就属于我们要发扬的人文精神。一些人精神空虚，就是由于这方面的失落、混乱和迷误。生老病死、得失际遇、穷达祸福、顺利和挫折、机会和风险，在人生途中，在这些问题面前，如果没有科学的通达的态度，没有高尚的坦荡的情操，就容易被神秘主义的迷信俘虏。

所以除了要讲世界观、方法论，这是解决认识问题，还要讲世界观、人生观，这是讲价值问题。

我们提倡的人文精神应该是具有现代科学（自然科学和社会科学）意识的人文精神，我们提倡的科学精神应该是充满高度人文关怀的科学精神。

不应该把人文精神同科学精神对立起来。在批判“科学主义”的基础上来提倡人文精神，这在一些人那里似乎成为一种时髦。如果在这样的基础上来讲人文精神，那就容易流入神秘主义和反理性主义。

从 20 世纪 20 年代科学与人生观论战，就出现过把科学和科学精神排除在探讨人生观问题之外的思潮。在这种思潮看来，人生观问题似乎只能是宗教和玄学的事，科学是无能为力的。

探讨人生的意义和价值，树立追求真善美的人生观，当然不能只靠科学，只靠自然科学。文学和艺术，哲学和历史，伦理和道德，政治和社会，对人生观影响甚大，但这些又都必须贯穿科学精神而不能违背科学精神。

而科学精神本身，也有深刻的人文意义。近代科学的诞生，把人从神权的奴役下解放出来，这不是充满着人文精神吗？自动化和信息化技术的发展，把人从繁重的单调的劳动下解放出来，控制论奠基人维纳的著作——《把人当人来用》，不也是充满着人文精神吗？

科学界的优良传统中的道德观念，也是一种宝贵的科学精神。古往今来，科学界的优秀分子，为真理，为科学，为人类进步而斗争，充满着献身精神，有许多献身的事迹。他们在科学研究中孜孜不倦，锲而不舍，自甘淡泊，不求闻达，把精力倾注在事业中，而不是花费在享乐上。他们意识到自己从事的科学工作对社会、人类的责任，积极地参加反对侵略、反对战争、维护和平、维护人道、保护生态、保护环境的种种斗争。这都是科学精神中的人文精神的高度体现。

对科学精神中的人文精神重视不够，张扬不力，也是我们的科学教育、科学宣传中的一个弱点。

第六，科学精神上的缺失，人文精神上的缺失，这些问题也反映在科学家身上。科学家，有成就的科学家，有科学头脑、科学精神，否则怎么能做出成就呢？但也不一定时时事事都能头脑清醒地贯彻科学精神。在科学家做出专业成就的领域里，当然坚持和发扬了科学精神，在这些领域外，也可能模糊了科学精神。

“捍卫科学尊严”论坛第一次会议通过了一个《倡议书》，共四条，第一条就是针对科学界自身提出的，倡议“科学工作者坚持科学精神，遵守科学道德，维护科学的严肃性、严密性和规范性”，“对尚未被科学界接受的假说，取认真研究、科学求证的态度。对违背基本的科学事实和规律，弄虚作假，借‘科学’之名招摇过市的行为，坚决反对”。下面三条分别是对党政领导干部（包括科技工作领导干部）、新闻界、政法部门提出的。科学界首先要自律。

恩格斯的《自然辩证法》中有一篇《神灵世界中的自然研究》。这篇 100 年前的著作，还有活生生的现实意义。它对当时英国的几位有卓越成就的科学家（华莱士、克鲁克斯等），怎样成了请神术、招魂术这些江湖骗术的俘虏，作了精辟的分析。科学家怎么迷信起来了？从这里可以找到一个答案。这就是极端蔑视思维。

恩格斯说：这些科学家在虔诚地研究唯灵论者的表演时，用了各种科学仪器，就是忘记了“主要的仪器”——“一颗抱怀疑态度的有批判力的头脑”。恩格斯这篇文章最后归结为，单凭经验是对付不了唯灵论者的。①那些“高级的”现象，只有当有关的“研究家”已经着迷到只能看到他应看到或他想看到的东西的时候，才能够显现出来。②唯灵论者并不在乎成百件所谓事实被揭露为骗局，成打的所谓神媒被揭露为下流的江湖骗子。只要所谓的奇迹还没有被逐一揭穿。

大家知道，逐一揭穿，这是做不到的，因为一个无穷集合是不可能一一穷举的。

恩格斯的结论是，蔑视理论思维，蔑视唯物论辩证法，是不能不受惩罚的。

重新读一读恩格斯的《自然辩证法》，重新学一学唯物论和辩证法，这就是生活向我们科学界提出的要求。

“反邪教译丛”序*

近来我为两套反邪教丛书写了序。一套是群众出版社的“反邪斗士”（“四大恶人”）丛书，还有就是中央编译出版社的这套“反邪教译丛”。

“法轮功邪教”困扰着中国社会的众多人士。被邪教困扰的人和关心反邪教的人，都想知道邪教在世界上的现状。那里也有邪教在困扰社会吗？那里邪教活动的方式是怎样的？那里反邪教斗争是怎样进行的？那里的社会和家人是怎样对陷入邪教的人进行救助的？那里的记者们、学者们是怎样对邪教进行社会调查和研究的？那里反邪教的立法和执法情况是怎样的？如此等等。中国和外国，历史文化背景不同，现实社会背景不同，邪教和反邪教活动的情况不同，但既然都是邪教和反邪教，总有许多相同和相通的东西，总有许多可资借鉴和学习的东西。

中央编译出版社的这套丛书，在这方面给我们提供了许多有益和有趣的材料。

这套丛书已经收了三本，希望陆续扩大，收得更多、更丰富。

已有的三本中，我最感兴趣的，是那些邪教受害者摆脱邪教以后的自述。《走出科学神教的迷宫》和《逃出地狱》两书，就是作者在邪教中浸沉多年（一个七年，一个四年），历尽艰危摆脱邪教后，鼓起勇气，向社会详

---

* 本文写于 1993 年 7 月，原载“反邪教译丛”，中央编译出版社，2001 年。

细叙述自己的经历的书。《反邪教手册》的第二部分，也是三个当事人的报告。这些亲历者的报告，既给人以对邪教的具体的生动的感性的认识，又给研究者提供了进行心理的、社会的、文化的研究的第一手材料，是很宝贵的。

中国报刊上也发表了不少揭露法轮功危害的报道和法轮功痴迷者觉悟的报道。这些报道也是必要和有益的，但大都十分简略。详细的、有个性的、有情节的受害者报告和记者学者的周密的系统的调查研究报告，好像还不多。哪一个机构或出版社，是不是花力气组织一下这样的读物的出版，并且把它们汇集为一套丛书呢?

反邪斗士丛书，希望也要陆续出下去。但这些斗士是先知先觉，站在邪教外面反邪教。陷入邪教、迷途知返的人出来反邪教，必定另有一番景象。

再出一套这样的丛书，是我的期望，相信也是许多人的期望。

“赛先生”任重而道远*

“兴国”之所以要靠科学，笔者认为，一是因为科学技术是第一生产力，二是因为科学思想是第一精神力量。

在社会主义的诸多任务中，要把发展生产力摆在第一位，在发展生产力的诸多任务中，要把科学技术摆在第一位。科学技术在发展社会主义社会的生产力，发展社会主义社会的物质文明中，有极重要的作用。这个道理，现在讲得比较多，还要继续讲，还要进一步落实。这是毫无疑义的。

科学思想、科学方法、科学精神，作为精神力量，在建设社会主义精神文明中，在提高人们的精神素质，形成人们的科学的思想方式、工作方式、生活方式，推动社会主义社会全面进步中，有极重要的作用。这个道理，迄今在我们的思想宣传工作中，讲得还不够。宣传和落实这个道理，还是我们科学界和整个思想界的一项急迫而又长期的任务。

1994 年，科学界评十大科学新闻，邱氏鼠药案竟然列入其中，而且位列前茅！这是为什么？因为这桩案件不是一桩简单的涉及五个科学家的诉讼案件。这是一桩关于科学精神、科学尊严、科学良心、科学家对人民利益的责任感，在法庭受到审判而且被判败诉的案件。所以引起科学界普遍的愤慨和

---

* 本文为 1995 年 4 月 22 日在一个座谈会上的发言，原载《求是》，1995 年第 11 期，第 14～16 页；2005 年收入《自然辩证法在中国》（新编增订本），第 293～297 页。

忧虑。1995 年 2 月，此案上诉审结，4 月国务院办公厅发出通知，同意化工部、农业部、国家技术监督局、国家工商局、全国爱卫会联合调查组对河北邱氏鼠药厂违章生产鼠药的处理意见，决定没收和销毁正在市场上销售的邱氏鼠药，没收和销毁邱氏家中和无极县化工助剂厂现存的国家明令禁止的剧毒物质（见 4 月 12 日《人民日报》）。这件事，从原则上应该说是画一个句号了。虽然在实际生活中危害人畜和生态的非法鼠药仍然禁而不止，还没有画上句号。

1995 年如果再评十大科学新闻，会不会把武汉市“三泰周易应用研究所”、“生命信息研究所”等打着“科学”幌子的“算命企业”引起的一场风波，列入其中？

2 月 10 日和 3 月 9 日，武汉《长江日报》披露，“三泰周易应用研究所”等机构把算命当做“科技产业”经营。编者将以下四句话作为这则新闻的副题：“执照堂而皇之，开店连而锁之，生意居然兴隆，岂非咄咄怪事。”执照，是市工商行政管理局大红印章的营业执照和市科委的技术交易许可证，有注册为“个体工商户”的，也有注册为“集体所有制”或“全民所有制”企业的，有的还攀上了市社会科学院为主管单位。经营的“科技”，是“八卦预测”，即用三枚铜钱连扔六次，据以判断命运；是“四柱预测”，即根据出生年月日时判断命运；是“皮纹预测”，即看相算命；是“姓名预测”，即根据姓名算命，名字不好的还负责改名。预测的项目，从个人的工作、婚姻、疾病、财运、官运，到公司的投资效益、市场前景、股票升降、人员选择。算命先生被封为“人相学研究员”或“主任预测师”、“主任命名师”。还办了“周易应用培训班”，经“三泰周易应用研究所”考试后发给“预测师”专业文凭。还建立了“周易应用发展部”（俱乐部），广招会员，切磋算命技巧，以便“光大这一伟大事业”。《长江日报》的报道，引起轩然大波，顿时议论纷纷，支持者甚众，不服气的（而且据说是“有点身份”的）也有之。《长江日报》作了连续的有力的报道和评论。

继起响应的是上海《文汇报》，从 3 月 21 日到 30 日在国内新闻版头条位置发了三篇连续报道：《商界怪胎：算命“连锁店”》、《江城上下话算命》，《“赛先生”任重而道远》。在第三篇报道中记者披露：被舆论曝光的这两家算命企业，“在风雨飘摇了几天后”，以“即日起一律使用现代科学语言（如未来信息、心理障碍、生命规律等)”的方式，继续操持他们的算命企业。因为市工商局只是要求“三泰周易应用研究所”等“限期整改”，而且据说，还鼓励“其办成真正的现代科技企业”！记者对此评论道：“看来，这个被称为‘市工商局关于此类企业的试点单位’的算命企业，还将在科学与合法的外衣下延续下去。它能走多远呢?”

全国许多新闻机构追踪而上。《经济日报》、《深圳晚报》、《南方周末》、《中国青年》杂志、《人民公安报》、中央广播台、中央电视台等，相继加入战斗的行列。4 月 23 日《经济日报》发表《武汉迷信与反迷信较量见分晓》，报道了武汉市政府的六项意见，包括肯定新闻媒介在此事中的积极作用；支持市工商局收缴有关企业的营业执照，对从事封建迷信活动的坚决取缔并没收其非法所得；责成有关主管部门对其挂靠企业和责任人严肃处理；市科委、市社科院对周易的研究要进行可行性论证，认真制订科研计划，类似的科研机构的设置要按程序审批，不属工商登记和经营之列；科委、科协和新闻媒介应加强反迷信科普宣传，等等。4 月 26 日《文汇报》发表第四篇连续报道——《持证算命兴亡录》。编者按语再一次慨叹：“赛先生”任重而道远！

至此，这一件事情应该说也画了一个句号。虽然在生活中这样的事情远远还没有画上句号。

前一件事，科技界出力最多。后一件事，新闻界功劳最大。人们希望思想界在这类事情上发挥更多更大的作用。

我很赞赏《文汇报》记者的关于“赛先生”任重而道远的呼吁，特地借来作为我这篇发言的题目。

提出“赛先生”，就联系到五四新文化运动。新文化运动两大口号，一个“赛先生”，一个“德先生”。那时候欢迎“赛先生”，固然包含发展科学技术和生产力的意思，更重要的是强调发扬科学精神的力量。最先提出这两个口号的是“五四运动的总司令”陈独秀。他在 1915 年《青年》杂志创刊号上发表《敬告青年》一文，其中写道：“国人而欲脱蒙昧时代，羞为浅化之民，则急起直追，当以科学和人权并重。”然后他列举：“士不知科学，故袭阴阳家符瑞五行之说，惑世诬民；地气风水之谈，乞灵枯骨。”这里首先讲的是科学知识在精神方面、在反对迷信方面的作用。接着说，农工商医不知科学，则如何如何。最后说，“其想象之最神奇者，莫如‘气’之一说，其说且通于力士羽流之术，试遍索宇宙间，诚不知此‘气’之果为何物也”。他的结论是“凡此无常识之思惟，无理由之信仰，欲根治之，厥维科学”。科学之效，“将使人间之思想行为，一遵理性，而迷信斩焉，而无知妄作之风息焉”。

1919 年毛泽东在《湘江评论》上称陈独秀是“思想界的明星”，讲《新青年》得罪于社会，无非是为着“赛因斯”（科学）和“德莫克拉西”（民主）这两位先生，指出国人迷信甚深。“迷信神鬼，迷信物象，迷信命运，迷信强权。全然不认有个人，不认有自己，不认有真理。这是科学思想不发达的结果。”这里讲“赛先生”，首先也是讲科学思想，讲科学的精神力量。

面对社会生活中迷信沉渣的泛起，重读五四先驱者的这些战斗宣言，人们今天痛切地感觉到它们仍然具有鲜明的现实性。

从五四新文化运动讲民主和科学，到延安讲民族的科学的大众的新民主主义文化，到今天讲社会主义精神文明，“赛先生”始终在其中担负着第一位的重任。我们必须继承和发扬科学精神的革命传统。

马克思主义与科学精神共命运*

首先，作为一个读者，一个马克思主义理论工作者，笔者要向用一个多版的篇幅发表许多位科学家保卫科学精神的文章的《工人日报》，表示敬意。我还看到《北京青年报》、《光明日报》、《科技日报》、《中国科学报》等许多报纸，在这方面都做了很好的工作。我要向科技界许多同志和新闻界许多同志近来保卫科学精神的义举，表示敬意。

马克思主义和科学精神是共命运的。一损俱损，一荣俱荣。新文化运动“科学”和“民主”的口号，为马克思主义的传播打开了道路。马克思主义者提出的文化纲领，是“民族的、科学的、大众的”文化纲领。马克思主义者一直高举着科学的旗帜，反对迷信，反对反科学、反理性的神秘主义。现在，迷信的、神秘主义的东西盛行一时，原因有多种，社会的、政治的、思想的、心理的、经济的，还有别的方面的。一个重要的原因，就是马克思主义的思想阵地削弱了。对迷信和神秘主义盛行，不以为意，或者无能为力，这绝不是马克思主义者的光荣，而是马克思主义者的耻辱。

所以，我希望有更多的马克思主义的理论工作者和思想工作者，支持和参与科技界和新闻界保卫科学精神的义举。

---

* 本文为在“捍卫科学尊严”研讨会上的发言，原载《工人日报》，1995年8月18日；同年9月30日，收入《中国科协报》。

作为一个哲学工作者，我认为，从哲学认识论上对科学的方法，作一些研究、阐释和宣传，对保卫科学精神、反对迷信和神秘主义，是会有益处的。

这方面需要研究的问题很多，今天只简单地举两个例子。

比如，“眼见为实”，这是许多宣传和相信神秘事物的人们常用的一个理由。他们“亲眼见到”了那些令人难以置信的神秘“事实”，所以不得不相信它。对此，就需要作一番分析。

“耳听为虚，眼见为实”，这个格言教人们不要轻信“耳听”，是一个有益的生活格言。而科学精神、科学方法，进一步教人们，也不要轻信“眼见”。

“文化大革命”期间，一个大市的一份大报，曾经批判一位教师，因为这位教师教学生不要轻信自己的眼睛。这种批判打着马克思主义、唯物主义的旗号，其实是完全违反科学、违反唯物主义、违反马克思主义的。那位教师向学生进行的，正是基本的科学精神和科学方法的教育。

“眼见”并不一定为“实”，还要用脑子，凭借科学知识和科学方法作分析，才能认清事实。请问，是太阳围绕地球转，还是地球围绕太阳转？多少年，多少人，天天亲眼看见太阳从东边升起，从西边落下，“眼见为实”，那答案就是太阳围绕地球转。大家知道，科学告诉我们，事实是地球围绕太阳转。

这个事例说得也许远了一些，切近些说，人们相信“眼见”的神秘事物，可是，他们眼见的只不过是神秘大师的表演，而不是按科学方法设计的实验。表演，属于魔术、娱乐、传播、茶余酒后的谈资的范围，而不属于严肃的科学实验的范围。只有按科学方法设计的，得到科学共同体认可的，科学共同体可以重复进行的实验，才能确认所见的是不是事实，是怎样的事实。

又比如，“现有科学不能解释的自然奥秘还多得很”，这是相信神秘事物的许多人常用的又一个理由。对此，也需要作一番分析。

现有科学还不能解释的现象当然多得很，这是没有疑问的。但是，这里的首要问题还不是现有科学能不能解释某个现象，首要的问题是所谈的现象是不是用科学方法确认的实验事实或观察事实。只有对科学地确认的事实，才发生现有科学能不能解释的问题。对那些只不过是表演，并没有经过科学的实验，或者虽然也说是“实验”，却没有经过科学的讨论和检验，不能确认其为科学的实验，那就用不着去谈现有科学能不能解释的问题。对并非科学地确认的事实，去探讨如何加以科学解释的问题，探讨现有科学能不能解释的问题，这样的探讨，是上了大当，正好造成一种假象，似乎事实本身已经是确定无疑的了。

我们承认现有科学绝没有穷尽真理，科学之所以为科学，就在于它不断地在新的实验事实和新的理论创造的推动下不断前进。但是现有科学已经成熟到这样的程度：只有遵循科学的方法，才能不断发现新的真理，离开科学的方法，只能走到错误和荒谬的道路上去。

捍卫科学尊严*

“捍卫科学尊严”研讨会，是由中国科学技术协会（以下简称中国科协）“促进自然科学和社会科学联盟委员会”主持，联合各方面的人士，共同筹备召开的。

召开这样一个会，有没有什么来头？有没有“尚方宝剑”？

“尚方宝剑”是有的。这就是中共中央、国务院《关于加强科学技术普及工作的若干意见》。这个文件中特别说到当前“一些迷信、愚昧活动日渐泛滥，反科学、伪科学的活动频频发生，令人触目惊心”，从而提出要“引导广大干部和人民群众，掌握科学知识，应用科学方法，学会科学思维，战胜迷信、愚昧和贫穷”。

来头也是有的。这就是自然科学和技术科学工作者，哲学、人文和社会科学工作者，马克思主义理论工作者，还有新闻出版工作者，学校教育工作者，面对这种“令人触目惊心”的景象，强烈地意识到自己对社会的责任和对科学的责任。在中央指示的引导下，这些同志已经行动起来，做了不少很好的、很有影响力的工作。把这些工作所造成的良好形势向前推进一步，就是我们召开这次会的来头。

---

* 本文为1995年9月20日“捍卫科学尊严”研讨会上的发言，原载《解放日报》，1995年9月21日；后收入《中国科协报》（1995年9月24日）和《中国科学报》（1995年9月29日）。

对中央所说的“令人触目惊心”的景象，真应该有多篇内容充实的调查报告，加以具体的揭露，使广大干部和群众更加实际地领会中央做出这一判断的根据。不过，大家从日常生活的接触中，从日常阅读的报刊上，对这种景象都会有或多或少的感受。

本研讨会在会场门口办了一个展览，陈列了许多宣扬迷信愚昧的书籍。这个展览可以说是大街小巷众多书摊上遍布的这类书籍的一个总汇，也是现在许多书店的一个细部。这么多宣扬迷信愚昧的书籍畅销，会给我们的社会带来多大的精神毒害！早几天读到一则报道，说是一部供少年儿童阅读的大书，其中竟然“大讲‘神奇的意念力量’，称之为‘人体的特异功能中最神秘的力量’，并说使用这种意念力量，可以在球赛中使对方球员进不了球”。

为什么用“保卫”、“捍卫”这样的提法？因为现在在若干情况下，科学尊严的确受到践踏，科学精神的确受到进攻。出版方面上述的情况，不就是严重的践踏和进攻吗？还有，在有的地方算命场所居然堂而皇之成为“科技咨询企业”，不但有作为当地国家机关的工商局颁发的营业执照，而且有作为当地国家机关的科委颁发的“技术”许可证，还有作为当地国家研究机构的社会科学院做挂靠主管单位。践踏得多么厉害，进攻得多么凶狠。所以的确有奋起保卫、捍卫的必要。

为什么会出现这种情况？这个问题需要好好研究。大家知道，这些年来，我们国家实现了伟大的历史转折，社会各方面出现了举世瞩目的进步。但是，历史转折是一个复杂的过程，社会进步的同时，也出现了诸如此类的消极现象。这有客观的和主观的原因。精神文明这一手比较软，马克思主义的思想阵地在有些方面削弱了，就是一个主观的原因。由于这种削弱，在一些人看来，什么唯物论、辩证法都不灵了，共产党现在用不着管信迷信的事了。

前不久笔者在《工人日报》的一次座谈会上发言，提出了一个命题：马克思主义和科学精神是共命运的。这个命题的另一面就是马克思主义和科学精神与迷信思想是相对立的。迷信泛滥，损害科学精神，也损害马克思主义。科学精神发扬，马克思主义的创造力和吸引力就增强。马克思主义和科学精神，一损俱损，一荣俱荣。

从历史上看，五四运动时期中国的马克思主义者都是宣传科学思想、反对“迷信神鬼，迷信物象，迷信命运，迷信强权”的热心战士。延安时期，中国共产党提出了“民族的、科学的、大众的”的文化纲领。毛泽东解释“科学的”内涵，强调“它是反对一切封建思想和迷信思想，主张实事求是，主张客观真理，主张理论和实践一致的”。毛泽东还曾把迷信、不识字和不讲卫生称为边区的“三大害”。边区自然科学研究会宣言，要致力于“破除迷信，并反对复古盲从等一切反科学、反进步的封建残余毒物，使人民的思想意识和风俗习惯都向着科学的进步的道路上发展”。那时还有过一个《反迷信提纲》，对“什么是迷信”给了一个很清楚的界说：“迷信的根本基础就是相信神仙鬼怪命运灵魂等等超自然、超物质的东西的存在，相信这些东西支配着天地日月、风雨雷电、水火木石、舟车门灶、生老病死、成败祸福，总之是支配着世界和人生的一切。”

由此可见，高举科学的旗帜，反对迷信，反对反科学、反理性的神秘主义，一直是中国共产党人的优良传统。我们绝不可以抛弃这个优良传统，绝不可以对迷信泛滥熟视无睹，更不可以做迷信和神秘主义的信徒、吹鼓手或保护伞。马克思主义理论工作者，在保卫科学精神、反对迷信活动中，不应该落在人后，而应该走在前面做先锋。

反对迷信，包括反对伪科学。什么叫“伪科学”？现在有不完全相同的看法，作为科学学研究的一个课题，这可以从容讨论。我们现在讲反对“伪科学”，与这些讨论的细节无关。我们反对的就是用“科学”的名义，违背基本的科学事实和规律，来宣传迷信和进行诈骗的学说和行为。在反对迷信和诈骗的斗争中，这样来严格界定“伪科学”，目标和界限都很明确。

“不要随便把一门科学叫做‘伪科学’。”这句话很对。我们不反对任何一个门类的科学。但是，只要是宣传迷信，即宣传神鬼命运灵魂和种种超自然超物质的神秘力量，不管这种宣传把自己称为什么门类的科学，物理科学也罢，生命科学也罢，人体科学也罢，这种以“科学”的名义进行的迷信和神秘事物的宣传只能被称为伪科学。

“不要随便把中国传统文化叫做‘伪科学’。”这句话也完全正确。对待中国传统文化，历来有明确方针，即区分精华和糟粕，在科学的基础上加以研究、继承和发展。周易热，要分析。作为一本古籍，周易无疑是中国哲学史上的一朵奇葩。但是，在“科学”的名义下，把周易研究变成宣扬迷信，使周易成为满街的算命先生的招牌，那就是伪科学。中国传统文化中有许多反对迷信的哲学论著以至笔记小说。过去编选过一本《不怕鬼的故事》，那是从破除对帝国主义的恐惧的隐喻意义上来编选的。现在应该从破除迷信的本意上编选一本中国古籍中的《不迷信的故事》。

迷信愚昧活动是历史久远的世界性现象，伪科学也是世界性的现象。同这类现象作斗争，是一个长期的世界性的任务。中国是社会主义国家，是为实现现代化而奋斗的国家，自然应该把这个斗争摆在精神文明建设的重要日程上，长期地、坚持不懈地进行下去。

为此，要做许多切实有效的宣传工作，还要做许多深入细致的研究工作。

根据许多同志的建议，这次会议在两天大会发言之后，准备通过一个《倡议书》，草拟了如下四条。

第一条是向科学工作者自身提出的，倡议“科学工作者坚持科学精神，遵守科学道德，维护科学的严肃性、严密性和规范性。就自己并不熟悉的领域发表科学评价的意见，应该格外慎重。对尚未被科学界接受的假说，取认真研究、科学求证的态度。对违背基本的科学事实和规律，弄虚作假，借‘科学’之名招摇过市的行为，坚决反对”。

第二条是向领导干部提出的，许多科学工作者很看重要有这样一条。内容是倡议“领导干部和管理工作者坚持辩证唯物主义和历史唯物主义，坚持被全部科学实践证明了的科学真理，支持严肃、严密、规范的科学实验和科学问题的自由讨论，支持反对迷信愚昧和伪科学活动的斗争，帮助克服阻碍这种斗争的阻力”。

第三条是向新闻出版和大众媒介工作者提出的，内容包括“不给迷信愚昧和伪科学的传播提供载体”，引导群众“选择健康、文明、科学的生活方式和行为方式”。

第四条是向立法和执法机构提出的，内容包括“取缔各种危害人民身心健康的迷信活动和组织”，“保护向迷信愚昧和伪科学活动作斗争而受到威胁的人们的合法权益和人身安全”。

这几条倡议，反映科学界的一种呼声、一种诉求，都是有针对性的。

最后关于研讨会的性质再说一句话。这里是个论坛，不是法庭，不是仲裁所，不是技术鉴定会，不是大批判会场。研讨会的方针是摆事实，讲道理，不同的意见自由讨论。

《还气功本来面目》序*

张洪林同志的《还气功本来面目》一书就要出版了。我很高兴为这样一本用科学态度来研究和对待气功的著作问世写几句话，表示我作为一个理论工作者和科学工作者对这种科学精神的支持。

张洪林同志在中国中医研究院气功研究室做了多年的研究工作。大家知道，中医研究院在中国成立，这是中国共产党重视民族的科学和文化遗产，反对对民族的科学和文化遗产采取虚无主义态度的一项重大措施。在中医研究院建立一个气功研究室，说明对气功作为中国传统医学文化的一个组成部分，我们国家给予应有的尊重。

大家都知道，中国共产党历来主张用科学态度研究民族的遗产，用科学态度对待一切事物。因而用科学态度研究气功，就面临着如何对待围绕气功的许多荒诞宣传，如何在这个领域捍卫科学精神、反对愚昧和迷信的任务。在历史上，围绕气功就有许多封建迷信的东西。在现实中，现在冒出来一些“气功大师”，他们那些迷信和神秘主义的荒诞宣传，同历史上的那些迷信一脉相承而又带有现代色彩，就是说，用一些似是而非的“科学原理”和“科学实验”加以包装，因而带有更大的蛊

---

* 本文写于1996年1月26日，原载张洪林：《还气功本来面目》，中国社会科学出版社，1996年，第1、2页。

惑性和危害性。

向广大干部和群众普及科学知识，反对封建迷信和伪科学，是当前和今后长期工作的一个内容。张洪林同志这本书的出版，我认为是有益于这项工作的。

《走火入魔面面观——气功出偏》序*

中国科学界和新闻界举行过一系列反对迷信和伪科学的会议，张彤玲同志是这些会议的积极参加者，我就是在这些会议上同她结识的。

现在，张彤玲、徐鸿涛同志合写的《走火入魔面面观——气功出偏》一书出版了。他们是抱着关心人民健康的满腔热情和严肃认真的科学态度来写这本书的，又是通过对实际病例的生动描述和对病症病因的细致分析来写这本书的。这样一本书，可以看做是七年来在精神卫生研究所开设了“气功出偏专科门诊”的张彤玲医师的一部医案。

这些年气功在中国热得可以说是到了历史上空前的程度。感到受益的人不少，“练功出偏”“走火入魔”或被骗受害的人也不少。特别是在“气功”的名义下，各种古老的和最新包装的迷信活动大为泛滥，对人民健康和社会风气造成不小的危害。迷信和伪科学如此盛行，说明我们社会人群中的一部分，我们社会生活的一些方面，也“出偏”了。希望该书的出版，不但对“练功出偏”的患者有所帮助，对练功者预防出偏有所帮助，而且对我们社会生活的一些方面迷信和伪科学盛行的“出偏”现象的纠正也有所帮助。

---

* 本文写于1996年2月16日，原载张彤玲：《走火入魔面面观——气功出偏》，人民卫生出版社，1997年，第ⅳ～ⅵ页。

论保卫和发扬科学精神*

一

在保卫和发扬科学精神这个主题上，中国自然辩证法研究会组织、参与和推动了一系列学术活动。这是近年来自然辩证法研究会开展的有较大社会影响力的一桩活动，也是近年来自然辩证法研究会组织和推动的有较多自然科学家参加的一桩活动。主要有如下几次。

(1) 1995 年 3 月自然辩证法研究会三届四次常务理事会。在这次会上，根据中共中央、国务院《关于加强科学技术普及工作的若干意见》的精神，大家确定把保卫科学精神、反对迷信愚昧和伪科学作为研究会的一项重要任务，并成立了一个工作小组。4 月在承德举行的自然辩证法研究会全国工作会议上阐述和讨论了常务委员会的这项决议。

(2) 1995 年 9 月 20～21 日友谊宾馆大会。为了使这项学术活动不限于自然辩证法研究会的范围，而有更多的自然科学家和社会科学家参加进来，研究会积极支持中国科学技术协会于 6 月召集一些同志开会研究、酝酿成立了一个包括多方面人士的“捍卫科学尊严、反对迷信愚昧”组织委员会，通

* 本文为 1996 年 5 月 17 日在中国自然辩证法研究第四次全国代表大会上的发言提纲的一部分。

过这个组织委员会于9月在友谊宾馆以中国科协促进自然科学和社会科学联盟委员会名义召开了两天大型研讨会。这次大型活动有两个特点：一是有许多位高层次的自然科学家和社会科学家的很有内容、很有分量的发言；二是新华社发了消息，《人民日报》等许多报纸作了报道，登载了倡议书，一些报纸还全文发表了会上的若干发言。

(3) 1995年12月香山会议。这是香山科学会议的第五十次会议，主题为“科学精神和21世纪自然科学与社会科学的交叉与融合”。在香山系列科学会议中确定这样一次主题的会议，是由于中国自然辩证法研究会的推动和支持。周光召和其他一些同志就科学精神作了很好的发言，后来他在科普大会上所作的引起广泛注意的发言，就是以在这个会上的发言为基础的。

此外，我们研究会还参与主办了周易预测问题研讨会和张洪林《还气功本来面目》一书出版座谈会。

这些活动（特别是9月会议）在科学界和社会上引起了较为强烈的反响。大家知道，反响是各种各样的，不以为然的有之，担心过火的有之，总体来说，反响是积极和热烈的，许多同志都要求把这项活动深入地持久地开展下去。1995年十大科技新闻的两次评选（新闻界一次、两院院士一次），都把这项活动列为十大新闻之一。

在安排1996年工作要点的时候，中共中央政治局常委再次提出了“引导广大干部和人民群众学习掌握科学知识，反对封建迷信和伪科学”的任务。这当然不仅是这一年的工作，而且是一项长期的任务。

二

在保卫和发扬科学精神这个主题上，自然辩证法研究会还应该继续组织、参与和推动一系列面向社会的和科学研究性的学术活动。

面向社会的活动：这是我们对社会的责任。

开展科学的研究：这是我们科学哲学、科学方法论、科学与社会研究、科学与文化研究的学科建设的重要课题。

愚昧迷信和伪科学的泛滥，是一种中国现象，也是一种世界现象；是一种历史现象，也是一种当代现象；是一种在公众中存在的现象，也是一种在科学界中存在的现象。

因而，这是一种需要从多个角度、多种学科加以科学研究的认识现象和社会现象。

（一）理论的研究

首先，要把愚昧迷信和伪科学当做一种认识现象来研究。在关于伪科学的研讨和争论中，提出了有关科学哲学、科学认识论、科学方法论的许多基本理论问题。

比如，“眼见为实”，这是宣传和相信神秘事物的人们常用的一个理由，成为这类现象泛滥的一个认识根源。

这里涉及科学检验的标准问题，涉及“眼见”这种感性认识，同经过“去粗取精、去伪存真、由此及彼、由表及里”的制作改造功夫的理性认识的关系问题。这里还涉及表演、科学演示和科学实验的关系问题。表演的特点是不向观众如实地交代操作的全部条件和过程，不接受研究者对其条件和过程的检查和验证。只有按科学方法设计的、向科学共同体交代清楚其全部条件和过程的、科学共同体可以加以检查和验证的科学实验，才能确认是在科学研究上有意义的事实。科学演示，在科学教学和科学普及宣传中是常用的方法，但它也不是确认科学事实的方法，只是把科学实验所确认的事实演示给学习者的方法。演示要成为科学的演示，也是以向观看演示的学习者交代清楚其全部条件和过程并接受实验验证为条件的。在承认以科学实验为检验标准的前提下，还发生实验的设计是否科学、周密，怎样的实验才能成为“判决性实验”，以及物理化学实验、生物实验、心理实验的共同性和差异性等问题。这些都是需要细致研究的有关科学方法的原则问题和具体问题。朱光亚在去年9月会议上的发言说得很好：“自然科学中的是非问题，显然只能由科学实验来检验、鉴别。而科学实验虽然在不同学科领域可以有不同的规范要求，但都是不能由表演、演示来代替的。”

这里更涉及一个经验论的思维方式的问题。人们不大容易从原则上接受“眼见”的表演没有科学意义这样一个理性的普遍判断，但是可以接受他们所见的某一次表演没有科学意义这样一个经验的个别判断，如果向他们指出了那次表演的障眼手法何在的话。我认为，不断地具体地揭穿某些表演的障眼手法何在，是值得做的事情，在通常情况下，在多数人那里，这有助于帮助人们克服在这方面的盲目和轻信。但是，单是这样并不能从根本上解决问题。经验论的思维方式不克服，人们看清了这一次以至于第 n 次表演的障眼手法，却仍然愿意去相信下一次他未能看清其障眼手法的表演给他提供的神秘“事实”。还是恩格斯早已指出的：神媒和信神媒的人“毫不在乎成百件信以为真的事实已经暴露出是骗局，除非把那些信以为真的奇迹一件一件地揭穿”。而这是做不到的，因为一个无穷集合是不可能一一穷举的。所以，要真正解决问题，势必要用理论的考察，而不能只靠经验的实验。

又比如，“突破现有科学”，这是宣传和相信神秘事物的人们常用的又一个理由，成为这类现象泛滥的又一个认识根源。

这里涉及科学创新、科学突破、科学革命的规律性的问题。“科学历史上被事实推翻的理论多得很。为什么不能创新、突破，来一场科学革命?”这个说法似乎很有道理。但是，现在人们宣扬、人们争论的这些神秘事物的问题上，首要的、关键的，并不是现有科学能不能解释，能不能突破，而是所宣扬的神秘现象，到底是不是用科学方法确认的实验事实或观察事实。只有对科学地确认的事实，才发生现有科学能不能解释、要不要突破的问题。我们承认科学历史上不乏被突破了的理论，但是这些理论不是被别的什么东西，恰恰是被科学地确认的新的实验事实和观察事实所突破的，没有这样的事实，靠什么神奇表演和放言高论，是推翻不了科学的理论的。我们承认现有科学绝对没有穷尽真理，科学之所以为科学，就在于它不断地在新的实验事实和新的理论创造的推动下向前发展。但是现有科学已经成熟到这样的程度，只有尊重科学的基础，遵循科学的方法，才能不断发现新的真理。

这里还涉及科学发展中新旧理论之间的关系，涉及科学理论嬗变的规律性问题。科学历史告诉我们，新的科学理论，既是概括新确认的科学事实的结果，也是把新确认的科学事实同原来已经确认的科学事实统一起来加以概括的结果，它不能无视原来已经确认的科学事实（除非它科学地证明了原来对事实的确认并不科学），也不能摒弃原来的理论中为科学事实所检验了的科学内容。新旧科学理论嬗变，不是全盘否定，而是把原有理论的科学内容包括到新的理论之中。

周光召在他的文章中，以牛顿力学和相对论为例说明：具体真理在一定的适用条件和范围内是不能违反的，但在变化了的新条件和新范围内，则可以突破和创新。新理论可以扩展真理，创新精神是科学精神的组成部分；扩展了的理论必须包含原有理论体现的客观规律，在继承中发展真理，也是科学精神的组成部分。

总之，这里有许多关于科学哲学的基本理论问题，都需要通过细致的科学的研究，讲出更多的给人知识、解人疑惑的道理。顺便说一下，西方科学哲学有许多值得我们吸取和借鉴的有用成果，同时科学哲学的一些学派的相对主义倾向（否定科学作为客观真理的反映），还有文化相对主义的倾向，其消极影响，在讨论科学与迷信、伪科学的区别的时候就显露出来了。我们需要发展真正科学的科学哲学。在我们的哲学教学、自然辩证法和科学方法论教学中，有必要也有可能面对现实，引入反对迷信愚昧和伪科学的理论和方法的内容。

（二）案例的研究

历史案例的收集、记录和整理（新中国成立前夕的“不食的杨妹”，20世纪50年代的“钉螺姑娘”，这些都只留在经历过那个时代的人们的记忆中，没有为后人留下这些骗局被揭穿的科学记载）；外国案例的收集、记录和整理；国外科学同迷信和伪科学斗争的状况、方式的国别研究；国外对著名伪科学著作剖析的介绍；古今中外若干已有定论的案例的研究（从这类案例的综合和比较中得出历史的教益）。

当前若干典型案例（比如“水变油”、“外气远程改变物质分子和原子”）的研究，包括设计和组织若干“判决性实验”，展开详细的案例剖析。

（三）社会的研究

把迷信愚昧和伪科学活动，当做一种社会现象进行科学社会学、文化社会学和社会心理学的研究，从经济的、政治的、文化的背景分析和讨论这类现象泛滥的社会根源，也是十分重要和饶有趣味的。

这里需要作历史的研究，包括古代历史中的迷信和反迷信，近代历史中的迷信和五四运动以来的反迷信，新中国成立以来各个时期的迷信和反迷信，尤其需要对当前社会生活中的迷信和反迷信、伪科学和反对伪科学，它们起伏和消长的趋势，迷信和伪科学活动的方式和特点，它们滋生和蔓延的多方面的社会原因，与对外开放和市场经济的关系，与“一手比较硬、一手比较软”的关系等，进行科学的研究。

还需要对迷信愚昧和伪科学危害人民和社会的情况进行调查，对迷信愚昧和伪科学著作出版和流传的情况进行调查，对新闻媒体和广告宣传中传播迷信愚昧和伪科学的情况进行调查，对社会公众在科学和迷信、科学和伪科学问题上的认识和心态进行调查（设计某种问卷），并且进行对策研究，以便在加强社会主义精神文明建设和科学健康文明生活方式建设的系统工程中，贡献我们的建议。

（四）界限的把握和研究

保护宗教自由和反对愚昧迷信要辩证地统一起来；合法宗教和非法道门必须加以区别；健康民俗和宗教迷信也必须加以区别。这种统一和区别本身就是科学研究的课题。把握好这种统一和区别，才能有分析地、目标明确地反对迷信愚昧和伪科学。

把握界限，关键在于看它们是否危害人民生活和社会利益。只要还说不上危害人民和社会，可以不必把它们列入现在我们集中反对的迷信愚昧和伪科学之中。也许把某些声称的“科学创造”，视为未经科学证实的学说，视为其实验基础和理论基础可疑的学说，来进行讨论，进行检验，要更好一些。

伪科学，非科学，科学中的欺骗，科学中的失误，科学中的不成熟，科学中的病态和泡沫，种种情况，既有联系，又有区别，本身也都是应该科学地加以研究的课题。在旗帜鲜明地、坚定不移地反对迷信愚昧和伪科学的同时，对复杂情况多一些分析，多一点从容，多一席余地，归根到底，是有利于科学、人民和社会的。

再接再厉*

我们今天的会，是继 1995 年 9 月 20 日至 21 日中国科学技术协会（简称中国科协）在友谊宾馆召开的那次“捍卫科学尊严、反对迷信愚昧”专题研讨会之后，由中国科协召开的又一次以捍卫和发扬科学精神为主题的大型研讨会，是中国科协计划在 1996～1997 年召开的以这个为主题的四次大型研讨会中的第一次会。

我们这个会，正好是在中共中央十四届六中全会通过《中共中央关于加强社会主义精神文明建设若干重要问题的决议》后不久召开的，是科技界和理论界从一个方面学习和贯彻中央全会精神的一次会。

1995 年那次会是开得很好的。在那次会上，庄逢甘副主席揭露了所谓气功大师指导卫星发射并因此受到国家 20 万元奖励的谣言，中国社会科学院副院长刘吉讲述了他所亲历和拆穿的“水变油”表演的骗局，张彤玲医师从临床病例分析了练功出偏对人们健康的危害。朱光亚主席听了两整天的会议发言并作了总结讲话，结合他接触过的“水变油”和“特异功能”表演两件事例，阐明了自然科学中的真伪是非“只能由科学实验来检验”，而科学实验“虽然在不同学科领域可以有不同的规范要求，但都不能由表演、演示来

---

* 本文为在中国科协联合有关单位从 1995 年 9 月 20 日起组织“捍卫科学尊严、反对迷信愚昧与伪科学”系列论坛的第二次会议上的讲话。原载《中国科协报》，1996 年 10 月 20 日。

代替”的道理，并且特别讲到“捍卫科学尊严、破除迷信愚昧是很重要又很紧迫的任务，必须依靠大家加强责任感来做。也要认识到这件事做起来不会那么容易，而且需要长期不懈地坚持下去。尽管如此，我们坚信，科学终将战胜迷信、愚昧和伪科学，中华民族的科学文化素质必将不断提高。让我们继续努力奋斗”。

1996 年 5 月中国科协召开第五次全国代表大会，江泽民同志在这次大会上的讲话再一次强调“广大科技工作者一定要高举科学的旗帜，弘扬科学精神，坚决反对封建迷信和愚昧落后，揭露和抵制各种伪科学、反科学行为”。朱光亚主席的工作报告把 1995 年 9 月的那次会称为中国科协在精神文明建设方面进行的一项有成效的工作。我和何祚庥、郭正谊三人受交叉科学组的委托作了一个大会发言，提出了几项建议。

(1) 在新一届中国科协常务委员会的领导下，设立一个强有力的“保卫和发扬科学精神工作委员会”，广泛联系和组织各方面的力量（包括自然科学界、社会科学界、医药卫生界、工程技术界，甚至包括新闻界、科普界、魔术界等各界的有志之士），统筹规划和系统开展这方面的活动。

(2) 编印一种简报，将“频频发生”、“令人触目惊心”的迷信和伪科学活动的情况，以及揭露这些活动的重要情况，搜集起来，向科学界、向党政领导机关、向新闻界及时通报（例如，美国研究院评估美国中央情报局和国防情报局历时 20 年耗资 2000 万美元的“特异功能遥视实验”，这项“研究”已被认为无价值而取消一事，应该向有关方面通报）。

(3) 在《中国科协报》和中国科协所属的有关刊物（如《知识就是力量》、《现代化》、《自然辩证法研究》）上开辟常设的专栏。在推动更多报刊参与此项活动的前提下，在专门创办一个刊物尚不必要或条件尚不成熟的时候，这些报刊的常设专栏，要成为反映和推动这方面活动的坚强阵地。

(4) 支持出版这方面的书籍和丛书。中国科协所属的出版社在这方面有更多的责任，需要表现更大的主动性。

(5) 组织经常的、系列的学术研讨活动。既不搞大轰大嗡，也不能偃旗息鼓，而要从长计议，细水长流，每隔一两个月或者两三个月，组织一次有准备的学术活动。有的即由中国科协或它的这个工作委员会组织，有的可由某一个研究会组织或由几个学会联合组织，有的就在科协报刊的专栏中发表，有的争取还在别的报刊发表。

(6) 参加这方面的国际交流。准备在中国召开这方面的国际讨论会。现在，新一届科协常委已经决定，由本届继续设立的促进自然科学和社会科学联盟工作委员会把保卫和发扬科学精神作为一项重要任务承担起来。在科协的简报中已经发表了美国的那个情况，新华社的内参也已经登载，引起了广泛注意，今后在科协简报中还要选登这方面的情况。以上一次会的内容为主编成的《伪科学曝光》一书已经由社会科学出版社出版，在社会科学书店开了一次研讨会，朱光亚等好几位院士都出席了，成为读书界一件盛事。系列研讨会，前面已经说了，已经决定在 1996 年下半年和 1997 年内召开四次。

该系列研讨会，宗旨是明确的，就是贯彻中央历次指示，发扬科学精神，反对迷信和伪科学。

该系列研讨会，性质是明确的，上次已经说过，现在予以重申：这里是论坛，不是法庭，不是仲裁所，不是技术鉴定会，不是大批判会场，会议对学术问题不作结论，每个发言代表发言者的意见，研讨会的方针是摆事实，讲道理，不同的意见自由讨论。

该系列研讨会，讨论问题当然要联系实际，联系实际只是对事、对思想、对现象，不对人，在大会的场合，我们主张不采取指名道姓的批评方式。这当然不是指在任何场合，是特指在我们的大会上这个场合。

《暗访巫医：巫医骗术揭秘》序*

医术是仁术。一位有仁心的医生，医治人的肌体的疾病，医治人的心灵的疾病，还会关注并努力去研究和医治人群——社会的肌体和精神的疾病。

李胜先同志是一个有仁心的人，一个有执著追求的人，他在相当艰苦的条件下，从事当今中国社会巫医的研究，已经十几个春秋。现在写成这本《暗访巫医：巫医骗术揭秘》，以通俗叙述这种可读性很强的方式，总结了他的研究成果。我认为该书是很值得广大的有仁心的人们一读的。

巫医是一种古老的社会现象，又是一种现存的社会现象。老式的，同几十、几百、几千年前一样的巫医，现在也还存在；花样翻新的、用各种时髦装束打扮起来的巫医，更是层出不穷。巫医现象，像李胜先这本书向我们揭示的这样严重泛滥，还有其他各种各样的迷信现象，像许多报刊经常向我们揭示的这样严重泛滥，无论如何，应该认为是我们社会的机体和精神的一种病态。

这样的社会病态和为医治这种社会疾病而进行的斗争，需要我们党和政府的领导干部，需要我们理论界、科学界、教育界、文化界、新闻界、出版界、卫生界的知识分子，给予应有的关注，做出应有的努力。关键在这两个

---

* 本文写于1998年5月20日，原载李胜先：《暗访巫医：巫医骗术揭秘》，中国社会出版社，2000年，第1～3页。

群体——党政干部群体和知识分子群体。毋庸讳言，在这两个群体中，一些人对当前相当严重的各种旧式迷信的复燃和翻新迷信的炒作，采取了助长的、庇佑的或者漠然的态度。如果在这两个群体中克服了这样的态度，那么，社会上的迷信活动，不足为患。否则，是很可忧虑的。

我几次谈到，心所谓危，不得不言。现在，借为李胜先同志这本书写序的机会，再言一次。

科学精神和人文精神相结合

——《科学与人生观论战及其回声》序*

朱耀垠同志的著作《科学与人生观论战及其回声》就要出版了。这部著作，是在他的博士论文的基础上，进一步深入研究、反复修改而写成的。作为他博士论文的导师，我愿意借为他这部书写一篇短序的机会，就科学精神与人文精神的结合，简单说几句话。

20 世纪初期在中国学术界展开的那场“科学与人生观”的论战，当时颇为热闹，吸引了各个思想流派乃至政治流派的人们参加，论战文章当时就被编辑成书。此书已经进入“民国经典”。

但是，这场讨论的重要性，不仅在于当时的热闹，还在于长期的影响。

整个 20 世纪，这场论战在中国不断引起回声。不仅 20～40 年代如此，50 年代以后，在中国内地，在新的政治和思想基础上，对这场论战又有新的批判和评论，在海外，也有新的探讨；70 年代以后，在拨乱反正、改革开放的进程中，学术界对这场论战又重新作了评价，而中国内地在这方面的重新探讨，与海外的探讨，通过相互介绍有了交流。这些在朱耀垠同志这本书中，有详细的考察和论述。

---

* 本文写于 1998 年 10 月 1 日，原载朱耀垠：《科学与人生观论战及其回声》，上海科学技术文献出版社，1999 年，第 1～3 页。

一场历史论战，没有湮没在历史文献的海洋里，而是在学术界、思想界三番五次地引起回顾和反思，说明它所涉及的主题有深刻的哲理，是一个常新的主题。人们回顾历史论战，是因为它的主题在现实生活中引起人们新的思索。

这个主题，就是科学精神与人文精神的关系。这是近年来我国学术界、思想界讨论得非常热烈的问题，当然远不限于“科学与人生观”的关系这么狭窄了。

近年关于科学精神与人文精神的讨论，内容广泛而丰富，这里我只想简单提一个问题，就是批判“科学主义”的问题。这样的批判声浪有日渐高涨之势，并且往往同呼唤人文精神的诉求相结合。

呼唤人文精神，很切时要。人文精神的失落，有多方面的原因，很值得研究。但是为什么要设一个“科学主义”的靶子，把人文精神同崇尚科学的精神当做相互排斥、此消彼长的东西呢？它们不正是应该相互结合、相得益彰的吗？

我曾说过这样的意见：科学精神是现代化在文化方面的一个基本要求。如果追求民主，可以叫做民主主义。那么，要求重视科学、发扬科学精神，叫做“科学主义”也无妨。批判和反对“科学主义”，是要反对科学在战争中对人类造成的危害吗？那是社会制度的罪恶，不能归咎于科学。是要强调科学发展破坏了生态环境、物质资源吗？认识环境问题、资源问题，正是对发展问题采取科学态度的结果，解决环境问题、资源问题也不能靠抑制科学技术，而是有赖于科学技术更好的发展。是不赞成用自然科学的方法去研究社会人文现象吗？尽管不能不同意在运用自然科学方法研究社会问题方面的确存在生吞活剥的毛病，但是不应该因噎废食，向自然科学学习和借鉴科学方法、科学精神、科学概念，始终是社会和人文研究进步的一种推动。总之，我们现在仍然缺乏足够的科学知识，缺乏足够的科学精神，缺乏对科学知识、科学精神、科学方法的足够理解和重视，而不是多了一个“科学主义”。

我以为，我们应该提倡科学的人文精神。人文精神需要赶上时代，需要在现代科学发展和现代人类发展的基础上赶上时代。否则，就可能有成为神秘主义和蒙昧主义渊薮的危险。

我以为，我们应该提倡人文的科学精神。科学的发展，本质上具有深刻的人文精神。近代科学的产生，是同人从神学的精神枷锁下的解放联系在一起的。现代技术的发展，为人的解放提供了新的有力的前提和手段。控制论始创人维纳的著作《人有人的用处》，探讨人从机械性劳动的奴役下的解放，这不是充满着人文的关怀吗？

我曾经对“科学精神”作过这样的概括：在长期的科学发展中形成优良传统的种种科学精神，包括“尊重事实、尊重真理、反对迷信、反对盲从的精神”，“勇于革新、勇于创造、反对因循、反对守旧的精神”，“在科学研究中孜孜不息、锲而不舍、自甘寂寞、自甘淡泊、不求富贵、不求闻达，把精力倾注在事业上，而不是花费在享乐上的精神”，“意识到自己从事的科学工作对于社会、对于人类的责任，积极地参加反对侵略、反对战争、维护和平、维护人道、保护环境、保护生态的斗争的精神”。这些不都洋溢着人文的追求吗？

我们应该很好地研究马克思主义与科学精神、马克思主义与人文精神的关系，而没有理由去批判马克思主义是什么“科学主义”。

我们应该在当代中国现代化进程中，去努力提倡和实现科学精神和人文精神的结合。

推荐《绿色经典文库》*

《绿色经典文库》是当之无愧的一套好书。最近几十年在世界上有一个日益强大的绿色思潮，反映这个思潮的经典之作，最有影响的世界名作，大都收到里面来了。尤其可贵的是，在中国出这套书，还注意到把中国人写的产生过影响的，或当时应该产生影响而没有能够产生，回过头来看应该让它产生很大影响的著作（马寅初的《新人口论》即属此类），也收了进来，这是一件做得很好、很有见地的事情。几十年绿色思潮中的积极的东西，成为保护环境、保护生态、保护资源的呼吁和口号，成为可持续发展的概念和方针，在我们国家已经进入中国共产党的纲领，进入中华人民共和国的宪法，成为我们国家的国策，成为我国科学界研究的课题，也成为媒体和老百姓日常生活的话题。这是一个积极的发展，还需要进一步更加广泛和深入的发展。这套《绿色经典文库》的出版，在这方面会是一个切实而有力的推动。

科学精神与人文精神的结合十分重要。应该提倡一种更富有现代科学意识的人文精神，提倡一种充满着现代人文关怀的科学精神。这两种精神的结合是我们时代的要求。绿色思潮、绿色运动、绿色工程，需要依靠广泛的力量，包括自然科学家、社会科学家、人文科学家、工程师、文学家、艺术

---

* 本文写于1999年4月20日，可参见范春萍的回忆文章《怀念龚育之先生》（《科技导报》，2007年第13期，第84页）。

家。这套《绿色经典文库》体现了这两种精神的结合，体现了各方面人士的合作。保持这样一种密切的合作，保持这样一种充满科学意识的人文精神和充满人文关怀的科学精神，各方面人士共同努力，绿色思潮将对人类社会的积极发展发挥很好的作用。

基于这样的思想背景和这套书本身的编选、出版质量，我向国家图书奖评委会推荐这套《绿色经典文库》，希望它能够获奖。

崇尚科学　反对迷信*

叶宝生（主持人）：观众朋友，欢迎您来到CETV学术报告厅，在7月1日庆祝中国共产党诞辰之际，我们来到北京大学校园内的李大钊同志塑像前，李大钊同志是伟大的马克思主义先驱，是五四运动的指导者，是中国共产党的创始人之一，中国人民将永远怀念他。不久前我们刚刚纪念了五四运动80周年，爱国、进步、民主、科学的五四精神在今天有着更加重要的现实意义。在全体国民竭力实施科教兴国伟大战略的进程中，共产党人更应该做崇尚科学反对迷信的带头人。今天我们为您安排了对龚育之的学术访谈，主题是共产党人更应该崇尚科学，反对迷信。龚育之同志是中共中央党校副校长、中央党史研究室副主任。

龚教授，最近《人民日报》连续发表文章号召大家要崇尚科学，反对迷信，对这个问题您能给我们谈一谈吗？

龚育之：新中国成立的纪念日前夕，50周年前夕，《人民日报》连续发表了两篇评论员文章，都讲崇尚科学，反对迷信，讲共产党员要做坚定的唯物主义者，共产党员要做坚定的无神论者，我想这次节目是很有意义的。听说《人民日报》可能还要继续发表几篇评论。除了《人民日报》的评论之外，其他报刊最近也都发起这方面的号召，我想这是传达中央的精神，这是

* 本文根据1999年7月1日播出的中国教育电视台叶宝生对龚育之的访谈整理而成。

对全国人民的一个教育，首先是对全体共产党员的一个教育，尤其是对共产党员干部的一个教育。在新中国成立 50 周年的时候，进行这样一番教育很有现实意义，很有现实的需要，很有现实的针对性。我想可以这样讲，无神论者不一定是共产党员，而共产党员必须是一个无神论者，是个战斗的无神论者，是个科学的无神论者，是一个建立在马克思主义基础上的无神论者。

你们刚才到李大钊同志的墓前去拍摄了一些镜头，我想就从李大钊讲起，李大钊是我们建党时期最重要的领导人物之一，特别是在建党思想上。我这里有两个资料。一个是 1917 年的李大钊的文章《真理》。那是建党以前，五四运动以前，也就是俄国十月革命的那一年，那年 2 月 1 日还没有发生十月革命，1915 年《青年》杂志（就是《新青年》的前身）创刊了，可以说是新文化运动的开始。在新文化运动过程中，李大钊写了两篇短文，一篇题目就叫“真理”，就是坚持真理，坚持真理就要反对迷信。他讲，余信世界文明日进（我相信世界文明每天都在进步）。此真理者，必能基于科学（真理是基于科学的），循其逻辑之境，以表现于人类各个之智察，非传说之迷信所得而蔽也（就是用逻辑的推演把人的智慧思考的各个方面都贯通起来，绝不是社会上传播的种种迷信能够掩盖科学，掩盖真理的）。[①] 这就是追求真理，要坚持科学反对迷信来达到真理，这就是李大钊同志的一个思路。

另一个是李大钊后来亲笔起草的《非宗教者宣言》。这个非宗教者宣言，我想换句话说，就是无神论者宣言，不相信宗教迷信。无神论者宣言，这是有一批人参加的，有当时在北京的一批教授，好多人后来并没有成为共产党员。这个宣言是按姓名笔画为序排的，第一个是王星拱，姓王当然笔画最少，王星拱是一个自然科学家教授，李守常就是李大钊，按次序排在后头一点，但是有人记载这个宣言是李大钊起草和签署的。在宣言中相信要达到客观的真理，不能靠迷信，也不能靠宗教，要靠对客观事件进行科学的研究，就是举起科学的旗帜来反对迷信和宗教，有宗教信仰的自由，我不是信仰宗教者，我也有宣传自己观念的自由，这正是为了维护自由。这就是他起草的一个宣言，因此我想从这个意义上讲，刚才说的无神论者不一定是共产党员，但是共产党员一定是无神论者，因为整个共产主义是建立在科学基础上

① 李大钊：《真理》，见《李大钊全集》第 2 卷，第 451、452 页。

的，是科学地分析客观规律而得出的结论，如果把世界的发展、自然的发展、社会的发展归于神秘的力量，那么就没有什么科学，就没有什么规律，也就没有什么人去掌握客观规律而为一个理想而奋斗，这一切都不能成立。所以，共产党和无神论，这是一件事情必然联系的两个方面，如果不是无神论者也就不可能成为共产党，这体现在李大钊同志身上就很清楚了。我想还不限于李大钊，所以我现在讲讲整个五四时期后来成为党的领袖人物的人在当时都是提倡科学反对迷信的勇敢的战士，是走在前面的战士。

李大钊、陈独秀当时建党叫做“南陈北李，相约建党”，他们两个人互相约定到南方去，到上海去促进共产党的创立，那么这两个领袖人物，刚才讲了李大钊，陈独秀是比李大钊更加鲜明，提倡科学反对宗教迷信的一个先锋战士。刚才讲新文化运动从《青年》杂志开始，《青年》杂志就是陈独秀主办的，陈独秀主办的这个《青年》杂志影响很大，提出两大口号，就是科学、民主，最初叫科学、人权，人权也就是民主的意思，科学与人权或叫科学与民主。1915 年《青年》杂志创刊，陈独秀为这个创刊写一个发刊辞，题目就叫《敬告青年》，这里就有这样几句话，国人而欲脱蒙昧时代（就是我们中国人要摆脱蒙昧愚昧时代），羞为浅化之民也（不要当那种野蛮落后的民族），则急起直追，当以科学和人权并重（要赶紧起来向前追赶，怎么急起直追，一个科学，一个人权，人权或者叫民主）。然后他说，其想象之最神奇者，莫如“气”之一说。

叶宝生：空气的气。

龚育之：空气的气，就是我们现在讲的很多神乎其神的气功大师的气。说宇宙间之气，陈独秀不知此气是何物也，不知道气是什么东西。他说：“凡此无常识之思维，无理由之信仰，欲根治之，厥维科学。”就是说从根本上解决它，要靠科学。科学有什么功效呢，他说：“将使人间之思想行为，一尊理性，而迷信斩焉。”通通要遵循理性，这样迷信就给斩断了。特别是 1919 年，也就是五四运动那一年，他在一篇文章中提出两条道路，“现在世界上是两条道路：一条是向共和的科学的无神的光明道路，一条是向专制的迷信的神权的黑暗道路。”一条光明道路，一条黑暗道路，一共是两条道路。这些话是非常鲜明、气势磅礴的。他也是共产党创立人之一，是共产党成立之后最早的最高领导人。建党初期的最高领导人，一个是李大钊，另一个是陈独秀，南陈北李，在他们创立共产党之前就是鲜明的无神论者，鲜明地主张科学，反对迷信。

再讲毛泽东，毛泽东当时当然比他们都年轻，参加了党的第一次大会，也是创立者，但是他当时还没有李大钊、陈独秀这么大的影响力。在北京、上海，《新青年》杂志是新文化运动的号角，在这个号角的影响下，各地办了很多进步的刊物。毛泽东在湖南办《湘江评论》杂志的时候，1919 年，刚好那个时候北京发生五四运动，陈独秀就被军阀政府抓起来了，大家都要营救他，毛泽东在《湘江评论》创刊号上写了一篇文章叫《陈独秀之被捕及营救》。那个时候毛泽东非常尊重陈独秀，说他是“思想界的明星”。为什么要抓他呢？就是《新青年》得罪了那个旧社会，怎么得罪了旧社会，无非就是请来了两位先生，即赛先生、德先生，赛先生就是科学，德先生就是民主，因为他提倡呼唤科学，呼唤民主。得罪了社会，所以要惩罚他。然后他就说这两条在我们国家是非常非常重要的。他说我们中国人迷信非常严重，他讲了四个迷信，迷信鬼神、迷信物象、迷信命运、迷信强权。所以从陈独秀、李大钊到毛泽东，他们所体现的这个崇尚科学反对迷信的五四传统，我想这也是中国共产党的传统，因为他们就是在这样的思想背景下创立了共产党，或者说中国共产党的崇尚科学、破除迷信的历史，要追溯到五四运动。

下面我讲讲大革命时期和土地革命时期，农民占中国人口最多，恰恰是中国迷信最深的人群，所以，共产党领导人民进行民主革命，就不能不进行认真的、深刻的、复杂的反迷信斗争。可以说，共产党一登上革命斗争的历史舞台，一投身到中国革命最重要的阵地上，斗争中间就不得不把自己的相当一部分注意力摆在农村中进行反迷信斗争。1927 年毛泽东写了一个《湖南农民运动考察报告》，这写得很漂亮、很生动，考察了湖南农民运动起来以后，湖南农村发生什么变化，其中一个重要变化，就是反迷信。提出一个很重要的问题，他说菩萨是农民在封建影响下立起来的，到一定时候农民又会用他们自己的双手打掉这些菩萨。也就是讲，在政治经济解放和文化提高以后，农民自己就会这样来做。这是毛泽东提出来的一个很重要的指导思想。另外，他还讲了他自己在农村里面进行反迷信宣传的情况，那个时期的文献现在留下的不多，因为革命根据地很艰苦的时候没有人保存。毛泽东的这个农民运动考察报告，以及一系列的调查都是表现中国共产党领导民主革命首先在农村进行，在农村反对神权是重大的斗争，当时是怎么做的，效果如何，经验是怎样的。

延安时期我们有比较大的局面，这时毛泽东思想也比较成熟了，最重要的是提出了党的纲领，一个理论纲领就是毛泽东写的新民主主义论。新民主主义论里头有一个非常重要的概括：新民主主义的经济、新民主主义的政治、新民主主义的文化。什么叫新民主主义的文化，就是民主的、科学的、大众的文化。民主是反对帝国主义，大众的文化是给广大人民群众服务，强调了科学，我想这就是继承五四的口号，我们主张新民主主义文化，它的特点是“科学的”，什么叫“科学的”？毛泽东这么解释，“科学的”就是反对一切封建思想和迷信思想，主张实事求是，主张客观真理，主张理论和实践一致。这是对科学的解释，这样就把“科学的”作为新民主主义革命纲领的文化纲领的一个重要特点，这样就实际上提到党的理论高度来讲崇尚科学，反对一切封建思想和迷信思想。今天我们也还是这样，党的十五大提出了一个党在社会主义初级阶段的基本纲领，也讲了政治纲领、经济纲领、文化纲领。党在社会主义初级阶段的文化纲领中，我们要什么样的文化，十五大讲的就是要面向现代化，面向世界，面向未来，民族的、科学的、大众的文化。所以“科学的”也摆在我们当前社会主义初级阶段的文化纲领的规定性中间。崇尚科学，反对迷信也是我们今天的文化纲领。在陕甘宁边区毛泽东同志说了三大害：迷信、不识字、不讲卫生。毛泽东还有专门的一篇讲话，讲这个情况的严重性。他说 150 万人口在陕甘宁边区，有 100 多万文盲，那就是 60%～70%还是文盲，2000 个巫医，迷信思想还在影响广大群众，这些都是群众脑子里的敌人，我们反对群众脑子里的敌人，常常比反对日本帝国主义还要困难一些，我们必须告诉群众，自己起来同自己的文盲、迷信和不卫生的习惯作斗争。

我想特别讲一下，新中国成立初期我们进行了一个很深刻的社会改造工程，把旧社会改造成新社会，那时候剿匪反霸、土地改革、抗美援朝都是对旧社会的改造。跟这些相伴随，我觉得在反对封建迷信方面也进行了一场历史上从未有过的规模空前的大斗争，这就是以反对“一贯道”为中心的取缔各种反动会道门的斗争。这不是一个单纯的反对，首先要镇压“一贯道”反革命组织，因为这个“一贯道”在抗战时期和日伪勾结，解放战争时期和国民党反动派勾结，进行了很多反革命活动，在社会改革时期他们仍然跟反动势力结合，来破坏土地改革，破坏抗美援朝，因此这是个镇压反革命的斗争。那时候叫各方面的反革命分子，一个就是反动会道门的头子，主要就是反革命的斗争。但是这个革命的特点还不一样，他就是偏偏利用迷信，来附和广大的群众，利用迷信形成一个很大的群众组织。当时说这是中国真正的“第一大党”，比国民党的人都要多。它们有组织、有层层的组织，利用迷信活动，用这些迷信掩盖了他们的反革命活动。所以呢，首先是要划清界限，群众的一般的迷信不能认为是反革命分子，而反革命分子利用迷信进行反革命活动。要教育群众，要把迷信和反革命活动分开，这是当时的指导方针，要让群众认识到迷信的危害。这场斗争进行了将近四年，中华人民共和国还没有成立，华北人民政府四级的医院就发布了取缔、反对封建迷信组织的通知，以后经过了几个浪潮，历时四年之久，瓦解取缔了这个组织，向群众进行了一场最深刻的反对封建迷信的教育运动。所以我想从旧社会到新社会，新中国成立初期在改革过程中，我们这个社会有几件事是非常受称赞的。禁鸦片这是过去几百年没有做到的，现在我们做到了，取缔妓院这也是旧社会做不到的，我们新中国成立后做到了，还有赌场被解散了，还取缔了封建迷信组织“一贯道”。“一贯道”是最大的以封建迷信的形式把人组织起来掩盖反革命活动的。当然，反对迷信思想不是一两次运动就可以的，一个时期绝迹了并不等于说永远绝迹了，这个斗争是长期的，而且还会是起伏的，当然我们遇到过一些困难和问题，松懈了就使一些迷信活动死灰复燃，新中国成立以后也不断地出现这些情况。从新中国成立初期那么一场很有成效的反迷信斗争，说明只要认真地抓，认真地做，可以取得一个完全不同的局面。全世界称颂的那种局面我们做到过。所以今天我主要从历史上立党开始，共产党和无神论就是一种现象，从党领导到革命斗争起都伴随着一个深刻的反封建的斗争，没有反封建的斗争我们党领导的民主革命也不可能深入，在深入民主革命中我们也进行了反封建的这么一个层面，封建的政治制度我们摧毁了，封建的经济制度我们摧毁了，封建思想反映在人民精神世界的这种迷信活动我们也予以认真的教育和斗争。反封建是包括这么几个方面，不仅仅是改革土地所有制，政治的、经济的、思想文化的都是反封建的斗争。这是共产党的传统，共产党的一个极其重要的斗争策略。

我为什么今天讲这些？就是要让大家了解我们党的历史，我们党的传统，要我们全党，首先是党的干部来坚持唯物论，坚持无神论，反对现在相当程度的死灰复燃，相当程度的泛滥这么一种迷信活动，为什么党中央这么重视它？斗争多得很，国际斗争有什么科索沃，国内还有国有企业改革，农村还有什么减轻负担，为什么要把反对封建迷信、伪科学这么一件事情摆在这么重要的位置呢？为什么我们的主要领导人和相当一批精英来重视这个问题、来呼唤全党解决这个问题呢？为什么我们在建党50周年前夕，《人民日报》要连续发表评论员文章？许多报纸，我看到的《解放日报》、《解放军报》、《光明日报》等都在做这个工作，为什么要做这么一件事？我想如果理解共产党的根本、共产党的宗旨、共产党的传统，那么就可以从历史的角度来理解我们今天为什么强调反对封建迷信的斗争。所以我今天多讲一讲，也就是想重温中国共产党历史上这方面斗争的传统，结合当前党中央强调全党首先是党的领导干部要重视这场斗争，作一个历史的论证。我想以江泽民同志为核心的党中央非常重视这个事情。

我用了一个说法叫“三令五申”。刚才我们讲的这个问题，现在大家也非常重视，这个问题是不是现在提出来的？不是。我想得追溯到更远，至少要追溯到1994年。1994年，中共中央、国务院发布了《中共中央国务院关于加强科学技术普及工作的若干意见》，是专门讲科普工作的。科普工作当然包括很多方面，其中一个方面就是反对迷信。这个在1994年12月5日关于科普工作的文件中已经讲了，一些迷信舆论活动日渐泛滥，反科学、伪科学的活动频频发生，令人触目惊心。1994年还有以下一段话非常重要，对领导干部讲的，对党员干部讲的。要充分认识破除迷信，反对反科学、伪科学的长期性、复杂性和艰巨性，把这项工作始终不懈地坚持下去，对利用封建迷信搞违法犯罪活动的要坚决依法打击，死灰复燃的活动要依法打击，对反动会道门组织要坚决依法取缔，对参与封建迷信活动的人要进行批评教育，各级领导干部要以身作则，领导干部要自觉加强对现代科学文化知识、科学方法和科学思想的学习，自觉反对和抵制各种反科学思潮的冲击和影响。不准参与鼓励各种封建迷信和伪科学活动。中央单位领导干部不准参与、鼓励封建迷信活动，禁止党政干部参神拜庙、求卦占卜。下的禁令，中央的决定说得这么明白，说得这么恳切，说得这么具体，我想这是第一号命令。“三令五申”，这是第一令，从 1994 年算起，我们还不算更早的，这时候是严重地提出这个问题，令人触目惊心，因此怎么要求呢？要求普及科学知识，反对迷信，特别要求党政领导干部，应该怎么样，不准怎么样，是下了禁令的。我就觉得这个文件对许多人而言没有得到足够的重视，其中一些要求，那些禁令，那些不准，许多人就忘掉了，或者根本就不在意，或者就不知道。所以对中共中央、国务院的命令，许多人忘记了不在意，可是中央很重视。过了半年时间，从 1994 年 12 月到 1995 年 5 月 6 日，中共中央、国务院又通过了一个重要的决定，加速科学技术进步的决定，当然包括多方面，其中特别又重提了那个关于加强科学技术普及工作的几点意见，这个文件重申要执行它，要贯彻执行，用科学战胜迷信、愚昧和贫穷。我看这个口号也很鲜明，用科学战胜迷信、愚昧和贫穷，把人民的生活导入文明科学的轨道，反对迷信。我想这又是一个中共中央、国务院的决定，“三令五申”，我想这是第二令。半年时间中共中央两次下达命令。

也就在发布《中共中央国务院关于加速科技进步的决定》的时候，开了一个全国的科技大会。在 1995 年 5 月 26 日召开的全国性的大会上，江泽民同志讲话了，他以国家主席、总书记的身份对中央的决定加以申说，三令五申，来解释，来说明。他说贫穷不是社会主义，这是小平同志反复讲的，他说愚昧更不是社会主义。我看这是补充发挥了邓小平讲的贫困不是社会主义，愚昧更不是社会主义。所以他又重申要认真贯彻《中共中央国务院关于加强科学技术普及工作的若干意见》，要通过各种新闻舆论工具，来促进社会主义精神文明建设，用科学战胜封建迷信和愚昧落后。这是总书记来申，中央一令二令，总书记来申说，我想这叫做一申，三令五申这叫一申，这是 1995 年。1996 年 1 月，中共中央政治局常委制订了一个 1996 年工作要点，1996 年干些什么工作，最重要的要点中把反对封建迷信和伪科学专门列一条，中共中央政治局的工作要点列上这么一条，我想如果总书记说明那个是一申，这算二申。那么，1996 年 5 月，开了中国科学技术协会第五次全国代表大会，江泽民同志在这个会上有一个讲话，这里面也讲到一定要高举科学的旗帜，弘扬科学精神，坚决反对封建迷信和愚昧落后，揭露抵制各种伪科学和反科学活动。总书记又一次申明，我想这是三申。一申，二申，三申，二令三申，那么 1996 年 10 月中共中央的第十四届六中全会通过了一个关于精神文明建设的若干重大问题的决定。1997 年 9 月开十五大，在十五大报告里面，关于精神文明建设决定中提出要反对封建迷信活动。一个中央全会的决议，一个党代表大会的报告，这是更高的命令。我想这是三令四令，中央全会的决议，这比中共中央的一个文件更权威，党代表大会的报告，这比中共中央全会的决议更重要，这是三令四令。所以已经不止三令了，有四令。

1999 年 1 月，中共中央党校办一个叫做省部级主要干部的金融研讨班，金融问题当然很重要，都是一把手，有省委书记、省长、部门的部长、主任。在这个会上江泽民讲了几句话，提出要学习、学习、再学习，实践、实践、再实践。在这段讲话中他又讲了两个坚持不懈，学习科技知识要坚持不懈，破除封建迷信、消除各种伪科学反科学现象也要坚持不懈。我是听了他这个讲话的，他还讲了一些他所直接接触到的他认为很不应该允许泛滥发展的伪科学现象。发表的文字叫“两个坚持不懈”。我想这个算四申。第四申几次命令中，几次江泽民同志都讲要坚持不懈，反复讲坚持不懈，我想为什么要反复讲坚持不懈，就是因为事实上常常懈怠了，因为懈怠了所以才要反复讲坚持不懈。所以，我可以说最近有了叫做促人猛省、发人深省的五申、六申、七申，反复讲这些问题，抓住不放反复讲，提得很高，极其尖锐地提出这样一个问题。说这类现象迟迟没有引起我们的警觉，以至于出现值得我们深思的事件。提出这样的问题，难道我们共产党人的马克思主义理论、唯物论、无神论还战不胜那一套封建愚昧的胡言乱语。“三令五申”是一个老话，无非是引起重视。就我现在所列举的，都已经是四令七申了吧。口头的没有形成文件，没有发表的在各种场合讲过的，除了中央，还有中央部门讲过的，那就不知道是多少令多少申了。总之，我想中央是确确实实提出了严格的要求，而且现在要使我们行动起来，更加清醒地对待反封建迷信活动，更加热情地投入反封建迷信活动，应该说是到时候了。我想为什么在“七一”的前夕，《人民日报》发表了两篇评论呢？这是传达中央的声音。恰恰是第一篇评论里面就有一句话说中国共产党的历史就是崇尚科学、破除迷信的历史，第一篇就有这样一句话，对中国共产党历史作了一个概括，我想这当然从一个侧面来讲，我们还反对帝国主义，我们还反对国民党反动派，还反对日本帝国主义，很多事情。但是一个侧面，崇尚科学，破除迷信，贯穿了党的历史。

所以，我就是因此而简单地回溯了一下从建党开始，从我们建党时候的人物，李大钊、陈独秀、毛泽东他们怎么就是崇尚科学反对迷信，冲锋陷阵的战士，我们共产党领导的民主革命的历史怎么样就包括反对封建迷信这么一个极其重要的侧面，新中国成立以后我们怎么样进行了一场足足可以向全世界夸耀、向历史夸耀的、战胜在中国相当根深蒂固的、就人数而言是比共产党要庞大的、比共产党人要多的、可称为中国的“第一大党”的“一贯道”。它有层层组织，层层骨干（总坛主、分坛主、本坛主等），搞了很多封建迷信活动，宣传世界进入三个大劫难，现在到了第三个大劫难，只有“一贯道”才能解救。但是现在这种反动会道门也有复活的，也有变种的，也有很多加上了新特色的。我们曾经经过了一场场很有成效的、值得骄傲的战斗，就像我们禁止了鸦片，禁止了娼妓，但是现在鸦片又泛滥了，现在娼妓又泛滥了，现在赌博又泛滥了，这都说明这些东西是一下子消灭不了的。消灭是非常长时期的斗争。但是不让它这样地泛滥，就要社会空气主流应该是健康的、科学的、文明的。这些东西当然一下子消灭完全是不能做到的，但是总不能使它气势越来越旺，在社会上就这么横行，很多人就不在意，很多人就不以为非，甚至还有很多人去拥护它、容忍它，这是很不健康的现象。在 1997 年全国政协大会上，我们三个人（何祚庥、郭正谊和我）有一个联合发言，讲了这方面的情况和我们的忧虑，讲了中央的精神，在发言中我最后讲了几句话，我说：“心所谓危，不得不言，愿闻明教。”在会议上发言，希望听到大家的意见，是愿闻明教；心所谓危，不得不言。危，危险在哪里，我想主要就是两条，一个危险就是迷信的东西要动摇科学，动摇马克思主义，动摇以马克思主义和科学为基础的社会主义理想，共产党的指导思想。马克思主义和科学是共命运的，马克思主义和科学同迷信是相对立的，此消彼长，如果马克思主义科学势头劲头很大，迷信势必就被压下去。如果迷信活动的势头越来越大，势必损害马克思主义、损害科学。马克思主义和科学，就是一损俱损，科学受到迷信的损害，马克思主义也受到损害；一荣俱荣，科学如果精神抖擞，在社会上受到称赞，那么马克思主义也会受到称赞。马克思主义与科学是一损俱损，一荣俱荣，所以不是说科学与迷信的斗争与马克思主义没什么关系，如果迷信盛行了，损害科学，损害马克思主义，损害我们的思想基础，最危险就在这个地方。这是第一个危。第二个危是这种迷信伪科学的东西盛行起来，就容易逐渐发展成为一种类似会道门这样的组织，类似黑社会这样的组织，如果有了这样的东西，那对我们社会的安定，就会形成巨大的危险。第一个是动摇思想基础的危险，第二个是影响社会稳定的危险，这是两个最大的危险，心所谓危，这样两大危险，怎么解决这个问题，我想关键是两个人群。

叶宝生：两个人群?

龚育之：两个人群，一个人群是党政干部这个群体，还有一个人群是知识精英这个群体。如果没有这两个群体中间的一部分人去参与、支持、庇护这些迷信活动的话，社会上哪个老太婆，哪个什么人有一点迷信活动，不足挂齿，没有什么了不起的。如果这两个群体中间有一部分人支持了、参加了、庇护了这些活动的话，那就会蕴藏很大的危险。所以我想对这两部分人做工作，首先对这两部分人中间的党员干部做工作，党员干部要认识到你参加这个党是什么党，你这个党历来是个什么思想指导，历来是个什么思想斗争，你作为它的一员，你对这个事情是什么态度，这一点非常重要。

叶宝生：龚育之的学术访谈为您播送完了，由于历史和现实的原因，在我们这个国土上崇尚科学反对迷信将会是一场长期的斗争，共产党人应该成为这场斗争的中坚力量，感谢您收看“学术报告厅”节目。

坚持科学的唯物论和无神论*

1999年4月25日发生了法轮功修炼者上万人围攻中南海的事件。从6月21日到7月19日，《人民日报》一连发表了五篇论崇尚科学破除迷信的评论员文章。7月22日下发了中共中央做出的“关于共产党员不准修炼‘法轮大法’的通知”，以及中华人民共和国民政部“关于取缔法轮大法研究会的决定”和中华人民共和国公安部的通告。一场激烈的斗争摆在我们面前。全党全国人民行动起来，经过几个星期的努力，初战告捷。这是有很大意义的胜利。但是，艰巨的任务还在后头，工作正在向纵深发展。

向纵深发展的一个要求，就是大家都来反思。为什么会出现这样一场事件？为什么迷信活动会闹成这样一个局面？教训在什么地方？怎样从各方面来改进我们的工作？反思就需要回顾一下历史。这里就从回顾历史的角度，为我们大家进行反思，提供一些材料。

一、三令五申

应该说，反对迷信和伪科学的问题并不是最近才提出来的，中共中央早

---

* 本文原载《人民政协报》，1999年8月5日，这里略有删节；同年收入《党建》第9期，第7～14页；同年收入《中国软科学》第8期，第1～6页。1999年，本文的第五部分——“理论研究”以“加强理论研究坚持科学的唯物论和无神论”为题收入《理论前沿》第16期，第3～4页。

就向科学界、新闻界、思想理论界提出了这个任务，早就向全党提出了这个任务。

远的不说，从 1994 年以来，中共中央和江泽民同志对这个问题真可谓“三令五申”。

1994 年 12 月 5 日，中共中央、国务院专门发布了《关于加强科学技术普及工作的若干意见》。其中特别强调：近些年来，“一些迷信、愚昧活动日渐泛滥，反科学、伪科学的活动频频发生，令人触目惊心”。“要充分认识破除反科学、伪科学的长期性、复杂性和艰巨性，把这项工作始终不懈地坚持下去。对利用封建迷信搞违法犯罪活动的要坚决依法打击，对反动会道门组织要坚决依法取缔，对参与封建迷信活动的人要进行批评教育。各级领导干部要以身作则，自觉加强对现代科学文化知识、科学方法和科学思想的学习，自觉反对和抵制各种反科学思潮的冲击和影响，不准参与、鼓励各种封建迷信和伪科学活动。禁止党政干部参神拜庙、求卦问卜、大办丧事，为树立良好的社会风气起模范带头作用。”

中央这个决定，讲了形势，讲了任务，讲了要求，讲了禁止，讲得如此明白、确切和具体。要说三令五申，这是“第一令”。我特意把这些规定引得如此详细，就是因为我觉得，这个文件在许多人那里似乎没有得到足够的重视，其中的那些要求和禁令，被许多人忘掉了，或者根本就不在意、不知道。

但是，中央是很重视这个文件的。1995 年 5 月 6 日中共中央、国务院又通过了《关于加速科学技术进步的决定》，在这个决定里特别说到要认真贯彻落实上述《意见》，“用科学战胜迷信、愚昧和贫穷，把人民的生产、生活导入文明、科学的轨道”。

又是个中央决定，这是“二令”了。

中央通过这个决定后，随即召开了全国科学技术大会，1995 年 5 月 26 日江泽民在会上讲话，以国家主席和党的总书记的身份，对中央的决定加以申述。他说：“贫穷不是社会主义，愚昧更不是社会主义。要认真贯彻《中共中央国务院关于加强科学技术普及工作的若干意见》，在广大人民群众中大力普及科技知识。”“通过各种新闻舆论工具和其他有效形式，促进社会主义精神文明建设，用科学战胜封建迷信和愚昧落后。”

由总书记来申述，这是“一申”吧。

在中共中央政治局常委制定的 1996 年工作要点中，专有一条“反对封建迷信和伪科学”。

1996 年 2 月 9 日，江泽民在接见全国科普工作会议代表时讲话说：“对迷信活动以及打着科学的幌子进行诈骗的犯罪活动，要引起足够的重视，依法加以处理。”

1996 年 5 月 27 日，江泽民在中国科学技术协会第五次全国代表大会上的讲话中又说：“一定要高举科学的旗帜，弘扬科学精神，坚决反对封建迷信和愚昧落后，揭露和抵制各种伪科学、反科学行为。”

这是“二申”、“三申”和“四申”。

1996 年 10 月 10 日，十四届六中全会通过《关于加强社会主义精神文明建设若干重要问题的决议》；1997 年 9 月 12 日，十五大的报告，都提出了“反对封建迷信活动”的任务。

中央全会决议、党的代表大会报告，这是更高层次的命令，是“三令”、“四令”。

1999 年 1 月 11 日，江泽民在中共中央党校省级主要领导干部金融研究班上讲话又讲了两个“坚持不懈”：“学习科技知识要坚持不懈，破除封建迷信、消除各种伪科学反科学现象，也要坚持不懈。”

这是“五申”。

“三令五申”，言其多也。实际上，除了上面列举的以外。恐怕还可以举出多次文件中和口头的“令”和“申”。

三令五申，反复讲要坚持不懈，就是因为实际上时常“有懈”。

于是，最近又连续发出了促人猛醒的几令和几申，极其尖锐地指出，这类现象迟迟没有引起我们的警觉，以至于出现值得我们深思的 1999 年 4 月 25 日事件。难道我们共产党人的马克思主义理论、唯物论、无神论，还战不胜那一套迷信愚昧的胡言乱语、江湖骗术吗？

最重要的“令”，就是《中共中央关于共产党员不准修炼“法轮大法”的通知》。这个“申”党内作了传达。中央文献研究室出版的《论唯物论和无神论》中公布了江泽民 1999 年 5 月 8 日给中共中央政治局、书记处和中央军委诸同志的批示中的两段话，以及江泽民 1999 年 6 月 7 日在中共中央政治局会议上的讲话中的一段话。全文还没有公布，另外的批示和讲话也没有公布。

1999 年 5 月 8 日批示中的两段话如下。

“历史上，每当社会处于重大转折关头，思想领域的矛盾和斗争往往是异常激烈的。我们正处在由计划经济体制向社会主义市场经济体制转变的重要时期，一定要高举起辩证唯物主义和历史唯物主义的旗帜，十分警惕和防范唯心主义和其他违反马克思主义的错误思潮对党员和干部思想的侵蚀，绝不能让它们干扰和冲击党的基本理论、基本路线和基本纲领。”

“实践证明，马克思主义的科学世界观，是我们战胜一切敌人和艰难险阻的强大的思想武器。坚持用马克思主义的科学世界观来指导我们的一切工作，始终是我们十分重要的任务。丢掉了这个强大的思想武器，我们的事业就不能成功，就会发生失误和挫折。进行辩证唯物主义和历史唯物主义的教育，要在全党和全国人民中始终不渝地坚持下去。”

6 月 7 日讲话中的一段话如下。

“如果党的思想政治工作、组织工作、宣传工作、群众工作跟不上新的形势，适应不了社会生活的新变化，就不可能加强和改善党的领导。如果放任自流、不闻不问，实际上就是放弃党的领导。如果简单地重复过去的老办法、老方式、老调调，脱离实际地去宣传马克思主义，宣传党的方针政策，就不可能收到好的效果，甚至适得其反。如果党的思想政治工作、组织工作、宣传工作、群众工作处于软弱涣散状态，各种唯心论、有神论、非马克思主义的甚至反马克思主义的东西就有了可乘之机，以至于形成一种倾向，一种思潮，占领我们的思想政治阵地，群众阵地，泛滥成灾。”

8 月 23 日江泽民在中共中央、国务院召开的全国技术创新大会上讲了话，报纸上作了报道，其中又有一段话：“事实告诉我们，在科学技术高度发达的今天，科学与迷信、知识与愚昧的斗争并未停止。我们的科学普及工作、思想政治工作、精神文明建设，必须锲而不舍、持之以恒地抓下去。必须坚持用辩证唯物主义和历史唯物主义教育广大党员、干部和人民群众。要高举科学的旗帜，坚决反对迷信，反对反科学、伪科学的活动。要把科技知识、科学思想、科学精神、科学方法的宣传和普及工作，作为精神文明建设的重要内容不断加强起来。”这是最新的一次了。

二、历史传统

《人民日报》第一篇评论员文章《崇尚科学破除迷信》中有一句话："我们党的历史，是崇尚科学破除迷信的历史。"这当然是从一个侧面来说的。重温一下我们党的历史的这一侧面，对于我们加深理解中央近年来三令五申的要求，是会有益处的。

先说说五四运动时期。讲中国共产党的历史，要从五四运动讲起。虽然五四运动的时候，还没有中国共产党，但是，从一定意义上说，中国共产党是五四运动的产儿。五四时期对赛先生（科学）和德先生（民主）的呼唤，为马克思主义在中国的传播和中国共产党的诞生作了准备。

"五四运动的总司令"、后来成为建党初期领导人的陈独秀，就是一位用科学反对迷信的冲锋陷阵的战士。其他五四健将们，如蔡元培、胡适、鲁迅等，那时也都是如此。陈独秀主持的《新青年》杂志，成了新文化运动的司令部，也是用科学反对迷信的指挥所。1915 年陈独秀在《新青年》的前身《青年》杂志创刊号上发表《敬告青年》一文，其中就写道："国人而欲脱蒙昧时代，羞为浅化之民，则急起直追，当以科学和人权并重。"（也就是科学和民主并重。那时，民主、共和、人权，在人们的心目中是属于一个系列、大体一个意思的概念）这篇宣言式的文章还列举了当时各类人等"不知科学"，仍然沉湎于地气风水之谈和方士羽流之术的种种状况。结论如下："凡此无常识之思惟，无理由之信仰，欲根治之，厥维科学。"科学之效，"将使人间之思想行为，一遵理性。而迷信斩焉，而无知妄作之风息焉"。

1918 年陈独秀在《新青年》上发表《今日中国之政治问题》，共有三个问题，其中第三个就是"当决定守旧或革新的国是"："如相信世间万事有神灵主宰，那西洋科学，便根本破坏，一无足取。若相信科学是发明真理的指南针，像那和科学相反的鬼神、灵魂、炼丹、符咒、算命、卜卦、扶乩、风水、阴阳五行，都是一派妖言胡说，万万不足相信的。"

1919 年陈独秀在《新青年》上更进一步提出，"现在世界上是两条道路：另一条是向共和的科学的无神的光明道路，另一条是向专制的迷信的神权的黑暗道路。"

这些主张，是何等的鲜明，何等的气势磅礴！

1919 年就是五四运动那一年，也就是在那一年，毛泽东在湖南创办《湘江评论》。这是同《新青年》相呼应的许多新刊物中很有影响力的一个，用科学反对迷信也是它的重要内容。在这个刊物的创刊号上发表的《陈独秀之被捕及营救》一文中，毛泽东称陈独秀是“思想界的明星”。说《新青年》得罪于社会，无非是为着“赛”、“德”两先生。他痛陈国人迷信甚深：“迷信神鬼，迷信物象，迷信运命，迷信强权。全然不认有个人，不认有自己，不认有真理。这是科学思想不发达的结果。”

这“四大迷信”和“三个不认”的分析是何等透彻、何等鞭辟入里！

中国共产党建立于 1921 年。“南陈（独秀）北李（大钊），相约建党。”李大钊也是用科学反对迷信的战士，主张真理“基于科学”，“非迷信所得而蔽也”（1917 年）。他还起草和签署过一个《非宗教者宣言》，也就是无神论者宣言。列名无神论者宣言的，并不就是共产党人。而共产党人，必定是无神论者，共产党必定是无神论者的党。

这是中国共产党创立之初，就在思想文化界树立的形象。当然，这是中国共产党的形象的一个侧面。马克思主义者的党、主张社会主义的党、代表工人阶级利益的党，这些都是中国共产党的形象。

从陈独秀、李大钊到毛泽东的这些言论，所体现的崇尚科学、破除迷信、宣传无神的五四传统，可以说，也就是中国共产党的传统。或者说，中国共产党崇尚科学、破除迷信、宣传无神的历史，应该追溯到五四运动时期。面对现在社会生活中迷信沉渣的泛起，重读五四运动时期的这些战士的言论，人们今天痛切地感觉到它们仍然具有鲜明的现实性。

再说大革命和土地革命时期。中国共产党领导农民进行民主革命，必然要伴随着对农民进行反对封建迷信的教育，因为占中国人口最大多数的农民，是受封建迷信影响最深的人群。

1927 年毛泽东写的《湖南农民运动考察报告》中，有一段专门讲农民运动中推翻神权的斗争。毛泽东把“由阎罗天子、城隍庙以至土地菩萨的阴间系统及由玉皇上帝以至各种神怪的神仙系统”总称为“鬼神系统（神权）”，认为政权、神权、族权、夫权这四种权力，代表了全部封建宗法的思想和制度，是束缚中国人民特别是农民的四条极大的绳索。

反对封建宗法制度，就是反对这四种封建权力，包括神权。

这个报告描写了神权随着农民运动的发展而动摇的情况：“许多地方，农会占了神的庙宇做会所。一切地方的农民协会，都主张提取庙产办农民学校，做农会经费，名之曰迷信公款。醴陵禁迷信、打菩萨之风颇盛行。北乡各区农民禁止家神老爷（傩神）游香。渌口伏波岭庙内有许多菩萨，因为办国民党区党部房屋不够，把大小菩萨堆于一角，农民无异言。自此以后，人家死了人，敬神、做道场、送大王灯的，就很少了。这事，因为是农会委员长孙小山倡首，当地的道士们颇恨孙小山。北三区龙凤庵农民和小学教员，砍了木菩萨煮肉吃。南区东富村三十几个菩萨都给学生和农民共同烧掉了，只有两个小菩萨名包公老爷者，被一个老年农民抢了去，他说：‘莫造孽！’在农民势力占了统治地位的地方，信神的只有老年农民和妇女，青年和壮年农民都不信了。农民协会是青年和壮年农民当家，所以对于推翻神权，破除迷信，是各处都在进行中的。”

报告不但描写了农民运动中破神权、打菩萨的实际情况，还论述了斗争中应该采取怎样的策略和不应当采取怎样的做法。提出目前要领导农民极力做政治斗争并随即开始经济斗争，不要用过大的力量生硬地勉强地从事迷信观念的破坏，而要实行“引而不发，跃如也”的宣传策略，以及“菩萨是农民立起来的，到了一定的时期农民会用他们自己的双手丢开这些菩萨，无须旁人过早地代为丢菩萨”的道理。

在这一段的末了，毛泽东写道：“我在乡里也曾向农民宣传破除迷信。我的话是：信八字望走好运，信风水望坟山贯气。今年几个月光景，土豪劣绅贪官污吏一齐倒台了。难道这几个月以前土豪劣绅贪官污吏还大家走好运，大家坟山都贯气，这几个月忽然大家走坏运，坟山也一齐不贯气了吗？土豪劣绅形容你们农会的话是：‘巧得很啰，如今是委员世界呀，你看，屙尿都碰了委员。’的确不错，城里、乡里、工会、农会、国民党、共产党无一不有执行委员，确实是委员世界。但这也是八字坟山出的吗？巧得很！乡下穷光蛋八字忽然都好了！坟山也忽然都贯气了！神明吗？那是很可敬的。但是不要农民会，只要关圣帝君、观音大士，能够打倒土豪劣绅吗？那些帝君、大士们也可怜，敬了几百年，一个土豪劣绅不曾替你们打倒！现在你们想减租，我请问你们有什么法子，信神呀，还是信农民会？我这些话，说得农民都笑起来。”

20 世纪 30 年代初，毛泽东在江西苏维埃区域作了一系列农村调查。在 1930 年的《寻乌调查》中，毛泽东记载了“神道地主（神、坛、社、庙、寺、观六种）”占有土地的状况，以及土地革命后迷信职业者改了职业、分了土地的情况。在 1931 年的《兴国调查》中，也记载了游民们（赏命的、打针的等）在土地革命中受到教育改造而参加生产和工作的情况。在 1923 年的《长冈乡调查》中，还作了如下有趣的描绘：“去年以来，老婆太敬神（装香供饭、求神拜佛）的完全没有了，但‘叫魂’的每村还有个把两个。迷信扫除得这样快的原因：打了土豪，分了田地。第一，儿童团、少先队的反迷信宣传，苏维埃政府的节省香烛钱运动。第二，儿童团（特多）、少先队的直接干涉（抹掉她们的香烛）。第三，（应该拿说服代替干涉）但有些老太婆，虽不敢公开敬神，心里还是信神，这些人多属没有儿子的。”

从这几篇难得的历史文献中可以看出，在奋起战斗的农民的心目中，打土豪分田地是中国共产党的形象，破神权反迷信也是中国共产党的形象。

延安时期。在 1940 年《新民主主义论》这篇光辉著作中，毛泽东提出了以“民族的、科学的、大众的”为特征的新民主主义文化的纲领。在解释“科学的”这个特征的内涵时，毛泽东强调“它是反对一切封建思想和迷信思想，主张实事求是，主张客观真理，主张理论和实践一致的”，并且要求中国无产阶级的科学思想同资产阶级的唯物论者和自然科学家建立反帝、反封建、反迷信的统一战线。从而把反对封建迷信提到纳入党的理论纲领和政治纲领的高度（“民族的、科学的、大众的”这三个界定语，现在也写在十五大确定的我们党在社会主义初级阶段的文化纲领之中）。

毛泽东把迷信、不识字和不讲卫生称为边区的“三大害”。1941 年公布的《陕甘宁边区施政纲领》（这是中国共产党公布的有示范性质的施政纲领）中有“提倡科学知识”一条，《解放日报》社论解释这一条时说：“我们现在提倡自然科学，是为着扫除边区人民迷信的、愚昧的、落后的思想和不卫生的习惯。”1944 年 3 月 22 日在宣传工作会议上毛泽东说：“边区群众中的迷信现象的一个最主要的原因就是医药卫生工作还不普及。”“群众没有旁的方法战胜疾病，只有相信神仙。”“要老百姓不敬神，就要有科学的发展和普及。”1944 年 10 月 30 日在边区文教工作者会议上，毛泽东又说：“在 150 万人口的陕甘宁边区内，还有 100 多万文盲，2000 个巫医，迷信思想还在影响广大的群众。这些都是群众脑子里的敌人。我们反对群众脑子里的敌人，常常比反对日本帝国主义还要困难些。我们必须告诉群众，自己起来同自己的文盲、迷信和不卫生的习惯作斗争。”（据《解放日报》这年 8 月登载的一篇巫神罪恶小统计，从延安县反巫神大会调查所得，全县共有巫神 161 人，到会 59 个巫神自己说，共治死 278 人）

1940 年陕甘宁边区自然科学研究会发表宣言，动员边区的自然科学工作者和知识分子致力于“破除迷信，并反对复古盲从等一切反科学、反进步的封建残余毒物，使人民的思想意识和风俗习惯都向着科学的进步的道路上发展”。

青年和妇女也动员起来。《胡乔木文集》中收了 1940 年他给《中国青年》杂志的一个《反迷信提纲》。这个提纲一开头对“什么是迷信”给了一个很清楚的解说：“迷信的根本基础就是相信神仙、鬼怪、命运、灵魂，等等超自然超物质的东西的存在，相信这些东西支配着天地日月、风雨雷电、水火木石、舟车门灶、生老病死、成败祸福，总之是支配着世界和人生的一切。”接着用通俗的语言，说明了没有神鬼存在的道理和迷信鬼神的害处，反映了那时在边区展开群众性反迷信宣传的努力。

总之，在很艰难的条件下，中国共产党在解放区领导了反对迷信、愚昧和不卫生习惯的执著的斗争，树立了中国共产党为人民创造文明生活而奋斗的形象。

新中国成立初期。中华人民共和国建立以后，中国共产党领导人民在全国范围进行了极其深刻的社会改革的艰巨工程。剿匪反霸、土地改革、抗美援朝、镇压反革命……同这些伟大的革命运动相联系，对旧社会的污泥浊水进行了猛烈的扫荡。在这样的历史背景下，反对封建迷信，也进行了历史上从未有过的规模庞大而卓有成效的斗争。这就是以反对“一贯道”为中心的取缔反动会道门组织和打击反动会道门头子的斗争。

反对“一贯道”这场斗争，并不是一场单纯的反迷信斗争，主要是一场镇压反革命的斗争。因为“一贯道”的反动首领在抗日战争中同敌伪勾结，在解放战争期间和新中国成立初期的社会改革运动中，同反革命势力相勾结，进行了许多反革命活动。所以，镇压的五个方面的反革命分子，其中一个方面，就是反动会道门头子。

但是，这类反革命分子活动的特点和他们造成的巨大危害，就在于他们凭借封建迷信对众多道徒的影响，在于他们成为以迷信方式联系起来和掩盖起来的组织。镇压这方面反革命分子的政治斗争，就必然伴随着反迷信的思想斗争。就人数而言，“一贯道”可以说是中国“第一大党”，而且有层层组织、层层骨干（各级师尊、总坛、本坛、分坛坛主、点传师）。就教义而言，“一贯道”宣传“三期劫变观”、“救赎说”，说什么自开天以来，有三次大劫难，现在是最后一劫，要想得救，必须入道。就活动而言，“一贯道”采取设立坛堂、求神拜仙、扶乩降神、装神弄鬼等形式，以“祛邪”、“赶鬼”、“治病”、“降福”、“避祸”、“劝善”等为幌子，传播迷信，蛊惑群众，在这样的掩蔽下进行反革命活动。因此，在同这样的反革命进行斗争的时候，一方面必须在政策上作慎重的划分，把镇反同反迷信分开，另一方面又必须在思想教育上做好揭露和破除迷信的细致的群众工作。

1950 年 10 月 19 日，刘少奇给西北局写了一封关于开展反对“一贯道”活动的信。这封信，可能是自从反对“一贯道”的斗争开展以来，中央领导人系统地论述这场斗争的第一篇文献。信中指出：“一贯道及其他类似的秘密迷信组织存在和发展的根本原因，固然是人民生活的痛苦和文化的落后，但它们在最近迅速发展及其活动的猖獗（已有许多暴乱及反动语言宣传），则主要是由于地主阶级和特务反革命分子的活动和我们的麻痹。我们放任其自由发展和活动，没有进行正面的有系统的反对一贯道的斗争，所以他们的活动越来越猖獗。我们应该纠正这种错误，进行正面的有系统的反对一贯道的斗争。”“应该在公开宣传上强调一贯道为地主、特务、反革命分子所利用以进行反革命活动的组织，因此应该取缔、禁止和解散，劝告一切善良的人民不要去加入，已加入者应退出，以免连累善良。但对人民个人纯粹迷信行为，政府不加干涉。在内部指示上则应强调加入一贯道的大多数人民并非反革命，而反革命分子是极少数，不要连累好人。”

1951 年，在一个多月时间内，毛泽东一连为中央起草了三个批语，批转了山西、察哈尔、北京三个省市反对“一贯道”斗争的经验。

1951 年 1 月 24 日，《中央转发山西省委关于取缔一贯道的情况报告的批语》，称赞了山西经验，认为“各地均可仿行，以期有计划地彻底地取缔一贯道及其他各种会道门，并消灭其中的反革命分子”，并且嘱咐各地，“和作战一样，不打无准备之仗，不打无把握之仗”。

1951 年 2 月 21 日，《中央转发察哈尔省关于取缔一贯道的情况报告的批语》，总结了要求各地遵守的两条经验：“消灭一贯道，第一，要有充分准备，同时动作，方能一网打尽；第二，要布置展览会，向群众做宣传工作。”

1951 年 2 月 28 日，《中央转发北京市委关于摧毁一贯道的报告的批语》，进一步总结为五条经验：“关于摧毁一贯道，北京的经验是很成功的。一是长期侦察布置，不是仓促举行；二是临事向群众宣传，孤立道首；三是布置展览会；四是退道款；五是与反迷信分开。以上各项可作各地参考。一贯道在全国有几百万被欺骗的落后群众，各省凡有大批一贯道存在的地方，党对这个问题的处理必须采取慎重和适当的态度。”

这些文献，当然还有那时各级党和政府的许多指示和文件，从根本上划清了一系列界限，正确指导了这场斗争的健康发展。

“与反迷信分开”，是很重要的一条界线。分开，就是说，不要把群众迷信的问题，同反革命分子利用迷信组织进行反革命活动的问题混为一谈。同时，同这样的反革命分子和反革命活动进行斗争，必须取缔被反革命利用了的封建迷信组织。广泛深入有效地进行思想认识上破除迷信、揭露封建迷信的危害的教育工作。

这场斗争，如果从 1949 年算起（1949 年初华北人民政府就颁布了取缔令），经过几个浪潮，历时四年多，取得了很大的胜利。封建迷信组织都被取缔和摧毁了，巫婆、神汉、风水、算命、占卜、扶乩等一类活动，一时基本消失了，如同禁绝鸦片、取缔妓院、关闭赌场一样，成为新中国受到最广泛称颂的社会成果。

历史证明，只要共产党人同人民群众一道认真努力，这样的事情是能够做到的。在中华人民共和国建立初期是确实做到了的。当然，封建迷信（毒、娼、赌也一样）不是一次或几次运动就可以永久杜绝的，这是一场长期的斗争。在某些条件下，封建迷信又会死灰复燃，甚至重新出现相当猖獗的形势，这也是新中国成立 50 年的历史一再证明了的。

三、触目惊心

“法轮大法”的猖獗，就是这样的形势。冰冻三尺，非一日之寒。“法轮大法”闹成这样，是1994年中央就称之为“令人触目惊心”的景象不断发展的结果。我不可能对这种景象作全面的介绍。我们每个人肯定都会从自己的接触中有所感受。这里仅就我接触到的情况来说一说。迷信愚昧活动和伪科学、反科学活动，形形色色，五花八门，不可能都说到，各选一点例子说一说。还是从1994年说起吧。

1994年邱氏鼠药案。1994年科学界评十大科学新闻，此案竟然高票入选。这是怎么回事呢？在报纸和电视中被大吹大擂的邱氏鼠药，含有剧毒物质氟乙酰胺，五位科学家在学会和报纸上呼吁要科学地宣传灭鼠，指出这种物质虽然可以立时毒杀老鼠，残毒却严重危害人畜，法律已经明令禁止，而且杀灭鼠群的后效并不好。此事竟然被邱氏告到法院，法院竟然判决科学家赔偿邱氏损失！这是一桩科学精神、科学尊严、科学良心、科学家对人民利益的责任感，在法庭受到审判而且被判败诉的案件。所以引起科学界普遍的愤慨和忧虑。后来上诉审结，纠正原判，国务院办公厅还发出五个政府部门的通知，决定没收和销毁邱氏鼠药。至此这个案件画了句号。虽然在实际生活中危害人畜的非法鼠药仍然禁而不止，还没有画上句号。

1995年“科学算命企业”案。这是指报纸揭露某市“三泰周易应用研究所”、“生命信息研究所”等打着“科学”幌子的“算命企业”，引起的一场风波。这件事引人注目的是，算命这样的迷信活动，居然领到了有市工商行政管理局大红印章的营业执照和市科委的“技术交易”许可证，有的还攀上了市社会科学院为主管单位。算命先生被封为“人相学研究员”或“主任预测师”。还办了“周易应用培训班”，经“三泰周易应用研究所”考试后发给“预测师”专业文凭。被舆论曝光后，这两家算命企业宣布“即日起一律使用现代科学语言（如未来信息、心理障碍、生命规律等）”，因为工商局只是要他们“限期整改”，据说还鼓励他们“办成真正的现代科技企业”！由于全国报纸的纷纷评论和市政府的出面干预，这一案件也画上了句号。虽然在生活中这样的事情远远还没有画上句号。

1995年4月，中国自然辩证法研究会在承德召开会议，我作了题为“科学思想是第一精神力量”的发言，是以这个案件为由头说起的。

6月20日由中国科协出面，邀集各有关方面座谈，决定由中国科协促进自然科学和社会科学联盟委员会主持，召开以“捍卫科学尊严、破除迷信愚昧、反对伪科学”为主题的系列研讨会。这是个论坛，不是法庭，不是仲裁所，不是技术鉴定会，也不是大批判会场。论坛的方针是摆事实，讲道理，不同的意见自由讨论。1995年9月20日和21日，在友谊宾馆召开了论坛的为时两天的第一次会议。在这次有150人参加的大型研讨会上，邀请了好些自然科学家和社会科学家发言，全国科协主席朱光亚参加了两天的会，并作了总结。会上还印发了一批材料，展览了一批宣扬迷信的书籍，讨论了反对迷信和伪科学的意义和方法，集中揭露了一批迷信和伪科学事例。最后通过了一份倡议书，共四条。

第一条是向科学工作者自身提出的，倡议“科学工作者坚持科学精神，遵守科学道德，维护科学的严肃性、严密性和规范性”。“对尚未被科学界接受的假说，取认真研究、科学求证的态度。对违背基本的科学事实和规律，弄虚作假，借科学之名招摇过市的行为，坚决反对”。科学界要自律，科学家在这方面稍一不慎，影响可就大了。

第二条是向领导干部提出的，许多科学工作者很看重要有这样一条。内容是倡议“领导干部和管理工作者坚持辩证唯物主义和历史唯物主义，坚持被全部科学实践证明了的科学真理，支持严肃、严密、规范的科学实验和科学问题的自由讨论，支持反对迷信、愚昧和伪科学活动的斗争，帮助克服阻碍这种斗争的阻力”。帮助克服阻力，不要成为阻力。

第三条是向新闻出版工作者提出的，内容包括“不给迷信、愚昧和伪科学的传播提供载体”，引导群众“选择健康、文明、科学的生活方式和行为方式”。新闻界谴责迷信，揭露伪科学，功劳很大；有些记者和报刊炒作迷信和伪科学，影响也很坏。

第四条是向立法和执法机构提出的，内容包括“取缔各种危害人民身心健康的迷信活动和组织”，“保护向迷信、愚昧和伪科学活动作斗争而受到威胁的人们的合法权益和人身安全”。当时已经有了因揭露迷信和伪科学而受到威胁甚至伤害的事例。

这几条倡议，反映科学界的一种呼声，一种诉求，都是有针对性的。

会上集中曝光了一些典型的伪科学案例。

卫星发射成功气功大师得奖案。全国科协副主席、航天总工程师庄逢甘发言，揭露了所谓气功大师某人指导卫星发射并因此而受到国家 20 万元奖励的谣言。这个谣言被传媒炒得沸沸扬扬，说什么中国发射卫星，靠这位大师预测凶吉，尽管远隔千里，对火箭全无知识的这位大师，能够凭他的神功神眼遥视火箭的“五脏六腑”，指出毛病所在，以保证发射成功！这些当然都是无稽之谈。然而“得奖”一说，在某种意义上又“确有其事”。原来，香港地区某集团和协会捐赠 40 万元奖励中国发射卫星的有功人员，却在宣布捐赠的会上，突然指定将其中的一半 20 万元奖给“预测有功”的某大师。而某大师就是这个协会的副会长，是这笔捐赠活动的策划人。捐赠者变成了受奖人，自己拉来捐赠，给自己发奖。这样一来，神秘气功对卫星发射成功的“科学贡献”就得到了“承认”!

“水变油”诈骗案。中国社会科学院副院长刘吉发言，讲述了他所亲历和拆穿的“水变油”表演的骗局，声明他“决不与行骗者打第二次交道”。郭正谊发言，系统地介绍了这件闹腾了多年，闹腾到全国各地，欺骗到上上下下，据说可以解决中国能源问题，是“中国第五大发明”的“水变油”事件的来龙去脉。不仅许多企业家受骗，一些科学家竟然也予以支持。大家知道，这件事以这位“发明家”被判诈骗罪入狱而结束。当然，在生活中这件事是不是结束了，还需要拭目视之。

“特异神秘功能”的“科学实验”。何祚庥院士发言，介绍了号称“第一超人”的某人，在正式的测试汇报会上表演“物品穿壁”时功能不灵、表演“透视识字”时当场作弊被魔术师看穿的事例，以及《工人日报》上发表的由他自己和清华、北大几位科学家分别撰写的一组文章，指出声称可以证实某大师发送外气从数千里外使物质遗传分子改变，使放射性原子衰变率改变等一组“科学实验”，如何违背科学实验的系列基本要求，完全没有科学性的情况。会上还介绍了《工人日报》披露的清华大学校长巧妙地拒绝某教授要求学校聘这位大师为“名誉教授”的故事。那位校长说：“聘书就在我的保险柜里，如果大师真能意念移物，把它移出来，就可以把这聘书拿去。”听说，某地方领导曾经很相信“水变油”的伟大发明，向一位更高的领导极力推荐。这位更高的领导说："如果有这样的好事，你在你那个地方先把厂子办起来嘛。"这两个故事，可谓异曲同工。

会上还印发了四位华裔诺贝尔奖获得者对中国科学界揭露伪科学表示支持的情况。

三位医师的发言，引起了人们的注意和称赞。

张彤玲谈练功出偏。张彤玲是北京医科大学精神卫生研究所主任医师，她的发言，分析了因为练功出偏而得精神疾病的人数剧增（医院为此而外设了气功出偏专科门诊）的情况。后来，她写了一本书《气功出偏——走火入魔面面观》，包括大量临床案例和来信摘录，以及她就这方面问题做出的种种释疑。她请我给写个序。为别人的书写序，这样的要求，我一般都是婉拒的。但是，这个要求我不能拒绝，因为这样的工作需要支持，当时还没有得到足够的社会支持。我在序言中说了这样的话："这些年气功在中国热得可以说是到了历史上空前的程度。感到受益的很不少，练功出偏走火入魔或被骗受害的人也不少。特别是在气功的名义下，各种古老的和最新包装的迷信活动大肆泛滥，对人民健康和社会风气造成不小的危害。迷信和伪科学这样盛行，说明我们社会人群的一些部分，我们社会生活的一些方面，也是出偏了。希望这本书的出版，不但对于练功出偏的患者有所帮助，对于练功者预防出偏有所帮助，而且对于我们社会生活的一些方面迷信和伪科学盛行的出偏现象的纠正也有所帮助。"

张洪林谈还气功本来面目。这位张医师是中医研究院气功研究室主任。他的发言，介绍了他多年来坚持用科学的态度研究中医气功及同各种各样的神秘的伪气功宣传作斗争的情况。后来他也出了一本专书。我也给写了个序，其中说道："大家知道，中医研究院在中国的成立，这是中国共产党重视民族的科学和文化遗产，反对对民族的科学文化遗产取虚无主义态度的一项重大措施。在中医研究院成立一个气功研究室，说明对气功作为中国传统医学文化的一个组成部分，我们国家给予应有的尊重。"反对鼓吹迷信和荒诞的伪气功，并不是一概否定和反对气功。序言中接着说："大家也都知道，中国共产党历来主张用科学的态度研究民族的遗产，用科学的态度对待一切事物。而用科学的态度研究气功，就面临着如何对待围绕气功的许多荒谬宣传，如何在这个领域捍卫科学精神，反对迷信和愚昧的任务。在历史上，围绕气功就有许多封建迷信的东西。在现实中，现在冒出来一些气功大师，他们那些迷信和神秘主义的荒谬宣传，同历史上的那些迷信一脉相承而又带有现代色彩，就是说，用一些似是而非的科学原理和科学实验加以包装。因而带有更大的蛊惑性和危害性。”

李胜先谈巫医疗病。李胜先是中国民政系统精神医学培训中心的医师，对江汉一带四省巫医疗病行为进行了长达 12 年的调查和对策研究。根据他的调查，在这些地方的农村，巫医人数占人口总数的比率，竟达到 0.11%，有的甚至达 0.18%、0.27%、0.49%，都高于当地正规医生加护士的人数！有 70%的病人求过巫医，25%的病人只求巫医！他还调查了公众对巫医的态度、社会管理方面对巫医的态度、巫医的成巫过程（多数自己先有心身不适“鬼神附体”的经历，通过求巫而自己成巫）、经现代包装的巫医的兴起及其与传统巫医的异同，等等。这些调查很细致，对现状的描述给人以深刻的印象。如果把他的统计，同前面说到的延安时期对陕甘宁边区的统计（巫神 2000，人口 150 万人，比例数为 0.13%）两相比较，实在是令人深思，尽管统计的口径和精度肯定不一，不能完全相比。李胜先也写了一本书：《探访巫医》。我也给他写了一个序。

会上的发言大都在报纸上分别发表了。科技报纸发表得多一些，各大报纸发表了消息。会后，中国科协普及部印送了一本“供领导同志参阅”的大字本的《破除迷信反对伪科学》，汇集了会上发言的摘要，还印发了一本向下分发的同一书名的小册子，汇集了会上发言的全文和更多的有关的文章和材料。那里面还揭露了如下的一些案例。

“佛子”某人，称自己是“东北出了个红太阳”，伪造领导人题词招摇撞骗，到处作“带功报告”，宣称“只要我一不教功，中国就要发生灾难”。

“金麒麟下凡”的某人，办了非法刊物《麒麟文化》，宣传有所谓阳性物质和阴性物质，肉体为阳，灵体为阴，人死之后，肉体的阳性物质不灭，慢慢转化为泥土，灵体的阴性物质也不灭。与新的人体相结合，就成为转世投胎的“再生人”；还宣称“2000 年前释迦牟尼出山传道，众多门派和外道向他皈依，2000 年后，宗师再扬大道之盛，亦同样出现类似情况”。他们广招门徒，严密组织，甚至发出“宗师令”、“清门令”以“惩治”背叛宗师的信徒。

“预测大师”某人，出版了《周易与预测学》，经新闻出版总署认定为宣传封建迷信，通令取缔。取缔归取缔，这本书换个出版社，换个类似的书名，继续大量出版。其中许多胡言乱语，甚至说什么毛泽东指挥的解放战争，就是根据《周易》八卦。

作家某人，用长篇小说和大部头“理论著作”宣传所谓“生命科学文化”，把一切神鬼仙佛都说成是“科学”，要“为各种迷信平反”。

1996 年年初，400 名院士评 1995 年十大科学新闻，列为第一条的是“邱氏鼠药案终审判决，五位科学家胜诉。国务院办公厅批准销毁邱氏鼠药。近 100 名全国政协委员联名呼吁：保护敢于向伪科学作斗争的科技工作者，今后审理科技诉讼案应设立科技法庭”。列为第九条的是“四十一位科技界的全国政协委员呼吁：调查水变油的投资情况及对经济建设的破坏后果。部分自然、社会科学家倡议捍卫科学尊严、破除愚昧迷信”。

1996 年 6 月，在中国科协第五次全国代表大会上，我和何祚庥、郭正谊作了一个联合发言，希望新的一届科协进一步做好反对迷信和伪科学的工作。为此，提出几条建议，包括编印一种简报，将“频频发生”、“令人触目惊心”的迷信和伪科学活动的情况，以及揭露这些活动的重要情况，搜集起来，向科学界、向党政领导机关、向新闻界及时通报。例如，日本麻原彰晃的《身体腾空特异功能修持秘法》，由北方某地的一个体育学院的出版社出版中译本一事（就是那个让人用沙林毒气在地铁车站杀人的日本奥姆真理教的教主。他胡吹的那套腾空术、千里眼、顺风耳，都成了“体育”了）；中国鼓吹灵魂转世的“麒麟文化”，在南方某地一个据称是由科学技术委员会主管的刊物上获得版面进行宣传一事；美国研究院评估美国中央情报局和国防情报局历时 20 年耗资 2000 万美元的“特异功能遥视实验”，这项“研究”已被认为无价值而取消一事；还有台湾地区被查禁的宋七力邪教（所谓“宇宙大光体”转世。有“显相”、“分身”、“发光”等神秘功能，有天眼通、天耳通、天鼻通、他心通、神足通、宿命通、漏尽通七种神力，其诈骗钱财和作伪手法已被揭穿），在中国内地也有信徒和分会一事。这些都是我们所接触到的事情，都应该向有关方面通报。

以上一次会议的材料为基础，编成了一本《伪科学曝光》，由社会科学出版社出版，在书店开了一个发行式性质的研讨会，好几位院士都出席了，成为读书界的一件盛事。

那个论坛也继续办下去了。每年开二三次。中国科协普及部和宣传部每次都编辑和印发了材料，到现在共出了 8 本《捍卫科学尊严，破除迷信、反对伪科学》文章汇编。还集中揭露过一些迷信和伪科学案例。

某人的“人体科技”。这种科技据说一发功就可以使太阳变成两个，而且有照片为证；据说“从心里一想：没有，肿瘤就没有了”。大师一个人想一想没有了，76 位妇女的乳房肿瘤就没有了。还有大师的“信息茶”。大师一发功，一念之间，就可以将几大箱茶叶带上信息，分包成小袋，就可以高价出售，喝了延年益寿。苏州以违反物价管理和偷逃税款为理由，予以处罚。在北京又搞这一套，报纸上予以批评，组织好多人到报社去闹，还告到法院。法院是很清醒的，认为社会批评是报纸的职责，准备据此宣布判决。又组织好多人去围攻法院，致使法院无法开庭宣判。以这类事情为缘由，论坛还开了一次以“科学和法律”为主题的研讨会，专门讨论在破除迷信、反对伪科学的斗争中，科学界和法律界怎样合作的问题。

现代神医某人。写了宣扬神秘气功的多部著作的那位走红作家，又写了一本《发现黄帝内经》，鼓吹某人为“现代神医”。这位神医，诊病神速，10 秒钟一个，一把芒硝，可治百病。在陕西非法行医，骗了不少人。司马南去查访，遭到一帮人的围攻和殴打。被取缔后，又跑到河南继续非法行医。在我们的会上，有好几位中西医生发言，作了分析和揭露。后来，这位神医终于被收审，现在正在等待判决。后来据报道，已经提起公诉了。但是，同时又有消息说，追踪报道这个案子的一位记者，在接到多次警告之后，被一伙人绑架、毒打、劫掠，好容易才逃了出来。

《国际气功报》的荒谬宣传。这是“国际气功科学联合会”办的报纸，而这个“联合会”是个非法组织，已被正式取缔。这个报纸尽宣传封建迷信，推动举办各种函授班。传授修炼“摄神术、降魔术、迷魂术、定身术、隐形术、身外化身术”等。还宣称“《国际气功报》每期版面将由气功名家进行特定的气功信息处理，带功于字里行间，让读者在阅读时就能接受功益”，并连篇累牍登载看《国际气功报》治我“眼消”、治我“感冒”、治我“肩疼”、治我“骨折”等的“消息”。

以上介绍了十几个事例，都是科学界、新闻界揭露的，都是在这个系列论坛上接触过的。“触目惊心”可见一斑。

1997 年政协大会期间，我和何祚庥、郭正谊作了一个书面的联合发言，以这些情况为背景，说了我们的忧虑和建议。

1998 年政协常委会期间，何祚庥、甘子钊、叶大年、闵乃本、谷超豪、楚庄、蔡睿贤等七委员，提供了一份题为“猖狂的法轮功”材料，反映当年6 月，法轮功练功者聚众相继围攻齐鲁日报社、北京电视台、中国青年报社、健康报社的情况，只因为这些传媒报道了有人练功出偏致病的消息。现在揭露出来的法轮功练功者被组织到新闻机构去闹事的例子远不止 4 起，恐怕有几十起。那时他们 7 个人只知道这 4 起。

接着就是 1999 年 4 月。天津的刊物《青少年科技博览》发表了何祚庥的一篇《我不赞成青少年练气功》，又讲到他所在的研究所一位青年练法轮功出偏得了精神病的典例。这个刊物又受到有组织的数千人的连日围攻。

接着，就发生了万人围攻中南海的事件。

健身活动，是一回事，人们进行各种自己选择的健身活动，社会不去干涉。鼓吹迷信，修什么“法轮大法”，又是一回事，社会对此不能不闻不问。至于聚集人群妨碍社会秩序，破坏国家稳定，甚至另有政治图谋，那更是不能不管了。

一个月来，对李洪志和他的法轮大法研究会的犯罪活动和歪理邪说的揭露和批判，越来越广泛和深入，远不是当时几位政协委员了解的那样一点了。这些揭露和批判，大家都熟悉，这里就不必重复了。但是，因特网上有位署名方舟子的留美博士，对“法轮大法”很早就进行了很有用心的评论，值得介绍一下。他办了一个名为《新语丝》的专门批判“法轮大法”的网上杂志。同方舟子辩论的“法轮大法”的信徒，把这种大法宣布为“更新更高的跨越时空的科学”，“其境界远远超越了现代人类科学”，“是真正的、超常的科学”；而据方舟子的分析，这种“超常”科学其实是其创立者李洪志“根据神创论、中国古代神话、民间传说、西方邪教、美国科幻电影等东抄西凑而拼凑起来的大杂烩”。

方舟子揭露说：李洪志自我吹嘘“8 岁得上乘大法。具大神通，有搬运、走物、思维控制、隐身等功能”（《法轮功科学研究会总站李洪志先生简介》）。这是怎么回事呢？原来，据说此人 8 岁时与伙伴们捉迷藏，他只要一想“别人看不见我”，谁也就发现不了他（隐身）。和伙伴们在雪地里玩，他跑跳中便会腾空而起。两个伙伴要打架，李想要另一个人别过去，那人就真的过不去（定物）。教室门锁了，窗关了。他想进去，念头一闪，人就进去了，念头又一闪，人就出来了。后来一想，停在玻璃中间不知是什么滋味？这么一想，人就在窗户玻璃里停住了，满身满脑子都是玻璃碴了，太难受了，一想，人又出来了。

方舟子还揭露说：李洪志宣传自己曾经同明代的妖蛇斗法。这又是怎么回事呢？说是明朝有个修道的人，被蛇占有了身体，蛇就有了人形。李洪志到贵州去办班传功，那蛇妖来捣乱不已，大师忍无可忍，把它抓到手里，用化功把它的下半身化掉了，上半身跑回去了。一天，法轮大法贵州总辅导站站长被人请了去，一进洞，只看见一个影坐在那里，眼放绿光，站不起来，表示认错，说，大师是来度人的，自己再也不跟大师捣乱了。这站不起来的，就是那被化了下身的蛇妖。

如果说，这些都是一些古老的迷信，那么“法轮大法”中的现代神话，就牵涉科幻电影，那就是所谓外星人通过现代科学灭绝人类的“学说”了。据说，在漫长的岁月中，外星人在发展，在变异。外星人知道人类的身体是最完美的，所以它们相中了人体，想窃取人体。外星人给人类创造了科学。人们从小学到大学，学的全是它们带来的科学。当今人类所使用的一切都是科学造成的。人的思想坚信和依赖科学，人的思维和生存方式完全同化于它们，到时候它们把人的元神一换掉，它们就代替人类了。现在，会操作电脑的人，人人都被外星人给编了号了，身体都被外星人占去一层了。当然，李洪志的学员不存在这个问题，因为学员一旦得了“法轮大法”，李洪志就要把外星人在学员身体中所占有的那一层身体清理掉。现在，上边在清理外星人，外星人跑进来是来逃命的，这几年特别多。可是它们不知道李洪志清理它们也是上边安排的，它们跑到哪里也逃不掉（1998 年 9 月 4 日、5 日在日内瓦讲法）。

按李洪志的说法，只有相信“法轮大法”，才能从地球毁灭的灾难中、从外星人及其科学的控制下拯救人类。这与健身活动有什么相干呢？李洪志也说，“法轮大法”的目的不是健身治病，而是要“往高层次上带人”。什么样的高层次？就是迷信新神的高层次！

四、心所谓危

在那次政协大会联合书面发言的最后，我们写了这样一句话作总结："心所谓危，不得不言，愿闻明教。"

心所谓危，危在哪里？

首先是危在人民群众生命健康受到损害。练法轮功误病致死或入魔自杀的事例，现在揭露出来的已经有几百起了，延误治病的那就多得无法统计了，这是最明显的危险。揭露"法轮大法"的危害，大都从这里开始。

从更深层次上来说，又有两危：一是危在思想基础，二是危在社会安定。

迷信、伪科学、反科学盛行，神秘主义盛行，会从思想上侵蚀和危及指导我们思想的理论基础。思想上的迷信和神秘主义，又容易导致会道门、邪教、黑社会一类组织，从而容易从政治上扰乱和危及我们社会的稳定。

迷信、伪科学、反科学盛行，原因是多方面的，历史的、政治的、经济的、社会的、心理的，不一而足。20 年来，我们经历了伟大的历史转折。在改革开放中推进现代化，建设有中国特色的社会主义，取得举世瞩目的成就。我们为此而深受鼓舞，这是一方面，主导的方面。另一方面，由于各方面变化的深刻性，也出现了使我们感到心忧的问题。一些消极的东西死灰复燃，并且花样翻新。我们的工作中也有弱点。一个重要弱点，就是马克思主义的思想阵地在有些方面削弱了。由于这种削弱，在一些人看来，什么唯物论、什么无神论，都无所谓了，共产党用不着管什么迷信不迷信的事了。

然而，马克思主义同科学精神是共命运的。马克思主义和科学精神同迷信是相对立的。迷信泛滥，科学精神受损害，马克思主义必定也受损害；科学精神发扬，马克思主义的创造力和吸引力增强，迷信不说销声匿迹，至少不可能有猖狂之势。马克思主义同科学精神，引用《红楼梦》里的一句话，叫做"一损俱损，一荣俱荣"。马克思主义和科学精神同迷信和神秘主义，则是你进我退，此长彼消。不能认为迷信泛滥是小事、私事、无所谓。对于迷信和神秘主义，熟视无睹，不以为意，或者无能为力，绝不是马克思主义者的光荣，而是马克思主义者的耻辱。高举科学的旗帜，反对迷信，反对反科学、反理性的神秘主义，一直是中国共产党人的优良传统。我们绝不可以抛弃这个传统，更不可以做迷信和神秘主义的信徒、吹鼓手或保护伞。马克思主义的理论工作者在保卫科学精神，反对迷信活动中，不应该落在后面，而应该走在前面。

科学与迷信的斗争，是一个长期的、艰巨的过程。还要重复一下前面讲过的那个意见：在当前形势下，尤其对党政干部中存在的迷信思想和活动，不能等闲视之。因为这个群体是担负着从政治上引导人民和社会的责任的群体；同时，知识文化界是从精神文化上影响社会的群体，对这个群体中的宣传迷信思想的活动，也不能等闲视之。

现在的情况是党政干部这个群体中的一些人，在政治和理论的信念上发生了动摇，精神上出现了空虚。他们不信或者不大相信马克思主义了，而是去信迷信了。他们遇事不是去依靠群众、依靠组织、依靠科学、依靠自己，而是去依靠算命先生、神秘大师。报纸上曾揭露过一位市长，把算命先生当做自己的“顾问”，用人、决策、施政、出行，都求算命先生指点，直到贪污案发进监狱，还在纳闷，为什么他所供养的算命先生没有算出他这一次要“栽”。报纸上还揭露一个镇政府，好端端的一座办公大楼不进去住，宁可花钱另外租房子住，只因为那座大楼据说“风水不好”（最近报上报道，那个镇的领导已经改正错误，搬回那座大楼去办公了）。至于知识界这个群体中一部分人的问题，归根到底，主要还是在于这部分人中的党员的问题。

所以，还是那句老话，“中国的问题，关键在党，在党的干部”。

所以，这次解决法轮功问题，中共中央首先做出共产党员不许修炼法轮功的决定。

共产党人必须坚持科学的唯物论和无神论。我们抓住这个问题不放，首先在党员中加强马克思主义世界观的教育，就是因为这个问题涉及共产党人的根本信仰问题，涉及全国人民团结奋斗的根本思想基础问题，涉及我们党和国家的前途命运问题。

五、理论研究

在反对迷信的斗争中，还需要加强理论和历史的研究。这里既有哲学认识论的问题，也有社会调查和社会学研究的问题。

眼见为实。这是宣传和相信神秘事物的人们最常用的一个理由。他们“亲眼见到”了那些令人难以置信的神秘“事实”，所以不得不相信它。对此，就需要从认识论上作一番分析。

“耳听为虚，眼见为实”，这个格言教人们不要轻信“耳听”，是一个有益的生活格言。而科学精神、科学方法，还进一步教人们，也不要轻信“眼见”。“眼见并不一定为实”，还要用脑子，凭借科学知识和科学方法作分析，才能认清事实。请问，是太阳围绕地球转，还是地球围绕太阳转？多少年，多少人，天天亲眼看见太阳从东边升起，从西边落下，“眼见为实”，那答案就是太阳围绕地球转。大家知道，科学告诉我们事实是地球围绕太阳转。

更确切些说，魔术表演，不都是我们“眼见”的吗？魔术的魅力，就在于它把许多不可思议的事情，表演出来给大家看。但是，魔术师们并不自称有什么神秘的功能或者有什么科学上的突破。他们只是把魔术手法、魔术道具当做职业秘密，秘而不宣。有的人自称有神秘功能，如以色列的盖勒，自称能够用意念折断钥匙，在世界上轰动一时，结果终于被别的魔术师揭穿。通常人们包括很精细的人们也不容易看穿魔术师的手法，这是很好的说明“眼见”并不“为实”的例子。

从认识论上说，这里涉及科学检验的标准问题，涉及“眼见”这种感性认识，同经过“去粗取精、去伪存真、由此及彼、由表及里”的制作改造功夫的理性认识的关系问题，涉及表演、科学演示和科学实验的关系问题。人们相信“眼见”的神秘“事实”，可是他们眼见的只不过是神秘大师的表演，而表演是不能确认科学事实的。

科学演示不同于非科学的表演，科学演示在科学教学和科学普及宣传中是常用的方法，但它也不是确认尚未研究清楚的科学事实的方法，只是把科学实验所确认的事实演示给学习者的方法。演示要成为科学的演示，也是以向观看演示的学习者交代清楚其全部条件和过程并接受实验验证为条件的。

表演，自称为科学其实是不科学的、经不起检验的演示，提供不了值得研究的科学事实。

朱光亚在参加了第一次论坛的两整天的会议后，作了一个很好的总结讲话，结合他接触过的“水变油”和“特异功能”表演两件事例，阐明了自然科学中的真伪是非“只能由科学实验来检验”，而科学实验“虽然在不同学科领域可以有不同的规范要求，但都不能由表演、演示来代替”。

恩格斯早已指出，神媒和信神媒的人“毫不在乎成百件信以为真的事实已经暴露出是骗局，除非把那些信以为真的奇迹一件一件地揭穿”。而这是做不到的，因为一个无穷集合是不可能一一穷举的。所以，要真正解决问题，势必还要用理论的考察，而不能只靠经验的实验。

“亲身体验”，这是许多相信神秘功能的人常说的又一个理由，并且往往被认为是不可辩驳的理由，特别在治病效果的体验方面。

这里先有一个轻信传言的“耳听”和轻信“托儿”的“眼见”的问题，这其实是“他人所说的亲身体验”，并不是自己的“亲身体验”。“法轮大法”组织编印过大量的根据练功者“亲身体验”写成的疗效报告。现在揭露出来，这些“亲身体验”，很多是练功者不得不这样说的，其实他们并没有亲身体验到这种效果，但是，他们不能不这样说呀，不这样说就会被认为修炼的心不诚，“功就长不上去”。

撇开这种情况不论，即使确实是自己亲身体验，也还要作分析。比如说，有些病本来可以自行痊愈，被说成是神功治愈的，其实不过是自愈。有些心理性的疾病，本来可以由于接受心理暗示而治愈或者自觉治愈，接受正规医生的心理暗示可以得到这样的效果，接受神秘大师的心理暗示（大师们称之为功法）也可以得到这样的效果，并不能因此而证明这种功法的神秘性质。有些病，实际上在同时接受多种治疗，包括与神秘功法同时的某些身体和精神活动，如果有效或自觉有效，那是多因条件下得一结果，究竟是哪一因导致这一果，逻辑上并不能肯定，没有理由归功于神秘功法这一因。早上到野外呼吸呼吸新鲜空气，活动活动身体，平心静气调理调理精神，持之以恒，对身心都会有好处，与什么“法轮大法”或者别的神秘功法并不相干。

所以，由于人的生理和心理过程的复杂性，测定疗效不是一件简单的事情，不能主要靠患者的自诉，而要有一套科学的随机选样的双盲对比的实验和统计。各种关于神秘功法的疗效的宣传，都没有这种科学的实验和统计，而是真真假假、弄虚作假的患者自诉。这不能认为是被科学地确定了的事实。

人们有病希望治愈，而现有的医学对有些疾病还无能为力或者收效不明显，人们于是就希望从别的方面得到治疗，这就是许多所谓神秘功法有人愿意相信、愿意接受的原因。姑妄试之，无效也无妨，万一有效，岂不甚好？这是许多人的心理。只要是患者及其亲属的自愿选择，这种行为方式可以理解。但是，“无效也无妨”不是没有条件的。有三种情况要注意：一是有些神秘功法，对患者身体进行摧残（如某些巫神驱鬼，对患者毒打，甚至活活打死的都有），那是要严厉禁止的；二是有些疾病，医院本来可以有效治疗，却因为神秘功法的蓄意排斥，以致耽误治疗，导致疾病加重，甚至死亡；三是要防止练功出偏，导致精神疾病。

“病急乱投医”，哪怕是投不成熟的、非常规的某种“医”，多少也得是一种“医”。如果是公然投“神”、投“鬼”，搞迷信活动，对于一个领导干部或者科学家来说，那影响一定是很不好的，治疗效果也一定是没有的。作为马克思主义者，对生老病死，要有彻底唯物主义的态度，达观、坦然的态度。这样的态度，肯定对身体会有些好处。

“突破现有科学”。这是宣传和相信神秘事物的人们常用的又一个理由，成为这类现象泛滥的又一个认识根源。

这些人常常说：“现有科学还不能解释的自然奥秘多得很。科学历史上被事实推翻的理论多得很。为什么不能创新、突破，来一场科学革命？”不要把科学当成迷信，不要迷信现有的科学。

这个说法似乎很有道理。

这里涉及科学创新、科学突破、科学革命的规律性的问题。现有科学已经成熟到这样的程度，只有尊重科学基础，遵循科学的方法，才能不断发现新的真理，离开科学的基础和方法，各种修炼和狂言，只能走到错误和荒谬的道路上去。

总之，这里有许多关于科学哲学的基本理论问题，都需要通过细致的科学的研究，讲出更多的给人知识、解人疑惑的道理。

顺便说一下，西方科学哲学有许多值得我们吸取和借鉴的有用成果，同时科学哲学的一些学派的相对主义倾向（否定科学作为客观真理的反映），还有文化相对主义的倾向（此亦一是非，彼亦一是非，科学是一种文化，迷信也是一种文化，科学有科学的是非，迷信有迷信的是非），其消极影响，在讨论科学与迷信、科学与伪科学的区别的时候就显露出来了。我们需要发展真正科学的科学哲学。

社会学研究。把迷信愚昧和伪科学活动，当做一种社会现象进行科学社会学、文化社会学和社会心理学的研究，从经济的、政治的、文化的背景分析和讨论这类现象泛滥的社会根源，也是十分重要和饶有趣味的。

还需要作历史的研究，包括古代历史中的迷信和反迷信，近代历史中的迷信和“五四”以来的反迷信，新中国成立以来各个时期的迷信和反迷信；尤其需要对当前社会生活中的迷信和反迷信、伪科学和反对伪科学，它们起伏和消长的趋势，迷信和伪科学活动的方式和特点，它们滋生和蔓延的多方面的社会原因，与对外开放和向市场经济过渡的关系，与“一手比较硬、一手比较软”的关系等，进行科学的研究。

还需要对迷信、愚昧和伪科学危害人民和社会的情况进行调查，对迷信、愚昧和伪科学著作出版和流传的情况进行调查，对新闻媒体和广告宣传中传播迷信、愚昧和伪科学的情况进行调查，对社会公众在科学和迷信、科学和伪科学问题上的认识和心态进行调查，并且进行对策研究，以便在加强社会主义精神文明建设和科学、健康、文明生活方式建设的系统工程中，贡献我们的建议。

六、政策界限

在复杂的斗争中，要分析情况，把握好政策界限，也有许多理论问题要研究。

反对迷信、宣传无神论与保障宗教信仰自由。在这个问题上，我们党历来有明确的原则。宗教是历史形成的，并且是有合法的宗教组织的，我国的《宪法》规定保障公民有宗教信仰的自由。我们共产党人是无神论者，应当坚持不懈地宣传无神论，同时应当懂得，对待宗教信仰的问题，不能用简单的强制的方法去处理，团结广大信教的群众和不信教的群众为建设现代化的社会主义国家而奋斗是党的基本任务，这种政治团结应当摆在首位，而不是把无神有神的思想分歧摆在首位。

这个何者摆在首位的问题，具有重要的政治意义。

保障信教自由，不但不应妨碍而且应当加强普及科学教育的努力，加强反迷信的宣传。保障一切正常的宗教活动，同时就意味着要打击各种不属于宗教范围的、危害国家利益和人民生命财产的迷信活动。1982 年 3 月，中共中央《关于我国社会主义时期宗教问题的基本观点和基本政策》深刻地从理论上和政策上对这些问题作了论述，并且指出："已被取缔的一切反动会道门和神汉、巫婆，一律不准恢复活动。凡妖言惑众、骗钱害人者，一律严加取缔，并且绳之以法。"

与此相联系，共产党人还要提倡移风易俗。婚嫁丧葬中的陋习要改革，封建迷信要破除。这种改革，一要群众自愿，二要共产党员带头，三要尊重健康民俗。有些民间风俗，虽然细究起来也可能有迷信的由来，但已经没有明显的迷信性质，也不要刻意去破除。

什么叫"伪科学"？现在科学界有不完全相同的看法。作为科学研究的一个课题，这可以从容讨论。我们现在讲反对"伪科学"，与这些讨论的细节无关。我们反对的就是用"科学"的名义，违背基本的科学事实和规律，来宣传迷信和进行诈骗的学说和行为。在反对迷信和诈骗的斗争中，这样来严格界定"伪科学"，目标和界限都很明确。

"不要随便把一门科学叫做伪科学。"这个说法是对的。我们不反对任何一个门类的科学。但是，只要是宣传迷信，即宣传神鬼、命运、灵魂和种种超自然超物质的神秘力量，不管这种宣传把自己称为什么门类的科学，物理科学也罢，生命科学也罢，人体科学也罢，这种以"科学"的名义进行的迷信和神秘事物的宣传只能被称为伪科学。

有些东西，科学界许多人称之为"伪科学"，也有相当的道理。但是，只要还说不上危害人民和社会，可以不必把它们列入现在我们集中反对的迷信愚昧和伪科学之中。也许把这类声称的"科学创造"，视为未经科学证实的学说，视为其实验基础和理论基础可疑的学说，来进行讨论，进行检验，要更好一些。伪科学、非科学、科学中的欺骗、科学中的失误、科学中的不成熟、科学中的病态和泡沫，种种情况，既有联系，又有区别，本身也都是应该科学地加以研究的课题。在旗帜鲜明地、坚定不移地反对迷信愚昧和伪科学的同时，对复杂情况多一些分析，多一点从容，多一席余地，归根到底，是有利于科学、人民和社会的。

"不要随便把中国传统文化叫做伪科学。"当然如此。对待中国传统文化，历来有明确方针，即区分精华和糟粕，在科学的基础上加以研究、继承和发展。《周易》热，要分析。作为一本古籍，《周易》无疑是中国哲学史上的一朵奇葩。《周易》本来是一部古代占卜的书，又逐渐凝聚了一些对社会和人生研究的智慧。研究者们，如北京大学的朱伯昆教授，就指出《周易》这部典籍含有理性和迷信两种因素，在后来的流传过程中，便逐渐分化为两种倾向：一是发扬其中的理性成分，视《周易》为讲哲理的典籍，二是继承其中迷信和神秘主义的成分，视《周易》为算命的工具。前者属于“学”的领域，即易学的传统；后者属于“数术”的领域，即算命的传统。前者多属精华，后者多为糟粕。所以，在“科学”的名义下，把《周易》研究变成宣扬迷信，使《周易》成为满街的算命先生的招牌，那就是伪科学。中国传统文化中有许多反对迷信的哲学论著以至笔记小说之类。过去编选过一本《不怕鬼的故事》，那是从破除对帝国主义的恐惧的隐喻意义上来编选的。现在应该从破除迷信的本意上编选一本中国古籍中的《不迷信的故事》。

现在，《不怕鬼的故事》重新出版了。《不信神的故事》也编辑出版了。各出版社出了许多类似的小册子。希望精编一本，大家来读。

总之，迷信愚昧活动是历史久远的世界性现象，伪科学也是世界性的现象。同这类现象作斗争，是一个长期的世界性的任务。中国是社会主义国家，是为实现现代化而奋斗的国家，自然应该把这个斗争摆在精神文明建设的重要日程上，长期地、坚持不懈地进行下去。在全党、全国人民坚定地解决法轮功问题以后，大家进行反思，一定会把保卫和发扬科学精神，坚持科学的唯物论和无神论，反对迷信和伪科学的工作进行得更好。

评《世纪末逆流书系》*

《世纪末逆流书系》，包括《科学怪影》、《超常之谜》等八册书，是一部值得推荐和表彰的科学普及丛书。

如果说科学和文明的进步是历史的主流，那么，反科学、反文明的迷信愚昧活动，则是阻碍历史前进的逆流。科学文明进步的主流，波澜壮阔，不断向前，不会停止；同主流相冲突、相激荡的迷信愚昧活动的逆流，也不断出现，不会停止。这就是历史的辩证法吧。

逆流常在，不仅在世纪之末。因为有一种影响深远的迷信，总是制造世界末日的恐怖，又总是把世界末日同世纪末、千年末联系起来，所以，每当一个世纪、一个千年快到结束的时候，各种关于世界末日的迷信谬说和其他迷信谬说，便盛行一时。由此而酿成惨剧的事件，所在多有。最近，最惨的一件，就是肯尼亚邪教"恢复上帝十诫运动"用世纪末、世界末日到来的邪说诱杀众多信徒，现已发现的尸体已达 1000 多具。这真是本世纪末到来的时候，最骇人听闻的逆流和惨剧。

一个个世纪末过去了，世界末日并未来临。但是，这并不妨碍迷信活动者在新的世纪的任何一个时候鼓吹任何一种老旧的和翻新的迷信邪说。所以，普及科学，破除迷信，是从每一个世纪初到世纪末都要经常进行的

---

* 本文为罗伟虹编著的《世纪末逆流书系》一书的序，科学普及出版社 1999 年出版。

任务。

科学普及，不单是要普及科学知识，尤其重要的是通过普及科学知识来普及科学精神。中国科协促进自然科学和社会科学联盟委员会从 1995 年起举行了一系列以宣传科学精神、反对迷信愚昧和伪科学为主题的论坛，这套书系的作者许多都是这个论坛的参加者，这套书系的产生同这个论坛的活动是相互配合的。这套书系的主题，就是宣传科学精神、反对迷信愚昧和伪科学，这是一个重要的主题。书系中的每一本书，都是从这些年盛行的迷信活动着手，用科学的知识和道理，用生动的事例和语言，讨论人们关注的这些问题。这是很有现实针对性也会有较高可读性的写法。这套书系，对两类读者，会有较大帮助。一类是对那些神秘的东西信而不迷，将信将疑的人们，通过读这样的书，可以帮助他们清醒起来。另一类是自己不迷信，但在社会生活中经常遇到一些迷信和半迷信者就一些神秘事物前来问难、辩论，想说服迷信者又觉得自己知识武装还不够的人们，通过读这样的书，可以帮助他们获得有针对性的科学知识和科学方法的武装。

愿有更多这样的科学普及书籍问世。

科学界应有的反思*

第一，就要进入21世纪的新中国，成立了50年、改革开放进行了20年的新中国，竟然闹出了一个震惊全国的“法轮大法事件”。它不是一个孤立的事件，它是这些年来日渐泛滥的迷信和伪科学逆流的一个集中的爆发。冰冻三尺非一日之寒，三尺之冰非一日可化。这个情况，的确值得认真反思。主要是中国共产党、中国政府、党政领导干部、思想工作干部，要反思。中国人民、中国各界，都要反思。

第二，科学界也要反思。

首先，“法轮大法”和各种迷信逆流是反对科学的，伪造科学的，同反科学、伪科学的东西作斗争，科学界责无旁贷。这方面，科学界做得如何？成效如何？值得反思。

其次，科学教育、科学普及、科学宣传，多年来教育界、科学界做了大量工作，为什么许多人并不是全无科学知识，却那么容易轻信一些神秘迷信的东西为“科学”？我们的科学教育和普及工作中，有什么弱点？有什么缺失？有什么偏颇？值得反思。

尤其值得反思的是，科学界竟然也有一些人，年轻的、年长的都有，也迷信“法轮大法”。这一点，甚至成为“法轮大法”的一个特色。怎么会这

---

* 本文为在1999年中国科协首届年会、2000年中国科协第五次常委会上的发言提纲。

样？问题出在哪里？当人们批评“法轮大法”违反科学的时候，“法轮大法”的信众就反诘：“你们说它反科学，为什么科学家也信呢?”这是需要回答的问题。

第三，同迷信和伪科学作斗争，科学界是做了工作的。远的，将近20年前，国家科委副主任、中国科协促进自然科学和社会科学联盟委员会第二任主任于光远就开始抓了。近的，从中国科协来说，在两届主席朱光亚、周光召的支持下，促进自然科学和社会科学联盟委员会从1995年起创立了一个以“捍卫科学尊严，反对迷信和伪科学”为主题的常设的系列的论坛，5年来围绕这个论坛，开展了一些活动。这次学术年会上印发的我的书面发言中，就这些活动作了一个汇报。

论坛产生了一些社会影响。但是，同客观形势的需要相比，大大不足。一是参加论坛活动的科学界人士，不够广泛，“老是那么几个老头”，活跃分子队伍没有不断扩大。二是从社会支持来看，不够热烈，相当时候还感到有些受冷落。不是哪个人要风光。科学界反迷信、反伪科学的活动，要受到主流新闻媒体和思想领导部门的更多的支持，才可能对社会产生较大的影响（网上“法轮大法”拥护者就曾经嘲笑反伪科学的人只能动员几张小报）。

经过这场事件和反思，这两个方面一定都会有显著改进。

第四，我们的科学教育、科学普及、科学宣传，恐怕有一个缺失，就是着重在知识和技术，对科学精神、科学态度、科学方法注重不够。

科学发展的成果，不仅表现在科学知识上，更宝贵的是表现在长期科学实践中成为优良传统的科学精神上。什么是科学精神呢？科学精神是科学之所以成为科学，科学之所以能够不断前进的本质的东西。科学精神就是尊重事实、尊重真理、反对迷信、反对盲从；就是不断创新、不断开拓、反对守旧、反对因循；就是实践的检验，批判的头脑，理性的思考，自由的讨论。我们的干部队伍过去在素质上的弱点和工作上的失误的原因，不但在于科学知识的普及程度和发展水平不高，尤其在于科学精神的不足。

科学精神、科学方法训练的不足，使许多人没有能够从根本上（或者说从世界观和方法论上）掌握思想的武器，去鉴别科学和迷信、科学和伪科学。

第五，围绕科学精神、科学方法，有一些认识，有一些辩论，需要科学界帮助在社会上澄清。

神秘功能表演的问题。实践是检验理论是否为真理的标准。而在自然科学领域，检验理论的实践，是规范的科学实验，而不是表演。现在的问题是，神秘大师们热衷于表演。而看了表演的许多人，又热衷于向别人去宣传。表演的特点是不向观众如实地交代操作的全部条件和过程，不接受研究者对其条件和过程的检查和验证。应当让人们懂得，只有按科学方法设计的，向科学界交代清楚其全部条件和过程的，科学界可以加以检查和验证的科学实验，才能确认在科学研究上有意义的事实。

一到提出严格的科学测试、科学实验的条件，那些热衷于表演的大师们便不肯来接受实验检验了。不久前，《南方周末》发表了“特异现象存在性检验筹备小组”一位成员的文章。这位成员是主张严格按照科学实验标准去检验的。他得出结论：“经过两年的检验，证明所有被检验的‘耳朵识字’都是假的！经过两年的检验，结果是所有的‘气功大师’都不敢来检验!”

鼓吹神秘特异功能的人们，只公布一些他们自己做的、缺乏科学的严格性和规范性的、别人和他们自己都重复不出来的“科学实验”。

这里还涉及一个科学的思维方式和经验论的思维方式的问题。许多人不大容易从原则上接受“眼见”的表演没有确认科学事实的意义这样一个理性的普遍判断，但是，如果向他们指出了某一次表演的障眼手法何在，他们可以接受这一次表演没有科学意义这样一个经验的个别判断。不断地具体地揭穿一次次表演的障眼手法何在，是值得做的事情，在通常情况下，在多数人那里，这有助于帮助人们克服在这方面的盲目和轻信。但是，单是这样并不能从根本上解决问题。经验论的思维方式不克服，人们看清了这一次以至于第九十九次表演的障眼手法，却仍然期待着。“说不定下一次是真的呢?”他们愿意（或者说渴望）相信那没有被揭穿其障眼手法的第一百次表演给他提供的神秘“事实”。所以，要真正解决问题，势必还要理论的思考，而不能只靠经验的实验。科学实验之所以成为科学实验，正因为它是理论和经验的结合。

“不要迷信科学。”“现有科学还不能解释的自然奥秘多得很。”这是宣传和相信神秘事物的人们常用的又一个理由，成为反科学现象泛滥的又一个认识根源。

但是，在现在人们宣扬、争论的这些神秘事物的问题上，首要的、关键的，并不是现有科学能不能解释。如果真发现了现有科学理论不能解释的事实，那就为科学探索未知、创造新知，提供了契机和推动，科学界一定为之欢欣、兴奋，怎么会反对呢？问题的关键在于，现在所宣扬的这些神秘现象，到底是不是用科学方法确认的实验事实或观察事实。只有对科学确认的事实，才发生现有科学能不能解释的问题。如果不过是表演，并没有经过科学的实验，或者虽然也说是“实验”，却没有经过科学的讨论和检验，不能确认其为科学的事实，那就根本用不着去讨论现有科学能不能解释和突破。这样的讨论，正好造成一个假象，似乎事实本身已经是确定无疑的了。其实，可疑的正是这个“事实”！

科学探索未知，是一个永无止境的过程。科学界当然承认科学历史上不乏被突破了的理论，但是这些理论不是被别的什么东西，恰恰是被科学地确认了的新的实验事实和观察事实所突破的，没有这样的事实，靠什么神奇表演和放言狂论，是推翻不了被实验证明了的科学理论的。

科学界当然承认现有科学绝对没有穷尽真理，科学之所以为科学，就在于它不断地在新的实验事实和新的理论创造的推动下向前发展。这是彻底的科学态度，科学精神的体现，彻底到以科学精神对待科学成果本身。遵循这样的科学精神，就不发生对科学的迷信问题。不应该在反对对科学的迷信的口号下，把科学和迷信混为一谈，否定科学和科学精神，宣扬迷信和神秘主义。

历史表明，现有科学已经成熟到这样的程度，只有尊重科学的基础，遵循科学的方法，才能不断发现新的真理，离开科学的基础和方法，各种修炼和狂言，只能走到错误和荒谬的道路上去。

第六，什么叫“伪科学”？现在在社会上、在科学界有不完全相同的看法。作为科学研究的一个课题，这可以从容讨论。我们现在讲反对“伪科学”，与这些讨论的细节无关。我们反对的就是用“科学”的名义，违背基本的科学事实和规律，来宣传迷信和进行诈骗的论说和行为。在反对迷信和诈骗的斗争中，这样来严格界定“伪科学”，目标和界限都很明确。

“过去反对伪科学，反了摩尔根的遗传学，反了爱因斯坦的相对论，都反错了，现在还来反什么伪科学？”过去是有过这样的错误，反摩尔根遗传学是在新中国成立初期学习苏联中，反对爱因斯坦相对论是在“文化大革命”中。这些教训要吸取。但是，一方面，反伪科学曾经出了错案，不等于伪科学不要反，正如曾经把某个好人错定为贪污犯，不能因此就不再反贪污。另一方面，过去反伪科学出的错案，教训在哪里？就是不尊重科学界已经得到的科学事实、科学成果，而是用一种错误的主观的观念（从把马克思主义简单化歪曲化得出的错误观念）去反对和否定科学。正是总结了这样的教训，马克思主义者才特别强调要尊重科学，怎么能够听任那种自命为“超常科学”的胡说八道的主观观念和新老迷信，对现有科学成果加以蔑视和否定呢？

第七，科学界自身提高素养的问题。科学精神上的缺失，也反映在一些科学家身上。科学家，有成就的科学家，他们有科学头脑、科学精神，否则怎么能做出成就呢？但他们也不一定时时事事都能头脑清醒地贯彻科学精神。在他们做出专业成就的领域里，他们坚持和发扬了科学精神，在这些领域外，也可能模糊了科学精神。

“捍卫科学尊严”论坛第一次会议通过了一个《倡议书》，共四条：第一条就是对科学界自身提出的，倡议“科学工作者坚持科学精神，遵守科学道德，维护科学的严肃性、严密性和规范性”。“对尚未被科学界接受的假说，取认真研究、科学求证的态度。对违背基本的科学事实和规律，弄虚作假，借‘科学’之名招摇过市的行为，坚决反对”。下面三条是对党政领导干部、对新闻界、对政法部门提出的。科学界首先要自律。一个是领导干部的不清醒和不谨慎，一个是科学家的不清醒和不谨慎，影响就大啦。

第八，重读恩格斯的《神灵世界中的自然研究》。这是《自然辩证法》中的一篇 100 年前的著作，但是还有活生生的现实的意义。因为它是对当时英国的几位有卓越成就的科学家（华莱士、克鲁克斯等），怎样成了请神术、招魂术这些江湖骗术的俘虏，作了精辟分析的一篇文章。科学家怎么就迷信起来了？从这里可以找到一个答案。这就是极端蔑视思维。

恩格斯说，这些科学家在虔诚地研究唯灵论者的表演时，用了各种科学仪器，就是忘记了“主要的仪器”——“一颗抱怀疑态度的有批判力的头脑”。恩格斯这篇文章最后得出结论：单凭经验是对付不了唯灵论者的。首先，那些“高级的”现象，只有当有关的“研究家”已经着迷到只能看到他应看到或他想看到的东西的时候，才能够显现出来。其次，唯灵论者并不在乎成百件所谓事实被揭露为骗局，成群的所谓神媒被揭露为下流的江湖骗子。只要所谓的奇迹还没有被逐一揭穿。大家知道，逐一揭穿，这是做不到的，因为一个无穷集合是不可能一一穷举的。

恩格斯的结论是，蔑视理论思维，蔑视唯物论辩证法，是不能不受惩罚的。

重新读一读恩格斯的《自然辩证法》，重新学一学唯物论和辩证法，这就是生活向我们科学界提出的要求。

为什么探索未知要靠科学*

宣传和相信神秘事物的人们，在被批评为宣传迷信、违反科学的时候，常常为自己辩护说："未知的东西多得很，现有科学还不能解释的奥秘多得很，科学历史上被事实推翻的理论多得很。为什么不能创新、突破，来一场科学革命?"他们甚至提出一个口号："不要把科学当成迷信，不要迷信现在的科学。"

这些说法振振有词，似乎很有道理。但是，在宣扬、争论的这些神秘事物的问题上，关键并不在现有科学能不能解释，能不能突破。如果果然发现了现在科学不能解释的事实，那就为科学探索未知、创造新知，提供了契机和推动，科学界一定会为此而欢迎、兴奋，怎么会反对呢？问题的关键在于，人们所宣扬的神秘现象，到底是不是用科学方法确认的实验事实、观察事实，或者只不过是神秘大师们的表演。因为表演同科学实验有着本质区别。

现在的情况是，神秘大师们热衷于表演，而看了表演的许多人，又热衷于向别人去宣传他所见到的表演，喋喋不休地说什么他看得如何真切，如何看不出破绽。不信，你就是不承认"事实"。这种热情和信念，基于他们听到、看到的表演。而表演，属于魔术、娱乐、茶余饭后谈资的范围，它的特

---

* 本文原载《人民日报》，1999年11月30日。

点是不向观众如实地交代操作的全部条件和过程，不接受研究者对其条件和过程的检查和验证。应当让人们懂得，只有按科学方法设计的，向科学界交代清楚其全部条件和过程的，科学界可以加以检查和验证的科学实验，才能确认在科学研究上有意义的事实。表演，提供不了值得研究的科学事实。

可是，一到提出严格的科学测试、科学实验的条件，热衷于表演的大师们便不肯来接受实验检验了。最近读到一位“特异现象存在性检验筹备小组”成员发表的文章。该成员说，他是主张严格按照科学标准去检验的。他得出结论：“经过两年的检验，证明所有被检验的‘耳朵识字’都是假的。经过两年的检验，结果是所有的‘气功大师’都不敢来检验!”

如果不过是听来的或者眼见的、客厅里或者演讲台上的表演，并没有经过科学的实验，或者虽然也说是“实验”，却没有经过科学的讨论和检验，不能确认其为科学的事实，那就根本用不着去讨论现有科学能不能解释和突破。这样的讨论，正好造成一个假象，似乎事实本身已经是确定无疑的了。其实，可疑的正是这个“事实”。

科学是在实践、实验的基础上对未知进行探索的成果。科学探索未知，是一个永无止境的过程。科学界当然承认科学历史上不乏被突破了的理论。但是这些理论不是被别的什么东西，恰恰是被科学地确认的新的实验事实和观察事实所突破的。没有这样的事实，靠什么神奇表演和放言狂论，是推翻不了被实验证明了的科学理论的。

科学界当然承认现有科学绝对没有穷尽真理。科学之所以为科学，就在于它不断地在新的实验事实和新的理论创造的推动下，探索未知，创造新知，使科学不断地向前发展。这是彻底的科学精神的体现，彻底到以科学精神对待科学成果本身。遵循这样的科学精神，这就不发生对科学的迷信问题。不应该在反对对科学的迷信的口号下，把科学和迷信混为一谈，否定科学和科学精神，宣扬迷信和神秘主义。

科学的历史和人类文明的历史已经表明，现在的科学已经成熟到这样的程度：只有尊重科学的基础，遵循科学的方法，才能不断发现新的真理；离开科学的基础和方法，各种修炼和狂言，都只能走到错误和荒谬的道路上去。

这里涉及科学创新、科学突破、科学革命的规律性问题，涉及科学发展中新旧理论之间的关系问题。新的科学理论，既是概括新确认的科学事实的结果，也是把新确认的科学事实同原来已经确认的科学事实统一起来加以概括的结果，它不能无视原来已经确认的科学事实（除非它证明了原来对事实的确认并不科学），也不能摒弃原来的理论中为科学事实所检验了的科学内容。新旧科学理论嬗变，不是全盘否定，而是把原有理论的科学内容包括到新的理论之中。

以牛顿力学和相对论、量子力学的关系为例。人们常常说，后面这两个理论推翻了牛顿力学，这种说法是过分简单化了。后面这两个理论，只是推翻了对牛顿力学适用范围的绝对化理解。在接近光速的高速领域，在普朗克常数 h 起作用的微观领域，牛顿力学不再适用，在这样的领域，适用的是相对论和量子力学。牛顿力学成了包容在更广范围的相对论和量子力学之中的局部情况。在低速、宏观领域，牛顿力学仍然是适用的，牛顿力学并没有被推翻。我们的学校里，还在讲授牛顿力学；我们的日常生活里，时时都受牛顿力学所反映的客观规律支配。在这样的范围内，如果谁凭信口胡说或魔术表演，宣称他有神秘功能，推翻了牛顿力学，那只能说他是宣扬迷信和伪科学，而不是什么揭示了科学所未知的现象，不是什么实现了科学的创新和突破。

我很赞成物理学家周光召的这个说法：具体真理在一定的适用条件和范围内是不能违反的，但在变化了的新条件和新范围内，则可以突破和创新。新理论可以扩展真理，创新精神是科学精神的组成部分；扩展了的理论必须包含原有理论体现的客观规律，在继承中发展真理，也是科学精神的组成部分。

祝贺《科技之光》开播五周年*

在《科技之光》开播五周年的时候，我们大家来到这里参加《中国科普与新世纪》座谈会，是表示对《科技之光》和这个专栏的编辑和记者们的劳绩的祝贺，是表示对中国的科学普及事业在新世纪的新发展的期盼。

“五一”假期，科技馆火爆京城，这是馆长李象益同志告诉我的。我说，这是我国社会生活中的一个很有意义的新现象。假期长了，人们的闲暇时间、自由时间长了，这本身就是人们生活质量提高的一个标志。在闲暇时间里，人们不仅睡个懒觉、吃吃玩玩、看看文艺表演，还踊跃地去参观科学馆。科学进入人们的闲暇，这是生活质量提高、人们素质提高的进一步标志。

在北京建立了这样一个世界一流水平的、宏大规模的科技馆，在各地也建立了一些科技馆，这是极为有益的。但是，科技馆毕竟面积有限，“火爆京城”这几天，拥挤不堪，人们也难以看好，不少远道而来的还不得其门而入。这说明，除了科技馆这类设施之外，还迫切需要更便利的、能够送到千家万户的普及科学知识、科学精神、科学思想和科学方法的手段。电视就是这种手段。如果中央电视台或者上卫星的地方电视台能够开办专门的科普频道，或者现有的电视频道中的科普专栏能够扩充容量，增多播出时间，节目

* 本文为2000年5月10日在《科技之光》开播五周年座谈会上的发言，有删节。

组织得更好、更可视，达到更高的收视率，那么，这就会成为我国生活质量提高、人们素质提高的又一个显著标志。

武汉电视台的《科技之光》在这方面已经取得很大成绩，已经积累了很多经验，对我国电视事业在这方面的新开拓已经起了很大的并将起到更大的作用，所以值得祝贺。

说到新世纪的中国科学普及工作，概括一句话，就是“赛先生任重而道远”。这是5年前一位新闻记者写反迷信报导和评论时说的一句话，我已经引用他这句话做过一篇文章，现在再引用一次。

给《科学时报》读书专刊的寄语*

给科学技术界的读者介绍一些科学技术读物，这件事情不容易却有意义。因为科学技术分工很细，一个专业的科学技术工作者，读一读介绍别的专业的科学技术读物，可以增长知识，开阔眼界，读一读介绍自己专业的科学技术读物，只要不是基础教科书式的，而是讲历史、讲综合、讲思想的，也可以开阔眼界，启发思路。

给科学技术界以外的读者介绍一些科学技术读物，给科学技术界的读者介绍一些科学技术以外的读物，这两件事情更不容易也更有意义。做好了，可以帮助更广泛的读者更广泛地增长知识，开阔眼界，启发思路。

希望《科学时报》的《读书》专刊，把这三个方面的事情做得更好。

---

* 本文写于2000年8月30日，原载《科学时报·读书周刊》，2000年9月4日。

思想政治工作要高举科学的旗帜
——关于科学知识、科学思想、科学方法和科学精神教育*

主持人：现在大家都在谈“四科”教育，即科学知识、科学思想、科学方法、科学精神的教育。概括起来，可以统称为科学教育吧。这是提高全民族科学文化素质的一个重大理论问题和实践课题。这个问题是怎样被提出来的?

龚育之（以下简称龚）：这就说来话长了。马克思主义历来非常重视科学的力量。中国共产党从建党开始，就高举着科学的旗帜。“我们党的历史，是崇尚科学破除迷信的历史。”这是《人民日报》评论员文章的一句话，是对我们党的历史的一个方面的很好的概括。至于今天着重地提出这个问题，当然又有今天的背景和需要。

主持人：那就请你先谈一谈马克思主义是怎样重视科学的。

一、科学：物质的力量和精神的力量

龚：马克思主义历来把科学看做“在历史上起推动作用的、革命的力

* 本文是2000年10月在关于科学教育座谈会上的谈话。

量”。这是恩格斯在马克思墓前演说中说的。科学的力量，既是物质的力量，又是精神的力量。科学“一方面和哲学，另一方面和实践结合起来了”。科学和哲学结合的结果就是唯物主义、启蒙时代和法国的政治革命。科学和实践结合的结果就是产业革命和英国的社会革命。这也是恩格斯在《英国状况十八世纪》这篇文章中说的。

主持人：这是说的 18 世纪。

龚：19 世纪、20 世纪更是如此：科学和哲学结合的结果，使唯物主义进到辩证唯物主义和历史唯物主义，进到马克思主义的科学世界观和科学社会主义，进到马克思主义指导和影响下的世界范围的社会主义革命和民族解放革命；科学和实践结合的结果，就是一次又一次新的技术革命，从蒸汽机的技术革命，到电力化的技术革命，到原子能的技术革命，到信息化的技术革命。21 世纪正在到来，科学作为推动历史前进的革命力量的巨大作用，将超越以往的时代，而为过去的人们难以想象。这一点已经初显端倪，成为世纪之交政治家、思想家、科学家和广大人民热烈议论的一个中心话题。

科学技术是第一生产力，这是邓小平关于当代科学技术和当代生产力发展的一个新的理论命题。这个马克思主义的新命题，不仅对观察和分析当代科学技术和生产力发展具有重要意义，而且对观察和分析当代经济发展和社会发展，对观察和分析当代社会主义发展和马克思主义发展，具有重要意义。能不能说科学知识、科学思想、科学方法、科学精神是第一精神力量?科学通过技术转化为生产力，而成为物质的力量。科学知识、科学思想、科学方法、科学精神，相互交织，相互贯通，结为一体，而成为精神的力量。我以为，说科学思想是“第一精神力量”或者“最重要的精神力量”是可以成立的。马克思列宁主义、毛泽东思想、邓小平理论都是科学思想，是我们党和国家的指导思想，把包括马克思主义在内的科学思想称为第一精神力量，应当是没有异议的。

主持人：请你再从我们党的历史来谈一谈。

二、中国共产党历来重视科学精神的伟大力量

龚：大家知道，中国共产党建立的准备，要追溯到五四运动。五四运动

是统称，包括 1919 年 5 月 4 日的爱国运动，和 1915 年开始、爱国运动后更加蓬勃展开的新文化运动。新文化运动提出“民主”和“科学”两大口号，叫做欢迎“德先生”和“赛先生”。那时呼唤科学，呼唤“赛先生”，固然包含用科学技术来发展生产力、救国家于贫困的意思，更多强调的是科学作为新思想、新文化，是同旧思想、旧文化中的愚昧、落后、迷信、盲从相对立的革命的精神力量。《新青年》杂志可以说是新文化运动的号角。1915 年陈独秀在这个刊物的发刊词《敬告青年》中说：“国人而欲脱蒙昧时代，羞为浅化之民，则急起直追，当以科学和人权并重。”他列举了当时中国各种迷信现象，结论是“凡此无常识之思，惟无理由之信仰，欲根治之，厥维科学。”科学之效，“将使人间之思想行为，一遵理性，而迷信斩焉，而无知妄作之风息焉”。1919 年毛泽东在《湘江评论》上写过一篇《陈独秀的被捕与营救》，称赞陈独秀提倡科学和民主，是“思想界的明星”，指出国人“迷信鬼神，迷信物象，迷信运命，迷信强权，全然不认有个人，不认有自己，不认有真理。这是科学思想不发达的结果”。讲的都是科学在精神方面、在反对迷信方面的作用。

1940 年在延安毛泽东写了《新民主主义论》，提出“民族的科学的大众的新民主主义文化”的口号，用“科学”来规定中国新文化的特点和方向。并且对“科学的”作了解释：“它是反对一切封建思想和迷信思想，主张实事求是，主张客观真理，主张理论和实践一致的。”还提出中国无产阶级的科学思想要同自然科学家和资产阶级唯物论者的科学思想建立反帝、反封建、反迷信的统一战线。这是继承五四传统，又把它发展到新的高度。延安“整风”时期发表的《改造我们的学习》、《反对党八股》和《整顿党的作风》，提倡实事求是，实际上就是提倡“科学方法”和“科学态度”，反对“反科学的”、“形式主义的”、“主观主义的”方法和态度。

主持人：我对毛泽东《反对党八股》中的一段话印象很深刻。他说：“无产阶级的最尖锐、最有效的武器只有一个，那就是严肃的战斗的科学态度。共产党不靠吓人吃饭，而是靠马克思列宁主义的真理吃饭，靠实事求是吃饭，靠科学吃饭。”我感觉这段话是对彻底的科学精神和科学态度的很好的注解。共产党人离开了科学，就没有饭吃，就失去了生命之源。说得很到位，很精辟，也很生动形象。

龚：新中国成立之初，《共同纲领》不仅规定了民族的、科学的、大众的文化方针，规定了发展科学技术和普及科学知识的任务，而且把“爱科学”列为国民公德的五爱之一，这是极富创见的。

主持人：新中国建立以后，毛泽东还有许多精彩的话，如“我们除了科学以外，什么都不要相信”，“凡迷信一定要破除，凡真理一定要保护”，等等。

龚：这些至今对我们仍有指导意义。十五大报告仍然用“民族的、科学的、大众的”，加上“面向现代化、面向世界、面向未来”，规定有中国特色的社会主义文化的特点和方向。现行宪法仍然把“爱科学”列入国民公德。

主持人：邓小平呢？他讲过科学技术是第一生产力，他重视科学技术的话非常多，非常有力。他在科学精神方面讲过什么没有？

龚：哦，这要从实质上看，不能只从“科学精神”四个字的字面上来看。从实质上看，那他讲科学精神就讲得非常多、非常有力了。科学精神是什么？科学精神最根本的一条就是实事求是。邓小平讲毛泽东思想的精髓是实事求是，讲马克思主义的精髓是实事求是。邓小平倡导和支持关于真理标准的大讨论，赞同“以实践作为检验真理的唯一标准”，这就是主张实事求是的科学精神，就是要求用科学态度对待马克思主义本身。他那篇《解放思想，实事求是，团结一致向前看》的重要讲话，成为开创新时期、开辟新道路、开拓新理论的宣言书。党中央两个精神文明决议总结新时期精神文明的进展，都把重新确立解放思想、实事求是的思想路线，恢复和发扬马克思主义和科学精神和创造活力，列为第一条。

主持人：江泽民讲科学精神就讲得更多了。

龚：江泽民也是一样，也从科学技术和科学精神两个方面强调科学的重要。前一个方面，这里就不说了。从思想宣传工作的角度讲弘扬科学精神，近些年来尤其讲得多，讲得重。1995 年全国科学技术大会，5 月 26 日江泽民在会上讲话，说：“贫穷不是社会主义，愚昧更不是社会主义。要认真贯彻《中共中央、国务院关于加强科学技术普及工作的若干意见》，在广大人民群众中大力普及科技知识。”“通过各种新闻舆论工具和其他有效形式，促进社会主义精神文明建设，用科学战胜封建迷信和愚昧落后。”1996 年 5 月 27 日，江泽民在中国科学技术协会第五次代表大会上提出：“一定要高举科学的旗帜，弘扬科学精神，坚决反对封建迷信和愚昧落后，揭露和抵制各种伪科学、反科学行为。”1997 年在十五大报告中，他提出“努力提高科技水平，普及科技知识，引导人们树立科学精神，掌握科学方法，鼓励创造发明”。1999 年 1 月 11 日，江泽民在中共中央党校省部级主要领导干部金融研究班上又讲了两个“坚持不懈”：“学习科技知识要坚持不懈，破除封建迷信、消除各种伪科学、反科学现象，也要坚持不懈。”1999 年 8 月他在全国技术创新大会上讲话指出，“要把科技知识、科学思想、科学精神、科学方法的宣传和普及工作，作为精神文明建设的重要内容不断加强起来”。

主持人：现在人们讲四个“科”，大概就是从这里来的。1999 年 12 月全国科普工作会议召开，江泽民致信会议，指出：“用唯物史观和科学思想武装全党，在广大群众中普及科学知识，要坚持不懈地抓下去。科学知识、科学思想、科学方法和科学精神，可以引导人们奋发图强、积极向上，促进人们牢固地形成正确的世界观、人生观和价值观，促进人们实事求是地创造性地进行社会实践活动。要把科普工作作为实施‘科教兴国’战略的重要任务和社会主义精神文明建设的重要内容，切实加强起来，在全社会大力弘扬科学精神、宣传科学思想、传播科学方法，使中华民族的科学文化水平不断提高。”进一步对“四科”教育的意义作了全面的论述。今年，他又在多种场合重申“四科”教育，如给中国科技馆的题词，在中央思想政治工作会议上的讲话等。特别是 6 月 5 日在两院院士大会上讲话，要求全党全社会大力弘扬科学精神，兴起科技进步和创新的高潮。他说：“弘扬科学精神更带根本性和基础性。科学界要大力弘扬科学精神，各条战线、各个部门都要大力弘扬科学精神。要使实事求是、探索求知、崇尚真理、勇于创新的精神在全党全社会大大发扬起来。”强调“坚持马克思主义，最重要的就是要坚持马克思主义的科学原理和科学精神”。这样就明确地把弘扬科学精神的任务、“四科”教育的任务摆在了全党的思想政治工作的面前。

龚：江泽民提出要用“三个代表”的思想来进行当代中国共产党的建设。“代表先进生产力的发展要求”就包括科学技术这个第一生产力发展的要求；“代表先进文化的前进方向”就包括普及科学知识、提倡科学思想和科学方法、弘扬科学精神的方向；“代表中国最广大人民的根本利益”，也需要科学理论的指导和科学方法的运用才能正确地认识这种根本利益和正确地处理根本利益和各种当前利益的关系。可以说，这也是把“四科”教育的任务摆在了党的建设工作的面前。

三、对迷信和伪科学泛滥的反思

主持人：从您上面的论述中，我们知道，在党的历史上，科学教育的思想和实践很早就有了。但现在为什么又重提这个问题，而且把这个问题突出出来，再三强调要把科学教育“不断加强起来”、“切实加强起来”呢?

龚：这有两个方面的历史背景。

一个是整个时代的大背景。现代科技对人类的进步和社会的发展正起着越来越重要的作用，现代科技正在以前所未有的速度向前发展，世界范围的知识经济已露端倪，我们与世界科技先进水平还有不小的差距。我们越来越强烈地感受到我国现有的科技实力对我国现代化发展的制约，我们也越来越强烈地感受到中华民族现有的科学素质还不能满足我国现代化发展的需要，我们还越来越强烈地感受到国际竞争的压力和世界范围内科技大发展的挑战。在这种情况下，再一次突出地强调科学的重要，适应形势的发展提出新的更高的要求，是必然的和必要的抉择。做出这样一个抉择，说明我们党和党的领导人是清醒的、敏锐的，是具有战略眼光的。

还有一个是当前思想政治工作的大背景，是进一步贯彻党的思想路线的需要这个大背景。解放思想、实事求是的思想路线不仅是新时期政治路线拨乱反正的前提，是向改革开放和以现代化建设为中心的路线转变的前提，是在各项工作中贯彻这条政治路线的前提，也是现在不断改进和完善我们的工作，面向新世纪开拓新局面的前提。现在阻碍我们前进的东西，诸如弄虚作假、形式主义、唯书唯上、故步自封，有很多，说到底还是违背实事求是的科学精神。

主持人：我想，在当前思想政治工作的大背景中，还有一个具体的背景，就是同“法轮功”邪教的斗争。

龚：是的。“法轮功”事件发生后，全党进行了深刻的反思。几年以前，我在全国政协会议上有个发言，讲迷信和伪科学问题，末尾讲了八个字：“心所谓危，不得不言。”危在哪里？一是危在群众身心，二是危在思想基础，三是危在社会安定。“法轮功”使多少人受到身心摧残，巫婆神汉使多少人受到身心摧残。这是最明显、最直接的危害。进一步从思想政治上讲，迷信、伪科学、反科学盛行，会从思想上侵蚀和危及指导我们思想的理论基础。思想上的迷信和神秘主义，又容易诱发和助长邪教、会道门、黑社会一类组织，从政治上扰乱和危及我们社会的稳定。

主持人：为什么在“科学技术是第一生产力”思想日益深入人心、科教兴国战略正在全面实施、科学事业和教育事业已获得巨大发展的情况下，还会出现“法轮功”事件这样规模很大、影响很坏、危害很烈的反科学、反人类、反社会的事件呢？

龚：我想，这不是一个孤立的、突然冒出来的事件，而是这些年来死灰复燃尔后又日渐泛滥的迷信和伪科学、反科学逆流的一个集中的爆发。确实是“冰冻三尺，非一日之寒”呐！迷信、伪科学和反科学这股逆流、这股寒气又是如何得以形成气候的呢？原因是多方面的，历史的、政治的、经济的、社会的、心理的、客观的、主观的，不一而足。从主观的方面看，暴露了一个重要的问题，就是一些领导干部和共产党员理想信念发生了动摇，精神上出现了空虚。他们不信或者不大相信马克思主义了，而是去信迷信了。他们遇事不是去依靠群众、依靠组织、依靠科学、依靠自己，而是去依靠算命先生、神秘大师。报纸上揭露过一位市长，把算命先生当做自己的顾问，用人、决策、施政、出行，都求算命先生指点，直到贪污案发坐进监狱，还在纳闷，为什么他所供养的算命先生没有算出他这一次要“栽”。报纸上还披露过一个镇政府，曾经放着好端端一座办公楼不进去住，宁可花钱另租房子住，只因为那座大楼据说“风水不好”。党政领导干部这个群体担负着从政治上引导人民和社会的责任，如果他们理论素养和科学素质不高，对反科学、反马克思主义的东西或者丧失警惕，或者熟视无睹，或者无能为力，或者自己都成了迷信的俘虏，成了伪科学和神秘主义的吹鼓手和保护伞，则势必危及马克思主义的思想阵地和科学的阵地。

主持人：对其他群体的科学素质也要有一个清醒的估计。总体上看，由于科学事业和教育事业的发展，我国国民的科学文化素质有了明显的提高。但直到现在，我国仍有近2亿的文盲和半文盲人口，占总人口的比例与西方国家相比相差太大。文盲必然是科盲。即使是在非文盲人口中，也有一部分是科盲。甚至在非科盲人口中，也有一部分人的科学素质比较差，一些大中专学生、硕士生、博士生甚至大学教授、科研人员，居然也陷入了“法轮功”的泥潭中，就是明证。另据上海市科学技术协会对上海市民科学素质的调查，在一些知识层次较高的人群中，有相当一部分人相信算命：对算命将信将疑的，小学文化程度以下者占 28%，小学占 29.2%，初中占 34.6%，高中占 39.2%，大学占 44.1%。上海是我国人口素质最高的城市之一，其市民科学素质尚且如此，其他地方，尤其是广大农村，更是可想而知了。

龚：由此可见，“赛先生”任重而道远。

主持人：改革开放以来，科学界在科普工作中，在同迷信和伪科学的斗争中，是作了不少努力的。那么，这些努力为什么未能有效地阻遏和封杀迷信和伪科学的逆流和寒气呢?

龚：科学界确实努力过、斗争过，但其作用和影响同客观形势的需要来比，大大不足。一是从总体上看，尽管中央“三令五申”，各种迷信、伪科学和反科学的现象仍然迟迟没有引起全党的高度警觉，没有完全掌握斗争的主动权。二是关注和参加反对迷信和伪科学的科学界人士还不够广泛。拿中国科协促进自然科学和社会科学联盟专门委员会的工作来说，第二任主任，也是当时的国家科委副主任的于光远，早在 20 年前就开始抓反对伪科学的斗争，并且一直站在这个斗争的前线。我是这个委员会的现任主任，在中国科协的两届主席朱光亚和周光召的支持下，这个委员会从 1995 年起创立了一个以“捍卫科学尊严，反对迷信和伪科学”为主题的常设的系列论坛，开展了一些活动，产生一些社会影响。但这些论坛的参加者比较有限，“老是那么几个老头”，活跃分子队伍没有不断扩大。三是从社会支持来看，不够热烈，相当时候还感到有些受冷落。提倡科学反对迷信和伪科学的活动，要受到各级领导部门包括宣传思想领导部门及主流新闻媒体的更多支持，才可能对社会发生较大影响。网上“法轮大法”拥护者就曾经嘲笑反伪科学的人只能动员几张小报。四是科学教育、普及和宣传工作习惯性地偏重于科学知识的传播和实用技术的培训，而对科学思想、科学态度、科学方法、科学精神等方面注重不够。科学发展的成果，不仅仅在于科学知识的积累，更宝贵的是在于在长期科学实践中积淀成的科学的思想、方法和精神。科学精神养成和科学方法训练的不足，直接妨碍了科学素质的提高，使许多人没有从世界观和方法论上掌握思想的武器，因而不能很好地从根本上鉴别科学和迷信、科学和伪科学。

四、正确认识“四科”

主持人：为了卓有成效地实施“四科”教育，有必要弄清究竟什么是科学知识、科学思想、科学方法和科学精神。

龚：这我倒想听听你的意见。

主持人：报刊上已有许多讨论。一般认为，科学知识是指被严密规范的科学实验和社会实践反复证明了的人类对客观世界及其规律的认识和总结，是人类对自己所发现的真理的真实记录。其具体表现形式：一是各种科学的事实、概念、定律和理论，这是对自然现象和社会现象是什么和为什么是这样的解释；二是运用前者的成果创造新的工具、器物、材料的技术，这是对如何应用科学认识成果的回答。就是说科学知识包括基础科学知识和应用科学知识，从而，完整的科学知识的教育应该包括这两部分知识的教育，包括是什么、为什么和如何用这三个方面的内容。

龚：知识，一是自然科学技术科学知识，一是社会科学人文科学知识。科学的这两大部类，正日益呈现互相交叉和渗透的趋势。

主持人：科学知识是不断地积累、丰富和更新的，这是一个不断地由不知到已知、由已知到新知、由知之甚少到知之较多、用之较多较广的过程，而现在这个过程又在日益地加快速度，导致人类知识总量和技术成果的激增。有人说，知识是一座高山，科学知识的教育要体现层次性，遵循从启蒙到基础再到应用的次序；知识是一条河流，科学知识的教育要体现承继性和连续性；知识是一片汪洋，科学知识教育要注意系统性和开放性，做到专博结合，博中求专。

龚：我看，人类的认识能力是无限的，个人的认识能力则是有限的。一个人是不可能去掌握人类已经积累的和不断发展的全部知识的。所以，对于一般人来说，只能要求他懂得一些最基本的科学知识，这就是普通教育中所要求的科学知识，在这个基础上，在他的一生中随时都要注意通过各种方式接受一些科学知识的再教育。博，大概只能以这个为限度了。对于专家来说，主要是深入一门知识并对这门知识有所推进，而这也需要在本门知识的基础上，多了解一些其他科学部门的成果，注意其他科学部门的进展，以开阔科学眼界。眼界开阔才能成为大家。

主持人：科学知识是科学技术新成果的母亲，是科学发展的基石，是人类智力、能力及社会生产力的重要载体，是经济建设和国家发展的主体资源。科学知识和科技力量的储备，知识创新和技术创新的能力，已经成为综合国力的决定性因素。因此，科学知识的教育与普及，是最基础的工作。

一般认为，科学由四个层面组成，一是解释层面，二是技术层面，三是社会建制层面，四是精神层面。科学的思想、方法和精神就属于科学的精神层面。精神层面的东西是在长期的科学实践过程中所形成的作为传统的思维方式、价值取向、行为规范的总和，它统摄着科学的其他几个层面。

科学思想也就是科学理论，是指科学知识中那些理性认识成果的系统化、抽象化的概括。运用已知去探索未知，取得新知，运用新知新识去创造一个新世界，都有一个科学方法问题、思维方式科学化问题。科学研究的根本方法和总方法是唯物辩证法，一般的方法则包括观察方法、实验方法、实证方法、逻辑方法（归纳、演绎、分析、综合）、数学方法等，另外还有各门学科采用的特殊方法。

龚：你的意见很好，有些也介绍的是别人的意见，包括《人民日报》上任仲平文章的意见。科学知识、科学思想、科学方法、科学精神，科学是不是就分成这四大块？各自如何定义？相互间如何划分？众说纷纭。在我看来，定义、划分不能没有，也不能过于烦琐。特别是科学精神、科学思想、科学方法，相互之间更多的是交织，很难划得一清二楚。大的划分还是两分法。一类是各种具体的科学知识，一类是蕴涵在科学知识中的，人们获得科学知识并推动科学知识不断向前发展的科学精神、态度、方法、思想。科普工作不要限于普及科学知识（更不要限于技术知识、生活知识），还要告诉人们科学知识是怎么来的，它的历史、它的渊源、它的背景、它的前景、它的概念、它的思路、它的方法、它的精神。这样，普及科学知识就跟弘扬科学精神结合起来了。科学知识是载体。要寓科学精神于科学知识的普及之中。不是离开科学知识，孤立地谈科学精神，又不是只有科学知识的传播，而“言不及义”，不及科学精神、思想和方法之“义”。

主持人：请你谈谈，什么是科学精神?

龚：科学发展的成果，不仅表现为科学知识、思想和方法，更宝贵的是贯穿于科学知识、思想和方法之中的，经过长期科学实践成为优良传统的科学精神。科学精神是科学之所以成为科学，科学之所以能够不断前进的本质的东西。什么是科学精神？近来学术界多有讨论。例如，《人民日报》上任仲平提出一种概括：探索求真的理性精神、实验取证的求实精神、开拓创新的进取精神、竞争协作的包容精神、执著敬业的献身精神。科技导报上蔡德诚概括为五个要素：客观的依据、理性的怀疑、多元的思考、平权的争论、实践的检验。我也提出过一种说法：科学精神就是尊重事实、尊重真理、反对迷信、反对盲从；就是不断创新、不断开拓、反对守旧、反对因循，就是实践的检验、批判的头脑、理性的思考、自由的讨论。各种概括有不尽相同的意见和视角，主要是相互一致、相互贯通，又相互补充、相互发挥。

如果用最简洁的语言来概括，用我们国家最多的人最熟悉的语言来概括，那么，应该说科学精神最根本的一条就是实事求是。“主张实事求是，主张客观真理，主张理论和实践一致”，毛泽东所说的这“三个主张”，就是对科学精神的很明白的解释。

实事就是实际存在的事实，求是就是探索和寻求反映客观事实、客观规律的真理，实事求是就要尊重反映客观事实、客观规律、客观真理的科学。迷信盲从，则是痴迷地相信和盲目地跟从某些固定的观念，被这些观念束缚，而不问这些观念是否合乎实际，是否有道理，是否经受得住实践的检验。从思想路线上说，历史上我们的胜利是从实事求是来的，失误和挫折是从违背实事求是来的。邓小平领导我们党拨乱反正、纠正错误，回到毛泽东思想的正确轨道上来，特别强调实事求是是毛泽东思想的精髓。在“南方谈话”中，邓小平又强调实事求是是马克思主义的精髓。邓小平理论的精髓也在这里。

主持人：纵观科学的发展史，可以得出一个结论：没有科学精神，科学就不可能前进。

龚：开拓创新是科学精神的本质要求，同解放思想、实事求是密切相关。客观世界和人类实践是无穷展开和无限发展的，人对客观世界的认识和凭借这种认识而对世界进行变革、改造、调协和保护的能力是无穷无尽的。科学之所以为科学，之所以有生命力、创造力，就在于科学的不断向前发展，开拓创新。一部科学史，就是一部在实践和认识上不断开拓创新的历史。

自然科学和技术的生命在开拓创新，马克思主义作为随着人类实践和整个科学发展而发展的一门科学也是一样。邓小平说："世界形势日新月异，特别是现代科学技术发展很快。现在的一年抵得上古老社会几十年、上百年甚至更长的时间。不以新的思想、观点去继承、发展马克思主义，不是真正的马克思主义者。"邓小平一方面强调"老祖宗"不能丢，一方面又强调一定要说出一些老祖宗没有说过的有科学根据的新话，才能使社会主义理论和实践适应时代的发展而进入新水平、新境界。"墨守成规的观点只能导致落后，甚至失败。"

主持人：批判精神怎么看？

龚：批判精神是科学精神的鲜明体现。没有怀疑的批判的精神，把现有的一切认识尊为绝对，那就阻塞了科学前进、超越、开拓、创新的道路。但是，有两种怀疑批判精神，一种是科学的怀疑批判精神，一种是非科学、反科学的怀疑批判精神。前者建立在实践源泉和检验的基础之上。后者则脱离实践源泉和检验，建立在主观臆想的基础之上，从认识论上说就是否认客观真理的相对主义。列宁在论述实践标准的相对性和绝对性时深刻指出，这个标准也是这样的"不确定"，以便不至于使人的知识变成"绝对"，同时它又是这样的"确定"，以便同唯心主义、不可知论、相对主义划清界线和进行斗争。

主持人：您曾提出过一个命题，就是"马克思主义同科学精神是共命运的"。我想请您对这个命题作进一步的解释。

龚：我的意思是，如果科学精神受损害，各种迷信就会泛滥，马克思主义就必定受损害；科学精神发扬，迷信就不可能有猖狂之势，马克思主义的创造力和吸引力就增强。马克思主义和科学精神，用得上《红楼梦》里的一句话，叫做"一损俱损，一荣俱荣"。马克思主义和科学精神同迷信和神秘主义，则是你进我退，此消彼长。不能认为迷信泛滥是小事、私事，无所谓。对迷信和神秘主义，熟视无睹，不以为意，或者无能为力，绝不是马克思主义者和思想政治工作者的光荣，而是极大的耻辱。

五、澄清几种观点

主持人：我们注意到，在反对迷信和伪科学的过程中，围绕科学方法、科学精神，有一些值得注意的认识问题需要科学界帮助在社会上澄清。其中一个就是把“眼见为实”当做科学方法。

龚：其实，“眼见”并不一定为“实”，还要凭借严密的科学实验和论证，才能确认科学事实。人们天天眼见太阳从东边升起，从西边落下，如果“眼见为实”，那得出的结论就是太阳围绕地球转。可是，科学告诉我们，事实是地球围绕太阳转。人们经常观看魔术表演，可大家都知道，他们眼见的根本不是事实。

主持人：看到神秘大师们的表演，也并不一定为“实”。

龚：检验自然科学理论的实践，是实验，不是表演。而鼓吹神秘功能的一些大师们却热衷于会堂、客厅、饭桌上的表演。看了表演的一些人又热衷于向别人去宣传他所见到的表演。说“眼见为实”嘛，不信，你就是不承认“事实”和“科学”。但是，表演属于魔术、娱乐、茶余酒后谈笑助兴的范围。应当让人们懂得，只有按科学方法设计的，向科学界交代清楚其全部条件和过程的，科学界可以加以检查和验证的科学实验，才能确认在科学研究上有意义的事实。中国科协前任主席朱光亚在“捍卫科学尊严，反对愚昧迷信和伪科学”系列论坛的头一次会上作了总结，结合他接触过的“水变油”和“特异功能”表演两件事例，阐明了一个基本的道理：自然科学中的真伪是非“只能由科学实验来检验”，而科学实验“虽然在不同学科领域可以有不同的规范要求，但都不能由表演、演示来代替”。

没有理性头脑的人对“眼见”的表演的虚假性，只有在它被揭穿了，才会相信，揭穿一个，相信一次。这就是经验论的思维方式在作怪。只要这种思维方式不克服，哪怕是揭穿了第一次直至第九十九次表演，人们仍然愿意相信那第一百次表演可能是真的。但是我们不可能做到把所有的骗局都一件一件地揭穿出来。揭穿一个算一个的办法，只能起到治标的作用。从这里，我们也可看出，用科学思想和科学理论武装人具有多么重要的意义。

主持人：许多人相信神秘功能，说他不只是眼见，而且是亲身体验。特别在治病的问题上更是如此。亲身体验还能不真吗?

龚：治病疗效的所谓“亲身体验”，有三种情况。一是轻信别人讲的“亲身体验”，这当然算不上亲身体验。二是不得不说自己有“亲身体验”。法轮功的宣传者制造了多少位亲身体验到疗效的人士的证明书，后来揭露出来，不是别人要他这样说，就是他不好意思不这样说，或者不能不这样说，其实，他并没有体验到这种疗效。三是确属“亲身体验”。对这一种也要作具体分析。有些病实际上是可以自愈的；有些心理性的病接受任何恰当的心理治疗都可能治愈的；有些病是在多种疗法同时作用下治愈的。所以，疗效统计要讲究科学方法。如用随机抽样的双盲对比的实验和统计，才能比较科学地测定疗效，而使各种迷信、伪科学、不科学的东西无可乘之机。

主持人：有些人说：“现有科学还不能解释的自然奥秘多得很，科学历史上被事实推翻的理论多得很。为什么不能创新、突破，来一场科学革命?”对这样的诘问，应如何做出回答?

龚：在伪科学和迷信盛行之中，开拓创新、怀疑批判，在一些人那里被歪曲为否定科学。“不要迷信科学”论，还有你所介绍的“来个科学革命”论，这类说法似乎也有道理。其实，现在争论的关键并不在于现有科学能不能突破，而是在于所宣扬的这些神秘现象，到底是不是用科学方法确认的实验事实或观察事实。只有对科学地确认的事实，才发生现有科学能不能解释、要不要突破的问题。如果不过是表演，或者是还没经过科学检验和确认的所谓“实验”结果，那就根本用不着去讨论现有科学能不能解释和突破。这样的讨论，正好造成一种假象，似乎结果本身已经是确定无疑的事实了。科学界当然承认科学历史上不乏被突破了的理论，但是这些理论不是被别的什么东西，恰恰是被科学地确认了的新的实验事实和观察事实所突破的，没有这样的事实，靠什么神奇表演和狂言高论，是推翻不了被实验证明了的科学理论的。历史表明，现有科学已经成熟到这样的程度，只有尊重科学的基础，遵循科学的方法，才能不断发现新的真理，离开科学的基础和方法，各种修炼和狂言，在科学上不能得到成果而只能走到错误和荒谬的道路上去。

科学界当然承认现有科学绝对没有穷尽真理，科学之所以成为科学，就在于它不断地在新的实验事实和新的理论创造的推动下向前发展。这是彻底的科学态度。这是以科学精神对待科学成果本身，科学精神本来就不允许对科学的迷信。要警惕一些人打着不要迷信科学的旗号，来反对科学、否定科学，搞乱科学与迷信的界限，把科学和迷信混为一谈，为宣扬迷信和伪科学开辟道路。

这里还涉及科学发展中新旧理论之间的关系，涉及科学理论嬗变的规律性问题。新的科学理论，既是概括新确认的科学事实的结果，也不能无视原来已经确认的科学事实（除非它科学地证明了原来对事实的确认并不完备和准确），不能摒弃原来的理论中为科学事实所检验了的科学内容。新旧科学理论嬗变，不是全盘否定，而是把原有理论的科学内容包括到新的理论之中。中国科协主席周光召以一些人常讲的牛顿力学被相对论、量子力学“推翻”的例子说明：具体真理在一定的适用条件和范围内是不能违反的，但在变化了的新条件和新范围内，则可以突破和创新。新理论可以扩展真理，创新精神是科学精神的组成部分；扩展了的理论必须包含原有理论体现的客观规律，在继承中发展真理，也是科学精神的组成部分。

六、科学精神和人文精神的结合

主持人：在强调弘扬科学精神的同时，在学术界还有一种强烈的声音，呼唤人文精神。

龚：关于人文精神的学术讨论存在着诸多歧见，就得到人们较广泛反响的意见来说，是针对着这些年不少人物质欲望恶性膨胀，精神追求、道德理想出现滑坡而发的。我们党也强调要把精神文明建设摆到更高的战略地位，而精神文明包括两大方面，一个方面是科学、教育、文化，再一个方面是理想、道德、纪律。这两个方面的结合，从一定意义上也可以说是科学精神和人文精神的结合。在反思迷信和伪科学盛行的教训的时候，许多同志也指出，我们教育的缺失，不仅在于科学精神不足，而且在于人文精神不足。我赞成这个意见。

主持人：什么是人文精神?

龚：我以为，通俗地说，讲世界观、人生观、价值观，就讲到了人文精神。人的意义，人生的追求、目的、理想、信念、道德、价值等，这里面的高尚的、善良的、健康的精神，就属于我们要发扬的人文精神。一些人精神空虚，是由于这方面的失落、混乱和迷误。生老病死、得失际遇、穷达祸福、顺利和挫折、机会和风险，在人生途中，在这些问题面前，如果没有科学的通达的态度，没有高尚的坦荡的情操，就容易被神秘主义和迷信俘虏。

马克思主义讲世界观、方法论，这是解决认识问题，属于科学精神，马克思主义还讲世界观、人生观，这是解决价值问题，属于人文精神。马克思主义的世界观、历史观、人生观，是科学精神和人文精神的统一。

不应该把人文精神同科学精神对立起来。如果在这样的基础上来讲人文精神，那就容易流入神秘主义和反理性主义。

主持人：但是有一些人就是把科学精神与人文精神对立起来。或者在批判“科学主义”的基础上来提倡人文精神，把科学和科学精神排除在探讨人生观和人文精神之外；或者宣称科学不能离开宗教；或者咒骂无神论是灾难。在这些人那里，似乎只有超越人类超越自然的天国主宰，才能给人类带来福音。人类自己是不可能得到、创造幸福的。这样的人文精神和人文关怀，最终会把科学引上什么道路，会把人类关怀成什么样子。

龚：文学和艺术，哲学和历史，伦理和道德，政治和社会，对人生观影响甚大，但这些又都必须贯穿科学精神而不能违背科学精神。人文研究中也是有丰富的科学精神的。去年《光明日报》的一篇文章介绍钱钟书《管锥编》博引中外贤哲，论述愚昧迷信产生的社会和心理根源及其邪说伎俩，显示了人文社会科学工作者的责任感、洞察力和真知灼见。

主持人：科学精神本身，也有深刻的人文意义。

龚：的确是这样。近代科学的诞生，把人从神权的奴役下解放出来，这不是充满着人文精神吗？自动化和信息化技术的发展，提供了把人从繁重的单调的劳动下解放出来的可能，控制论奠基人维纳的一本著作《把人当人来用》，希望改变把人当机器来用的状况，这不也是充满着人文精神吗？

科学界的优良传统中的道德观念，也是一种宝贵的科学精神。古往今来，科学界的优秀分子，为真理、科学、人类进步而斗争，充满着献身精神，甚至不惜牺牲生命。他们在科学研究中孜孜不倦、锲而不舍、自甘淡泊、不求闻达，把精力倾注在事业中，而不是花费在享乐上。他们意识到自己从事的科学工作对社会、人类的责任，积极地参加反对战争、反对侵略、维护和平、维护人道、保护环境、保护生态的种种斗争。这都是科学精神和人文精神高度结合的体现。

总之，我们提倡的人文精神应该是具有现代科学（自然科学和社会科学）意识的人文精神，我们提倡的科学精神应该是充满高度人文关怀的科学精神。

主持人：科学以人为本，人文以科学为基。

七、各方面人士动员起来，弘扬科学精神

主持人：弘扬科学精神，加强科学教育，要全党全社会努力，要把各方面人士动员起来。

龚：在“捍卫科学尊严，反对迷信和伪科学”系列论坛的第一次会议上，通过了一个《倡议书》，向各方面人士提出倡议。首先是向科学界提出倡议：科技工作者要坚持科学精神，遵守科学道德，讲究科学方法，维护科学的严肃性、严密性和规范性；就自己并不熟悉的领域发表科学评价的意见，应该格外慎重；对尚未被科学界接受的假说，取认真研究、科学求证的态度，对违背基本的科学事实和规律，弄虚作假，借科学之名招摇过市、招摇撞骗的行为，坚决反对和斗争；把积极主动参与全社会的科普工作视为自己的义务。

主持人：还应该加上对教育工作者的倡议：教育工作者是科学教育的主力军之一，要以高度的责任感和使命感，通过各种继续教育的渠道，不断充实自己的科学知识和技能，不断提高自己的科学素质。要切实转变观念，从素质教育的要求出发，在自己所承担的教学工作范围内，努力贯穿科学教育的内容。要争取在爱科学、学科学、用科学方面做到为人师表、循循善诱、诲人不倦、躬行实践。

龚：加得好。在《倡议书》中，其次是向各级党政领导干部和管理工作者倡议，要求他们带头学习、弄通弄懂和牢固掌握辩证唯物主义和历史唯物主义，带头学习科学知识，自觉用科学思想武装自己，树立科学精神，掌握科学方法。领导干部还要坚持和维护被全部科学实践证明了的科学真理，支持严肃、严密、规范的科学实验和科学问题的自由讨论，组织和支持反对迷信愚昧和伪科学活动的斗争，帮助克服这种斗争的阻力。

再次是向新闻出版和大众媒介工作者提出倡议，要求他们不给迷信愚昧和伪科学的传播提供载体，引导群众选择健康、文明、科学的生活方式和行为方式。

主持人：还要向文艺工作者提出倡议，要求他们用自己的作品讴歌新时代为科学事业做出贡献的先进人物及其先进事迹和优秀品质，并与科学界合作，为人民群众奉献优秀的科普作品，丰富人们的科学生活，以文艺的特有功能，增强科学的吸引力和战斗力。

龚：加得好。还应该加一句：文艺作品不要给迷信和伪科学提供阵地。这里有个科普工作与文艺作品的关系。一个科学，一个文艺，文艺的面可能更广，受众更多。除了专门的科普文艺作品之外，我们并不要求文艺做科普的载体。但是文艺作品里面宣传迷信，宣传伪科学，则无论如何是不健康的现象。这方面有极端的事例，许多人都已经知道了。还应当看到的是，在文艺作品中夹杂迷信宣传的，所在多有。这件事希望科学界和文艺界一起来关心。现在鬼神文化很普及。文艺书刊里有鬼神，影视节目里有鬼神。某种意义上武侠小说和影视也带有一点鬼神文化，旅游碰到很多鬼神文化。科学普及工作与鬼神文化打交道的面是很广的。当然，这个问题比较复杂，因为鬼神文化在人类文化发展进程中是长期的、广泛的存在，在一段时侯还支配人们的思想，渗透到人们生活习俗的各个方面。你要了解历史、了解社会，如果对鬼神文化毫无所知，那是不行的。《红楼梦》里也有太虚幻境，有赵姨娘找人念咒子。聊斋里尽是狐狸精。如果你把它当成一种历史文化现象，当做一种文艺表现方式，当做一种有趣的民俗，那你是作为一个有科学意识的现代人来对它们作鉴赏。如果你迷信那些东西，在你的小说里就去写这些东西（不是把它当做表现形式，而是把它当做真实的东西、作者相信的东西去告诉读者），你的行动看黄历，盖房子看风水，生病了去求鬼神，那你是很低级的水平，古代的那些东西现在还统治着你的头脑。对鬼神文化有一个历史的分析的态度，而不是被它所统治、所支配、所迷惑。现代中国、社会主义中国的文艺作家，不应该被它支配。

主持人：这跟科普工作和文艺工作的健康发展都有很大的关系。

龚：《倡议书》中，最后是向立法和执法部门呼吁，要求他们依法取缔和打击各种危害人民身心健康的迷信活动和组织，依法保护向迷信愚昧和伪科学活动作斗争而受到威胁的组织和个人的合法权益和人身安全。

主持人：非常感谢您接受我们的采访。最后，请你对“四科”教育作个概括。

龚：还是你来概括吧。

主持人：“四科”是一个紧密联系、互相作用的整体。科学知识是基础，科学思想是灵魂，科学方法是能力，科学精神是动力。追求知识创新和技术创新是主要目标，科学思想、方法和精神贯穿在科学知识中，是知识运用、知识创新和技术创新的前提条件，也是人的素质的重要部分，是人的全面发展的必备条件。科学的知识、思想、方法、精神对发展物质生产力、推进物质文明建设，对发展精神生产力、推进精神文明建设，一句话，对提高我们社会的文明程度和推进我们社会的现代化进程，都有着十分重大的意义。因此，普及科学知识、宣传科学思想、传播科学方法、弘扬科学精神，是思想政治工作的重要任务。我深信，在各级各部门领导干部和广大科技、教育、文艺和新闻工作者的共同努力下，一个全体人民崇尚科学反对迷信的局面一定会出现，我们民族的科学文化素质一定会得到极大的提高，我们国家的两个文明建设一定会更快更健康地向前发展。

论科学精神*

近年来，普及科学知识，提倡科学思想和科学方法，弘扬科学精神，越来越受到广泛的重视。江泽民同志特别强调："弘扬科学精神更带根本性和基础性。""科学界要大力弘扬科学精神，各条战线、各个部门都要大力弘扬科学精神。总之，要使实事求是、探索求知、崇尚真理、勇于创新的精神在全党全社会大大发扬起来。"① 本文就科学精神问题，从历史和理论的不同角度作了阐述。

一、科学：物质的力量和精神的力量

马克思主义历来把科学看做是"在历史上起推动作用的、革命的力量"②。这种力量，既是物质的力量，又是精神的力量。科学"一方面和哲学，另一方面和实践结合起来了"。科学和哲学结合的结果就是唯物主义、启蒙时代和法国的政治革命。科学和实践结合的结果就是产业革命和英国的

---

* 本文原载《人民日报》，2000年10月10日；《民主与科学》，2001年12月30日；其中一部分以标题"科学精神最根本的一条是实事求是"发表在《大众科技报》，2001年6月24日。

① 江泽民：《在中国科学院第十次、中国工程院第五次院士大会上的讲话》，《人民日报》，2000年6月7日。

② 恩格斯：《在马克思墓前的讲话》（1883年3月17日），见《马克思恩格斯选集》第2版第3卷，人民出版社，1995年，第776页。

社会革命[①]。这是说的18世纪。19世纪、20世纪更是如此：科学和哲学结合的结果，使唯物主义进到辩证唯物主义和历史唯物主义，进到马克思主义的科学世界观和科学社会主义，进到马克思主义指导和影响下的世界范围的社会主义革命和民族解放革命；科学和实践结合的结果，就是一次又一次新的技术革命，从蒸汽机的技术革命，到电力化的技术革命，到原子能的技术革命，到信息化的技术革命。21世纪正在到来，科学作为推动历史前进的革命力量的巨大作用，将超越以往的时代，而为过去的人们难以想象。这一点已经初显端倪，成为世纪之交政治家、思想家、科学家和广大人民热烈议论的一个中心话题。

科学技术是第一生产力，这是邓小平关于当代科学技术和当代生产力发展的一个新的理论命题。这个命题，不仅对观察和分析当代科学技术和生产力发展具有重要意义，而且对观察和分析当代经济发展和社会发展，对观察和分析当代社会主义发展和马克思主义发展，具有重要意义。能不能说科学思想、科学知识、科学方法、科学精神是第一精神力量？科学通过技术转化为生产力，而成为物质的力量。科学思想、科学知识、科学方法、科学精神，相互交织，相互贯通，结为一体，而成为精神的力量。笔者以为，说科学思想是“第一精神力量”或者“最重要的精神力量”是可以成立的。马克思列宁主义、毛泽东思想、邓小平理论都是科学思想，是我们党和国家的指导思想，把包括马克思主义在内的科学思想称为第一精神力量，应当是没有疑义的。总之，兴国要靠科学，因为科学技术是第一生产力，科学思想是第一精神力量。

二、中国共产党历来重视科学精神的伟大力量

五四时期的新文化运动，提出民主和科学两大口号，那时呼唤科学，固然包含用科学技术来发展生产力、救国家于贫困的意思，更多的是强调科学作为新思想、新文化，是同旧思想、旧文化中愚昧落后迷信盲从相对立的革

---

① 恩格斯：《英国状况 十八世纪》（1844年），见《马克思恩格斯选集》第2版第1卷，人民出版社，1995年，第27、28页。

命的精神力量。陈独秀在《敬告青年》中说："国人而欲脱蒙昧时代，羞为浅化之民，则急起直追，当以科学和人权并重。"他列举了当时中国各种迷信现象，结论是："凡此无常识之思惟，无理由之信仰，欲根治之，厥维科学。"科学之效，"将使人间之思想行为，一遵理性，而迷信斩焉，而无知妄作之风息焉。"[①] 毛泽东在《湘江评论》上称赞陈独秀是"思想界的明星"，指出国人"迷信鬼神，迷信物象，迷信运命，迷信强权，全然不认有个人，不认有自己，不认有真理。这是科学思想不发达的结果"[②]。他们讲的都是科学在精神方面、在反对迷信方面的作用。

延安时期毛泽东写《新民主主义论》，提出"民族的、科学的、大众的新文化"的口号，用"科学"来规定中国新文化的特点和方向。并且对"科学的"作了解释："它是反对一切封建思想和迷信思想，主张实事求是，主张客观真理，主张理论和实践一致的。"[③] 还提出中国无产阶级的科学思想要同自然科学家和资产阶级唯物论者的科学思想建立反帝、反封建、反迷信的统一战线。这是继承五四传统，又把它发展到新的高度。

新中国成立之初，《共同纲领》不仅规定了民族的、科学的、大众的文化方针，规定了发展科学技术和普及科学知识的任务，而且把"爱科学"列为国民公德的五爱之一，这是极富有创见的。

这些至今对于我们而言仍有指导意义。十五大报告仍然用"民族的、科学的、大众的"，加上"面向现代化面向世界面向未来"，规定有中国特色的社会主义文化的特点和方向。现行宪法仍然把爱科学列入国民公德。在"三个代表"中，"代表先进生产力发展的要求"就包括科学技术这个第一生产力发展的要求，"代表先进文化前进的方向"就包括普及科学知识、提倡科学方法、弘扬科学精神的方向，"代表中国最广大人民的根本利益"也需要科学理论的指导和科学方法的运用，这样才能正确地认识这种根本利益和正

---

① 陈独秀：《敬告青年》(1915年9月15日)，见《陈独秀文章选编》上册，三联书店，1984年，第78页。

② 毛泽东：《陈独秀之被捕及营救》(1919年7月14日)，见《毛泽东早期文稿》，湖南出版社，1990年，第305页。

③ 毛泽东：《新民主主义论》(1940年1月)，见《毛泽东选集》第2版，人民出版社，1991年，第707页。

确地处理根本利益和各种当前利益的关系。

三、科学精神最根本的一条就是实事求是

科学发展的成果，不仅表现为科学知识和方法，更宝贵的是贯穿于科学知识和方法之中的、经过长期科学实践成为优良传统的科学精神。科学精神是科学之所以成为科学，科学之所以能够不断前进的本质的东西。什么是科学精神？近来学术界多有讨论。比如，任仲平提出一种概括：探索求真的理性精神、实验取证的求实精神、开拓创新的进取精神、竞争协作的包容精神、执著敬业的献身精神①。蔡德诚概括为五个要素：客观的依据、理性的怀疑、多元的思考、平权的争论、实践的检验②。我也提出过一种说法：科学精神就是尊重事实、尊重真理、反对迷信、反对盲从；就是不断创新、不断开拓、反对守旧、反对因循；就是实践的检验、批判的头脑、理性的思考、自由的讨论。各种概括有不尽相同的意见和视角，要点是相互一致、相互贯通的，同时又相互补充、相互发挥。

如果用最简洁的语言来概括，用我们国家最多的人最熟悉的语言来概括，那么应该说科学精神最根本的一条就是实事求是。

“主张实事求是，主张客观真理，主张理论和实践一致”，毛泽东所说的这“三个主张”，就是对科学精神的很明白的解释。“以实践作为检验真理的唯一标准”，邓小平倡导的关于真理标准的大讨论，就是主张实事求是的科学精神，就是要求用科学态度对待马克思主义本身。党中央关于社会主义精神文明建设的决议总结新时期的进展，都把重新确立解放思想、实事求是的思想路线，恢复和发扬马克思主义和科学精神和创造活力，列为第一条。

实事就是实际存在的事实，求是就是探索和寻求反映客观事实、客观规律的真理，实事求是就要尊重反映客观事实、客观规律、客观真理的科学。迷信盲从，则是痴迷地相信和盲目地跟从某些固定的观念，被这些观念所束缚，而不问这些观念是否合乎实际，是否有道理，是否经受得住实践的检

① 任仲平：《大力提高全民族的科学文化素质》，《人民日报》，2000年7月26日。

② 蔡德诚：《科学、创新与求异思维》，《科技导报》，2000年第4期。

验。从思想路线上说，历史上我们的胜利是从实事求是而来的，失误和挫折是从违背实事求是而来的。

邓小平领导我们党拨乱反正、纠正错误，回到毛泽东思想的正确轨道上来，特别强调实事求是是毛泽东思想的精髓。在“南方谈话”中，邓小平又强调实事求是是马克思主义的精髓。邓小平理论的精髓也在这里。解放思想、实事求是的思想路线不仅是新时期政治路线拨乱反正的前提，是向改革开放和以现代化建设为中心的路线转变的前提，是在各项工作中贯彻这条政治路线的前提，也是现在不断改进和完善我们的工作，面向新世纪开拓新局面的前提。现在阻碍我们前进的东西，诸如弄虚作假、形式主义、唯书唯上、故步自封，原因很多，说到底还是违背实事求是的科学精神。

以上是从党的思想路线、从各方面工作都要弘扬科学精神的大范围来讲的。下面，结合这些年来伪科学和迷信的盛行，从认识论上谈一谈科学精神和科学实验的问题。检验自然科学理论的实践，是实验，不是表演。而鼓吹神秘功能的一些大师们却热衷于会堂、客厅、饭桌上的表演。看了表演的一些人又热衷于向别人去宣传他所见到的表演。说什么“眼见为实”，不信，你就是不承认“事实”和“科学”。但是，表演属于魔术、娱乐、茶余酒后谈笑助兴的范围。应当让人们懂得，只有按科学方法设计的，向科学界交代清楚其全部条件和过程的，科学界可以加以检查和验证的科学实验，才能确认在科学研究上有意义的事实。朱光亚在“捍卫科学尊严，反对愚昧迷信和伪科学”系列论坛的头一次会上作总结，结合他接触过的“水变油”和“特异功能”表演两件事例，阐明了一个基本的道理：自然科学中的真伪是非“只能由科学实验来检验”，而科学实验“虽然在不同学科领域可以有不同的规范要求，但都不能由表演、演示来代替”①。

四、开拓创新是科学精神的本质要求

开拓创新同实事求是密切相关。客观世界和人类实践是无穷展开和无限发

① 朱光亚：《捍卫科学尊严、破除愚昧迷信是很重要、很紧迫的任务》（1995年9月21日），见《破除迷信、反对伪科学》（文章汇编）第2辑，中国科协编印。

展的，人对客观世界的认识和凭借这种认识而对世界进行变革、改造、调协和保护的能力是无穷无尽的。科学之所以为科学，之所以有生命力、创造力，就在于科学的不断向前发展，开拓创新。一部科学史，就是一部在实践和认识上不断开拓创新的历史。

自然科学和技术的生命在开拓创新，马克思主义作为随着人类实践和整个科学发展而发展的一门科学也是一样。邓小平说过："世界形势日新月异，特别是现代科学技术发展很快。现在的一年抵得上古老社会几十年、上百年甚至更长的时间。不以新的思想、观点去继承、发展马克思主义，不是真正的马克思主义者。"邓小平一方面强调"老祖宗"不能丢，一方面又强调一定要说出一些老祖宗没有说过的有科学根据的新话，才能使社会主义理论和实践适应时代的发展而进入新水平、新境界。"墨守成规的观点只能导致落后，甚至失败。"①

批判精神是科学精神的一个重要体现。没有怀疑批判精神，把现有的一切认识尊为绝对，那就阻塞了科学前进、超越、开拓、创新的道路。但是，有两种怀疑批判精神，一种是科学的怀疑批判精神，一种是非科学、反科学的怀疑批判精神。前者建立在实践源泉和检验的基础之上。后者则脱离实践源泉和检验，建立在主观臆想的基础之上，从认识论上说就是否认客观真理的相对主义。列宁在论述实践标准的相对性和绝对性的时候深刻指出：这个标准也是这样的"不确定"，以便不至于使人的知识变成"绝对"，同时它又是这样的"确定"，以便同唯心主义、不可知论、相对主义划清界线和进行斗争。

在伪科学和迷信盛行之中，开拓创新、怀疑批判，在一些人那里被歪曲为否定科学。"不要迷信科学!""现有科学还不能解释的自然奥秘多得很。科学历史上被事实推翻的理论多得很。为什么不能创新、突破，来一场科学革命?"其实，现在争论的关键并不在于现有科学能不能突破，而是在于所宣扬的这些神秘现象，到底是不是用科学方法确认的实验事实或观察事实。只有对科学地确认的事实，才发生现有科学能不能解释、要不要突破的问

① 邓小平：《结束过去，开辟未来》（1989年5月16日），见《邓小平文选》第3卷，人民出版社，1993年，第291、292页。

题。科学界当然承认科学历史上不乏被突破了的理论，但是这些理论不是被别的什么东西，恰恰是被科学地确认了的新的实验事实和观察事实所突破的，没有这样的事实，靠什么神奇表演和狂言高论，是推翻不了被实验证明了的科学理论的。历史表明，现有科学已经成熟到这样的程度，只有尊重科学的基础，遵循科学的方法，才能不断发现新的真理，离开科学的基础和方法，各种修炼和狂言，在科学上不能得到成果而只能走到错误和荒谬的道路上去。

这里还涉及科学发展中新旧理论之间的关系，涉及科学理论嬗变的规律性问题。新的科学理论，既是概括新确认的科学事实的结果，也不能无视原来已经确认的科学事实（除非它科学地证明了原来对事实的确认并不完备和准确），不能摒弃原来的理论中为科学事实所检验了的科学内容。新旧科学理论嬗变，不是全盘否定，而是把原有理论的科学内容包括到新的理论之中。周光召以一些人常讲的牛顿力学被相对论、量子力学“推翻”的例子说明：具体真理在一定的适用条件和范围内是不能违反的，但在变化了的新条件和新范围内，则可以突破和创新。新理论可以扩展真理，创新精神是科学精神的组成部分；扩展了的理论必须包含原有理论体现的客观规律，在继承中发展真理，也是科学精神的组成部分[①]。

五、科学精神和人文精神的结合

在强调弘扬科学精神的同时，在学术界有一种强烈的声音，即呼唤人文精神。关于人文精神的学术讨论存在着诸多歧见，就得到人们较广泛反响的意见来说，是针对着这些年不少人物质欲望恶性膨胀，精神追求、道德理想出现滑坡而发的。我们党也强调要把精神文明建设摆到更高的战略地位，而精神文明包括两大方面，一是科学、教育、文化，二是理想、道德、纪律。这两个方面的结合，从一定意义上也可以说是科学精神和人文精神的结合。在反思迷信和伪科学盛行的教训的时候，许多同志也指出，我们教育的缺

---

① 周光召：《加强科学普及，弘扬科学精神》（1996 年 2 月），见《破除迷信、反对伪科学》（文章汇编）第 3 辑，中国科协编印。

失，不仅在于科学精神不足，而且在于人文精神不足。我赞成这个意见。

什么是人文精神？我以为，通俗地说，讲世界观、人生观、价值观，就讲到了人文精神。人的意义，人生的追求、目的、理想、信念、道德、价值等，这里面的高尚的、善良的、健康的精神，就属于我们要发扬的人文精神。一些人精神空虚，是由于这方面的失落、混乱和迷误。生老病死、得失际遇、穷达祸福、顺利和挫折、机会和风险，在人生途中，在这些问题面前，如果没有科学的通达的态度，没有高尚的坦荡的情操，就容易被神秘主义和迷信俘虏。

马克思主义讲世界观、方法论，这是解决认识问题，属于科学精神；马克思主义还讲世界观、人生观，这是解决价值问题，属于人文精神。马克思主义的世界观、历史观、人生观，是科学精神和人文精神的统一。

不应该把人文精神同科学精神对立起来。如果在这样的基础上来讲人文精神，那就容易流入神秘主义和反理性主义。

科学精神本身，也有深刻的人文意义。近代科学的诞生，把人从神权的奴役下解放出来，这不是充满着人文精神吗？自动化和信息化技术的发展，提供了把人从繁重的单调的劳动下解放出来的可能，控制论奠基人维纳的一本著作《把人当人来用》，希望改变把人当机器来用的状况，这不也是充满着人文精神吗？

科学界的优良传统中的道德观念，也是一种宝贵的科学精神。古往今来，科学界的优秀分子，为真理，为科学，为人类进步而斗争，充满着献身精神，甚至不惜牺牲生命。他们在科学研究中孜孜不倦、锲而不舍、自甘淡泊、不求闻达，把精力倾注在事业中，而不是花费在享乐上。他们意识到自己从事的科学工作对社会、人类的责任，积极地参加反对侵略战争、维护和平和人道、保护生态和环境的种种斗争。这都是科学精神和人文精神高度结合的体现。

总之，我们提倡的人文精神应该是具有现代科学（自然科学和社会科学）意识的人文精神，我们提倡的科学精神应该是充满高度人文关怀的科学精神。

新世纪科技发展的人文思考*

——兼论所谓反对科学主义

一、马克思主义与对科技发展的人文思考

据说，对科技发展作人文思考，是一种“新思维”、“高思维”。在我看来，这种思维的老祖宗，正是马克思、恩格斯，以及马克思主义。

马克思主义总是从人的观点来考察科学和工业发展（马克思和恩格斯在《神圣家族》中把自然科学看做是“人对自然界的理论关系”，把工业看做是“人对自然界的实践关系”）；总是从人和人的社会关系的框架内来考察人和自然的关系；总是从劳动与资本的对立上、从劳动异化和人的异化上来考察资本主义进程中科学技术和工业发展。

马克思主义，就其世界观、历史观、价值观来说，是科学精神和人文精神的结合，代表着建立在科学基础上的人文精神，代表着充满人文关怀的科学精神。

马克思主义的科学社会主义，作为改造人类社会的革命理论和革命运动，从一个方面说，正是最充分地估计科学技术发展在人类社会发展，在劳动解放

---

* 本文为2000年11月11日在上海科技论坛的演讲，收入《自然辩证法在中国》（新编增订本），北京大学出版社，2005年。

和社会解放，在人的解放、所有人和每个人自由发展中的作用的社会主义。

所以，马克思主义绝不是对科技发展不作人文思考的、与人文精神相冲突、相背离的什么“科学主义”。

二、新世纪对科技发展作人文思考的重大意义

当代科学技术的日新月异的迅猛发展，新世纪可以预期的科学技术更加迅猛的发展，提供了百年前、几十年前人们难以想象的变革世界、开拓世界的崭新手段和无穷力量，极大极深地影响了人类生活和人类命运的各个方面，使人们对科技发展的人文思考更加关注，使对这个问题的研究有了新的重大意义。

人类面对诸多困境。这其实是 20 世纪已经提出的老问题，面对新世纪的来临，又以新的形式或者新的尖锐性提了出来。

（一）战争武器问题

科学技术制造的新式武器，使人类面对着可能被这种武器毁灭的危险。科学家能不思考？20 世纪两次世界大战的残酷，令科学界和广大人民深深忧虑。当然，核冷天的预言可能言过其实，不过是核秋天。但是，核秋天也够受的，何况新世纪毁灭性武器发展会使其威力越来越大，人类被自己制造的武器毁灭的威胁，是存在的。所以，要维护和平与发展，要为限制和禁止毁灭性武器而斗争。这是要使科技为人类造福而不是给人类招灾的斗争。要针对的是战争势力和侵略势力，而不是科学和“科学主义”。

（二）环境污染、生态破坏、资源枯竭、食物匮乏、人口爆炸问题

在 20 世纪早已发出警号，新世纪将更加紧急，人在自然界中生存条件的许多方面，人和自然和谐调协的许多方面，有走向更加恶化的危险。可持续发展，成为时代的强音。对人与自然关系的反思，成为 21 世纪对科技发展的人文思考的一大主题。

从人与自然关系的历史来看，人对自然的认识越来越发展，工业越来越发展，人对自然的主动地位越来越发展，这是人类进步的过程。在蒙昧时代，人在自然的压迫下能动性很小，最初的狩猎和采集对自然影响甚微。农业和土地

开发，逐渐较多地影响和改变着自然。工业发展起来以后，人在自然面前，主人的地位，主导的能力，越来越强。然而，当人凭借科技和工业力量在急剧地改变着自然的时候，上述一系列问题日益显现和尖锐起来。人类对科技和工业发展不能不进行反思。这种反思，是人对自然的认识的新的前进。这里的关键是如何对待科技发展和工业文明的负效应。正是许多科学家在这方面先知先觉，向人们发出了警告和呼吁。呼吁有两种倾向：一种是向前看；一种是向后看。向后看，就是对科技和工业发展作消极评价，持否定态度，似乎科技和工业发展以前的人类状态，才是值得怀念的美好状态。向前看，则是清醒地研究我们面对的问题，相信这些问题总是能够在科技和工业的进一步发展中得到解决。

现在一些人颂扬天人合一，批评人定胜天，想从中国古老的天人合一思想中为21世纪找药方。在我看来，天人合一和人定胜天都要肯定，人定胜天的思想和实践，是天人关系的一个进步，是人类的自觉和自信。当然，人定胜天不是可以任意破坏自然，而是要在适应人类发展的需要改造自然的同时，科学地保护自然，求得人和自然的协调发展。要在更高的科学和工业的水平上取得人和自然的更加协调的发展。这是一个否定之否定的过程。不是回到过去，而是推进到更高阶段的将来。不是否定科学和工业发展，而是否定工业的盲目发展。不是回到人和自然关系的蒙昧状态，而是要开辟人和自然关系的更加自觉的新状态，依托于科学和工业的更加健康、更加符合科学态度和精神的新发展的状态。

还要看到，过去学者们提出的一些悲观的预言，并不都为实践所证明。所以，研究这类危机，也存在一个科学精神和科学态度问题①。可持续发展

---

① 《中国科学报》曾连载美国罗纳德贝利在《未来学家》上发表的一篇文章：《对环境问题七大预测质疑》。作者认为，资源问题、环境问题是值得重视的，但迄今尚无科学根据表明存在某种威胁全人类的全球危机。他用事实证明下列七大预测是错误的。第一个错误预测是1968年人口预测学家保尔埃利希在《人口炸弹》一书中预测“本世纪70年代全世界将经历一场饥荒，将有几亿人饿死，即使现在采取一些紧急措施也无济于事”。预测的时间早已过去，事情并未发生。第二个错误预测是不可再生资源将用尽。罗马俱乐部1972年预测：1981年黄金将用尽，1985年水银将用尽，1987年锡将用尽，1990年锌将用尽，1992年石油将用尽，1993年铜、铅、天然气将用尽。预测的时间都已经过去，事实也并不如此。在这期间所有金属和矿产资源的平均价格降低了40%。第三个错误预测是污染将越来越严重。实际情况表明，经济增长达到一定水平以后，它的进一步增长会导致更少的污染而不是更多的污染。第四个错误预测是将出现新的冰期。第五个错误预测是南极臭氧洞将危及整个地球。第六个错误预测是美国上空将出现臭氧洞。第七个错误预测是全球变暖。文章的论据是否充分可靠，我不敢说，估计会有争论，但有些则已经被事实证明，无可争议。但我的意思并不是要说这些悲观预测没有价值。提出问题，发出警告，是有其积极意义的。

思想的形成和传播，就体现了这样的科学精神和科学态度。《中国二十一世纪议程》也是如此。动员各方面的科学技术力量和社会公众力量，中国社会的全面发展和可持续发展应该是能够实现的。实现这一发展目标，靠什么思想指导？还是要靠马克思主义在当代的发展，靠科学技术的进步。不能靠怀疑科学和反对“科学主义”。

（三）信息技术、基因工程的挑战

当今时代被称为信息时代，21 世纪被预测为生物学世纪。这些挑战，较之前面所讲的那些挑战，更深入地触及人们日常的生活，以至人类的自身，显现出高技术条件下社会生活中许多新的人际关系问题、伦理道德问题、人生价值和人性意义问题，等等。信息技术的发展，使地球变小了，人与人之间的交往更频繁、更紧密了，是不是也出现了可忧虑的人与人之间的更疏远、更隔绝？信息传播的密度和速度大大增加了，人们的知识增长更快了，暴力、色情宣传的影响面和影响力是不是也大大增加了？羊是克隆出来了，人怎么样？克隆出一个人来，是你儿，还是你弟？基因修复已经可以治病了，能不能基因设计出标准美人、品牌儿童？诸如此类，不一而足。对这类科技发展作人文思考，无疑成为 21 世纪各种社会思潮的热门话题。

当代的马克思主义、当代中国的马克思主义，作为随着时代和科学的发展而发展的创造性学说，必须面对当代世界这许多尖锐问题，面对当代各类社会思潮围绕这些问题的诸多论点，在充分了解和吸取其中一切有益的思想和材料的基础上，作出自己的观察、思考、分析和判断。这是坚持和发展马克思主义的当代需要，也只有坚持和发展马克思主义才能为科学地观察和分析这些问题提供理论的基础和框架。

三、马克思主义、科学主义和反对科学主义

这里还想专门谈一谈“科学主义”问题。近年来在中国，批评和反对“科学主义”或者“唯科学主义”（这是同一个外文词 Scientism 的不同译

法），在一些人那里成为一种时尚，一种似乎已经没有异议的“公论”。对此，我以为还可以、还需要提出异议，加以讨论。

我这里所讨论的，不是从纯粹学术的意义上，从这种或那种哲学学说的流派特征上，来谈科学主义或人文主义的问题。我想要讨论的，是从社会政治思潮的领域提出的问题，主要是中国近代和现代的社会政治思潮中的所谓“科学主义”问题。我以为，在近代和现代的中国，提倡科学，提倡用科学精神和科学方法来研究社会发展和人生问题，提倡发展科学技术，强调科学技术是第一生产力，从根本上说，都属于推动中国社会向前发展的思潮，不管这些思潮及其代表人物在对科学的理解和诠释上有没有过怎样一些不够成熟和不够全面的地方。我不赞成拿出一项“科学主义”的帽子，对这些主张科学、提倡科学的思潮加以贬低和指责。

何谓“科学主义”？最常说到的定义有两个：一个是“科学万能论”，一个是“认为科学方法能够也应该运用于所有研究领域（如哲学、社会、人文）的原则”。

五四运动前后中国的新文化运动，提倡科学和民主（又称“科学和人权”），欢迎赛先生和德先生。能够说，这是把科学当做新的神来信仰，主张科学万能的“科学主义”吗？既然单独一个赛先生不够，还要一个德先生，说明五四健将们并不认为科学是万能的，至少还得要一个民主的社会制度。民主、人权是不是人文目标呢？五四新文化运动，不是什么“科学主义”，而是引进科学思想和更新人文观念（道德观念、政治观念、婚姻观念、家庭观念、文学观念、艺术观念）的新文化运动。

随后在中国思想界发生了一场“科学与人生观”的论战。论战的中心问题，是科学与人生观有没有关系，科学对人生观有没有意义。挑起论战的玄学派，批评“科学万能”，认为科学对人生问题无能，要把科学排除在人生问题的探讨之外。起而应战的科学派，则针锋相对，认为科学方法也可以用于研究人生，并且探讨了如何建立科学的人生观。科学派的代表人物是丁文江和胡适。胡适还试图列出一系列基本观点来描绘他所主张的科学的人生观（艾思奇在 20 世纪 50 年代批判胡适运动初起的时候说过，胡适这篇对科学的人生观的描述，是确能表明胡适有过自然科学唯物主义光彩的一篇文章）。当时这场论战，以科学派的胜利而暂告结束。不管胡适和丁文江的科学观有着多少可以和应该批评的地方①，我以为，这是中国思想界的一次进步，而没有理由把它评价为该谴责的“科学主义”统治的滥觞。

在科学与人生观论战中，参战的还有一方，就是唯物史观派，以陈独秀和瞿秋白为代表。他们支持科学派，又力图站到新的科学高度，在马克思主义唯物史观的基础上来阐明科学的世界观、历史观、人生观。这是中国思想界的又一个进步。特别是瞿秋白参战的几篇文章，显示了刚刚把马克思主义介绍到中国来的理论青年，面对中国思想界的争论所作的努力和取得的成就。不管后人来看，瞿秋白对马克思主义若干观点的论述还有哪些显得有点稚嫩和简单的地方，从根本上说，他在重要的思想论战中介绍了辩证唯物主义和历史唯物主义，介绍了马克思主义的社会科学，其历史意义是应该得到充分肯定的，不必说他有什么“科学主义”倾向，给马克思主义带来了什么“科学主义”的流弊②。

国外传来一种论调，把胡适、丁文江称为“经验论的（唯）科学主义”，把陈独秀、瞿秋白称为“唯物论的（唯）科学主义”，由此引申下去，把认为对社会可以作科学研究的主张，把“社会科学”的称谓，都叫做“科学主义”。当然，称马克思主义为科学，这更是“科学主义”。毛泽东提倡民族

---

① 他们的科学观，特别是丁文江的科学观，本来带有自然科学唯物主义性质，到哲学层次上却同实用主义和马赫主义搞到一起了。批判胡适运动的那个时候，马克思主义哲学工作者们大都对实用主义和马赫主义取全盘否定的态度，所以那时丁文江、胡适在这场论战中的维护科学的光彩，也被抹掉了。上面所引的艾思奇的那个分析，甚至被有些人认为是对胡适批判“不够彻底”的一个失误。现在人们当然不再采取这种简单的态度来对待实用主义和马赫主义、对待胡适和丁文江了。

② 2000年7月从《光明日报》上读到《“科玄论战”对中国文化哲学的影响》，其中提出，陈独秀、瞿秋白在这场论战中对科学主义思潮的支持、对唯物史观的科学化的理解、对形而上学的拒斥，构成了中国人接受马克思主义哲学的一种无法剔除的解释学背景。科学主义对马克思主义中国化的影响，主要积淀和浓缩在正统的马克思主义哲学教科书之中。这主要表现在有关价值论的问题长期处在传统的马克思主义教科书视野之外，“实践”范畴始终未能溢出认识论、知识论的范围，对辩证法的唯科学主义理解，以及在马克思主义哲学研究中长期存在以自然主义和发生学的态度纠缠在作为物质总体的自然界的“先在性”问题等。正是这种哲学诠释的科学主义化，使得作为科学指导的理论长期落在实践的后面。这篇文章是基本上肯定陈、瞿宣传历史唯物主义的立场的。文章对传统哲学教科书的批评，有一些我也是赞成的。这个问题是哲学界近年讨论的一个焦点，见仁见智，十分热闹。对此我缺乏研究，不拟多论。我所不理解的是：如果说传统马克思主义哲学教科书中确有某些缺点，那么这些缺点自有其来源，没有理由要归咎于陈、瞿在科玄论战中支持了科学派的“科学主义”。拿出一顶“科学主义”的帽子来批评过去对马克思主义理解的缺陷，我觉得，无助于用历史的具体的科学的方法来分析这方面确实存在的缺陷，而只会引起对人们科学、对马克思主义的科学性的意义的没有根据的怀疑和动摇。

的、科学的、大众的新文化，这也是“科学主义”。这样来评论和反对中国近代社会思潮中的“科学主义”，完全离开了中国历史发展的前进潮流，完全没有什么科学性。说一句笑话，主张对社会思潮的历史研究要有科学性，这不正好是该谴责的“科学主义”的表现吗？

近年来对“科学主义”的批评，与上述的对中国近代思潮的历史批判有关，还与别的一些因素（自然科学方法向社会科学研究的渗透，科技发展与人类困境的讨论）有关。1987 年，我在中国科协促进自然科学和社会科学联盟委员会的一次座谈会中，对这种批评提出质疑。我当时是这样说的：“当然，如何将自然科学的一般方法论用到社会科学的研究中去，是一门学问，需要联系本学科的实际加以研究。目前，有的文章在运用这些方法时，确有生搬硬套的问题，因此引起人们的议论是自然的。但是热心于将现代自然科学的一般方法论渗透到社会科学研究中去，方向还是对的，应予鼓励，不要简单地批这是‘科学主义’。”《科技日报》当时作了报导。1989 年，在纪念五四运动 70 周年的一次座谈中，我又提了这个质疑。我是这么说的：“科学精神是现代化在文化方面的一个基本要求。如果追求民主，可以叫做民主主义。那么，要求重视科学、发扬科学精神，叫做‘科学主义’也无妨。近年来看到一些文章，批评和反对‘科学主义’，我不大理解。是不赞成‘科学万能’吗？‘科学与人生观’论战中，梁启超就以欧战造成的破坏来说明‘科学万能’论的破产。第二次世界大战的破坏更严重。但是，这些都是资本帝国主义制度的罪恶，不能归咎于科学，不能成为贬低科学的意义的理由。是要强调科学技术发展破坏了生态环境、物质资源吗？认识环境问题、资源问题，这正是对发展问题取科学态度的结果；解决环境问题、资源问题也不是靠抑制科学技术发展，而是有赖于科学技术更好地发展。是不赞成运用自然科学的方法去研究社会和人文现象吗？马克思主义辩证法讲矛盾的特殊性，不同质的对象要用不同质的方法去研究，高级、复杂的运动形态不能归结为低级、简单的运动形态，同时又承认世界的物质的统一性，承认研究客观世界运动规律的科学方法的统一性。尽管不能不同意运用自然科学方法去研究社会科学问题方面的确存在一些简单搬用、生吞活剥的毛病，但是绝不应该因噎废食。向自然科学学习和借鉴科学方法、科学精神、科学概念，无疑是社会和人文研究进步的一种推动。是反对把科学意识形态化吗？我们应当反对为了一时被认为是意识形态利益和需要的东西而抛弃或歪曲科学真理。认为无产阶级的意识形态自然而然地同科学吻合是过于理想化了。但是我以为我们共产党人，我们无产阶级的思想界，的确应当努力去建立真正是以科学为基础的、真正服从科学真理的，因而应当称之为科学的意识形态。总之，我以为，我们现在仍然缺乏足够的科学知识，缺乏足够的科学精神，缺乏对科学知识、科学精神、科学方法的足够的理解和重视，而不是多了个‘科学主义’。”这个发言当时没有发表，后来收在我的一本书里。这个不赞成批评“科学主义”的意见，没有引起注意和讨论。

2000 年夏天，《中国文化报》上发表了何祚庥的长文《呼唤科学精神和人文精神的结合》，不久前《中华读书报》又发表了对何祚庥的访谈《我为什么提倡科学主义》，两处都引用了我那句“也无妨”的话。《中华读书报》同一天还发表了何宏的文章《“科学主义”：我选择回避》，接着又发表了朱有志和方舟子的两篇文章，算是在一个偏远的圈子里有了一点讨论。何宏对“几位名人乐滋滋地（把科学主义的帽子）拿来戴在头上”表示惊讶。其实，我哪里是什么乐滋滋，不过是对那种把“科学主义”当做一项贬斥的帽子，戴到从胡适到马克思主义，到毛泽东思想，到各种主张发展科学来解决人类困境、主张借鉴自然科学方法去研究社会科学问题的人们的头上的做法，作了一个极而言之的反驳而已。我不赞成这样反对“科学主义”，并无意于举起科学主义的旗帜。要讲举旗帜，我们的旗帜，还是马克思主义。

在反对伪科学和迷信的斗争中，也遇到了所谓“科学主义”的问题。搞伪科学和迷信，或者对反对伪科学和迷信表示不赞成的一些人，有一个论点，叫做“用科学来反对迷信，是科学主义”。其理论基础是文化相对主义，说科学也好、迷信也好、医学也好、巫术也好，各自都是一种文化，不同文化，没有真假、对错、优劣之分。此种高见实在难以苟同。当然，对各种社会文化或者反文化现象，都要作科学的、历史唯物主义的研究，而不能简单视之。这正是历史唯物主义优越于过去的唯物主义的地方。但是，总要比较、鉴别，那就要凭是否符合客观实际、能否经受实践检验来作判断。而这在相对主义者看来，就是该反对的“科学主义”！这样来反对“科学主义”，不过是为伪科学和迷信提供庇护所。

四、有高度人文关怀的科学精神与有现代科学意识的人文精神的结合

关于人文精神的学术讨论存在诸多歧见，就得到人们较广泛反响的意见来说，是针对着这些年不少人物质欲望恶性膨胀，精神追求、道德理想出现滑坡而发的，也是针对许多年来人文社会科学相对说来不够受重视甚至受到不应有的冷落和歧视的情况而发的。这些的确是应该认真注意和努力解决的问题。

邓小平理论讲科学技术是第一生产力，又特别强调科学精神的解放作用。倡导关于真理标准的大讨论，以实践作为检验真理的唯一标准，就是主张实事求是的科学精神，就是要求用科学态度对待马克思主义本身。所以邓小平理论讲科学，既把它当做伟大的物质力量，又把它当做伟大的精神力量，而不是只看到生产力。邓小平理论讲以经济建设为中心，又讲物质文明和精神文明两个文明都搞好才是有中国特色的社会主义。邓小平在科技工作会议上，同时讲了两篇话——《改革科技体制是为了解放生产力》和《一靠理想二靠纪律才能团结起来》，都是属于社会和人文的范畴。此事有偶然性，也可以说有一点必然性。邓小平理论重视科学技术，而科学，邓小平说，当然包括社会科学在内。现在党中央也强调要把精神文明建设摆到更高的战略地位，要更加重视人文社会科学在战略上的重要性。精神文明包括两大方面，一个方面是科学、教育、文化，另一个方面是理想、道德、纪律。精神文明建设中两手齐抓，科学发展中自然科学和社会科学两科并重，从一定意义上也可以说是科学精神和人文精神的结合。

在反思迷信和伪科学盛行的教训的时候，许多同志指出，我们教育的缺失，不仅在于科学精神不足，而且在于人文精神不足。我赞成这个意见。

什么叫人文精神？人们说了许多，有些说得很有启发，有的说得玄玄乎乎。我无意在这里给人文精神作一个界说。我以为，通俗地说，用我们大家听得懂的语言来说，就其核心来说，我们讲世界观、人生观、价值观，就讲到了人文精神。人的意义，人生的追求、目的、理想、信念、道德、价值

等，这中间的高尚的、善良的、健康的精神，就属于我们要发扬的人文精神。一些人精神空虚，就是由于这方面的失落、混乱和迷误。生老病死，得失际遇，穷达祸福，顺利和挫折，机会和风险，在人生途中，在这些问题面前，如果没有科学的通达的态度，没有高尚的坦荡的情操，就容易被神秘主义和迷信俘虏。

所以除了要讲世界观、方法论，这是解决认识问题，还要讲世界观、人生观，这是讲价值问题。

不应该把人文精神同科学精神对立起来，在批判什么“科学主义”的基础上来提倡人文精神。如果在这样的基础上来讲人文精神，那就容易流入神秘主义和反理性主义。

从20世纪20年代科学与人生观论战，一直到今天，始终存在着把科学和科学精神排除在探讨人生观问题之外的思潮。在这种思潮看来，人生观问题似乎只能是宗教和玄学的事①。探讨人生的意义和价值，树立追求真善美的人生观，当然不能只靠科学。文学和艺术，哲学和历史，伦理和道德，政治和社会，影响于人生观甚大，但这些又都必须贯穿科学精神，而不能违背科学精神。

而科学精神本身，也有深刻的人文意义。近代科学的诞生，把人从神权的奴役下解放出来，这不是充满着人文精神吗？自动化和信息化技术的发展，把人从繁重的单调的劳动下解放出来。控制论奠基人维纳的著作《把人当人来用》，希望改变把人当机器来用的状况，不也是充满着人文精神吗？

科学界的优良传统中的道德观念，既是一种宝贵的科学精神，同时也是一种宝贵的人文精神。古往今来，科学界的优秀分子，为真理，为科学，为人类进步而斗争，充满着献身精神，甚至不惜牺牲生命。他们在科学研究中孜孜不倦、锲而不舍、自甘淡泊、不求闻达，把精力倾注在事业中，而不是花费在享乐上。他们意识到自己从事的科学工作对社会、人类的责任，积极地参加反对侵略战争、维护和平和人道、保护生态和环境的种种斗争。这都

① 《读书》1999年第12期发表了田洺的《宗教、迷信和科学》，2000年第10期发表了荒川的《宗教、迷信、科学、理性和吸烟》涉及的就是这个问题。

是科学精神和人文精神高度结合的体现。对科学精神中的人文精神重视不够，张扬不力，也是我们的科学教育、科学宣传中的一个弱点。

总之，我们提倡的人文精神应该是具有现代科学（自然科学和社会科学）意识的人文精神，我们提倡的科学精神应该是充满高度人文关怀的科学精神。

反邪教三题*

一、保护人权和崇尚科学

反邪教协会组织百万人签名，口号叫“反对邪教，保护人权”。这口号很好。

西方有些人打着人权的旗帜，反对我们取缔邪教。说取缔法轮功，是不尊重信仰自由。其实，取缔邪教正是保护人权，纵容和庇护邪教是最不尊重人权。法轮功邪教迷惑和驱使它的信徒到北京来自焚，这有什么人性，算什么人权？而且其中还有十二岁的儿童，这孩子不是什么“自焚”，而是被焚。这有什么人性，算什么人权？我们尊重宗教信仰自由，但是不能把这理解为纵容邪教杀人。

“反对邪教，保护人权”的口号，使我们在人权问题上处于主动地位。

以前我们还有一个口号，叫“反对邪教，崇尚科学”，很响亮，很根本，也很好。

把这两个口号联合起来，叫“反对邪教，崇尚科学，保护人权”，就更完整，更全面，更好了。

---

* 本文原载于《民主与科学》，2001年第2期，第3、4页。

口号是对一个运动、一个潮流、一种努力、一种奋斗的本质要求的鲜明概括。

顺便提一下，新文化运动，大家知道，它的基本口号，一个是科学，一个是民主。其实，陈独秀最初在《敬告青年》中是提“国人而欲脱蒙昧时代，羞为浅化之民，则急起直追，当以科学与人权并重”。人权、民主，被认为是相通的概念，同科学一起，是现代文明的标志。把反对邪教同崇尚科学、保护人权联系起来，这样的口号，很好地表达了反对邪教是现代文明之必需。

二、焦头烂额和曲突徙薪

最近召开了表彰反法轮功斗争中的先进集体和先进个人大会。这个会开得很好，我看了和听了几个先进代表的发言，很受感动。表彰他们，我是完全拥护的。

《汉书》里有个故事，说一户人家失火了，火势很猛，邻居们奋不顾身，帮助救火，弄得焦头烂额，才把火扑灭了。这家人表示感谢，设宴请客，“焦头烂额”为上客。但是，说故事的人提醒，在尊敬和感谢“焦头烂额”者的同时，不应该忘记，还有早提过“曲突徙薪”（弯一弯冒火星的烟筒，挪一挪易燃的柴火）的建议的人们的功劳。

在反法轮功斗争中，是不是有早提过曲突徙薪建议的人们呢？有的。1996年6月17日，《光明日报》就发表过辛平（潘国彦）的《反伪科学要警钟长鸣——从〈转法轮〉一书引起的话题》。1998年，何祚庥、甘子钊、叶大年、闵乃本、谷超豪、楚庄、蔡睿贤等七位政协委员，就向政协提供了一份题为“猖狂的法轮功”的材料，反映当年6月法轮功练功者聚众相继围攻《齐鲁日报》、北京电视台、《中国青年报》、《健康报》的情况，问题提得相当鲜明和尖锐。当时他们只知道这四起事件。现在揭露出来，法轮功围攻媒体的事件有好几十件。这些媒体的记者，当时就或尖锐或委婉地对法轮功的危害，向社会公开发出警告。他们当时或受到支持或不被理解，甚至受过委屈。现在回过头来看，应该对他们的先见和勇气，表示敬意。对他们发出的警告未受到应有的重视，引以为训。

三、依法治邪和教育转化

李洪志一伙投靠外国敌对势力，同政府对抗，愈走愈远，愈演愈烈。事实证明，他们是一支对社会稳定祸害极大的破坏力量。回过头来总结经验教训，我们有些见事迟。万人围住中南海已经到了很严重的地步。新中国成立初期我们取缔过反动会道门“一贯道”，这以后，长期没有遇到这样公开的、有层层组织的、以健身为诱饵、以迷信来维系的、有众多群众卷入的团体。让这样的组织做大，是我们今天面对的局势。近两年取缔法轮功组织，争取和挽救受迷惑的群众，已经取得很大的胜利，但是斗争还很复杂，很艰巨。我们要做长期斗争的准备。这是一场政治斗争。我们要有政治警惕性和敏锐性。

1979 年《中华人民共和国刑法》，第九十九条对“组织、利用封建迷信、会道门进行反革命活动的”如何惩处，有明文规定。这是从新中国成立初期镇压反革命条例沿袭下来的。1985 年，鉴于反动会道门复辟活动较为突出，最高人民法院等单位还发出过《关于处理反动会道门工作中有关问题的通知》。1997 年修订《刑法》，第三百条引进“邪教”概念，规定了“组织和利用会道门、邪教”破坏国家法律实施的罪名，这大概也是为了同国际“接轨”吧。有人说，是 1999 年为了取缔法轮功才立法反邪教的，不对，早有立法，早就写进刑法了。只是有法未行，执法不力而已。所以我们取缔法轮功是于法有据的。1999 年 10 月最高人民法院、人大常委会相继做出的解释和规定是解释刑法的规定。我们要依法治国，建设社会主义法治国家。我们要像一个法治国家那样来对待邪教，依法治邪。

世界各国都反对邪教，都用法律手段制止和打击邪教活动，只是各国邪教活动情况不同，各国法治的背景和习惯不同，做法也就不完全相同。中国必须从自己的情况出发，根据自己的法律，进行自己的反邪教活动。当然，我们要借鉴和参考外国的反邪教法律和做法。

许多迷信和伪科学活动，说不上是邪教，有些邪教或类似邪教的组织，还没有李洪志那样的反政府活动，就是在法轮功练习者乃至痴迷者中，追随李洪志一伙从事反政府的政治活动的，也是极少数。我们在斗争中要讲政策和策略，缩小打击面，扩大教育转化面。

但是，邪教、迷信和伪科学有滋生蔓延的相同土壤。为了了解、分析、认清和不断铲除这个土壤，我们还要从社会经济背景上，从历史文化背景上，从社会心理和认识障碍上，从各个方面、各个角度，多做研究工作、思想教育工作、社会保障和社会关怀工作。

科学精神与人文精神的结合*

邓小平认为，科学也包括社会科学。科学发展中自然科学和社会科学两科并重，从一定意义上也可以说是科学精神和人文精神的结合。在反思迷信和伪科学盛行的教训的时候，许多同志指出，我们教育的缺失，不仅在于科学精神不足，而且在于人文精神不足。我赞成这个意见。

什么叫人文精神？我以为，通俗地说，就其核心来说，我们讲世界观、人生观、价值观，就讲到了人文精神。人的意义，人生的追求、目的、理想、信念、道德、价值等，这中间的高尚的、健康的精神，就属于我们要发扬的人文精神。一些人精神空虚，就是由于这方面的失落、混乱和迷误。生老病死，得失际遇，穷达祸福，顺利和挫折，机会和风险，在人生途中，在这些问题面前，如果没有科学的通达的态度，没有高尚的坦荡的情操，就容易被神秘主义和迷信俘虏。所以除了要讲世界观、方法论外，还要讲世界观、人生观，前者是解决认识问题，后者是讲价值问题。我们不应该把人文精神同科学精神对立起来，不能在批判什么“科学主义”的基础上来提倡人文精神。如果在这样的基础上来讲人文精神，那就容易流入神秘主义和反理性主义。从 20 世纪 20 年代科学与人生观论战，一直到今天，始终存在着把科学和科学精神排除在探讨人生观问题之外的思潮。在这种思潮看来，人生

* 本文原载《光明日报》，2001 年 4 月 24 日。

观问题似乎只能是宗教和玄学的事。

探讨人生的意义和价值，树立追求真善美的人生观，当然不能只靠科学。文学和艺术，哲学和历史，伦理和道德，政治和社会，对人生观影响甚大，但这些又都必须贯穿科学精神而不能违背科学精神。而科学精神本身，也有深刻的人文意义。近代科学的诞生，把人从神权的奴役下解放出来，这不是充满着人文精神吗？自动化和信息化技术的发展，把人从繁重的单调的劳动下解放出来，控制论奠基人维纳的著作，书名就叫“把人当人来用”，希望改变把人当机器来用的状况，不也是充满着人文精神吗？

科学界的优良传统中的道德观念，既是一种宝贵的科学精神，同时也是一种宝贵的人文精神。古往今来，科学界的优秀分子，为真理，为科学，为人类进步而斗争，充满着献身精神，甚至不惜牺牲生命。他们在科学研究中孜孜不倦、锲而不舍、自甘淡泊、不求闻达，把精力倾注在事业中，而不是花费在享乐上。他们意识到自己从事的科学工作对社会、人类的责任，积极地参加反对侵略战争、维护和平和人道、保护生态和环境的种种斗争。这都是科学精神和人文精神高度结合的体现。对科学精神中的人文精神重视不够，张扬不力，也是我们的科学教育、科学宣传中的一个弱点。

总之，我们提倡的人文精神应该是具有现代科学（自然科学和社会科学）意识的人文精神，我们提倡的科学精神应该是充满高度人文关怀的科学精神。

老同学的新著和老清华的旧忆

——《汉族祖源试说》序*

邵靖宇同志的新著《汉族祖源试说》就要出版了，来信要我给写个序言。老同学之请不可辞。尽管对他研究的领域很少涉猎，我还是很愿意为他和他的书写几句门外的话。

先说这部书。这是部奇书。奇在哪里？奇在它立足于分子生物学这门科学的最新成果，而又在大范围内展开跨学科的研究和探索。讨论的问题包括生物的起源、人类的起源、汉族的起源、汉族的迁徙和汉语的变迁，涉及的学科包括生物学、民族学、语言学、历史学和考古学。作者介绍了凭借线粒体DNA研究而建立起来的“夏娃假说”和它的许多迥异于传统的注重形态研究的“区域进化假说”的结论，但作者并不完全摒弃后者，而是另立新的假说（或者说发展夏娃假说），以便把两者结合起来。作者的又一个新的假说，就是汉族来自我国西南，由于北迁而形成后来的分布。这也不同于传统的来自黄河流域的说法。作者的根据，是对汉语在语系划分中地位的分析，以及对汉文化中一组遗迹的考察。我不知道门内人士对作者这些假说作何评论，从我这个门外汉来看，是颇有说服力和开创性的。19世纪晚期有位哲人

---

* 本文写于2001年9月18日，原载邵靖宇：《汉族祖源试说》，浙江大学出版社，2002年，第1、2页。

说过，在不同学科的边缘，最有希望得到新的研究成果。20 世纪初期又有一位哲人说过，自然科学奔向社会科学正形成一股潮流。面向 21 世纪，许多有识者都断言，学科间的渗透和交叉将是 21 世纪科学发展的主流。邵靖宇同志这种大范围的跨学科的研究，不就是属于这个潮流或主流吗？现在人们都重视创新。创新没有固定模式，创新不一定属于跨学科研究。但是，大范围的跨学科研究肯定有利于创新，这应该是没有异议的。

再说同学情。50 年前，我和邵靖宇同属清华大学化学系 1952 级。如期毕业的 1952 级和提前 1 年于 1952 年毕业的 1953 级，是有特殊意义的年级：老清华毕业的最后的年级。在那以后，实施了院系大调整，老清华不再存在。调整后的清华，保存和扩大了老清华工学院的一部分科系，成为一个工科大学。而老清华，却是一个文法理工农各科齐全的综合大学。我们是化学系的学生，却选读了物理系钱三强教授的普通物理课，历史系孙毓棠教授的中国通史课，中文系朱德熙教授的大一国文课，这些是全系同学都选的。我自己还选读过经济系千家驹教授的资本论课，俄国教师吉利洛夫在历史系开的苏联史课和在外文系开的俄语课。这对我们有什么好处？我也说不大清楚。眼界宽阔一些，兴趣广泛一些，不那么受狭窄专业的局限，应该说是明显的吧。我们入学时校长还是梅贻琦。梅校长说过一句话：“夫大学为最高学府，包罗万象，要当同归而殊途，一致而百虑，岂可刻板文章，勒令以同。”恐怕还是有道理的。在这里我不准备全面评价那次院系调整的得失，那样做自有那时的历史需要和历史贡献。现在新的院系调整已经进行，清华大学正恢复为一个多学科的综合大学。这当然不是简单地恢复老清华，历史条件毕竟有了很大的不同（学校规模的巨大就是不同的条件之一），但是从老清华的好传统中总是可以汲取一些教益的。

我不敢说邵靖宇的这部大范围跨学科新著得益于老清华的“包罗万象”的学习环境，但是我想，他对在校学习时感受到的宽阔的眼界，广泛的兴趣，不那么受狭窄专业的局限，会同我一样有着美好的回忆吧。

“四大恶人”丛书序*

群众出版社要为“四大恶人”各出一本书，汇集他们反邪教、反迷信、反伪科学的文章和讲话，邀我为这套丛书写序。“四大恶人”者，于光远、何祚庥、司马南、郭正谊是也。他们是因为战斗在反邪教、反迷信、反伪科学的最前线，才被那些搞邪教、搞迷信、搞伪科学活动的人在匿名恐吓信中送上这个封号的。被邪恶视为“恶”，从保卫科学、保卫人权、保卫社会的角度看就是“善”。为他们出这套丛书，是一项善举。我很乐意为这套丛书写序，算是共襄善举。

我主要是作为中国自然辩证法研究会的理事长（前不久换届了）和中国科协促进自然科学和社会科学联盟委员会的主任，对这方面的活动有所了解和参与的。

保卫科学精神，反对邪教、迷信和伪科学，是我们研究会的一个传统。在研究会第一届、第二届理事长于光远同志主持下，我们就举起这面旗帜，做了许多引人注目的工作。第三届期间，1994 年 12 月，国务院发布《关于加强科学技术普及工作的若干意见》，其中特别说道：近些年来“一些迷信、愚昧活动日渐泛滥，反科学、伪科学的活动频频发生，令人触目惊心”。“要充分认识破除反科学、伪科学的长期性、复杂性和艰巨性，把这项工作始终

* 本文写于 2002 年 5 月，收入《自然辩证法在中国》，北京大学出版社，2005 年。

不懈地坚持下去。”响应这个号召，研究会 1995 年在常委会上决定成立以何祚庥同志为首，包括彭瑞聪、胡亚东等同志在内的保卫科学精神工作委员会，并在当年的全国工作会议上专门讨论了这个问题。由研究会发起，得到中国科协的重视，以中国科协促进自然科学和社会科学联盟委员会为主办单位，开设了以“捍卫科学尊严，反对愚昧迷信和伪科学”为主题的常设的系列论坛，首次会议于 1995 年 9 月在友谊宾馆开了 2 天，许多科学家发言，当时的科协主席朱光亚同志作总结，并且通过一份《倡议书》。第一条是向科学工作者自身提出的，倡议“科学工作者坚持科学精神，遵守科学道德，维护科学的严肃性、严密性和规范性”。“对尚未被科学界接受的假说，取认真研究、科学求证的态度。对违背基本的科学事实和规律，弄虚作假，借‘科学’之名招摇过市的行为，坚决反对”。第二条是向领导干部提出的，许多科学工作者很看重要有这样一条，内容是倡议“领导干部和管理工作者坚持辩证唯物主义和历史唯物主义，坚持被全部科学实践证明了的科学真理，支持严肃、严密、规范的科学实验和科学问题的自由讨论，支持反对迷信愚昧和伪科学活动的斗争，帮助克服阻碍这种斗争的阻力”。第三条是向新闻出版工作者提出的，内容包括“不给迷信愚昧和伪科学的传播提供载体”，引导群众“选择健康、文明、科学的生活方式和行为方式”。第四条是向立法和执法机构提出的，内容包括“取缔各种危害人民身心健康的迷信活动和组织”，“保护向迷信愚昧和伪科学活动作斗争而受到威胁的人们的合法权益和人身安全”。这几条倡议，反映科学界的一种呼声，一种诉求，都是有针对性的。

在 1996 年的中国自然辩证法研究会第四次全国代表大会上，我讲了《论保卫和发扬科学精神》的专题。在同年的中国科协第四次全国代表大会上，何祚庥、郭正谊和我就这个问题发言，新一届科协在周光召主席的支持下，继续成立两科联盟委员会，继续举办论坛的会议。

1997 年政协大会期间，作为政协委员的何祚庥、郭正谊和我作了一个书面的联合发言，针对迷信和伪科学的猖獗，“心所谓危，不得不言”，说了我们的忧虑和建议。于光远同志在列席党的十五大期间，曾在书面发言中呼吁：如果我们不对伪科学进行坚决斗争，不进行正确的舆论引导，“十五大所确定的政治路线，将得不到意识形态的支持”。1998 年政协常委会期间，何祚庥、甘子钊、叶大年、闵乃本、谷超豪、楚庄、蔡睿贤七位委员，提供了一份题为“猖狂的法轮功”的材料，反映当年6月法轮功练功者聚众相继围攻《齐鲁日报》报社、北京电视台、《中国青年报》报社、《健康报》报社的情况，问题提得相当鲜明和尖锐。在1999年4月20日的两科联盟纪念五四的会议上，于光远讲到法轮功和各种伪气功组织可能闹事，“显示力量”，讲到“冰冻三尺非一日之寒，三尺之冰非一日可化”，不幸而言中。果然，接着就发生了法轮功在天津借何祚庥文章闹事的事件，接着就发生了法轮功万人包围中南海的事件。

在国家宣布取缔法轮功的前夕，在1999年7月16日论坛的研讨会上任继愈同志作题为“不仅要脱贫，而且要脱愚”的报告，我作题为“坚持科学的唯物论和无神论”的报告。众多报纸刊物登载或摘要登载了这些报告。我还在总政、中直工委中央国家机关工委中央金融工委、中央党校组织的报告会上作了这个题目的报告。同年10月在杭州召开的中国科协第一届年会上，印发这个报告，并作了题为“科学界应有的反思”的大会发言。

在1999年12月召开的全国科普大会上，两科联盟委员会因此被评为先进集体，何祚庥、郭正谊、司马南等被评为先进个人，何祚庥代表两科联盟和他们几位先进个人发了言。

1999年和2000年，我们研究会同广西科协合作，在北京颁发了两届“反对伪科学突出贡献”奖，第一届得奖者5人（何祚庥、郭正谊、司马南和我们两任理事长），第二届得奖者10余人（第一个在《光明日报》上揭露法轮功的潘国彦、因在电视台揭露法轮功而被解职的李波、多年在鄂西一带探访巫医的李胜先、中医研究院气功研究室主任《还气功本来面目》作者张洪林、北京医科大学精神卫生研究所《走火入魔》作者张彤玲等）。

2000年10月，于光远、何祚庥、郭正谊和我参与倡议成立以庄逢甘为理事长的中国反邪教协会，担任这个协会的顾问或副理事长。

何祚庥主编的《伪科学曝光》一连出了三集。两科联盟编印的《捍卫科学尊严，反对愚昧迷信和伪科学》文萃一连出了十余集。

除了我亲历的主要集中在北京的这些活动以外，何祚庥、司马南、郭正谊还接受全国许多地方的党委和许多大中小学的邀请，到处作报告，受到热烈欢迎。

最近召开了表彰反法轮功斗争中的先进集体和先进个人大会。这个会开得很好，我看了和听了几个先进代表的发言，很受感动。表彰他们，我是完全拥护的。

《汉书》里有个故事，说一户人家失火了，火势很猛，邻居们奋不顾身，帮助救火，弄得焦头烂额，才把火扑灭了。这家人表示感谢，设宴请客，“焦头烂额”为上客。但是，说故事的人提醒，在尊敬和感谢“焦头烂额”者的同时，不应该忘记，还有早提过“曲突徙薪”（弯一弯冒火星的烟筒，挪一挪易燃的柴火）的建议的人们的功劳。

在反法轮功斗争中，是不是有早提过曲突徙薪建议的人们呢？有的。“四大恶人”便是。最早在《光明日报》发表批评《转法轮》文章的便是。向政协提供《猖狂的法轮功》材料的七位政协委员便是。现在揭露出来，法轮功围攻媒体的事件有好几十件。这些媒体的记者，当时就或尖锐或委婉地就法轮功的危害，向社会公开发出警告。他们当时或受到支持，或不被理解，甚至受过委屈。现在回过头来看，应该对他们的先见和勇气，表示敬意。对他们发出的警告未受到应有的重视，引以为训。

自从政府取缔法轮功以来，近2年中，全国各界展开了广泛的反对邪教、崇尚科学、保护人权的群众性斗争，取得很大成绩。但是，反对邪教、迷信和伪科学的斗争，任重而道远。

邪教的本质就是反科学、反人类、反社会。最近发生的2起法轮功痴迷者自焚的事件，充分暴露了这个本质。那个12岁的儿童，哪里是自焚，简直是被焚！尤其要看到，法轮功不仅是邪教。法轮功教主李洪志投靠外国敌对势力，同政府对抗，愈走愈远，愈演愈烈。事实证明，李洪志一伙已经成为国内外敌对势力向我们社会主义政权进攻的一支别动队，是对社会稳定祸害极大的破坏力量。回过头来总结经验教训，我们有些见事迟。万人围住中南海已经到了很严重的地步。新中国成立初期我们取缔过一贯道，这以后，长期没有遇到这样公开的、有层层组织的、以健身为诱饵以迷信相维系的、有众多群众卷入的团体。让这样的组织坐大，是我们今天面对的局势。取缔法轮功组织，转化法轮功信众的斗争还很复杂，很艰巨。我们要做长期斗争的准备。

1979年《刑法》，第99条对“组织、利用封建迷信、会道门进行反革命活动的"如何惩处，有明文规定。这是从新中国成立初期镇压反革命条例沿袭下来的。1985 年，鉴于反动会道门复辟活动较为突出，最高人民法院等单位还发出过《关于处理反动会道门工作中有关问题的通知》。1997 年修订《刑法》，第 300 条引进"邪教"概念，规定了"组织和利用会道门、邪教"破坏国家法律实施的罪名，这大概也是为了同国际"接轨"吧。有人说，是 1999 年为了取缔法轮功才立法反邪教的，不对，早有立法，早就写进刑法了。只是一个时期有法未行，执法不力而已。所以我们取缔法轮功是于法有据的。1999 年 10 月人大常委会、最高人民法院相继做出的规定是解释刑法的。我们要依法治国，建设社会主义法治国家。我们要像一个法治国家那样来对待邪教，依法治邪。

世界各国都反对邪教，都用法律手段制止和打击邪教活动，只是各国邪教活动情况不同，各国法治的背景和习惯不同，做法也就不完全相同。中国必须从自己的情况出发，根据自己的法律，进行自己的反邪教活动。当然，我们要借鉴和参考外国的反邪教法律和做法。

许多迷信和伪科学活动，说不上是邪教，有些邪教或类似邪教的组织，还没有李洪志那样的反政府活动，就是在法轮功练习者乃至痴迷者中，追随李洪志一伙从事反政府的政治活动的，也是极少数。我们在斗争中要讲政策和策略，缩小打击面，扩大教育转化面。

但是，邪教、迷信和伪科学有滋生蔓延的相同土壤。为了了解、分析、认清和不断铲除这个土壤，我们还要从社会经济背景上，从历史文化背景上，从社会心理和认识障碍上，从各个方面各个角度，多做研究工作、思想教育工作、社会保障和社会关怀工作。

这套丛书的出版，对我们了解这些年来反邪教、反迷信、反伪科学斗争的历史，对我们继续做好这方面的工作，必定有所裨益。

《明末清初（1582～1687）的格物穷理之学》序*

尚智丛同志在北京大学科学与社会研究中心读博士研究生，今年 7 月获得博士学位，论文题目是“明末清初（1582～1687）的格物穷理之学”。现在，这篇博士论文就要由四川教育出版社出版了，作者和出版社要我为它写个序言。作为导师，这是责无旁贷的事情。

从事这项研究，尚智丛同志是有较好的基础和较厚的根底的。这不仅从他的求学经历中可以看得出来（毕业于吉林大学哲学系自然辩证法专业，又从内蒙古师范大学科学史研究所获得科学史专业理学硕士学位），从他的研究经历中也可以看得出来（他的硕士论文题目就是“论明末西算东传的若干问题”，他还出版过一本《传教士与西学东渐》，发表过关于“李约瑟难题”、近代科学在晚清知识分子中的影响、中国对西方数学的最初研究、传教士与士大夫等的多篇论文）。他在写作这篇博士论文的同时，还与里斯本大学 Luís Filipe Barreto 教授合作，主持中国-葡萄牙科学历史中心项目——“明末清初的澳门与中西科学交流共同体”。他这篇博士论文实际上就是这个项目的核心部分。

西学东渐，大体上说是从明末清初开始，晚清时期又起了一个高潮。西

* 本文写于 2002 年 11 月 1 日，原载尚智丛：《明末清初（1582～1687）的格物穷理之学》，四川教育出版社，2003 年。

学，首先引起中国人注意的是它的科学和技术。但西学不限于科学和技术，还有它的哲学、宗教、社会政治学说和制度，等等，整个说来，可以统称为一种文化。这是一种同东方文化有很大不同的文化。而西方文化，在历史中经历着变迁，从中世纪到近代，更是巨大的变迁。中国的晚明时期，正是西方从中世纪到近代的转折年代，而晚清时期，中国正经历着在西方侵略下转向近代的痛苦过程。这样，西方和东方，近代和古代，先进和落后，侵略和反抗，巨大的反差交汇在一起。在这样的历史背景下，西方文化传到东方，同东方文化相接触，会引起怎样的相互冲突、厮杀、相互摩擦和怎样的相互吸引，相互补充，相互磨合？对这段历史和它的各个阶段、各个方面进行研究，当然是很重要的课题，也是学术界研究的热门之一。

而明末清初，由传教士传来的西学，主要还是天主教和与它相联系相容纳的哲学和科学。近代科学的革命，是以哥白尼的太阳中心说为标志的，明末清初的时候哥白尼学说已经产生，但是西方传教士传来的还是中世纪的托勒密的地球中心说。于此可见情况复杂的一斑。

尚智丛这篇论文，就是研究这种复杂背景下的一项案例，集中讨论了明末清初（1582～1687 年）中西学术交流中出现的“格物穷理之学”。这是明末学者徐光启首先提出的概念，其源盖出于中国理学。但宋代朱熹讲“格物穷理”，所关心的核心问题是道德性命。而受西学影响的徐光启讲“格物穷理”，所关心的核心问题是自然事物。可以说，它是西方自然哲学与中国传统格致学说结合的结果。这篇博士论文依据翔实的文献资料详细分析了“格物穷理之学”概念及其所表达的知识形态、它的特征、它在中国科学发展史上的地位、它所依赖的认识论基础、它的历史建树和历史影响，从而将之确定为中国科学发展的前近代形态。

这篇论文中的观点和结论，会不会为科学史界所接受？可能会，也可能不被或不完全被接受。这不要紧。作为经过研究的、言之成理、持之有故的一家之言，发表出来，供大家评论，这对作者，对科学史界，对科学的社会研究，都会是有益的事情吧。

不可抗拒的历史潮流*

自然科学和社会科学的交融和结合，是不可抗拒的历史潮流。刚才有人引用了列宁的一句话："从自然科学奔向社会科学的强大潮流，不仅在配第时代存在，在马克思时代也是存在的，在 20 世纪，这个潮流是同样强大，甚至可说更加强大了。"配第（古典经济学家）时代是 17 世纪，马克思时代是 19 世纪，列宁说这句话是在 20 世纪初年。现在人类已经进入 21 世纪。在 21 世纪，自然科学奔向社会科学的潮流，不但比 19 世纪更强，比 20 世纪也更强，这是不可抗拒的历史潮流，谁都看到的越来越明显的历史潮流。

但是，一方面，历史潮流不可抗拒；另一方面，历史潮流在奔腾向前中又会遇到艰难险阻，经历迂回曲折。自然科学界和社会科学界这两科、这两界，要交流，要并重，要共同发展，要互相渗透和相互结合，这是必然的过程，又是一个艰难曲折的过程。在中国如此，在世界上恐怕也一样。除了相互接近、相互了解、相互促进这一面之外，还有多少相互摩擦、相互争论、相互瞧不起、相互不以为然。种种这样的思想冲突，也贯穿 20 世纪，可能还要延续到 21 世纪。

拿中国来说，在新中国成立以来的 50 多年中，自然科学和社会科学这两科、这两界，如两只手，一手硬，一手软，比如两条腿，一条腿长，一条

---

* 本文写于 2003 年 9 月 29 日，原载《北京自然科学界与社会科学界联席会议首次会议文集》。

腿短。这种不平衡的情况、不协调的情况，恐怕一直就存在着。当然，新中国成立之初，第一届人民政治协商会议召开，代行全国人民代表大会的职责，选举成立中央人民政府，那时候自然科学和社会科学两界是平衡的、并重的。参加第一届政协会议的组成单位，除了各党派之外，还有各界，其中就有中华全国自然科学工作者代表大会筹委会和中华全国社会科学工作者代表会议筹委会，由这两个筹委会推出的出席政协会议的代表，人数也相同。第一届中央人民政府成立了中国科学院，不久中国科学院又建立学部委员制度，都包括自然科学和社会科学，院长还是社会科学家郭沫若。问题发生在后来。1950 年全国自然科学工作者代表大会就正式召开了，在这次会上成立了中华全国自然科学专门学会联合会（以及科学普及协会，后来两会合并改组为中国科学技术协会），成为同工会、青联、妇联、文联相并立的人民团体，而新中国成立之后，社会科学工作者代表大会却迟迟没有召开，一直到今天也不再提起，全国社会科学联合会当然也没有成立（各省市自治区的社联倒是成立了）。中国科学院颁发第一届科学奖，原来设想自然科学、社会科学都要包括，后来颁奖时，自然科学方面，华罗庚、钱学森等好多人都得了奖，社会科学给谁奖呢，种种矛盾，种种顾虑，没法解决，结果社会科学方面全部空缺。这些都是老早过去的情况了。

改革开放伊始，科学的春天到来。中国社会科学院成立，与中国科学院相并立。但是，自然科学方面的学部委员改称院士，并已多次定期增选院士，而社会科学方面，老的学部委员现在只剩五人（最年长的已经 106 岁！最年轻的也已过了 88 岁的“米”寿），院士制度多次说过社会科学方面也要设立，却至今没有进行。自然科学方面的国家奖励，已经规范、定型和立法，颁发了多次，社会科学方面只有地方奖、部门奖和以个人命名的民间奖（如吴玉章奖、孙冶方奖），国家奖也是付之阙如。总之，社会科学工作在这些方面好像还没有完全走上正轨。这些都是从国家一级的制度来谈的不平衡。至于现实生活中表明自然科学与社会科学地位不平衡的现象，那就更多了。

造成这种不平衡的原因是什么？原因很多，也不是没有实际的困难和麻烦。根本的原因，我看，一是发生在领导思想上，二是发生在领导体制上。

从领导思想上看，当然不能说中国共产党重理轻文，忽视社会科学。中国共产党历来重视马克思主义，把它视为党和国家的指导思想，而马克思主义首先应该算是社会科学吧。毛泽东在延安的时候说过，知识就两门，一门叫生产斗争、自然科学知识，一门叫阶级斗争、社会科学知识，哲学则是这两门知识的概括和总结。还说过“自然科学是要在社会科学的指挥下去改造自然界”。这不是重理更重文吗？过去在大学教育中，四门政治理论课（哲学、政治经济学、科学社会主义、中共党史）占的课时比重也不可谓少。问题是，随着党的指导思想上“左”的错误的发展，重视马克思主义，却把马克思主义以外的社会科学理论都当做资产阶级的东西加以否定或贬低了。而马克思主义又逐渐走向教条化、僵化，从而在相当程度上失去了丰富多彩的吸引力和与时俱进的创造力。这才是实际生活中发生问题的真实原因和症结所在。

从领导体制上看，党和国家对自然科学和社会科学是实施统一领导的。但在具体的管理上，却越来越走向体制的分割。新中国成立之初，科学事业规模还小，从政府来说，都归中国科学院；从党来说，党中央通过中宣部联系科学院，那时管理体制上还是统一的。后来，科学事业日益发展了，政府方面在国务院成立了科学规划委员会，说是统一管理自然科学和社会科学规划，实际上主要管了自然科学规划，社会科学规划委托中宣部和中国科学院哲学社会科学部管理。以后，科学规划委员会同技术委员会合并，成立科学技术委员会，就只管自然科学了。中央领导自然科学工作，通过科学技术委员会党组和中国科学院党组来实现，中央领导社会科学工作，则通过中宣部来实现，这样，自然科学和社会科学的管理，从领导体制上就分家了。自然科学和技术方面的工作越来越发展，而社会科学里面折腾和运动挺多，这两大块事业越来越分离了。

20 世纪 60 年代初期曾经提出一个建议，中国科学院分成两个院，一个叫第一院，一个叫第二院，第二院是社会科学院，两院都由郭沫若当院长。原来哲学社会科学部只是中国科学院底下四个学部中的一个学部。设立中国科学院第二院，就可以提高社会科学的地位。因为中宣部部长陆定一反对，他说不要搞分裂了，这个提议就作罢了。从理念上说，不要把自然科学同社会科学分裂开来，陆定一的观点是正确的。“文化大革命”结束以后，中国社会科学院从中国科学院中分离开来，独立建院，好处是地位提高了，缺点就是两门科学的界限更清，差距更大，互相脱离更加严重了。

改革开放以来，在领导思想上，经过拨乱反正，克服僵化，重新确立解放思想、实事求是、与时俱进、开拓创新的思想路线，恢复了马克思主义的科学精神和创造活力。马克思主义对它以外的社会科学成果，也采取了相互尊重、相互吸取、相互讨论的科学态度，克服了故步自封的态度。现在又强调自然科学和社会科学并重，强调两门科学的各项工作都同样重要。领导思想上的问题应该说已经解决。当然，把这样的领导思想落实到各项具体工作中去，使之得到贯彻执行，那还要进行坚持不懈的努力，来改变那种不适应并重思想的习惯势力和既成状况。

至于领导体制上的分家，笔者想，也一定会找到办法来逐步地妥当地解决。

看你们印发的材料，多年来多少人为解决两科的分隔提出过建议，如建议科协把社会科学也包括进来等，都还没有能够实现。里面可能有思想认识上的问题，但更多的可能是管理体制、领导体制上的问题。这个问题从哪里入手来解决为好？这就要说到北京市科协和社科联今天召开的这个会了。为什么笔者对今天的会很赞成？我觉得，我们要突破这两科、两界分离的问题，并不一定要从国家体制方面入手。也许从基层着手，从地方着手，更能收到实效，也能对国家体制的改进起推动的作用。

近年来大学改革，人们有许多议论，但有一条，意见几乎是一致的，就是赞成把一些单科的工业高校或多科的工业大学，办成包括理科、文科甚至法科、商科等的新的综合大学。清华大学原来是包括文法理工农的综合大学，1952 年院系调整，改为多科性的工业大学，现在又恢复为综合大学，正在加强理科和文科各院系的建设。清华大学只是一例，别的好多大学也在走这条否定之否定的路。我想，不管大学合并中间有多少别的问题值得研究，但是两科交融和结合的方向，是符合自然科学奔向社会科学的时代潮流的。我还听说中国科学院的研究生院新办了人文学院，别的一些理工大学研究生院，也在朝这个方向发展。在大学里，在研究生院里，两科结合的工作还有许多路要走，还有许多困难要克服。但是，从基层做起，从基层把两科、两界交融和结合的工作做起来，对上层的两科、两界的结合会起促进作用。

今天北京市这个会议，是在市这一级（而不仅仅是在大学的基层），为加强两科、两界的合作，找到了北京市科协和北京市社科联这两大组织联席会议的形式。我不知道全国其他地方的情况怎么样。北京市这件事恐怕是走在了全国的前头。如果在大学这个基层把两科、两界的结合搞好，又在省市自治区一级把两科、两界的结合搞好，实实在在地加以促进，做出成果，取得成效，积累经验，这对在国家一级突破原来管理体制里的分割，推进体制创新，使之能够更好地适合两科、两界结合的历史潮流、时代潮流、科学潮流，一定会起很大的作用。

在当代中国需要反对“科学主义”吗*

近10来年，中国知识界一些人士呼应西方后现代主义中的反科学思潮，将“反科学主义”在中国（尤其是在大众文化界面上）演绎为一种时尚。按照这种“时尚”，科学主义是学习自然科学的人的“缺省配置”，因而学习自然科学的人是天生的科学主义者；必须进行“版本升级”，代之以“反科学主义”。照此看来，科学主义在当代中国社会而言，是一种普遍存在的时代错误；因此，学过自然科学的人都会因此而获得一种“原罪”——科学主义的原罪。

讲反科学主义的人解释说，这种用于版本升级的反科学主义所反的只是“科学主义”，而且它只反“科学主义”，并不反科学。但是，不管如何说明与解释，反科学主义这个术语，在中文语境中极易引起误解，它几乎不可避免地会被理解为“反科学-主义”。在我看来，如果不是意在张扬反科学-主义，那么，与其在极力辩解的情况下去反-科学主义，何不避免用这个术语，而用清楚的语言去反对你所不赞成的具体思想和观点呢？

热心于反科学主义，也许意在呼唤人文精神。但是，为什么在呼唤人文精神之际，非要设立一个“科学主义”的靶子，将人文精神同崇尚科学当做相互排斥、此消彼长的东西呢？它们难道不应该是相互补充、相得益彰

* 本文原载《科学文化评论》，2004年第1期，第15～17页。

的吗?

反科学主义者所传承的是哈耶克的《科学的反革命》(1952 年)、郭颖颐的《中国现代思想中的唯科学主义》(1956 年)及当代西方后现代主义中反科学思潮的一贯做法:对科学主义作泛化的理解,非但“科学万能论”(严格地说,这类科学主义者在现实生活中是十分罕见的)是科学主义,而且将科学方法及评价标准在社会研究领域的运用(如社会学、经济学等社会科学的产生与发展)也视为是科学主义,甚至对科学与真理的热爱也不免被指责为科学主义。反科学主义者从相对主义立场出发,否认并力图解构由现代科学体系所展现的真理性、合理性与客观性概念;在社会、道德价值上,不但将科学技术的社会运用所带来的负面后果归罪于科学,而且从总体上对科学发展与社会发展之间的关系给出负面判断。

的确,20 世纪后期,科学技术发展的社会运用带来的环境污染问题、生态破坏问题、资源枯竭问题、人口爆炸问题,以及其他一些问题,日益引起人们的严重注意。人在自然界中生存条件的许多方面,人和自然和谐协调的许多方面,有走向更加恶化的危险。应当看到,正是许多自然科学家和社会科学家在这方面先知先觉,向人们发出了警告和呼吁。呼吁有两种倾向:一种是向前看;一种是向后看。向后看,就是对科技和工业发展作消极评价,持否定态度,似乎科技和工业发展以前的人类状态,才是值得怀念的美好状态。向前看,则是清醒地研究我们面对的问题,相信这些问题总是能够在科技和工业的进一步发展中,在人类社会的进一步成熟中,在以人为本的、全面的、协调的、可持续的发展观的进一步确立和贯彻中,得到解决。就是说,要在更高的水平上取得科学和技术与自然、人、社会更加协调的发展。不是回到过去,而是推进到更高阶段的将来。不是否定科学和工业发展,而是否定工业的盲目发展。不是回到人和自然关系的蒙昧状态,而是要开辟人和自然关系的更加自觉的新状态,依托于科学和工业的更加健康、更加符合科学态度和人文精神的新发展的状态。

科学和技术的发展为善还是作恶,这取决于人所在的社会,而不是科学和技术的本性。怎样发展科学和技术的社会运用的为善的那一面,避免和防止它为恶的那一面,这取决于人们改进社会的努力,取决于人们控制技术后果的能力,而不取决于科学技术本身。而且,科学技术本身正是避免技术恶果的有效武器。当然，我们还要运用人文的武器、法治的武器，等等。但是，科学和技术的武器，毕竟是不可缺少的。你难道能够不用科学和技术这个武器，而拿起反科学反技术的武器吗？你难道真能退到近代科学和工业化以前的时代去吗？更不用说退到原始的伊甸园去了。

再看对社会的研究的科学化进程问题。

经济学、社会学等学科的学术实践，已经在相当清楚的意义上展现了在这些领域应用科学方法与评价标准的可能性、正当性乃至于重要性与成效，这样，这种方法论上的创新就不应该被贬称为“科学主义”，与“科学万能论”相提并论。

当然，自然科学同社会科学是有区别的。研究的对象不同：一个是自然界，无生命无意识的和有生命低意识的自然界；一个是社会和人文，是有意识有能动性的人所组成的人类世界。就是在自然科学内部，由于研究对象的不同，无生命自然界的科学同有生命的自然界的科学之间、低等生命自然界的科学同高等生命自然界的科学之间，都还是有不同的，何况自然科学同社会科学之间呢？

但是，不能因为有不同就否认对社会的研究可以成为科学。研究社会的科学同研究自然界的科学一样，都属于（或者说应该属于）科学；而各门社会科学，又都属于人文。这样，社会科学的存在和发展，就在科学同人文之间架起一座桥梁，担负着科学与人文的交融和结合的重任，而用“科学主义”的贬义词把对社会的研究排除在科学之外，只能加深科学与人文的隔阂和相轻。

在后现代思潮影响下，极端相对主义流行，剥夺了科学的客观真理的内容，将科学只当做是一种“叙事”、一种“社会建构”。这样一种思想在大多数科学家以及更大范围的科学共同体那里是没有市场的；但是，当这种思想通过媒体炒作而被演绎为一种时尚，就可能会造成这种情况：取消科学与迷信、伪科学的分界，为迷信和伪科学的泛滥提供了理论支持。这样一种现实的社会危害，是提倡科学文化的人们不能不严肃面对和认真正视的。

一个希望

——在《竺可桢全集》(1～4卷）出版座谈会上的发言*

我其实没有资格在这里发言，这里有好多跟竺老很接近的、在科学事业上很有成就的同志，都比我更有资格来发言。不过既然主席点名，我想就讲我的两点感想吧。

一点是，我想竺老是个真正的大科学家。大科学家嘛，首先是在科学上有很大的成就，这个不用说了，竺老一生的许多著作就体现了这个成就。但是我想大科学家还不只是在科学上有很大的成就，还有很宽的眼界、很高的社会责任感，很强烈的对人类、对社会、对自然关注的一种感情和一种努力。竺老作为科学家，不仅关心具体的科学成果，还关心整个科学、科学与教育、科学与社会、科学与人类、科学与整个自然。在这些方面，他有一些很深刻的观察和许多很有远见的想法，指引着我们在这些方面都能跟得上时代、跟得上科学的发展，他做了很多的工作。我想这部《竺可桢全集》当然就充分反映了他科学工作的许多方面，包括具体的科学成就，包括科学与各方面的关系，包括科普。

我还想讲一点，我特别关心竺老的日记。这个日记过去出版了一部分，

---

* 本文为2004年7月22日在《竺可桢全集》(1～4卷）出版座谈会上的发言，原载《文汇读书周报》2007年8月3日，收入《党史札记末编》，2008年。

我也没有都读，但是很感兴趣。这个日记提供的史料，对研究竺老的一生、对研究竺老所接触的他那个生活圈子，学术界、教育界，以及他所接触到的政治活动的历史，提供了原始的、准确的、细致的史料。这对研究现代史、当代史，除了许多别的方面之外，像他这样一位著名的人物，他写的日记提供了非常重要的史料。现在，我看这个文字介绍讲，竺老全集有 20 卷，现在出版了 4 卷，还有 16 卷待出；16 卷里，有 14 卷是他的日记，从 1936 年到 1974 年，不到 40 年，有 14 卷。我想这个篇幅是很大的，这么大的篇幅记录了几十年的历史，对竺老个人、对竺老所在的浙江大学、对竺老所在的中国科学院、对竺老所接触的科技界、教育界的很多人物，对我们中国的近代、现代历史一定会有很详细的、很具体的记载，不光是反映了他的一生，也从一个侧面反映了这个时代。这个史料非常宝贵。原来出过 5 卷，现在有 14 卷，我想一个是选择的时间，一个是选择的内容，我希望——我看这也是讲编日记的宗旨——完全、真实、如其本来面貌地来进行编选。我很赞成这个编选的方针。

我们也读到过别的一些日记，比如说吧，早几年出版的宋云彬的日记，编选的人加了个名字叫“冷眼红尘”，这个编者大概是从市场角度讲，这个名字编得像电视剧，好像比较会有销路。但是我想，有人会批评这个名字取得并不是那么的好，因为宋云彬并不见得是那么冷眼地看这个世界，他还是很热心地参与这个世界的许多事情。这暂且不管他。我发现，现在出的这个宋云彬的日记——《冷眼红尘》里面就缺了一些东西，是当时就没写上去呢，还是编者由于种种考虑把它删掉了呢？我脑子里就产生了疑问。后来我读到了一篇文章，说宋云彬的日记里有一条，开新政协会议的时候，就是 1949 年 6 月开会以前，宋云彬是救国会参加新政协的一个代表；当时说新政协会议开完以后，可以考虑民主党派就保留三个。当时民主党派有十几个，大大小小有十几个，考虑就保留三个，一个是民革，过去跟国民党有历史渊源，但是拥护新民主主义革命；再一个呢，是民建，是跟工商业有关联的，算是一个；还有一个呢，就是当时以知识分子为背景的民主党派，有好多个，大概可以合并成一个。他的日记里面记了，说是周恩来和李维汉到北京饭店，同救国会的人谈话，提了这么一个设想：现在是这么多党派，将来开完政协会之后，可能合并、整合成“三界”：跟国民党有联系的政界；跟共产党有联系的商界；跟知识分子有联系的学界，这么三大党派。他这个日记曾经在《新文学史料》里面发表过一段，那一段里面就包括了这么一条。现在他的日记出了一本书，这本《冷眼红尘》，而这一条没有了。把他以前分别发表过的一些段落，和后来集成了书之后的内容这么一比较呢，就缺了这么一条。而我想，这还是很重要的一条。当时对统一战线啊、民主党派啊，曾经有过这么一种考虑，后来救国会还真就解散了。宋的日记对这样一些历史渊源，提供了一些很重要的史料。也不知道为了什么缘故，在整理出版的时候把这条给删掉了。我想，那个编者一定是有什么样的顾虑，是不是觉得跟后来的做法不一样，所以就不提这个事情了。但是，从我们研究历史的角度来讲，宋云彬所提到的那条史料是很重要的一条史料；而后来出的《冷眼红尘》把它给删掉了，这是很可惜的。这是一个例子。

我再讲一个例子，就是《朱自清全集》，里面也有一部分是朱自清的日记。朱自清是文学家，是大文学家，“一身重病，宁可饿死，不领美国的救济粮”，这是朱自清的爱国主义精神。他的日记写得很细致，出版之后，我也看到了一篇批评的文章，说这个《朱自清全集》里面的日记，有一部分在出这个全集之前在一个什么刊物上发表过，而后来经过整理过的《朱自清全集》的日记里头有一个段落就整个都没有了。这个段落牵涉到他的家庭生活、夫妻关系，他有过一些思考，写在自己的日记里头了。编者大概觉得这是隐私或者有什么影响，就把它删掉了。但是写批评文章的人说，这段日记很客观地记载了朱自清夫妇之间产生的一些问题，而朱自清怎么很冷静地看待这个问题、分析这个问题，其实表现了处理好夫妻关系的一种态度，而后来他们夫妻关系确实一直很好，这并不损害朱自清的形象，也不损害朱自清夫人的形象，把它删掉了似乎很可惜，保留下来对了解朱自清、了解他们的家庭还是很有好处的。这件事当然不涉及政治，但是涉及这么一个人物的一个侧面。

所以我就想到，宋云彬的书——《冷眼红尘》里面处理日记，《朱自清全集》处理日记，都作了删节，而这些删节或者是写日记的人的亲属有什么考虑，要作一些删节，或者是编者有什么考虑，作一些删节。我想，这些涉及隐私的问题或者一些还有影响的问题，从家属、编者这里多考虑考虑，考虑得周到一点，也有他的道理。但是，我觉得家属和编者在考虑这些问题的时候是不是思想要再开放一点、对历史资料更尊重一点，不要完全按照现在想的，这个事情是不是有损形象啊、这个事情是不是有涉及什么政治啊。从编者的角度去处理，删掉了很多，这个编者也许是好心吧，但是编者考虑得未必很周到，未必他能考虑到许多方面，而由于他这么一处理，删掉了一部分，而读者未必能够接触到日记原稿，无形中被编者删掉的这些史料有可能对了解这个人、了解某一段历史还有重要性。所以，我想编者在这些地方，我觉得，根据我前面讲的朱自清的日记、宋云彬的日记处理的经验和教训，最好更慎重一点、更尊重一点原貌、更少一些不必要的顾虑。因为后面的书还没出，我的这些话也是表示一个希望。

科学与人文：从分隔走向交融*

我今天提交的论文，是讨论科学与人文这两种文化从分隔走向交融的若干问题。

三年前，我写过一篇《论科学精神》，末尾一节题为“科学精神和人文精神的结合”。其中说道：“在强调弘扬科学精神的同时，在学术界有一种强烈的声音，呼唤人文精神。”

我肯定这种呼唤。同时，我又说：“马克思主义讲世界观、方法论，这是解决认识问题，属于科学精神，马克思主义还讲世界观、人生观，这是解决价值问题，属于人文精神。马克思主义的世界观、历史观、人生观，是科学精神和人文精神的统一。”“不应该把人文精神同科学精神对立起来。如果在这样的基础上来讲人文精神，那就容易流入神秘主义和反理性主义。”“近代科学的诞生，把人从神权的奴役下解放出来，这不是充满着人文精神吗？自动化和信息化技术的发展，提供了把人从繁重的单调的劳动下解放出来的可能，控制论奠基人维纳的一本著作书名就叫“把人当人来用”，希望改变把人当机器来用的状况，这不也是充满着人文精神吗？”“古往今来，科学界

* 本文写于 2003 年 10 月 14 日，为提交 2003 年 10 月 14 日召开的“邓小平批准成立中国自然辩证法研究会二十五周年纪念会”的论文（征求意见稿），听取意见后改定稿原载《自然辩证法研究》，2004 年第 1 期，第 1～12 页。同年收入《毛泽东邓小平理论研究》第 1 期，第 14～26 页。同年又收入《中国特色社会主义研究》第 6 期，第 23～31 页。

的优秀分子，为真理，为科学，为人类进步而斗争，充满着献身精神，甚至不惜牺牲生命。他们在科学研究中孜孜不倦，锲而不舍，自甘淡泊，不求闻达，把精力倾注在事业中，而不是花费在享乐上。他们意识到自己从事的科学工作对于社会、人类的责任，积极地参加反对侵略战争，维护和平和人道，保护生态和环境的种种斗争。这都是科学精神和人文精神高度结合的体现。”

我的结论是：“我们提倡的人文精神应该是具有现代科学（自然科学和社会科学）意识的人文精神，我们提倡的科学精神应该是充满高度人文关怀的科学精神。”①

这是三年前说的话。今年春天“中国科学家人文论坛”开坛，征集各方人士题词，我又重述了这个意见：“我们提倡的人文精神应该是具有现代科学意识的人文精神，我们提倡的科学精神应该是充满高度人文关怀的科学精神。这就是现代的科学精神同人文精神的相互渗透、结合和统一。”

“相互渗透、结合和统一”，简单说，就是“交融”。蔡元培就提倡过“融通文理”。但是，交融并不容易，从分隔、分裂，走向互补、交融，是一个漫长的、艰难的、在不断争论中前进的不尽过程。

今天我准备从历史到现实、从国外到国内，通过分析和评论几次著名的论战，来进一步申述科学与人文这两种文化从分隔走向交融这个主题②。

一、“两种文化”问题的提出和争论

科学与人文的分隔和争论，在欧洲近代历史上由来已久，内容广泛。20世纪中，斯诺鲜明地提出“两种文化”的问题，又一次引起知识界的聚讼纷纭。

斯诺是何许人？

斯诺是20世纪的一位英国名人（1905～1980）。一九五六年在《新政治

① 《党史札记》，浙江人民出版社，2002年，第377～379页。

② 这篇论文的准备，得到北京大学科学与社会研究中心、清华大学科学技术与社会研究所和中国科学院研究生院人文学院的许多同志提供材料和意见，特此致谢。

家》杂志上发表了一篇短文《两种文化》，1959年在剑桥大学发表了以此为题的著名的里德演说，1963年发表《再论两种文化》，以后结集为一本小书并有过若干次增订。这本书在中国，改革开放以来已经有了三个译本①。新译本有斯蒂芬·科里尼写的长篇导言，其中说：斯诺那篇一个多小时的里德演说，至少做成了三件事：一是抛射出了一个词汇、一个概念（“两种文化”），从此不可阻挡地在国际上传播开来；二是阐述了一个问题（科学家与人文学者之间的文化分裂问题），现代社会里任何有头脑的观察家都不能回避；三是引发了一场争论，其范围之广、持续时间之长、程度之激烈，可以说都异乎寻常。

三个中译本的相继出现，表明了这个概念、这个问题、这场连绵不绝又不断演变的争论在中国的影响。

斯诺曾经从事过多年实验室里的科学研究，是地道的科学家，后来又写小说（包括以科学家为题材的小说）而成为一位文学家，还从事过科学事务的高层管理和咨询，出任过工党政府新成立的技术部的第二把手。通过作品、演说和在报刊上发表评论，更成为一个公众人物、公众知识分子。

有人说：斯诺站在鼓吹科学文化的立场，挑起了同人文知识分子的争论。又有人说：斯诺那个时候英国的潮流是科学没有受到应有的尊重，而我们中国现在的潮流是重理轻文，今天在中国重新出版斯诺的书会有负面作用。我看，都不能这样说。

从斯诺的演说遭到利维斯（文学知识分子）对他的愤怒和刻毒的反驳并引发为一场论战来看，似乎也不妨说是他引起了争论。但是，斯诺其实是站在力求沟通两种文化的立场上，力促两者的交融，而不是交恶。

他那篇演说题为“两种文化与科学革命”。为什么从“科学革命”说起？因为科学和技术的勃然兴起和迅猛发展，对人类社会传统的文化格局（以及教育格局）提出了挑战。传统的格局是以宗教、哲学、语言文学为主导的，科学曾经是神学的奴婢、哲学的附属，技术进不了高层的文化视野。第一次

---

① 1987年陈恒六、刘兵的译本，四川人民出版社，1994年纪树立的译本（简称纪译本），三联书店，两个译本都印行多次；现在又出了第三个：2003年陈克坚、秦小虎的新译本，上海科学技术出版社。

科学和工业革命，第二次科学和工业革命，或者说次数分不那么清爽的一波又一波交叉推进的科学和工业革命，使人类的生产和生活方式发生了根本性的改变，文化和教育的格局相应地也在发生根本性的改变。科学对社会生活各个方面的影响日益增强。科学文化已经日益跃居主导地位。这是时代潮流，势不可挡。但是，潮流是在激荡中向前涌进的。这种激荡也势必反映为文化的隔膜、分裂和冲突上。斯诺长期置身于自然科学家和文学知识分子这两个圈子，深感这两部分精英之间在文化上的隔膜，于是就有了他那篇著名的演说。

斯诺说："一极是文学知识分子，另一极是科学家，特别是有代表性的物理学家。二者之间存在着互不理解的鸿沟——有时还互相憎恨和厌恶，当然大多数是由于缺乏了解。他们都荒谬地歪曲了对方的形象。"①

这个责难是指向双方，而不只是指向一方的。

斯诺说："非科学家有一种根深蒂固的印象，认为科学家抱有一种浅薄的乐观主义，没有意识到人的处境。而科学家则认为，文学知识分子都缺乏远见，特别不关心自己的同胞，深层意义上的反知识，热衷于把艺术和思想局限在存在的瞬间。"②

这个刻画也是指向双方，而不只是指向一方的。

不过，斯诺的重点的确是指责对科学文化的不了解给整个"传统"文化带来非科学气氛并且往往转化为反科学③。斯诺的确是致力于要求提高科学的地位，提高非科学人士的科学素养。斯诺的批评，主要指向文学知识分子对科学、对技术、对工业的忽视、轻视甚至敌视。他那典型的伤人的语言就是："知识分子特别是文学知识分子都是天生的卢德派（Ludditism）。"④ 什么是卢德派？卢德派是 19 世纪初英国手工业者组成的集团，他们反对以机器为基础的工业化，在诺丁汉等地从事破坏机器的活动。20 世纪中叶斯诺使用卢德派一词当然带有极大的贬义⑤。正是这一点引起对方的不满和敌意。斯

① 《两种文化》纪译本，第 4 页。

② 《两种文化》纪译本，第 5 页。

③ 《两种文化》纪译本，第 11 页。

④ 《两种文化》纪译本，第 21 页。

⑤ 20 世纪 90 年代以来，在美国的作家、记者、历史学家中兴起了一股新卢德主义思潮，即对技术持批判态度的思潮。参见陈红兵：《新卢德主义述评》，《科学技术与辩证法》，2001 年第 3 期。

诺使用这样尖刻的词汇，是因为他要反对一些文化精英对科学的傲慢与偏见。最早介绍斯诺两种文化演说的中译者，用了《对科学的傲慢与偏见》这样一个书名，说明了译者对演说精神的把握。斯诺将向后看的悲观主义态度同文学知识分子联系起来，将顺应现代化潮流的乐观主义同自然科学联系起来。

那么，斯诺是不是单纯地为维护科学文化而斗争，却根本忽视人文关怀呢？完全不能这样说。20 世纪 70 年代初斯诺为他的《两种文化》增订本写的一篇前言，这样概括了自己的基本立场①。

第一，我们（世界上大多数人）都在走向极其危险的境地。危险之一是热核战争的可能性。这种可能性尽管是现实的，但概率小于另外两个主要危险：世界上富国和穷国之间的鸿沟，人口膨胀及所导致的苦难的前景。

第二，这些危险并不是由技术或我们现在所谓的应用科学带来的，这是我们理解、控制和利用自然界某些方面的能力。技术具有两面性：行善和威慑。在全部历史中它都给我们带来了福和祸，对此，我一再重申过。

第三，我们必须用以反对技术恶果的唯一武器，还是技术本身。没有别的武器。我们无法退入一个根本不存在的伊甸园。

第四，人们必须了解技术、应用科学和科学本身究竟如何，它能做什么，不能做什么。我们需要有一种共有文化，科学属于其中一个不可缺少的成分。否则我们将永远看不到行善或作恶的各种可能性。

能说这几条，不是体现了高度的人文关怀吗？斯诺批评过早文理分科，呼吁教育应该有较宽的科学和人文基础，这是得到公认的观点。斯诺呼吁共有文化，呼吁自然科学家和人文学者就人类前途的共同问题进行共同讨论，促成共同行动。他认为富国与穷国的问题应该是我们关注的出发点，解决这个问题，凭借现有的科学和技术成果在穷国的运用和推广已经足够。然而，现实的情况是两者之间的鸿沟不是在缩小而是在逐年增大，这是科学和技术的力量受到现有的政治经济格局的限制所致。最使斯诺感到无奈的，是仍然面对一个黑暗的前景：世界人口在一代人的时间里将增加一倍，在下一代将再增加一倍，而世界资源不可能与这一增长率并驾齐驱。这是斯诺的悲观主

① 《两种文化》纪译本，第 315 页。

义。但是，在为《两种文化》增订本写的后记的最后，斯诺表示相信“比我年轻得多的人将在他们的生活历程中解决这些问题”。“当然，政治经济的刺网会反对他们，正像曾经反对我们那样。但是，对于我来说，只要我能找到任何希望的源泉，就有希望存在。”① 这是斯诺的乐观主义！

斯诺在他最后一次公众演说中说：“人们听到年轻人在问：走向何方?”他的回答是：“和平，富足，地球上没有过剩的人口。这就是方向。”斯诺希望，他提出“两种文化”的问题，将对实现这些目标做出贡献②。

所以，我认为应该说：尖锐地提出“两种文化”问题的斯诺，正是对科学发展作人文思考、把人文关怀摆到了科学的基础之上的一位深思的学者。今天在中国重温斯诺的这些思想，仍然是有积极意义的。

二、索卡尔事件和“科学大战”

20 世纪末 21 世纪初发生的索卡尔事件和“科学大战”，是在美国和欧洲知识界展开的又一场激烈的论战，这场论战把斯诺提出的“两种文化”的冲突，在新的聚焦点上推向了白热化。

索卡尔事件的近期背景应该从后现代主义中的反科学思潮的泛滥说起。这种思潮引起一些自然科学家的忧虑。1994 年在美国，两位自然科学家，一位是生物学家格罗斯，另一位是数学家莱维特，合写了一本书，叫《高级迷信》③。在此书的 1998 年版序言中，这两位科学家说得很明白：“之所以撰写《高级迷信》一书，是因为我们俩人虽然工作在不同的大学里，却都从各自独立而又极为相似的经验中感觉到：某种令人不安的新东西已悄然渗进学院管道，进而在大学讲坛、专业期刊、学术著作以及教员间的闲谈中扩散开来，这就是对现代科学的蓄意诋毁。”④ 此书就是他们对这种诋毁的公开回应。

---

① 《两种文化》纪译本，第 258、259 页。

② 《两种文化》新译本导言，第 64 页。

③ 今年春节，雷颐跟我谈起这本书，建议找人把它译出来，近日又给我来信，说：“惟愿此书对内地痴迷于‘解构启蒙’‘解构理性’的‘后学家’能有所触动。”据查，《高级迷信》中译本 2001 年已在台湾地区出版，译者是陈瑞麟、薛清江。

④ 本文引用该书，译文均引自张锦志、孙雍君未出版的新译本。

回应引起了强烈的反响。自然科学家大都持肯定态度，而反对意见大都来自受后现代思潮影响的“科学批判”（science-critique）学者或称“科学研究”（science studies）学者（即把科学作为对象进行诸多研究的学者）。美国纽约大学物理学家索卡尔，正是读了《高级迷信》之后，引起共鸣，动了一个怪念头，就是模仿那些后现代学者们惯常的思路和语言风格，试写一篇戏拟的文章，题为“跨越界线：走向量子引力的超形式的解释学”，其中充满科学错误和逻辑错误，想看看这些错误会不会被编辑识破。他把这篇长达20多页并附有109条详细注释（长达17页）和217篇出处无误的参考文献（长达18页）的洋洋大文，投寄给颇有名气的文化研究刊物《社会文本》。而这个刊物正好在准备出一期题为“科学大战”的专辑，以反驳《高级迷信》一书，正约了许多名人为这个专辑写稿。

索卡尔这篇文章写了些什么呢?

他开宗明义就宣称：“许多自然科学家，特别是物理学家，至今还抱着启蒙之后的理性主义的长久霸权强加于西方学术界的教条不放，这种教条可以简单概括为：存在一个外部的世界，其特性独立于任何个体的人甚至独立于作为总体的人类存在；这种特性被隐藏在‘永恒的’物理学规律之中；人们能通过（所谓的）科学方法所规定的‘客观的’程序和认识论上的规范，来获得关于这些规律的可靠的，虽然是不完备的和试探性的认识。”然而，20世纪科学在深层次上的观念变化，科学的历史和哲学研究的革命变革，破坏了这种形而上学的信念。当前女性主义和后现代结构主义的批评已经消除了西方主流科学中关于客观实在的神话。“现在人们越来越认识到，物理‘实在’只不过是一种社会‘实在’，本质上是一种社会和语言的建构。科学‘知识’远不具有客观性……科学共同体的话语，尽管有其不可怀疑的价值，但从不同见解者或受排斥的团体中产生出来的反霸权的叙事来说，人们不能够断言它们具有一种认识论上的权威地位。”①

就是说，在这篇文章的作者看来，作为自然科学存在基础的客观世界、唯物主义、理性主义已经被解构了，被颠覆了，要让位于极端的主观主义和

① 《“索卡尔事件”与科学大战——后现代视野中的科学与人文的冲突》，蔡仲、邢冬梅等译，南京大学出版社，2002年，第1、2页。

相对主义了。

大概是由于“投其所好”吧，大概编者认为这么一篇出自物理学家之手的文章，是一块可以砸向科学界传统观念的石头吧，《社会文本》欣然接受了它，把它编入《科学大战》这期专辑里，于1996年5月发表了。

可是，几天之后，在《弗兰卡语》这个刊物上，索卡尔发表一篇自我曝光的文章，说他送给《社会文本》的那篇文章，只是“一个物理学家的文化研究实验”，旨在测试那批喧闹一时的对科学作文化研究的学者们够不够学术水准。他说，他那篇文章在科学内容上有明显的胡说八道，任何有能力的大学物理学或数学专业的学生都能识别这是一场恶作剧，然而①它听上去很不错；②它迎合了编辑们在意识形态上偏见[①]。结果，竟瞒过了文化研究的著名教授和编辑。

真是应了中国的一句老话：搬起石头砸了自己的脚！

这样一个戏剧性事情，不但引起学术界大哗，还蔓延到新闻界，蔓延到公众中，甚至上了《纽约时报》的头版。舆论中自然认为那些被批评的后现代人文学者受了窘，丢了丑。但是，一场论战绝不会由于一篇恶作剧文章而告结束。

《社会文本》的编辑罗斯写了回答索卡尔挑战的文章，还出版了题为“科学大战”的文集。它是《社会文本》那个专辑的扩充版，当然，索卡尔那篇恶作剧文被摒除在外[②]。

索卡尔也没有收兵。他把在写作《超越界线》一文过程中搜集到的大量资料给同事们看了，在同事们的鼓励下，他同比利时物理学家布里克蒙特合作，写了一本《知识的骗局》，1997年在法国出版。之所以要拿到法国出版，是因为索卡尔批评的在美国流行的那种思潮，其源盖出于法国的后现代大师们。这样就把科学大战的战场扩大到欧洲。此书接着出了英文版，易名为“时髦的空话——后现代知识分子对科学的误用”。这是一本拆穿“国王的新衣”的新著。人们评论说，如果《高级迷信》可以比拟为火力凶猛、流弹四射的机关枪，那么《知识的骗局》比较像是X光机或手术刀，试图透视或解

---

① 《“索卡尔事件”与科学大战——后现代视野中的科学与人文的冲突》，蔡仲、邢冬梅等译，南京大学出版社，2012年，第57页。

② 此书于1996年出版，中译本（夏侯炳、郭伦娜译）已于2002年由江西教育出版社出版。

剖后现代科学迷人外貌下的真实骨架[①]。1998年索卡尔到伦敦，在电视台作演讲，还在伦敦经济学院同法国后现代大师拉脱尔进行了公开辩论。

1998年在美国还出版了克瑞杰主持编辑的《沙滩上的房子——后现代主义者的科学神话曝光》。克瑞杰是厕身于美国最古老的科学历史和哲学系的一位教授，自称与后现代主义有相当长期的共同道路。以她这样的学术背景来主编这样一本书，自然分外引人注目。她为此书写了一篇序言，指出后现代主义的从事对科学的研究的学者之间虽然歧见甚多，但有广泛的共同信念。这种信念可以概括为：我们称之为科学的任何一个方面，只能根据其地域的历史和文化的语境来塑造和理解；科学研究的产品（自然规律）必须被视为一种社会建构，其有效性依赖于专家之间的默契；科学知识只不过是“众多故事”中的一种；对客观知识的追求是一种堂吉诃德式的幻想；说一种社会中的科学比另一种社会中的科学更好，这并没有明确的意义，比起人类学家描述的各种各样的民族科学和萨满教来说，欧洲科学并没有什么客观上的优越性；谈论欧洲的科学进步，也没有什么明确的含义，相反，近代史中几乎所有的消极或压制人的方面，如日益增加破坏性的战争、环境的灾难、种族主义、男性至上主义、优生学、剥削、异化和帝国主义，无不以科学为其同谋犯。她认为，许多在科学的历史、哲学和社会学领域中工作的严肃学者，一直都忙于从事很好的研究工作，但是，上面概述的那种“解构”，则不值得“同情地放任”。这就是她主编这本书的目的[②]。

索卡尔事件不但在北美西欧引起热烈的反响，在其他国家，包括中国，也引起了反响。

从索卡尔事件和科学大战中，我们可以观察出一些什么迹象和动向呢？

第一，斯诺1963年在《再论两种文化》中曾经乐观地预测过人文知识分子和自然科学家之间的隔阂将最终得到缓和[③]。针对这种预测，索卡尔表示：“与一些乐观的言论相反，这‘两种文化’在心态上可能比过去五十年

---

① 这本书的中译本由蔡佩君翻译，2001年在中国台湾出版。以上评论引自蔡瑞麟的《审订序——科学家与后现代主义的纸上战争》，第5页。

② 它的中译本由蔡仲主持，于2003年在南京大学出版社出版，所引文字见此书序言第3～8页。

③ 《两种文化》纪译本，第68页。

任何时候还要分隔。”①

这也许是激愤之词，情况不能一概而论。索卡尔事件引起的这场争论，主要是一些自然科学家同受后现代反科学思潮影响的“科学研究”学者们之间的争论。所谓“科学研究”，指的是对科学作哲学的、历史的、社会的和文化的研究。中国的两本刊物，一本叫《自然辩证法通讯》，一本叫《自然辩证法研究》，刊名下面都附上同这里所说的这些研究相类似的副题。

西方这个领域的研究，本是沟通科学与人文的一座桥梁，最早 STS（科学、技术与社会）课程在美国等国家的工程学院系设置，目的是让学生了解科学和技术的社会影响，受到理工科学生的广泛欢迎，参加这一教学的不仅是人文社会科学的教师，也有理工科教师。沿着关注科学技术与社会过程、人类价值之间互动方向，许多研究产生了富有成效的结果。然而，受后现代反科学思潮影响的“科学研究”学者却走向极端，引起与自然科学家之间的尖锐争论。希望我们的自然辩证法研究或者说科学哲学、科学社会学、科学文化学研究，在不忽视后现代思潮中那些引人深思的批判性思考的同时，千万不要步后现代反科学思潮的后尘，而要坚持和开创科学与人文相互沟通的健康格局。

第二，其实，在西方，在激烈争论扬起的尘埃落定之后（甚至在扬起的尘埃之中），对立双方对对方的研究工作（部分工作）还是表示了一定的尊重。这不能仅仅看做是论战中的一种预防策略，也应该看做是其基本立场的一个组成部分。《知识的骗局》的作者在其英文本的前言和全书的导论中一再说：“有些评论者将本书视为对人文学科或社会科学整体的批评，这不仅误解我们的意图，也是一种奇怪的混同，显示这些评论者对那些领域的轻蔑态度。”②“我们并不是要抨击哲学、人文或社会科学整体，相反地，我们觉得这些领域非常重要，我们只想要提醒在这个领域从事研究的人，特别是学生，提防某些显而易见的吹嘘骗术。”③

第三，论争有助于双方澄清各自的立场。几位自然科学家把批判的矛头

① 索卡尔：《跨越界线：后语》，见《知识的骗局》，第 262 页。
② 索卡尔：《跨越界线：后语》，见《知识的骗局》，前言第 4 页。
③ 索卡尔：《跨越界线：后语》，见《知识的骗局》，导言第 12 页。

集中指向后现代思潮中的知识相对主义，特别是指向其中持极端立场的观点。索卡尔特别申明：《社会文本》并不是他的敌人，罗斯有权关注新技术以及科学知识越来越不平等的分配，不过，否认科学知识的客观性是没有益处的[①]。而《社会文本》的前主编阿罗诺维兹则说其编辑或投稿人从不怀疑客观世界的存在，包括科学在内的一切知识过程都是以实践为中介的，社会、文化、种族歧视等都深刻影响于科学活动的内容和结果[②]。索卡尔在接受记者专访时，说了一句俏皮话，也是大实话："许多貌似新颖激进的观点一经清晰的语言追问，就变得不那么激进，而且很容易让人接受，但却不再是重要的了。"[③]

还有些人明确地表示要力求通过辩论，使论战双方的立场得到调解，向某个共同的基础靠拢。认为这样做的一个好处是："自然科学可以在不必背叛其学科的整个基础的情况下，为了特定的目的而主动地运用科学的文化研究所获得的见解。"[④]

第四，内行和外行的问题。这个问题要从两个方面来看。一个方面，要克服自然科学家对人文学家的傲慢与偏见，认为外行没有资格对自然科学问题说三道四。大家知道，现代科学迅猛发展，学科划分越来越细，谁敢说自己是各门自然科学都懂的自然科学家？在自己所研究的专业之外，谁都是外行。自然科学家不能以"去去去！你懂什么科学！"来傲视探讨科学问题的人文学者，同样，人文学者也不能以"你受到过多少哲学训练？"来傲视探讨哲学和社会问题的自然科学家。

另一方面，人文学家对自然科学术语概念的随意滥用，的确是一个值得注意的问题。索卡尔批评的矛头，一个是指向知识的相对主义，一个就是指向这种随意滥用。他说："不懂微积分或量子力学并不是可耻的事。我们所要批判的是某些著名知识分子的虚矫，假装能为他们所了解的复杂主题提供深刻的思考，但他们的了解顶多只是在通俗的层面。"[⑤]

---

① 《沙滩上的房子》，第19、20页。

② 《异议》，1997年。

③ 《科学的美国人》，1998年。

④ 马丁：《科学大战中的异中求同法》，见《科学大战》，第88页。

⑤ 《知识的骗局》，第13页。

这个内行和外行的问题也困扰过恩格斯。恩格斯不是一位自然科学家，但在哲学、政治经济学和社会主义学说方面有精深的研究。为了写作《反杜林论》，为了写作《自然辩证法》，他不得不论述到一大堆自然科学问题。他花了八年的时间使自己在数学和自然科学方面来了个彻底的“脱毛”（像雏鸟脱去绒毛长出能飞的翅膀），以至于他能够自豪地说：“没有人能指出我真正违反了当时人所共知的事实，或者不正确地叙述了当时公认的理论。”① 从事自然科学的哲学和社会学研究的人文学者，也应该努力争取实现这样一个“脱毛”的过程，不要以为凭那雏鸟的绒毛就能振翅奋飞。

第五，学术左派问题。《高级迷信》明确地批评学术左派及其与科学的争论。什么是学术左派？没有明确的界说，大体说来，总是在社会上和政治上站在进步的立场，对社会上和世界上的弱势群体（受种族歧视的、受性别歧视的、受社会歧视的、受压迫和剥削的）表示支持，对资本主义帝国主义当局持批评态度的那些学术界表示尊敬。《高级迷信》一出，立即有人怀疑是学术右派所为，以至于在再版序言中作者们愤怒地否认他们有促成保守的政治目标的任何欲望。至于索卡尔，他本人正是一位学术左派。他在《跨越界限：后语》中特别申明：自己是一位旧式的左派人物，一直不能理解解构如何帮助工人阶级，是一位传统的旧式的科学家，天真地相信存在一个外部世界，存在关于这个世界的客观真理，他的工作就是去发现它们。他主要关心的并不是保卫科学，而是担心主观主义倾向不利于左派的价值和未来②。他还在《知识的骗局》的英文本前言中宣称：“本书并不是反对政治上的激进主义，而是反对知识上的混淆。我们的目的不是批评左派，而是不希望左派成为随波逐流的支派。”③

三、中国近代思想中的所谓“科学主义”

现在把目光从国外转到国内，并且从追溯过去，延伸到当前的思潮。

---

① 《反杜林论》，序言二。

② 《知识的骗局》，第 262、263 页。

③ 《知识的骗局》，英文版前言，第 6 页。

在中国，科学与人文两种文化的关系有自己的历史背景和社会背景。科学，严格地说，是西方近代的产物，虽然它的历史可以追溯到西方古代，也可以追溯到东方和中国的古代。西方近代科学传入中国以后，同中国传统文化发生了激烈的冲突和长期的摩擦。五四时期的中西文化论战，1923 年由张君劢在清华大学的一篇演说《人生观》和丁文江在《努力》周刊上的一篇文章《科学与玄学——评张君劢的“人生观”》而引起的论战，就是这种冲突和摩擦的两次大规模的爆发。

有一位美籍华裔学者郭颖颐，1965 年出版了一本书，叫做《中国现代思想中的唯科学主义（一九〇〇—一九五〇）》。1989 年出了中译本①，1998 年出了新版，两版都已多次印刷。因为谈的是中国近代的事情，所批评的人有自然科学家，主要是人文学者，是中国那时极力呼唤科学知识和科学精神的知识分子，那我们就从这本书来看看什么是作者认为该受指责的中国近代的“科学主义”吧。

这本书开宗明义就宣称：“就科学的全面应用来说，在二十世纪的前半叶，中国的各种条件是令人沮丧的，但却激发了思想界对科学的赞赏，对此，我们可称之为唯科学主义。”② 请看，对科学赞赏，就成了“科学主义”！书里面接着说：“简言之，唯科学主义认为宇宙万物的所有方面都可以通过科学的方法来认识。中国的唯科学主义世界观的辩护者并不总是科学家或者科学哲学家，他们是一些热衷于用科学及其引发的价值观念和假说来诘难，直至最终取代传统价值主体的知识分子。”② 作为对这个定义的补充，书中还批评了所谓的“科学万能论”，以及把科学当成新的神、新的宗教或替代宗教的思想②。

由此可见，这里所要批评的“科学主义”，并不是特指哪一个或哪几个学术流派（那是另外的研究课题），而是泛指中国近代的影响广大的社会政治思潮，是泛指“中国许多受过西方教育的知识分子对科学的巨大热情”②，是泛指近代中国连续不断的中西文化论战中主张用西方近代科学及其引发的

① 译者把“科学主义”译为“唯科学主义”，这是英文 Scientism 一词的不同译法。书中所说的中国现代，即从清末至中华人民共和国成立，我们现在通常称为近代。

② 郭颖颐：《中国现代思想中的唯科学主义》，第 1 页。

价值观念去克服中国古代停滞腐朽的价值观念的中国知识分子。这样提出问题和论述问题，就把对“科学主义”的批评泛化了，过分地泛化了。

近代中国备受列强欺凌和侵略，中国知识分子不能不深刻地进行反思，而反思的一个共识，就是由于中国落后，最明显的是工业落后、技术落后和科学落后。于是，急起直追，向西方学习，学工业，学技术，学自然科学和社会科学，成为中国走向富强、走向进步、走向现代化的时代潮流。

五四时期的新文化运动，两大口号：提倡科学、提倡民主（又称科学和人权），欢迎赛先生（science）和德（democracy）先生。这是陈独秀的名言，而为当时新潮人物所乐于称道。这是把科学当做新的神来信仰，主张科学万能的“科学主义”吗？既然单独一个赛先生不够，还要一个德先生，说明五四时代的思想先驱们并不认为科学万能，至少还得要一个民主的社会制度。民主、人权是不是人文目标呢？五四新文化运动，不是什么“科学主义”，而是引进科学思想和更新人文观念（道德观念、政治观念、婚姻观念、家庭观念、文学观念、艺术观念）的新文化运动。

当然，历史地看，五四新文化运动也有它的弱点：粗糙、绝对化、形式主义，在泼污水时不留心泼掉了孩子。后来的人应该比前人更全面、更细致、更有分析。但是，五四运动的伟大历史意义是不能否认的，没有它中国历史就不能前进。它开辟了中国历史发展的新阶段。

随后发生的“科学与人生观”（又称科学与玄学）的论战，中心问题是科学与人生观有没有关系，科学对人生观有没有意义。挑起论战的玄学派，批评“科学万能”，认为科学对人生问题无能，要把科学排除在人生问题的探讨之外。起而应战的科学派，则针锋相对，认为科学方法也可以用于研究人生，并且探讨了如何建立科学的人生观。科学派的代表人物是丁文江和胡适。胡适还试图列出一系列基本观点（总共十条，传教士戏称为胡适“十诫”）来描绘他所主张的科学的人生观①。不管胡适和丁文江的科学观，有着多少可以和应该批评的地方，我以为，这是中国思想界的一次进步，而没有理由把它评价为该谴责的“科学主义”统治的滥觞。

在科学与人生观论战中，参战的还有一方，就是唯物史观派，以陈独秀

① 胡适：《科学与人生观》。

和瞿秋白为代表。他们支持科学派，又力图站到新的科学高度，在马克思主义唯物史观的基础上来阐明科学的世界观、历史观、人生观。这是中国思想界的又一个进步。特别是瞿秋白参战的几篇文章，显示了刚刚把马克思主义介绍到中国来的理论青年，面对中国思想界的争论，所作的努力和取得的成就。不管后人来看，瞿秋白对马克思主义若干观点的论述还有哪些显得有点稚嫩和简单的地方，从根本上说，他在重要的思想论战中介绍了辩证唯物主义和历史唯物主义，介绍了马克思主义的社会科学，其历史意义是应该充分肯定的，不必说他有什么“科学主义”倾向，给马克思主义带来了什么“科学主义”的流弊。

当然，影响于人生观的，除了科学，还有人文，如文学艺术，历史文化，哲学和宗教，还有种种其他社会意识形态。科学与人生观论战提出的问题和观点，并没有完全沉没在历史文献的海洋中，而是在学术界、思想界不时引起回响，说明它所涉及的主题——科学与人文的关系，是一个常论常新的主题。我们对论战双方的一些思考，都不能一概抹杀。但是，通过这场讨论，更多的人明白了解决人生观问题不能把科学摒除在外，这已经成为近代中国知识分子大多数人的共识，这是五四以来新文化的一大胜利。

而在《中国现代思想的唯科学主义》这本书中，却把胡适、丁文江贬称为“经验论的科学主义”，把陈独秀、瞿秋白贬称为“唯物论的科学主义”，由此扩而大之，引而伸之，一方面，把中国最早的科学社团及其刊物《科学》杂志的创办者任鸿隽，贬称为科学主义者，把在北京大学响应蔡元培“融通文理”的号召首先开设《科学概论》、《科学方法论》课程的王星拱，贬称为科学主义者，把主张对心理现象作科学研究的唐钺，贬称为科学主义者；另一方面，把20世纪30年代站在马克思主义立场研究历史、研究哲学、研究社会科学的郭沫若、艾思奇、陈伯达、李达、何干之、胡绳，以及一切主张对社会作科学研究、写《社会科学概论》、使用“社会科学”这个称谓的人，一概贬称为科学主义者。马克思主义是一门科学，这样的论点当然被认为是科学主义。甚至毛泽东提倡“民族的、科学的、大众的新文化”，也是科学主义；毛泽东写《实践论》、《矛盾论》，还是科学主义①。这样来评

① 郭颖颐：《中国现代思想中的唯科学主义》，第159～164页。

论和反对中国近代社会思潮中的“科学主义”，完全离开了中国历史发展的前进潮流，完全没有什么科学性。说一句笑话，主张对社会思潮的历史研究要有科学性，岂不正好是该谴责的“科学主义”的表现吗！

总之，这样来反中国近代思想中的“科学主义”，我是很难表示理解和赞同的。

四、在当代中国需要反对“科学主义”吗

前面说的是近代中国的事。那么，在当代中国，在为实现社会主义现代化而奋斗的中国，在实施科教兴国战略的中国，在把科学技术当做第一生产力和大力弘扬科学精神、提倡科学方法、普及科学知识的中国，情况又怎样呢?

偏偏在我们这里，近十来年中，反科学主义竟然成了一种时尚！

文学家对社会生活、社会思潮的变动，是观察最细致，反映最敏锐的。王蒙发表了一系列“玄思小说”，其中一篇是《线索》[①]。小说中说到1959年小说的主人公“老王”家中失窃，但是，没有作案的印迹，没有任何线索。折腾了许久，转而怀疑到“老王”本人：到底真有其事还是谎报案情，干扰专政机关的工作？不然为什么没有线索？“老王”自己也纳闷：难道是狐仙给拿了去了？那年头“以阶级斗争为纲”，所以彻底审查了“老王”的政治态度、历史问题和社会关系，都查清楚了，没有任何问题，但是失窃的线索还是没有查出来。几十年过去，“老王”老了，醉心于阅读和研究《聊斋志异》。忽然想起：“既然这年头科学不甚吃得开，懂科学的与不懂科学的都在那儿批科学主义，不如干脆研究狐仙。”于是，“老王”悟出来：“早在一九五九年，我的经验里就充满了后现代的气味了，老王有点得意。”从研究狐仙，转而研究狐民俗学，或者径直叫做狐文化，并且成立狐文化研究会……

这是用调侃的语言说出来的小说家言。但是，“这年头科学不甚吃得开，懂科学的与不懂科学的都在那儿批科学主义”，不能不说的确反映了中国知识界一部分人中的一种时尚。

---

① 《万象》，2003年第1期。

怎样评价这种时尚？

我明确地表示：我不赞成这样泛化地来反科学主义；或者说得留有余地一点：我主张慎言反科学主义。我的理由是，反科学主义这个术语，意义含混，极易引起误解，几乎不可避免地会被理解为反科学，特别是在中文的语境中。反科学主义，可以理解为反对一种主义，一种叫做“科学主义”的主义。只反这种主义，并不反科学。现在讲反科学主义的人在发表的文章中大都是这样解释的。但是，不管在文章中作了多少说明和辩解，总是难免被理解为另一个意思，即主张一种主义，这种主义就是反科学，反科学本身成为一种主义，叫做反-科学主义。如果不是意在张扬反科学-主义，那么，与其在极力辩解的情况下去反-科学主义，何不避免用这个术语，而用清楚的语言去反对你所不赞成的具体思想和观点呢？

据说，科学主义是学习自然科学的人的“缺省配置”。所谓“缺省配置”，据说就是在不进行自定义的情况下，系统默认的参数或配置。换句话说，如果没有进行版本的升级，“缺省配置”就决定了学习自然科学的人是天生的科学主义者。这种说法，也许是想说学习自然科学的人，天生不会反科学。如果不是这样，而是责难学习自然科学的人的天生缺陷，那岂不是说，科学主义成了学习自然科学的人的“原罪”！这样来反科学主义，打击面不是太宽了吗？

热心于反科学主义，也许意在呼唤人文精神。呼唤人文精神，很切时要，我很赞成，但是为什么要设立一个“科学主义”的靶子，把人文精神同崇尚科学当做相互排斥、此消彼长的东西呢？它们不正是应该相互结合，相得益彰的吗？

这是我的第一点意见。

第二，怎样看待科学技术的社会运用的负面后果？

科学家们历来对科学技术的社会运用的后果作两方面的分析，既乐于看到它的正面的积极的后果，又担心着它的现实的或可能的负面的消极的甚至是可怕的后果。1903 年居里夫妇因镭的发现而获诺贝尔奖，1905 年居里在瑞典科学院代表夫人和自己发表演说，既指出了镭的发现在物理学、化学、地质学、生物学上带来的新成果和新前景，也担心它可能为祸于人类而变成极危险的东西。居里说：“人们可以自问：认识自然的秘密是否于人类有益？

人类是已经成熟到能够从这种认识得到益处呢，还是这种认识仍会对人类有害？诺贝尔的发现倒是有代表性：那些烈性炸药使人们能做出惊人的工作；但是在把人民引向战争的大罪犯手里，它们也是一种可怕的破坏手段。我和同意诺贝尔的见解的人们一样，认为人类从新发现得到利益，会比害处多。"① 控制论的创始人维纳，1947 年在他的《控制论》一书序言中也说："我们促进了一门新的科学的发轫，这门新科学包含着这样的技术发展，它具有为善与作恶的巨大可能性。"② 这就足以证实斯诺所说的"技术具有两面性：行善和威慑。在全部历史中它都给我们带来了福和祸"。对此，许多科学家和斯诺自己都一再重申过。

20 世纪后期，科学技术发展的社会运用带来的环境污染问题、生态破坏问题、资源枯竭问题、人口爆炸问题，以及其他一些问题，日益引起人们的严重注意。人在自然界中生存条件的许多方面，人和自然和谐的许多方面，有走向更加恶化的危险。工业发展起来以后，人在自然面前，主人的地位、主导的能力，越来越强。然而，当人凭借科技和工业力量在急剧地改变着自然的时候，上述一系列问题日益显现和尖锐起来。应当看到，正是许多自然科学家和社会科学家在这方面先知先觉，向人们发出了警告和呼吁。呼吁有两种倾向：一种是向前看；一种是向后看。向后看，就是对科技和工业发展作消极评价，持否定态度，似乎科技和工业发展以前的人类状态，才是值得怀念的美好状态。向前看，则是清醒地研究我们面对的问题，相信这些问题总是能够在科技和工业的进一步发展中，在人类社会的进一步成熟中，在以人为本的、全面的、协调的、可持续的发展观的进一步确立和贯彻中，得到解决。就是说，要在更高的水平上取得科学和技术与自然、与人、与社会的更加协调的发展。不是回到过去，而是推进到更高阶段的将来。不是否定科学和工业发展，而是否定工业的盲目发展。不是回到人和自然关系的蒙昧状态，而是要开辟人和自然关系的更加自觉的新状态，依托于科学和工业的更加健康、更加符合科学态度和人文精神的新发展的状态。

---

① 艾芙·居里：《居里夫人传》，左明彻译，商务印书馆，1984 年，第 223、224 页。

② 维纳：《控制论》，郝季仁译，见《影响世界的著名文献（自然科学卷）》，新华出版社，1997 年，第 847 页。

科学和技术的发展为善还是作恶，这取决于人所在的社会，而不是科学和技术的本性。怎样发展科学和技术的社会运用的为善的那一面，避免和防止它为恶的那一面，这取决于人们改进社会的努力，取决于人们控制技术后果的能力，而不取决于科学技术本身。斯诺说："我们必须用以反对技术恶果的唯一武器，还是技术本身。没有别的武器。我们无法退入一个根本不存在的伊甸园。"这里说"唯一武器"是说得绝对了，应该改为"不可缺少的武器"。我们还要运用人文的武器、法治的武器，等等。但是，科学和技术的武器，毕竟是不可缺少的。你难道能够不用科学和技术这个武器，而拿起反科学反技术的武器吗？你难道真能退到近代科学和工业化以前的时代去吗？更不用说退到原始的伊甸园去了。

第三，怎样看待社会科学在自然科学影响下日益成为科学？

这是不可抗拒的历史潮流。列宁说过："从自然科学奔向社会科学的强大潮流，不仅在配第时代存在，在马克思时代也是存在的，在 20 世纪，这个潮流是同样强大，甚至可说更加强大了。"① 配第（古典经济学家）时代是 17 世纪，马克思时代是 19 世纪，列宁说这句话是在 20 世纪初年。现在人类已经进入 21 世纪。在 21 世纪，自然科学奔向社会科学的潮流，不但比 19 世纪更强，比 20 世纪也更强，这是谁都看得到的越来越明显的历史潮流。

但是，历史潮流的前进，总是伴随着紊流，伴随着冲突，伴随着不同的倾向和趋势，虽然这历史潮流终归要奔腾向前，不管人们看到了还是没有看到，不管人们是朝向它推动它还是背向它反抗它。

斯诺在 20 世纪中叶谈两种文化，他所说的"科学"文化，按英国的习惯，基本上是指的像物理学那样的自然科学所代表的文化，而与之分裂和对立的另一种文化，斯诺指的主要是文学知识分子（作品和评论）所代表的文化。这种两分法，有它的缺陷，就是社会科学不在斯诺的中心视野之内。斯诺在《再论》中也感觉到了，并且表示遗憾，在论述上有所弥补。他认为他忽视了"第三种文化"正在来临。他举了来自社会历史、社会学、人口学、政治科学、经济科学、行政管理学、心理学、医学等各个领域的知识分子，在"两种文化"讨论中表现出来的沟通自然科学家和人文学者的某些共同的

---

① 列宁：《又一次消灭社会主义》，见《列宁全集》中文第 1 版第 20 卷，第 189 页。

意向[①]。

但是，在斯诺演讲之前，哈耶克在20世纪40年代写了一本《科学主义与社会研究》。这位新自由主义的著名大师在这本书中说：从前，“政治经济学的研究者既可以把这门学问称为科学的一支，亦可以把它称为道德哲学或社会哲学的一支，从不介意自己的题目属于科学还是哲学。”[②] 19世纪上半叶，出现了一种新的态度：科学一词日益局限于物理科学和生物科学，而自然科学对社会研究的影响日益显著。以圣西门和孔德为开端的一批思想家，试图把自然科学方法应用于社会研究，致力于发现社会的规律，并相信通过掌握和运用这种规律，可以使人类社会生活趋于完善。哈耶克把这种思路斥之为“科学主义”，并指责在1845年的一本书中第一次把“科学社会主义”一词用于圣西门的著作[③]。哈耶克当然还把他对“科学主义”的批判，延伸到马克思、恩格斯的社会研究和他们所创立的科学社会主义。

我们知道，在马克思主义的文献中，圣西门只是科学社会主义的先驱和来源之一。他的社会主义学说属于空想的社会主义，还称不上真正的科学社会主义。

我认为，还是斯诺的观察比哈耶克的论点更合乎从自然科学奔向社会科学的历史潮流。社会科学的发展在孔德那里也许过分地机械地模仿了物理学，但是，后来的马克思，就克服了这种机械模仿，而把社会科学真正地奠基在对社会作科学研究的基础上。社会科学的真正发展是确定了自己的研究对象，明确社会是有规律的，是可以科学地认识的，这种认识可以借助于从自然科学研究中总结出来的科学方法，但由于研究对象的不同，更要创造适合于研究社会的、社会科学自己的理论和方法。同时社会科学研究人类社会，从而关心人的价值和命运，人类社会的价值和命运。因而又是人文的。马克思的理论，社会科学的研究，都兼有科学和人文两种特征。

当然，我也知道，在是不是承认社会科学成为科学这个问题上，是有不同意见的。另外，在承认社会科学这个概念的人们中，又有人赞成称人文社

---

① 《两种文化》纪译本，第66～69页。

② 哈耶克：《科学的反革命》，冯克得译，译林出版社，2003年，第3页。

③ 哈耶克：《科学的反革命》，冯克利译，译林出版社，2003年，第209页。

会科学，有人只愿意称人文学科和社会科学，即不主张把人文学科称为人文科学。人文学科最主要的是文、史、哲。有人不主张把哲学视为科学，有人则强调作为自然科学和社会科学两门知识的概括和总结的哲学就是科学的哲学。我以为，这都不必强求一致。在我看来，有科学的哲学，也有难以确定其科学性的哲学。文艺，自然不属于科学，但对文艺的研究即文艺学却可能成为一门科学。至于社会科学的存在，这几乎是全世界的共识，不只我国和马克思主义者这样看，其他国家的、不赞成马克思主义的学者也这样看。经济学、社会学、人类学，语言学，无不被人视为各自成为一门科学，虽然这些科学部门的有些成果是否有足够的科学性还常常成为争论。

在自然科学几个世纪以来加速发展的影响下，对社会的研究日益可能成为科学，虽然这个过程是一个非常复杂而且充满矛盾和斗争的过程。我认为，虽然我们还难以完全改变把科学理解为仅指自然科学的习惯（在中文中如同在英文中一样有这种习惯），但是在现代，讲科学就应该包括自然科学和社会科学，不能把社会研究排除在科学之外。在国际上，例如，在美国，国家科学基金会（NSF）不仅包括数理科学局，生物科学局，地学局，计算机、信息科学与工程局，还设有社会科学、行为科学与经济科学局，专门资助社会科学的研究。在英国，科学技术办公室（OST）下设的七大研究理事会，其中就包括经济与社会研究理事会（ESRC）。

当然，自然科学同社会科学是有区别的。研究的对象不同：一个是自然界，无生命无意识的和有生命低意识的自然界，一个是社会和人文，是有意识有能动性的人所组成的人类世界。就是在自然科学内部，由于研究对象的不同，无生命自然界的科学同有生命的自然界的科学之间、低等生命自然界的科学同高等生命自然界的科学之间，都还是有不同的，何况自然科学同社会科学之间呢?

但是，不能因为有不同就否认对社会的研究可以成为科学。研究社会的科学同研究自然界的科学一样，都属于（或者说应该属于）科学；而各门社会科学，又都属于人文。这样，社会科学的存在和发展，就在科学同人文之间架起一座桥梁，担负着科学与人文的交融和结合的重任，而用“科学主义”的贬义词把对社会的研究排除在科学之外，只能加深科学与人文的隔阂和相轻。

斯诺在调整自己观点，期待“共有文化”的来临时，说到他自己受英国经验的限制，而美国的文化分裂不像英国那样厉害，美国的麻省理工学院和加州技术学院的理科学生都在接受一种严肃的人文教育①。看来，沟通两种文化，高等学校可能是重要的场所。近年来中国的大学改革，人们有许多议论，但有一条，意见几乎是一致的，就是赞成把一些单科的工业高校或者多科的工业大学，办成包括理科、包括文科，甚至包括法科、商科等的新的综合大学。清华大学原来是包括文法理工农的综合大学，1952 年院系调整，改为多科性的工业大学，现在又恢复为综合大学，正在加强理科和文科各院系。清华只是一例，别的好多大学也在走这条否定之否定的路。我想，不管大学合并中间有多少别的问题值得研究，但是这个两科交融和结合的方向，是符合自然科学奔向社会科学的历史潮流、时代潮流和科学潮流的。

第四，重理轻文问题。

这个问题在我们这里确实存在，也是我们现在要大力加以解决的，而且解决起来还不那么容易。但这不是由什么科学主义产生的，用反科学主义的办法，造反科学主义的声势，并不能帮助这个问题的解决。

为什么会出现重理轻文的情况呢?

马克思主义重理轻文吗? 当然不是。毛泽东在延安就说过：“自然科学是要在社会科学的指挥下去改造自然界。”② 他这里所说的社会科学，是指马克思主义，是指用马克思主义指导社会改造为自然科学发展创造前提。这应该说是重理更重文吧!

是新中国成立以来就重理轻文吗? 也不是。新中国成立之初，第一届人民政协召开，代行全国人民代表大会的职责，选举成立中央人民政府，那时候自然科学和社会科学两界是平衡的、并重的。参加第一届政协的组成单位，除了各党派之外，还有各界，其中就有“中华全国自然科学工作者代表大会筹委会”和“中华全国社会科学工作者代表会议筹委会”这两大界，由这两个筹委会推出的出席政协会议的代表，人数也相等。第一届中央人民政

---

① 《两种文化》纪译本，第 66 页。

② 毛泽东：《在陕甘宁边区自然科学研究会成立大会上的讲话》，见《毛泽东文集》第 2 卷，第 269 页。

府成立了中国科学院，不久中国科学院又建立学部委员制度，都包括自然科学和社会科学，院长还是社会科学家郭沫若。

问题发生在后来。新中国成立第二年全国自然科学工作者代表大会就正式召开了，在这次会上成立了中华全国自然科学专门学会联合会（以及科学普及协会，后来两会合并改组为中国科学技术协会），成为同工会、青联、妇联、文联相并立的人民团体，而新中国成立之后，社会科学工作者代表大会却迟迟没有召开，一直到今天也不再提起，全国社会科学联合会当然也没有成立（各省市自治区的社联倒是成立了）。中国科学院颁发第一届科学奖，原来设想自然科学、社会科学都要包括，后来颁奖时，自然科学方面，华罗庚、钱学森等好多人都得了奖；社会科学给谁奖呢，种种矛盾、种种顾虑，没法解决，结果社会科学方面全部空缺。这些都是老早过去的情况了。

改革开放伊始，科学的春天到来。中国社会科学院成立，与中国科学院相并立。但是，自然科学方面的学部委员改称院士，并已多次定期增选院士，而社会科学方面，老的学部委员现在只剩五人（最年长的陈翰笙，已经106岁！最年轻的于光远，也已过了88岁的“米”寿!），院士制度多次说过社会科学方面也要设立，却至今没有进行。自然科学方面的国家奖励，已经规范、定型和立法，颁发了多次，社会科学方面只有地方奖、部门奖和以个人命名的民间奖（如吴玉章奖、孙冶方奖），国家奖也是付之阙如。总之，社会科学工作在这些方面好像还没有完全走上正轨。这些都是从国家一级的制度来谈的不平衡。至于现实生活中表明自然科学与社会科学地位不平衡的现象，那就更多了。

造成这种不平衡的原因是什么？原因很多，也不是没有实际的困难和麻烦。根本的原因，我看，一是发生在领导思想上，二是发生在领导体制上。

从领导思想上看，中国共产党历来重视马克思主义，把它视为党和国家的指导思想。过去在大学教育中，四门马克思主义政治理论课（哲学、政治经济学，科学社会主义，中共党史）占的课时比重也不可谓少。问题是，随着党的指导思想上“左”的错误的发展，重视马克思主义，却把马克思主义以外的社会科学理论都当做资产阶级的东西加以否定或贬低了。而马克思主义又逐渐走向教条化、僵化，从而在相当程度上失去了丰富多彩的吸引力和与时俱进的创造力。这才是实际生活中发生问题的真实原因和症结所在。

从领导体制上看，党和国家对自然科学和社会科学是实施统一领导的。但在具体的管理上，却越来越走向体制的分割。新中国成立之初，科学事业规模还小，从政府来说，都归中国科学院，从党来说，党中央通过中宣部联系科学院，那时管理体制上还是统一的。后来，科学事业日益发展了，政府方面在国务院成立了科学规划委员会，说是统一管理自然科学和社会科学规划，实际上主要管理自然科学规划，社会科学规划委托中宣部和中国科学院哲学社会科学部管理。以后，科学规划委员会同技术委员会合并，成立科学技术委员会，就只管自然科学了。中央领导自然科学工作，通过科学技术委员会党组和中国科学院党组来实现，中央领导社会科学工作，则通过中宣部来实现，这样，管自然科学和管社会科学，从领导体制上就分家了。自然科学和技术方面的工作越来越发展，而社会科学里面折腾和运动挺多，这两大块事业越来越分离了。

20 世纪 60 年代初期曾经提出一个建议，中国科学院分成两个院，一个叫第一院，一个叫第二院，第二院是社会科学，两院都由郭沫若当院长。原来哲学社会科学部只是中国科学院底下四个学部中的一个学部。设立中国科学院第二院，就可以提高社会科学的地位。因为中宣部长陆定一反对，他说不要搞分裂了，这个提议就此作罢。从理念上说，不要把自然科学同社会科学分裂开来，陆定一的观点是正确的。“文化大革命”结束以后，中国社会科学院从中国科学院中分离开来，独立建院，好处是地位提高了，缺点就是两门科学之间界限、差距、互相脱离更加严重了。

改革开放以来，在领导思想上，经过拨乱反正，克服僵化，重新确立解放思想、实事求是、与时俱进、开拓创新的思想路线，恢复了马克思主义的科学精神和创造活力。马克思主义对它以外的社会科学成果，也采取了相互尊重、相互吸取、相互讨论的科学态度，克服了故步自封的态度。现在中央又强调自然科学和社会科学并重，强调两门科学的各项工作都同样重要。领导思想上的问题应该说已经解决。当然，把这样的领导思想落实到各项具体工作中去，使之得到贯彻执行，那还要进行坚持不懈的努力。自然科学和社会科学，比如两只手，一手硬，一手软，比如两条腿，一腿长，一腿短，这种不平衡的情况、不协调的情况存在了相当长时间，现在要改变那种不适应并重思想的习惯势力和既成状况，的确是需要花很大力气的事情。

最后谈一个问题：科学与迷信、科学与伪科学问题。

后现代思想影响下，极端相对主义流行，科学被剥夺了客观真理的内容，只被当做一种“叙事”、一种“社会建构”，其危害首先就是取消了科学与迷信、与伪科学的分界，为迷信和伪科学的泛滥提供了理论的支持。所以，索卡尔说：“难怪大部分的美国人不能分辨科学和伪科学。”① 这是有数据为证的。据美国民间调查，对心灵感应，相信、不确定、不相信的，前两者分别为 36%、25%；对魔鬼附身，分别为 49%、16%；对星象学，分别为 15%、16%；对通灵术，分别为 11%、22%（1990 年 6 月调查）。对人类起源和发展的看法，相信上帝参与的为 35%，相信上帝没有参与的为 11%，相信上帝以目前的样子创造了人的为 47%（1993 年盖洛普调查）。中国也有调查：对算命，非常相信的为 2.8%，有点相信的为 23.7%；有算命行为的为 40%，比相信算命的还多；日常行为或多或少受算命结果影响的算命者为 63.5%（2003 年中国科协调查）。

中美比较，有基督教背景的美国在上帝造人这一项上不如没有这种背景的中国，其他各项，两国的情况各有千秋。总的说来科学昌明的美国，尚且如此，科学还不如美国发达的中国，传播科学知识、提倡科学精神、反对迷信、反对伪科学和反科学的任务，更是任重而道远。

科学与迷信，界限是分明的。有没有界限模糊的时候和地方？有的，正如真理与错误的界限也有它的相对性一样。科学真理是一个过程，是从无知到有知的无限过程，是把错误从被认为是真理的认识中不断排除出去的无限过程，是从相对真理向绝对真理前进的无限过程。我们认为，科学与迷信、真理与错误之间的界限是相对的，这样才能避免把无限的认识过程简单化和绝对化，为科学真理的不断发展开拓广阔的空间，但是，它们之间的界限又是绝对的，这样才能堵塞一切空隙，使各种神秘主义和反理性主义没有活动的余地。

最后回到我们今天这个纪念会。这是纪念邓小平批准中国自然辩证法研究会成立 25 周年的会议。自然辩证法研究会为什么获此殊荣？邓小平为什么要批准中国一个学会的成立？我想，这是因为自然辩证法研究是马克思主

① 《知识的骗局》，附录 C，第 268 页。

义同自然科学的结合和交融，是哲学、历史学、社会学、经济学同自然科学的结合和交融。成立这样一个研究会，对促进马克思主义、促进社会科学同自然科学的结合和交融，或者说，对促进科学与人文的结合和交融，有特别的意义。我们正是要在促进这两者的结合和交融上，努力做好研究会的工作。

爱因斯坦和马克思*

这几年有一件新闻在社会科学界、马克思主义理论界传得很广，说是在进入新的千禧年的时候，英国作过网上调查，让人们挑选心目中过去这1000年中影响人类思想最大的人物。两次调查，一次是爱因斯坦名列第一，马克思名列第二；一次是马克思名列第一，爱因斯坦名列第二。意见非常一致：爱因斯坦和马克思是千年来影响人类思想最大的、数一数二的人物。

爱因斯坦是一位自然科学家，马克思是一位社会科学家。他们被认为是千年中影响人类思想最大的人物，这个事情说明：科学非常重要，自然科学非常重要，社会科学也非常重要，对人类思想、人类社会都有巨大而深远的影响。

爱因斯坦不仅是一位伟大的自然科学家，他凭借对自然科学划时代发展的亲身参与和深刻体验作哲学思考，在某种意义上推动了哲学走向现代化的重要转折。爱因斯坦还是一位积极的社会活动家，毕生关注着科学造福于人类，而不是危害人类，曾经为了反对法西斯而建议美国制造原子弹，晚年用了很多精力呼吁和平，反对战争，反对侵略，反对武器竞赛，追求一个美好的理想社会。

马克思呢？他是一位伟大的革命家，又是一位对社会作精深研究的有巨

---

* 本文为2005年12月16日在“世界物理年在中国”系列报告会上的发言。

大思想影响的科学家。

作为革命家，马克思主义指导下的以社会主义为目标的社会解放运动和民族解放运动，从19世纪下半叶开始在世界上传播，20世纪从实践上改变了俄国和中国这两个大国和其他许多国家的政治版图，改写了整个人类的历史。仅就已经实现的这个历史变革过程而言，作为革命家的马克思和作为革命理论的马克思主义，是不能抹杀的。尽管在20世纪末期，社会主义在世界上遇到巨大挫折，但是，这并不能否定已经发生的历史变革，不能否认马克思主义在中国经过历史转折又有了新的发展，获得了新的生命力，走上新的胜利的道路，不能否认马克思主义在世界上许多学者和许多群众中还有它的影响力。

当然，马克思同爱因斯坦一起被推为千年中影响最大的人物，这不一定表示西方对马克思作为革命家的认同，多半不是这样。但是，毫无疑问，这个调查表示了西方对马克思作为一位学者、一位科学家，对人类思想的深刻影响的认同。

马克思是不是可以被称为科学家？马克思主义是不是可以被定义为一门科学？在西方，以至于在我们这里，也是有不同认识的。不赞成把马克思主义定义为一门科学的人，把这样的定义贬斥为马克思主义的“科学主义”。我不赞成过于泛化地贬斥所谓的“科学主义”，尤其不赞成把马克思主义贬斥为“科学主义”，不赞成贬斥所谓的“马克思主义的科学主义”。

马克思主义是不是科学，能不能成为科学，这不是一个信仰问题、信念问题，而是一个科学问题、实践问题。

说马克思主义是一门科学，就是说，它要接受实践的检验。

说马克思主义是一门科学，就是说，它要随着实践的发展和科学的发展而不断地发展。

说马克思主义是一门科学，不是说，在马克思主义者的论说和活动中，在马克思主义名义下的论说和活动中，不包含被实践检验证明为错误的东西。马克思主义作为一门科学，正是在不断克服这些错误中向前发展的。

说马克思主义是一门科学，不是说，在马克思主义之外就没有别的什么社会学说具有科学的性质。马克思主义作为一门科学，正是在不断关注和吸取马克思主义之外的一切科学发展成果中向前发展的。

坚持将实践作为检验的标准，坚持随着实践的发展而不断发展，坚持随着整个科学的发展而不断发展，这样的理论品格，就使马克思主义成为一门科学。

自然科学、社会科学，研究的对象有所不同，研究的方法有所不同，实践检验的复杂程度和实施方式也有所不同甚至颇有不同，但是，作为科学，它们的如上所述的根本性质和品格是相同的。

这是我对爱因斯坦和马克思一同被挑选为千年中对人类思想影响最大的人物所引起的一点感想、一点领悟。

《见微知著——中国学界学风透视》序*

《自然辩证法通讯》杂志曾经组织过一个以“共建学术规范，整饬学术道德”为总题的笔谈专栏，持续时间达一年多，发表文章60余篇。杂志的主编李醒民同志，把这些文章汇集起来，请原作者加工增补，编成现在这本书：《见微知著——中国学界学风透视》，嘱我写序。我对这个问题没有研究。但是，学风建设包括自然科学的学风建设、社会科学的学风建设，以及自然辩证法这样的介乎自然科学与社会科学之间的边缘和交叉科学的学风建设，在学界之内，也在学界之外，已经引起广泛的关注和讨论。这部书的出版，当会对正在开展的这场讨论，助一臂之力。我不揣冒昧，勉力来写这篇短序，也算是为这场讨论帮场的一声呐喊吧。

在学界之内的讨论中，自然科学界是走在前头的。我记得，还在20世纪90年代的中期，生物化学家邹承鲁院士就曾在中国科学院、中国科协和全国政协几处郑重场合，几度登高引领，呼吁抵制和反对学术腐败。而且坚持不懈，直到在沈阳召开的2003年全国科协大会上，邹老还以此为题，再次发表演说。不说“登高一呼，应者云集”，也该说是“登高一呼，四方回响”吧。中国科协科技工作者道德与权益委员会2003年为此进行了广泛的

* 本文写于2004年3月27日，李醒民：《见微知著——中国学界学风透视》，河南大学出版社，2006年，第1～2页。

调查和研究，近日在报端公布了调研的成果，提出当前我国科学道德和学风建设中的不端行为的七种表现（报上把它戏称为“七宗罪”，这是早期基督教的用语，指虚荣、贪婪等七种罪恶），分析了产生这些情况的多方面原因，为治疗学术不端行为开出了“五味药方”。在这些调查研究的基础上，中国科协还准备在2004年制定学术交流、论文发表、期刊编辑等方面的道德公约，开设科学道德和学风建设论坛。应该说，这是对学风建设问题最强烈、最有组织的响应了。

社会科学界也急起直追。就我看到的而言，至少在上海的《社会科学报》和北京的《中华读书报》上，已经发表了对这个问题的尖锐的评论和激烈的争论。

《自然辩证法通讯》杂志上进行的讨论，又有自己的特点。一是关注自然辩证法研究领域本身的学风，分析和剖析这个领域的状况、问题、原因、症结和对策，这是别的报刊不大会注意的；二又不限于这门学科本身，而是旁及整个自然科学和社会科学领域，沟通这两大学界围绕同一主题展开的讨论，促进这两大学界学风建设经验的交流和教训的汲取。科学领域的学风问题，不正是科学哲学、科学历史、科学社会学研究的一项内容吗?《自然辩证法通讯》改版，在杂志名称上面，不正是加了一个说明:“联结自然科学、社会科学和人文学科的纽带，沟通科学文化和人文文化的桥梁”吗?

自然科学方面现在学风问题不少，但是，应该说，自然科学方面的学术规范还是比较成熟、比较严格的，违规行为的是非还是比较容易判明的。社会科学方面现在学风问题更为严重，而且，社会科学方面特别是其中的某些领域，学术规范的建立还落在现实需要的后面。规范未立，就是非难辨。于是乎，大量没有什么学术价值、违背学术规范、滥竽充数的文章和著作，就堂而皇之、大模大样地走进学术殿堂。这就使“共建学术规范，整饬学术道德”的任务，在社会科学方面更显迫切。

这当然是一个很复杂的任务。一方面，要向自然科学方面的学术规范学习，这是肯定的；另一方面，要研究社会科学各领域的具体情况。对象和方法有不同，性质和任务有不同，表达和传播学术成果的形式和途径也有不同。就马克思主义学术研究的某些领域而言，学术与政治的关系，理论与实际的关系，研究与宣传的关系，就有许多复杂的情况，需要作许多细致而周到的研究。

总之，社会科学要向自然科学学习学术规范，又要注意防止简单搬用的流弊，而不去建立适合自己学科领域情况的学术规范，最终就会毁了这个领域的学术前途。

学术不端：从自然科学想到社会科学*

今年，世界自然科学界出了一件大案子，就是韩国汉城大学黄禹锡发表在美国权威的《科学》杂志上的一篇论文被揭露出来实验材料和数据有假。此案已经尘埃落定。论文已由杂志宣布撤销，黄禹锡已被汉城大学宣布撤职，黄自己也已公开向公众道歉。一度被认为是一项重大的科学发现、科学创造，结果被查出来是一场骗局！这骗局，属于邹承鲁院士提出第一类学术不端行为——“伪造或篡改原始实验数据”。这是最严重的、危害最大的学术不端行为。出现这样的不端行为，说明自然科学也不是一片净土，日益扩大的领域已经堕落为名利场，以欺骗手段争名夺利的肮脏规则已经在那里起作用。这是一方面。另一方面，我们又要看到：查出并公布这个骗局，是韩国自然科学界、世界自然科学界的一个胜利，显示出自然科学界已经形成一整套准则，只要遵守这一套准则行事，就可以自我揭露、自我纠正这一界违规人物的不端行为。所以，这件大案的揭露和处理，也是自然科学界这一整套准则的一个胜利。

今年，我国科学界也出了一件案子，那就是清华大学医学院院长助理刘辉的案子。相对于韩国的案子，这只能算是一件小案子。虽然是小案子，但也是学术不端行为。按照邹承鲁院士的分类法，属于“伪造学历、伪造工作

* 本文为2006年4月19日在中国科协两科联盟会议上的发言。

经历”和冒用同名者科学成果的不端行为。此案也已经尘埃落定。刘辉的教授头衔已由清华大学撤销，聘用为院长助理的合同也已经解除。揭露此案，方舟子的新语丝网有功，清华大学的处理呢，还有些不完全一致的看法，在我看，算得上是严肃得当。过去，我国在重视和处理学术不端行为方面的纪录，由于种种原因吧，一直是不能令人满意的。现在，是不是显示出一个趋向，世界自然科学界形成的一整套防范和处理不端行为的准则，有希望逐步在中国得到尊重和遵守？对此，有些同志仍抱怀疑态度，我则总是抱谨慎的乐观主义的态度。

今年，浮到公众关注的水面上来的，还有一件案子，就是四川大学医学院魏于全院士被指控“学术作假”的案子。这个指控如果成立，那就是一件不小的案子。这件案子现在还没有尘埃落定，但有望水落石出。因为已经有网络媒体（比如《新语丝》）介入，而且已经有平面的正规的媒体（比如《人民日报》）介入。不管将来这一案的调查结论如何，我拭目以待，谨慎乐观，希望并相信会看到自然科学界那一整套防范和处理不端行为的准则在中国逐步得到尊重和遵守。

问题严重而且麻烦的，是社会科学界。“天下文章一大抄”，说的主要是社会科学界。正当行为和不端行为界限不甚清楚，主要也是社会科学界。我一直关注这个问题，又一直没有想出一个头绪，希望从大家的讨论中得到一些指点。

近日在《新语丝》网上看到一则“剽窃示众”，这是社会科学——语言文字学方面的事情。在这则“示众”中，方舟子指责 2006 年 4 月 14 日中国侨网上刊载的范永红先生文章《繁简体汉字没有必要并存》是剽窃之作，并且加了一个按语：“该文除了开头和结尾几段，中间正文部分全部都是剽窃来的，百分之九十以上的文字照抄我在一九九四年左右写的有关汉字简化的系列文章《汉字简化常识》、《简体字引起混乱吗?》、《再谈简化字》、《漏网的繁体字?》，其实就是把我这四篇文章给合成了一篇，而只在一个无关紧要的小地方注明了出处。如此赤裸裸地剽窃我的作品，还是非常罕见的。”

范永红先生的文章是为批评张赢中先生《繁简体汉字应当并存》（《大中报》2006 年 3 月 31 日）而作的。张文发表之前，马英九访美，3 月 29 日向侨胞发表讲话，反对联合国准备在其印刷的中文文件中只印简体中文文本取消繁体中文文本。张文显然是支持马的意见，范文则显然是反驳张和马的意见。就是说，范文是有现实的针对性的。这现实的针对性，表现在方舟子按语所说“开头和结尾几段”中。但是，范文的主体部分，即论证他的主张的部分，我相信方舟子按语的说法，大概是抄袭方舟子十多年前的文章。为了反驳一种新起的论调（其实不是新起的，而是一直就有的，只是因为马英九新发表的言论，使之似乎是新起的），而引用先前发表过的旧文章，这应该没有什么不可以。只可惜，范先生没有声明：“我说的道理并非自己研究的新成果，而是在中国语文界已经成为常识的东西，是中国从事文字改革和赞成文字改革的学者们的老成果。方舟子先生早在什么时候什么地方就写过一系列文章，说得很清楚，我把它引用在这里。”范先生如果交代了这么一句，就没有任何问题了。可是，在中国社会科学界和理论宣传界，在自己的文章中或多或少引用别人的成果，而不做任何交代的人，实在是太多了。做了交代的，反而显得凤毛麟角，是极少数，是异类。范先生不过是遵循了中国社会科学界和理论宣传界已经成为惯例的陋规而已。打破这种陋规，尊重他人成果，引用注明出处，在中国，还需要做艰难的启蒙的工作。

还有一稿两投甚至多投。邹承鲁院士把它归为第五种学术不端行为。这一条在社会科学界和理论宣传界，现在不但不被视为不端，反而被视为必需，甚至被视为荣誉。我自己就遇到不少这样的苦恼。一篇文章，或者是被认为重要，或者是被认为可读，多处拉去，要求发表。编者总是说，这样可以扩大影响，或者说，各个报刊的读者群不同，从读者角度看并不重复。碍难推托，只得同意（或者正合我心，乐得同意）。这里面也确有复杂的地方，大概得区别多少种情况，首先是区别纯属学术性的成果还是并非纯属学术性而带有宣传性的成果。我现在的办法是，自己不向多种报刊投稿，报刊要发表我的文章，我一定向编者说明，我的这篇稿子已经或即将在何处发表，你那里发表请注明转载。可是，现在的编者，好像大多不愿意声明自己是转载别的报刊的东西，结果就弄得好像是作者一稿多投。

另外一件事，是社会科学方面评选院士，这里关键的问题仍然是学术评价的标准和机制的问题。

有些同志主张社会科学方面不要评院士。这固然省了不少麻烦，但却带来一个大问题，即似乎中国的社会科学研究还处在非常时期，没有进入正规化阶段。其实，南京时代建立的中央研究院评选院士，是既有自然科学方面，也有人文社会科学方面的。中华人民共和国成立以后，中国科学院 1955 年首次评荐学部委员，也有自然科学和人文社会科学两个方面。改革开放以后，自然科学方面，中国科学院原来的学部委员改称院士，并已定期增选。后来，又新建了中国工程院，也定期推选院士。社会科学方面呢，据我所知，中央曾经决定请中国社会科学院研究建立院士制度的问题。当时中国社会科学院曾积极研究，还曾向我（时为中央党校副校长）征求意见。我是赞成中国社会科学院建立院士制度的。但社会科学方面选院士，麻烦很多。说白了，就是许多党政领导是否选为院士。我当时的建议是：第一，社会科学方面应同自然科学和工程技术方面一样，推选院士；第二，绕开难点，不是说担任党政领导的人中没有人够资格担任院士，而是先把党政领导人排除在候选人之外，仅从社会科学院系统和高等学校系统中遴选，以后条件成熟再考虑这两大系统之外的人士；第三，就以中国科学院哲学社会科学部原来的学部委员为选举人。这部分学部委员当时还剩十几二十个吧，依照自然科学方面的先例，先把这些人确认为院士，再由这些院士推选新增的院士。我认为，按这三条办，社会科学方面建立院士制度的工作就可以启动了。

我这个建议，是从 1955 年建立学部委员制度时，中宣部部长陆定一同志不做候选人的范例，得到启发而形成的。

陆定一是一位很有造诣的马克思主义理论家。他 1943 年“延安整风”时写的《我们对于新闻学的基本观点》，强调“新闻的本源是事实”，“新闻是最近发生的事实的报道”，“事实是第一性的，新闻是第二性的”，可以视为中国唯物论新闻学的奠基之作。他 1947 年发表的《对于战后国际形势几个基本问题的解释》，恐怕也算得上是那时中国国际问题研究的扛鼎之作，美国大使特地把这篇文章选送美国国务院，后来收在著名的《中美关系白皮书》中。这样的人，不能认为是没有学术的人吧？他当时又居于中宣部长的高位上，而中宣部是受中央委托联系中国科学院工作的部门。但是，不管他如何有学问，他在人们的印象中，首先是高官，而不是学者。他这位有学问的高官都不当学部委员候选人，别的行政性质的或者学问没有那么大的高官，就都无从提起无从争起了。

所以，我在 20 世纪 90 年代研究社会科学方面建立院士制度问题时，作了那样的建议。

不过，这件事当时被搁置了下来。现在，我那个建议已经失去意义，因为还在世的社会科学方面的学部委员只存三人，都已90多岁了，没法由他们三人来推选别人为院士了。

近来，传说中国社会科学院筹备建立学部委员制度，报上发表消息，说是建立“院士”制度，虽然打了引号，读者还是当它就是院士制度。对此，我有两项建议：第一，依照陆定一的先例，党政高官先不做院士候选人；第二，不能只限于中国社会科学院内，可以考虑先在全国的社会科学院系统和高等学校系统两个系统内进行推选。如果只在中国社会科学院内推选，那么，各高等学校呢，各地的社会科学院呢？只让一家搞，恐怕不行，难以服众；各家搞各家，则一定一塌糊涂，必将使学术不端行为大泛滥！

附录

《科学与人文的交融（上）》

目录

第二部
科学技术政策

第三部
科学技术论